韓國漢文教育學會 創立 30週年 紀念
韓國漢文教育研究叢書 4

한문과 교재론

정재철·심재경 편

보고사

발간사

韓國漢文教育學會가 1981년 6월 27일 韓國漢文教育研究會라는 이름으로 創立된 지 30년, 어느덧 한 세대의 단위를 넘겼다. 작고하신 李家源(1대: 1981.6~1983.6) 초대 會長으로부터 閔丙秀(2·3대: 1983.7~1987.6), 鄭愚相(4·5대: 1987.7~1991.6), 李篪衡(6대: 1991.7~1993.6), 朴天圭(7대: 1993.7~1995.6), 金容傑(8대: 1995.7~1997.6), 申用浩(9대: 1997.7~1999.6), 金相洪(10대: 1999.7~2001.6), 朴性奎(11대: 2001.7~2003.6), 李明學(12·13대: 2003.7~2007.6), 金呂珠(14대: 2007.7~2010.6) 회장에 이르기까지 14대 11분이 각기 당대의 회장단 및 임원진과 함께 학회를 이끌어주시는 동안, 그 사이 많은 변화가 있었다. 박천규 회장 재임 때인 1994년 6월 25일 학회 회칙이 개정되면서, 학회 명칭이 韓國漢文教育研究會에서 韓國漢文教育學會로 바뀌었다. 학회지『漢文教育研究』는 閔丙秀 회장 재임 때인 1986년 창간호, 鄭愚相 회장 재임 때인 1988년 제2호 이후 매년 1회 발간에서, 金相洪 회장 재임 때인 2000년 제14호 이후 연간 2회 발간하여, 2012년 6월 현재 제37호까지 발간됐다.『漢文教育研究』제1호에는 10편의 논문이 실렸는데 그 중 한문교육 주제를 다룬 논문은 2편에 불과했다. 그러나『漢文教育研究』제36호는 14편의 게재 논문 가운데 한문교육 주제를 다루지 않은 논문이 1편이고, 제37호는 21편의 게재 논문 모두가 한문교육 주제를 다룬 논문들이다. 30년 전 한문교육 연구의 불모지대에서 출발한 우리 학회가 어느덧 30년이 경과하는 동안 한문교육 연구의 화려한 꽃들을 피우기 시작했던 것이다. 이 모두가 역대 회장님들을 비롯한 학회의 선배 회원들 및 동학의 여러 회원들이 한문교육에 대해 가진 뜨거운 애정과 관심의 결과가 아닌가 한다.

이번에 간행하는『韓國漢文敎育學 硏究叢書』는 지난 30년간을 중심으로 그 동안의 한문교육의 성과를 되돌아보고 앞으로의 과제를 전망하는 야심찬 기획이다. 이 기획을 위하여 한국한문교육학회의 이사진 중에서 기획 실무를 전담할 간행위원회를 구성하고, 간행위원회에서 총서의 기획 및 총서의 각 분야별 주편자 섭외를 진행하여, 2011년 3월 19일 고려대학교에서 제1차 한국한문교육학 연구총서 주편자 회의를 개최하였다. 이후 평균 매달 1회씩 주편자 회의를 열어 총서의 구성 및 주제 분류, 논문 선정 원칙, 진행 일정 등을 논의하고 각 총서의 총론 원고 작성 방법 및 그 내용 검토를 진행해 왔다. 그 결과『韓國漢文敎育學 硏究 叢書』를『한문과 교육과정론』(윤재민·송혁기),『한문과 교수·학습 방법론』(송병렬·진철용),『한문과 평가론』(장호성·김경익),『한문과 교재론』(정재철·심재경),『한문과 문법론』(이군선·김성중),『한문교육학 연구방법론』(김왕규·김동규),『한문과 수업론』(백광호·엄선용),『한문과 문학교육론』(임완혁·김연수),『한자 어휘 교육론』(이동재·허철),『한문교육사』(남궁원·신영주) 등 모두 10권으로 구성하게 되었다.

이『韓國漢文敎育學 硏究叢書』가 모름지기 한문교육 연구의 새로운 진화의 계기가 되기를 기대하며, 이 기획을 위하여 애써 주신 주편자 여러분들과 간행위원회 위원들, 그리고 옥고를 허락하여 이 연구총서를 갖가지 색깔로 더욱 빛나게 해 주신 각 논문 필자 선생님들께 이 자리를 빌려 거듭 감사의 마음을 전한다. 또한 요즘처럼 어려운 출판 환경 아래에서도 10권이나 되는 총서의 간행을 흔쾌히 수락하고 성심껏 만들어 주신 보고사의 김흥국 사장님과 편집부의 여러분들께도 깊은 감사를 드린다.

2012년 6월
한국한문교육학회 회장 윤재민

차 례

제3부 한문교과서의 내용에 대한 연구

제1부

총론

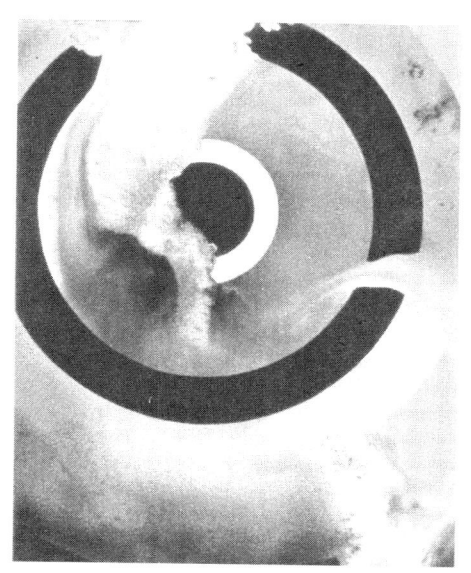

한문과 교재 연구의 성과와 전망

정재철 · 심재경

Ⅰ. 머리말

이 글은 광복 이후 미군정청에 의해 교수요목이 발표된 1946년 11월 17일부터 현재까지 우리나라에서 간행된 한문 교재를 연구한 논문을 대상으로 그 성과를 정리하고 전망을 밝힌 것이다. 교재는 교과서와는 다르다. 교과서도 물론 교재의 한 부분이기는 하다. 그러나 교과서는 다양한 교재 속에서, 교육과정에 맞추어 만들어진 것이다. 그러므로 교과서는 구체적이고 체계적으로 구성된 내용물이다. 또 국가 목표와 철학 그리고 그 시대에 맞는 교육과정을 수립하여 그 틀 속에서 제작된 것이 교과서이다.[1]

교수요목이 발표된 이후 진행된 한문 교재에 대한 연구들은 대부분 1972년 2월 28일에 한문 교과가 독립 신설된 후에 초 · 중 · 고등학교에서 간행된 한문교과서를 대상으로 진행되어 왔다. 필자가 지금까지 조사한 초 · 중 · 고등학교 한문교과서에 대해 연구한 논문은 모두 60

---

1) 김경수(2009), 8~9면.

편에 달한다. 이글에서는 이들 논문을 한문교과서의 개발에 대한 연구와 한문교과서의 내용에 대한 연구로 나누어 살펴보고자 한다.

Ⅱ. 한문교과서의 개발에 대한 연구

한문교과서의 개발에 대한 연구는 (1) 한문교과서의 개발 정책 관련 연구, (2) 한문교과서의 개발 방향과 관련된 연구로 나눌 수 있다.

1. 한문교과서의 개발 정책 관련 연구

송병렬(2000)은 제6차 교육과정에 의해 개발된 한문교과서의 문제점을 해결하기 위한 방안으로 ①검인정 교과서 심의제도를 유연하게 운영할 것, ②한문교육용 기초한자 1,800자를 필수요건에서 성취기준으로 규정을 바꿀 것 등을 제시하였다. 한예원(2004)은 제7차 교육과정에 의거한 고등학교 한문교과서 「지필지침」의 특징과 문제점으로 ①학습 분량의 감축, ②고등학교 한문교육용 기초한자, ③단원 마무리 평가, ④한문교과서 제재의 50% 이상을 우리고전에서 선정하도록 한 것 등을 제시하였다. 이돈석(2009)은 2007년 개정 교육과정에 따른 검정 교과용 도서의 『검정 기준』 및 『편찬상의 유의점』을 제7차 교육과정의 그것과 비교 분석하고, 그 문제점으로 ①반복적인 검정 기준과 편찬상의 유의점, ②검정 기준과 집필상의 유의점의 일반적 진술, ③교과용 도서의 외형 체제 등을 제시하였다.

2. 한문교과서의 개발 방향 관련 연구

송병렬(1990)은 제5차 교육과정에 따라 개발된 고등학교 한문교과서의 문제점으로 ①한문 교육 필요성에 대한 구체적인 제시가 없는 점, ②교과서 내용에 있어 한국 한문학의 참모습을 보여주지 못한 점, ③통일된 품사 용어를 제시하지 못하고 문장 구조 분석에 대해 지나치게 천착한 점 등을 제시하였다. 이어 이명학(1994)은 고등학교 한문교과서의 개선방안으로 ①단원 설정의 문제, ②한자 활용의 문제, ③연습문제, ④글감의 선택과 제시, ⑤문법 용어, ⑥현토, ⑦교정 등을 제시하였다. 같은 시기에 배원룡(1994)은 제5차 교육과정에 편제상에 제시된 운영계획의 문제점을 적시하고, 제6차 교육과정에서는 교육과정 운영 시간 34주를 30주로 현실화할 것과 한문교과서의 적정 단원수를 26~27주(시간)로 편성할 것을 제안하였다.

최오현(1997)은 제6차 교육과정에 따라 개발된 중학교 한문교과서의 문제점으로 ①한자와 한자어 위주의 내용, ②한자어의 짜임과 문장의 구조, ③육서와 부수 그리고 필순 등을 들고 각각의 개선 방안을 제시하였다. 이와 같이 최오현에 의해 제기된 한자어와 한문 문법 위주 교육의 문제점에 대한 논의를 촉발시키는 계기가 되었다. 김숭호(2001)는 고등학교 한문교과서에서 사용된 문법이 ①용어의 혼용과 ②문장 분석의 혼란 등을 제기하였다.

원용석(2004)은 제7차 교육과정에 따라 개발된 10종의 고등학교 한문교과서가 이전 한문교과서와의 차이점으로 ①기초 단원의 설정, ②'중학교 한문교육용 기초한자 900자'의 사용, ③실용한자어의 축소, ④성어·속담·격언·명언·명구의 활용 등을 제시하였다. 이어 송병렬(2006)은 한문교과서의 문제점으로 ①언어생활 한자어 문제,

②기초한자 문제, ③대단원 구성 등을 들고, 이에 대한 개선방안으로 ①언어생활 한자어 단원의 독립 편성, ②한문교육용 기초한자 1,800자의 규정 완화, ③대단원 중심의 단원 구성의 지양 등을 제시하였다. 원용석과 송병렬이 사용한 '실용한자어'와 '언어생활 한자어'는 그동안 학계에서 한자어의 교수·학습에 대한 연구 성과가 반영한 것으로 평가된다.

김왕규·원용석·한은수·김동규(2006)는 한문과 내용 체계의 영역 구분의 기준과 내용 조직의 원리를 탐색하여 내용 체계의 영역을 ①한자 생활, ②한문지식, ③한문으로 구분하고, 이를 바탕으로 한문과 내용 교재를 개발하였다. 교재는 한자 생활, 한문 영역 내의 중영역을 대단원으로, 소영역을 한 개의 소단원으로 설정하여 ①5개의 대단원, ②14개의 소단원, ③참고 자료로 구성하여 개발하였다. 이 연구는 그동안 학계에서 다양한 형태로 지적된 한문과 내용 체계의 문제점을 수렴하여 내용 체계의 영역 구분의 기준과 내용 조직의 원리에 대한 탐색을 통해 나온 것으로, 2007년 개정 교육과정의 내용 체계를 설정하고 그에 따른 교과서를 집필하는데 적지 않게 기여한 것으로 판단된다.

김병건(2011)은 제6·7차 교육과정에 따라 개발된 고등학교 한문교과서의 본문과 보충자료에 선정된 내용의 타당성에 대하여 주제를 중심으로 고찰하였다. 그 결과 고등학교 한문교과서에 수록된 내용의 문제점으로 ①원문의 주제와 상반되는 내용으로 오해 받을 수 있는 경우, ②전체 문장의 가장 핵심적인 내용을 싣지 못한 경우, ③과도하게 봉건적이고 교조적인 주제로 현대적인 의의를 살리기 힘든 경우, ④등장인물의 행동에 대하여 명확한 가치판단을 하기 곤란한 경우, ⑤한시의 선정에서 지나치게 여성적이고 섬세하며 유약한 부류가 많은 것 등을 지적하였다.

이동재(2007)는 2007년 개정 교육과정에 따라 새로 개발되는 한문 교과서에 수록될 ①내용은 한자의 '意味'를 현대화하여 학생의 경험에 맞게 하는 등 여덟 가지를 제시하고, ②단원은 학생들이 주체가 되어 학습이 이루어지는 다양한 구조로 조직되어야 하며, ③내용의 수준은 학생들이 학습동기를 자극할 수 있도록 눈높이에 맞는 내용 소재를 선택할 것을 제안하였다. 한예원(2007)은 ①독해력 신장을 위한 도구교과, ②한문문장 중심의 교육, ③문화교육에 주안점을 둔 개정 교육과정의 목적과 목표에 맞추어, 새로 개발되는 교과서의 학습 내용을 ①문장성분과 문장유형을 다루는 한문지식과, ②한문과 한시를 다루는 한문독해, ③한문문화교육으로 나누어 제시하였다.

김윤조(2008)는 임용고사와 중등학교 현장 교육의 연관성이 떨어지는 근본 이유의 하나로 오랜 기간 누적되어 온 한문과 교과서의 편찬 문제를 들었다. 따라서 새로 개발되는 한문교과서는 30년 가까이 축적된 현대 학문으로서의 한문학 연구 성과를 반영하여, 일반적인 지식인, 평균적인 교양인에게도 널리 읽히는 교과서가 될 수 있도록 할 것을 제안하였다. 이 논문은 대학과 중등학교 교육이 보다 유기적 연관을 갖도록 해야 한다는 관점에서, 한자를 읽고 쓰는 것에서 벗어나 다양한 한문 문장을 통하여 학습자들의 사고의 폭과 깊이를 더해주는 교과서를 개발할 것을 제안했다는 점에서 그 의미가 적지 않다.

김왕규(2008)는 앞서 발표된 김왕규 외 3인의 연구 성과에 기초하여 새로 개발되는 한문교과서의 단원 구성의 원리와 방안을 제시하였다. 먼저 이전 한문과 교육과정에 따른 중학교 한문교과서의 단원 구성 방식의 문제점을 검토한 후, 한문과의 교과적 특수성을 반영하여 한문교과서의 일반적 단원 구성 방식 및 체제의 원리를 ①교육과정 내용 상세화, ②교수-학습 과정 안내, ③자기주도적 학습 활동 지향, ④영역 통합 등으로 제시하였다. 그리고 이를 바탕으로 교과서의 구성 방안을 ①주제 중심 통합 단원 구성, ②교수-학습 과정 중심 소단원 구성 체제 등으로 구체화하였다.

진재교(2008)는 중학교 한문교과서에서 '한문교육용 기초한자 900자'를 효과적으로 활용하는 방안으로 기왕의 교과서와는 달리 본문을 확장하고 서사구조를 통해 교과서를 구성하고, 이러한 서사구조로부터 생긴 공간에 기초한자 900자를 적절하게 배치할 것을 제안하였다. 정재철(2008)은 새로 개발되는 중학교 한문교과서는 재7차 교육과정에 비해 상대적으로 약화된 어휘 교육을 언어생활의 실용적 관점에서 강조하고, 학생 들이 '어휘' 영역에 제시된 영역별 내용이 중학교 3년 과정에서 수준별로 고르게 학습할 수 있도록 개발할 것을 제안하였다. 윤재민(2008)은 개정 교육과정에 따라 새롭게 제시한 인위적인 텍스트 범주인 단문, 산문, 한시 제재의 수용 범위와 수준을 중학교 한문 과목의 교육과정 해설서에 의거하여 제시하였다.

김창호(2009)는 초등 한자교과서에 고전자료를 적극 활용해야 한자는 취지 아래, 구체적인 주제와 방법을 모색하였다. 먼저 초등학교 한자교과서의 성격과 고전자료 활용의 필요성에 대하여 언급하고, 고전자료 선정의 기준과 제시 형태를 밝히는 한편, 고전자료의 활용 주제와 실제의 예를 제시하였다. 마지막으로 고전자료 활용의 의의에 대하여 ①언어생활, ②학습자의 정체성 확립, ③ 중·고등학교 한문 교육과 연계하여 밝혔다. 김왕규(2010)는 초등학교 한문 교과서의 주요 변인으로 초등학생 학습자, 초등학교 교사 그리고 초등학교 한문 교육과정으로 보고, 초등학교 한문 교과서 단원 구성에 작용하는 주요 원리를 목표, 활동, 조직 세 가지 층위에서 논의하였다. 그리고 초등학교 단원 구성의 방안으로 주제 중심 통합 단원 구성을 제안하고, 단원 구성 체제 방안으로 교수·학습 활동 중심 구성 체제를 제안하였다.

장호성(2010)은 2007 개정 교육과정에 따른 고등학교『한문Ⅰ』의 개발 방안을 모색하고, 그 결과 ①교육과정의 개정의 중점이 특히 학습자의 한문능력 향상을 중시하고 있는 점, ②교과서에 수록되는 제재는 원전에 충실하게 인용해야 한다는 점, ③교육용 기초한자와 컴퓨터상에서 지원하고 있는 한자의 자형을 통일해야 한다는 점, ④반드시 교육과정 해설에 제시된 문법용어를 사용해야 한다는 점 등을 제시하였다. 윤지훈(2011)은 2007 개정 교육과정에 따른 고등학교『한문Ⅱ』의 산문 교육 방안을 모색하고, 그 결과 현재『한문고전』이 안고 있는 여러 가지 문제점을 극복하여 ①편장법의 도입, ②문체에 대한 교육 강화, ③문학사적 의의 학습하기, ④타 교과와의 연계, ⑤문화 교육 차원으로 확대 실시 등의 학습 내용과 교수·학습 방법을 제시하였다.

심재경(2011)은 2007 개정 교육과정에 따라 개발된 15종의 중학교『한문1』의 정의적 영역으로 5개 영역을 설정하고, ①문장(단문, 산문, 한시)의 내용과 주제, ②선인들의 삶과 지혜 및 건전한 가치관, ③바람직한 인성 함양에서는 비교적 관련 내용이 충실하게 반영되어 있음을 밝혔다. 그러나 ①문장(단문, 산문, 한시)의 특수한 표현 형식, ②전통문화의 바른 이해 및 창조적 계승·발전시키려는 태도, ③한자문화권 내에서의 상호 이해와 교류 증진에 기여하려는 태도에서는 관련 내용이 학습목표에서 언급하는 정도에 그치고 있음을 지적하였다.

김성중(2011)은 중·고등학교 한문교과서에 글감으로 채택된 儒經과 제자 문장을 선정한 기준과 방향성으로 ①핵심사상이 포함된 문장, ②격언, 명언·명구로 대표되는 건전한 가치관과 바람직한 인성을 함양할 수 있는 문장, ③흥미를 불러일으킬 수 있는 고사, ④학습자가 적극적으로 참여하는 창의적 학습 문장 등을 들었다. 또한, 제제 선정 수준과 범위로 ①학습목표에 적절하게 발췌 및 가공할 것, ②부정적인 함의의 글감 배제, ③난해한 철학적 사고 글감의 최소화, ④문법의 위계성 및 체계성 고려, ⑤새로운 제재 및 글감의 선취 등을 제시하였다.

Ⅲ. 한문교과서의 내용에 대한 연구

중고등학교 한문교과서의 내용에 대한 연구는 ①한자·한자어 영역 관련 내용 연구, ②한문 영역 관련 내용 연구, ③한시 영역 관련 내용 연구, ④문화 영역 관련 내용 연구, ⑤한문지식 관련 내용 연구, ⑥한문 문법 관련 내용 연구, ⑦한문교과서의 활용과 학습 모형 관련 내용 연구, ⑧초등학교 한자 교재 관련 내용 연구, ⑨기타 한문교과서 관련 내용 연구로 나눌 수 있다.

1. 한자·한자어 영역 관련 내용 연구

김길용(1995)은 제6차 교육과정에 따라 개발된 8종의 중학교 한문교과서를 대상으로 교과서의 단원별 구성 체제와 한자, 한자어, 한문 영역별 내용을 검토하고, 그 문제점으로 ①학습량의 문제, ②한자의 오류, ③한자어 활용의 문제점, ④자학·자습의 문제점을 들었다. 안재철(1998)은 고등학교 한문교과서에 제시된 한자·한자어 평가문제를 유형별로 제시하고, 각 유형의 평가 문제를 각각의 단원에서 제시한 학습목표와 관련시켜 분석하였다. 또한 안재철(2001)은 고등학교 한문교과서의 한자·한자어 영역을 중심으로 ①교과서의 체재, ②단원 배열의 적절성과 단원 구성의 적절성, ③사진·삽화 등을 분석하였다.

송병렬(2003)은 제7차 교육과정에 따라 개발된 중학교 한문교과서는 소단원과 소단원 사이에 학습 난이도를 높여가는 위계성과 소단원 학습 제재 사이의 연계성이 결여되어 있음을 지적하고, 그 원인으로 '중학교 한문교육용 기초한자 900자'를 본문에 반드시 적용시킨 것을 들었다. 이동재(2004)는 제7차 교육과정에 따라 개발된 중학교 한문교과서에 수록되어 있는 '중학교 한문교육용 기초한자 900자'의 뜻풀이를 살펴보고, 그 통일 방안으로 ①字音으로 의미를 부여한 한자, ②字意의 서술적 표현 한자, ③관습에 의한 다양한 뜻풀이 한자, ④난해한 의미의 한자, ⑤관습에 의한 과장·오류의 한자로 나누어 제시하였다.

이동재(2005)는 제7차 교육과정에 따라 개발된 중학교 한문교과서에 수록되어 있는 한자어의 문제점으로 ①한자어의 짜임 문제, ②한자어의 내용 문제, ③동음이의어 문제 등을 들고, 각각의 문제점들에 대한 해결 방안을 제시하였다. 안재철(2007)은 제1~7차 교육과정에 개발된 고등학교 한문교과서의 〈한자·한자어〉 영역을 중심으로 ①각 시기별 교과서의 체제, ②단원 배열, ③한자·한자어의 주제별 단원 구성의 변천 양상을 비교하였다.

2. 한문 영역 관련 내용 연구

한문교과서에 수록된 한문 영역에 대한 연구는 그동안 한문학계에서 축적된 연구 성과가 다양한 형태로 구현되었다. 먼저 중고등학교 한문교과서의 현토와 해석 문제에 대한 연구로 백원철(2000), 정만호(2005), 오석환(2008)의 논문을 들 수 있다. 백원철(2000)은 제6차 교육과정에 다라 개발된 고등학교 한문교과서는 중학교 한문교과서에 비해 현토와 문장 해석에 있어서 문제된 것이 적지 않다는 사실을 구체적인 사례를 통해 지적하였다. 정만호(2005)는 제7차 교육과정에 따라 개발된 고등학교 한문교과서의 현토문은 ①體言, ②用言, ③尊稱의 오류 등으로 인하여 ①문장의 의미가 정확하게 반영되어 있지 못하고, ②읽기에도 적합하지 않으며, ③한문 본래의 틀을 유지하지 못하고 있다고 지적하였다. 오석환(2008)은 중고등학교 한문교과서에 수록된 중국과 한국의 산문들 중에는 현토가 맞지 않거나 해석이 정확하지 않으며, 현토와 해석이 일치하지 않은 경우가 적지 않다고 지적하였다.

안재철(2001)은 제6차 교육과정에 따라 개발된 고등학교 한문교과서의 한문 영역을 중심으로 ①교과서의 체재, ②단원 배열의 적절성과 단원 구성의 적절성, ③사진·삽화 등을 븐석하였다. 임완혁(2003)은 제7차 교육과정에 따라 개발된 고등학교 한문교과서의 산문과 소설 영역의 작품 구성 양상을 분석하여, ①산믄 작품을 문학적으로 해석하고 감상하는데 도움을 주는 자료가 상대적으로 부족하고, ②한문 소설을 하나의 작품으로 이해하고 접근하려는 시각이 부족하다고 지적하였다. 장호성(2004a, 2004b)은 중고등학교 한문교과서에 수록된 한문 문장의 오류와 變改 문제를 ①중국 글감의 오류, ②한국 글감의 오류, ③글자의 變改, ④내용의 變改로 나누어 그 문제점을 바로잡았다. 백광호(2009)는 중고등학교 한문교과서에 수록된 산문 작품을 敍事, 論說, 雜記로 3분하고, 이들 작품을 대상으로 정해진 세부 기준에 따라 작품의 난이도를 분석하여 제제의 위계를 설정하였다.

3. 한시 영역 관련 내용 연구

한문교과서에 수록된 한시에 대한 연구 또한 그동안 한문학계에서 축적된 연구 성과가 다양한 형태로 구현되었다. 먼저 한시의 형식과 外在律을 연구 성과로 신용호(1993), 이의강(2005)의 논문을 들 수 있다. 신용호(1993)는 제5차 교육과정에 따라 개발된 고등학교『高校漢文(上)』에 수록된 근체시 29수를 대상으로 平仄, 對仗, 押韻 등을 면밀히 검토하고, 그중 몇 수는 근체시 격률에 不合하는 고체시임을 고증하였다. 이의강(2005)은 제7차 교육과정에 따라 개발된 고등학교 한문교과서에는 근체시를 대표하는 詩體인 律詩는 적은 반면에 絶句는 지나치게 많이 수록하였고, 한시의 외재율에 있어서도 '韻'과 '對仗'에 대해서는 비중 있게 취급하였으나 '平仄'과 '音步'는 소홀히 다루고 있다고 지적하였다.

이창희(1999, 2000)는 제6차 교육과정에 따라 개발된 고등학교 한문교과서에서 사용된 ①용어의 문제점과 형식적 특징을 파악하고, ②작자의 소개와 함께 작품의 감상 방법 등을 제시하였다. 박준호(2001)는 한문교과서에 수록된 작품의 ①작자에 대해 고증하고, ②작품 형식에 대해 설명하였으며, ③작품의 주제와 감상 방법을 말하고, ④작품에 대한 해석의 문제를 언급하였다. 오석환(2)은 제7차 교육과정에 따라 개발된 고등학교 한문교과서에 수록된 절구와 율시의 해석에 대하여 懸吐와 對偶를 중심으로 그 문제점과 바람직한 방향을 제시하였다. 최윤용(2009)은 한문교과서에서 해석상의 차이를 보이는 한시와 기타 해석에 오해가 있는 한시를 중심으로 그 원인과 해결방안을 제시하였다.

한문교과서의 한시 단원 구성 체제를 연구한 것으로 김연수(2007)의 논문이 있다. 김연수(2007)는 제7차 교육과정에 따라 개발된 고등학교 한문교과서의 한시 단원의 문제점으로 ①한시 영역과 관련 없는 단원 학습 목표의 제시, ①단원 구성 요소간의 비연계성, ③형식적인 학습 활동 내용 등을 들었다. 이어 바람직한 한시 단원 구성 체제를 위한 제언으로 ①'한문교육용 기초한자 1800자'의 규정 완화, ②다양한 단원 구성 체제의 적용, ③다양한 학습 활동 방안의 고안 등을 언급하였다.

한문교과서에 수록된 시 작가의 내면 의식을 연구한 것으로 조영호(2009)의 논문이 있다. 조영호(2009)는 제7차 고등학교 한문교과서에 수록된 한시 작품들의 내면 의식을 ①호협한 기상 견지, ②고적한 삶의 지향, ③지선의 가치 숭상, ④생의의 영속 희원, ⑤왜곡된 현실 비판 등으로 구분하고, 이와 같은 내면 의식은 구체적 작품 속에서 '호방', '청신', '전아', '호쾌', '비개' 등과 같은 시 풍격으로 형상화된 것으로 보았다. 조영호(2009)는 이와 같은 방식으로 시와 작가와 미의식이 유기적인 관계 하에서 분석함으로써, 학생들이 한문교과서에 수록된 한시를 통하여 문예미와 더불어 당대 문인지식층의 시대정신을 이해하고, 이를 바탕으로 선인들의 정신문화를 비판적으로 수용할 수 있을 것으로 기대하였다.

4. 문화 영역 관련 내용 연구

문화 영역과 관련된 연구에도 그동안 축적된 한문학 연구 성과가 다양하게 반영되어 있다. 먼저 정미정(1998)은 제6차 교육과정에 따라 개발된 고등학교 한문교과서의 한문 문장에 나타난 가치관을 고찰하고, 그 문제점으로 ①전통사상의 이해와 관련하여 특정 사상에 편중되어 있는 것, ②교과서에 실려 있는 가치관이 시대의 변화에 무관한 것, ③민중의 애환이 거의 다루어지지 않은 것, ④典據의 대부분이 전근대에 편중되어 있다는 것을 들었다. 심호택(1998)은 한문교육의 방향이 문법론이나 형성평가 같은 지식 중심의 경향에서 주제 중심 교육으로 전환해야 한다고 강조하고, 고등학교 한문교과서 자료들의 주제의식은 ①윤리적 해석으로 인하여 의미가 굴절되거나, ②극단화된 윤리를 강조하거나, ③하나의 사실을 지극히 단편적으로 그리고 개인적 차원에서 이해하고 있다고 지적하였다.

윤채근(2003)은 제7차 교육과정에 의해 개발된 한문교과서에 나타나는 성 정체성 차원의 문제점들을 다양하게 제시하고, 그것이 왜 문제인지를 점검하였다. 이어 앞으로 개선되어야 할 점으로 ①성 평등을 인격 형성의 심리적 측면에서 접근할 것, ②정체성 형성 모델인 교과서가 초래할 다양한 효과를 고려할 것, ③남성과 여성의 성 차이가 인간적 동질성의 보편성 안으로 흡수되는 지점을 지향할 것 등을 제시하였다. 김국회(2003)는 고등학교 한문교과서의 변화된 특징을 전통 문화의 이해를 중심으로 살펴보고, 이에 대한 효율적인 교수·학습 방법으로 ①독해 중심 교수 학습법, ②통합 교과 교수·학습법, ③체험 중심 교수·학습법, ④매체 활용 교수·학습법을 제시하고 각각의 특징을 고찰하였다. 권혁진(2006)은 고등학교 한문교과서의 생태교육과 관련된 한문 문장이 매우 적다는 점을 지적하고, 생태교육과 관련된 한문 문장을 ①만물에 대한 사랑, ②반생태적 인간 비판으로 나누어 생태적 시각으로 다시 읽을 것을 제안하였다.

김은경(2006)은『대학』읽기의 전통적 관점을 검토하고, 그 관점이

고등학교 한문교과서에 수용된 양상에 대해 살펴보았다. 전통적으로 『대학』은 학문의 길을 위한 안내서로서 수기치인의 과정을 보여주는 지침서로 읽혀 왔으며, 그 내용은 이상사회의 구현을 목표로 하는 3강령 8조목과 위정자의 덕목이 혈구지도로 이루어져 있는데, 한문교과서는 3강령과 8조목의 순서를 암기하는 방식의 단순한 교수 학습 방법만 사용되고 있음을 지적하였다. 손인도(2008)는 고등학교 한문교과서에 수록되어 있는 四書 경문의 수용 양상을 밝혔다. 이어 『논어』 구절을 대상으로 ①仁에 대한 해석, ②학문에 대한 해석, ③개인 수양에 관한 해석, ④인간관계에 관한 해석 등으로 나누어, 『논어』에 나타난 공자의 사상이 시대에 따라 다르게 읽힌 양상과 그 현대적 의미를 고찰하였다.

이동재(2011)는 최근 한국 사회는 외국인 노동자, 결혼 이민자 등의 유입으로 다문화 사회로 빠르게 전이되어 가는 사회 현실을 주목하고, 2007 개정 교육과정에 따라 개발된 한문교과서에 수록된 다문화교육 관련 내용을 분석하여, 현재 사용 중인 15종의 중학교 『한문1』을 조사한 결과, 본문에는 다문화를 이해하기 위한 원전 자료는 보이지 않고, 일부 교과서에 보충학습 자료나 삽화 등으로 언급되어 있음을 지적하였다. 또한, 교과서에 수록된 다문화 교육의 내용은 ①명절의 명칭과 別食의 비교(6종), ②한·중·일의 의·식·주 문화 비교(5종), ③한·중·일의 한자형태 비교(4종), ④속담에 대한 비교(3종), ⑤공부에 대한 의미 비교(2종), ⑥형제자매의 발음 비교(1종) 등이 있음을 밝혔다.

5. 한문지식 영역 관련 내용 연구

정재철(2010)은 2007년 개정 교육과정에 따라 개발된 중학교『한문 1』을 대상으로 개정 교육과정에서 설정한 '한문지식' 영역의 내용 요소들이 적용된 양상과 문제점을 고찰하였다. 먼저 개정 교육과정에서 설정한 '한문지식'의 내용 요소와 중학교『한문1』에 제시된 내용 요소, 내용의 수준과 범위 사이에는 적지 않은 차이가 존재한다고 지적하였다. 이어 개정 교육과정의 '한문지식' 영역의 내용이 주로 문법적 지식을 익히는 것에 초점이 맞추어져 있으나 중학교『한문1』에 제시된 학습 요소는 어휘의 의미와 활용에 중점을 두고 있다고 하였다. 또한 개정 교육과정의 편제로 보아 주당 1시간으로 배정된 한문 시간에 1학년 과정에서 '한자', '어휘', '문장' 영역에 제시된 16개의 학습 요소를 모두 익히는 것은 물리적으로 쉽지 않다고 지적하였다.

6. 한문 문법 관련 내용 연구

제3차 교육과정에 의해 개발된 한문교과서의 문법 영역에 대한 연구는 정우상(1979)에 의해 진행되었다. 정우상(1979)은 제3차 교육과정에 따라 개발된 한문교과서에 제시된 학습내용의 특징으로 한자→한자어→성어→단문으로 이어지는 단계적 전개에 있다고 말하고, 이에 따른 학습지도도 ①한자의 구조를 이해하기, ②한자어와 성어의 구조를 통해 한문의 구조를 이해하기, ③한문의 문형 알기, ④허자의 용법 알기 등에 주안을 두어야 한다고 하였다. 정우상의 연구는 이후 한자, 한자어, 한문 영역을 대영역으로 하는 내용 체계와 한자→한자어→한문으로 이어지는 단계적 학습방법의 이론적 틀을 제공하였다.

　최상익(1993)은 제6차 교육과정에 따라 개발된 고등학교 한문교과서에서 논의되어야 할 문제로 ①六書의 문제, ②문법의 문제(ⓐ품사 설정과 구분의 문제, ⓑ문장 성분의 설정 문제) 등을 들고, 시정되어야 할 오류로 ①문장 구조에 관한 오류, ②허자의 의미와 기능에 관한 오류, ③詞義 적용에 관한 오류 등을 제시하였다. 송병렬(1996)은 고등학교 한문교과서의 문법 내용을 검토하고, 그 문제점으로 ①형용사와 명사의 서술어로서의 기능, ②보어의 문제, ③'한자어의 짜임'을 도식화함으로써 발생하는 혼란의 문제, ④허사로 취급되면서도 실사 구실을 하는 '以', '於' 등을 제시하였다. 임종혜(1996)는 고등학교 한문교과서 사용된 문법 용어와 그 용례를 검토하고, 8종의 교과서에서 ①한자어의 짜임, ②문장의 구조, ③문장의 형식 등에 사용된 문법용어가 통일되어 있지 않은 것을 문제점으로 지적하였다.

　박기수(2003)는 제7차 교육과정에 따라 개발된 고등학교 한문교과서에서 사용된 介詞를 분석하고, 개사의 명칭, 종류, 용법, 설명 등이 잘못 사용되거나 미흡한 부분을 바로잡아 개사의 사용에 대한 통일안을 제시하였다. 심정흠(2006)은 중학교 한문교과서에서 사용된 한문 문법을 분석하고, 그 사용 실태를 ①한자의 짜임, ②한자어의 짜임, ③문장의 구조, ④문장의 형식 등으로 나누어 제시하였다. 허연구(2006)는 고등학교 한문교과서에서 사용된 한문문법의 사용 실태를 ①한자의 짜임, ②한자어의 짜임, ③문장의 구조, ④문장의 형식 등으로 나누어 분석하고, 문법 용어가 서로 다르게 사용되고 있는 문제점을 지적하였다.

7. 한문교과서의 활용과 학습 모형 관련 내용 연구

제7차 교육과정에 따라 개발된 한문교과서의 활용과 학습 모형에 대한 연구는 윤채근(2002)이 발표한 두 편의 논문이 있다. 윤채근(2) 은 중고등학교 한문교과서의 활용 방안으로, ①세계화·정보화 시대에 적응성, ②학생들의 창의적 참여를 유발하는 동기유발 능력, ③교육 과정상 차별화 전략과 난이도의 논리적 연계성, ④교육 내용의 현실적 필요성에 대한 증명과 실용성 등으로 제시하였다. 또한 윤채근 (2006)은 중학교『한문1』이 웹 정보 환경에 대한 교육적 대응에 있어 상대적으로 취약한 것으로 판단하고, 이를 대상으로 가장 실효성 있는 웹기반 학습 모형으로 정보 검색형 학습 모형을 기반으로 하여 협력 학습을 유도하는 방식을 제시하였다. 이와 같은 학습모형은 학생들의 자율적인 참여와 흥미를 촉진함으로써 한문 교과에 대한 선입견을 제거하고 나아가 동아시아 문화공동체에 대한 통찰과 이해를 증진시킬 수 있을 것으로 판단하였다.

8. 초등학교 한문 교재 관련 내용 연구

한은수(1994)는 제6차 교육과정에 따라 초등학교에서 익혀야할 기본 한자를 선정하고, 〈한자〉 교재의 학년별 구성과 신습 한자를 배정하였다. 그리고 〈한자〉 교재의 실제를 학년별로 나누어 그 특징과 문제점에 대해 고찰하고, 한자의 제자원리에 입각한 단계별 지도체계를 구안하여 제시하였다. 한은수·정우인(1996)은 제6차 교육과정에 따른 초등학교 한문 교재 구성의 기본 방향과 한자 학습량, 단원 설정 및 한자·한자어의 선정 등에 대하여 살펴보고, 한자 교재의 공통적 특징과 단계별 교재의 특징에 대하여 고찰하였다. 이어서 초등『한자』 교재의 실제에 대하여 네 단계로 나누어 각 단계별 특징을 제시하고, 바람직한 교재 구성의 방향을 제시하였다.

지재환(2004)은 제7차 교육과정에 따라 개발된 초등학교『한자』교 재의 체제와 내용을 교육과정과 연계하여 분석하고, 각각의 교재에 나오는 한자와 한자어를 분석하여 교재별로 특징적인 구성에 대하여 보기 등을 들어서 비교하였다. 이어 초등학교 한자 교재에 노출되어 있는 한자 697자를 '초등학교교육용 기초한자'로 선정하고, 각 한자 의 훈을 분석하여 대표훈을 선정하였다. 마지막으로 각 한자 교재에 제시된 한자의 필순을 비교하여 통일시켰다. 한은수(2004)는 제6·7 차 교육과정에 따라 개발된 인정『한자』교과서 19종을 대상으로 하 여, ①교과서의 발행 지역, ②교과서의 학습 대상 학년, ③교과서의 내용 수준에 대하여 검토하였다. 그리고 인정『한자』교과서의 문제 점으로 ①국가 수준의 초등한문교육과정의 제정, ②교과서의 명칭 문제, ③교과서의 개발과 교수 자료의 보급 문제를 제시하였다.

한은수(2009)는 초등학교에서 사용하고 있는 인정『한자』교과서의 인정현황과 학습량을 살펴보고, 모두 38종의 인정『한자』교과서의 내용에 대하여 ①단원 구성 방식, ②문장 표기 유형, ③단원 전개 유 형으로 나누어 고찰하였다. 이어 인정 교과서의 문제를 교과 외적 문 제와 교과 내적 문제로 나누어 살펴보았다. 진철용(2009)는 제7차 교 육과정에 이해 개발된 초등학교 한자 교재를 시도교육감 인정도서, 교육청 제작 자료, 학교 제작 자료로 분류하고, 각 유형별로 교재의 구성과 특징을 살펴보았다. 그리고 유형별로 지니고 있는 교재의 특 성과 관련하여 초등학교 한자 교재의 활용 현황을 알아보았다.

9. 기타 한문교과서 관련 내용 연구

중·고등학교에서 한문 과목이 독립되지 못하고 국어과에 속했던 시기에 간행된 한문교과서의 구성 체계를 연구한 것으로는 최문봉 (1974)과 윤정자(1983)의 논문이 있다. 최문봉(1974)은 제2차 교육과정에 의해 문교부가 검인정하여 간행된 인문계 고등학교용 한문교과서 17종과 1970년 3월에 문교부가 위의 17종의 저자 21인의 공동명의로 간행한 고등학교용 한문교과서 2종(인문계 1종, 실업계 1종)을 대상으로 형태적 분류를 통한 구성상의 특징을 고찰하고, 고등학교 한문교과서의 형태별 구성을 ①入門·附錄, ②熟語短文句·格言, ③漢籍, ④韓國漢文, ⑤기타문 등으로 분류하여 각 소단원별 구성 비율을 밝혔다. 윤정자(1983)는 제1~4차 교육과정에 의해 개발된 한문교과서를 대상으로 교과서의 내용에 의거해 제1기~제4기로 구분하고, 각 시기별 한문교과서의 특징을 ①주체성의 강화, ②교훈성의 양화와 정서교육의 강화, ③내용의 다양화와 체계화 등으로 제시하였다.

황인수(1994)는 해방이후 시작된 교수요목기부터 제5차 교육과정기에 개발된 중·고등학교한문 교과서의 변천 양상을 고찰하였다. 한문 교과서의 내용상으로 해방 직후의 교과서는 어수선한 사회 분위기를 바로 잡고 민주주의의 우월성을 강조하기 위한 단원이 많이 설정되었고, 이후에는 한국한문학과 중국한문학 중에서 순수하고 문학성이 뛰어난 작품이 많이 설정되었음을 밝혔다. 그리고 한문 교과서의 형식면에서 해방 직후는 운문이 없는 교과서가 있었으나, 그 뒤로는 운문과 산문이 고르게 설정되었음을 밝혔다. 마지막으로 주당 한문 시간을 늘리고, 한문 교사의 교수 능력을 제고하며, 한문 문법 용어를 통일할 것을 제안하였다.

Ⅳ. 맺음말

학교 교과 교육의 하나인 한문과 교육은, 본질적으로 한문과 교육과정의 성격, 목표에 터한 내용을 가르치지만, 학교 교실 수업 현장에서는 기본적으로 교육과정의 내용을 반영한 교과서를 주요 매체로 이용하여 학습자에게 가르치게 된다.[2] 앞서 밝혔듯이 한문 교과가 독립된 이후에 간행된 중고등학교 한문교과서에 대한 연구는 궁극적으로 한문교과서에 반영된 교육과정의 문제점과 이에 대한 개선을 촉구하는 것으로 귀결되어 있다. 그 예의 하나로 2007년 개정 교육과정에서 제7차 교육과정까지 대 영역이었던 '한자어' 영역이 중영역인 '어휘' 영역으로 바뀐 것을 들 수 있다. 이는 중고등학교에서의 한문교육의 중점이 언어생활에서의 활용을 통하여 한문교육의 실용성을 중시하는 어휘 교육에서 한문의 독해를 통하여 한문교육의 독자성을 강화하는 한문 문장의 학습으로 옮겨갔음을 의미하는 것이다.[3]

이와 같은 한문과 내용 체계상의 근본적인 변화는 한문교육학 연구자들에 의하여 제3~7차 교육과정에 의해 발행된 한문교과서를 다양한 각도에서 분석한 결과물에 힘입은 것이다. 우리는 이를 통해 한문과 교육과정이 한문교과서의 체제와 내용을 결정하고, 한문교과서가 교육 현장에서 교수·학습하는 과정에서 제기된 문제들에 의해 교육과정의 내용이 바뀌는 과정을 살펴볼 수 있다. 이것은 지난 30년간의 한문교육 기간을 거치면서 한문교육학이 학문적으로 깊이 자리했음을 반증하는 것이다. 물론 이와 같은 성과는 앞서 밝혔듯이 지난 30년간 축적된 한문학의 연구 성과가 지속적으로 한문교육학의 내용을

---

2) 김왕규(2008), 38면.
3) 정재철(2008), 104면.

심화하는 데 기여했기에 가능하였다. 앞으로 한문교육학 전공자와 한문학 전공자의 긴밀한 협조 하에 새로운 교육과정에 의해 개발된 한문교과서에 대해 연구가 심도 있게 진행되고, 그에 따른 결과물을 지속적으로 교육과정에 반영시켜야 할 것이다.

참고문헌

김경수(2009), 「한문과 교재 연구의 필요성」, 『한자한문교육』 제22집, 한국한자한문교육학회.

김왕규(2008), 「한문교과서 단원 구성의 원리와 방안」, 『한문교육연구』 제31호, 한국한문교육학회.

정재철(2008), 「중학교 한문교과서에서의 어휘 교육의 위상-중학교 한문 과목의 정체성과 관련하여-」, 『한문교육연구』 제31호, 한국한문교육학회.

제2부

한문교과서의 개발에 대한 연구

漢文科 敎科敎育에 있어서 敎科書 問題

宋秉烈

Ⅰ. 들어가는 말

時代精神을 따르지 못하는 권위적인 敎育制度, 낡은 學校施設, 새로운 가치와 지식을 충분히 담아내지 못하는 교과서, 신세대의 변화에 적응하지 못하는 교사의 敎授方法 등은 오늘날 학교 교육이 안고 있는 話頭이다. 요즘 들어 대중 언론에 자주 거론되고 있는 '학교붕괴'의 소리는 이러한 문제를 해결하라는 경고의 메시지이기도 하다.

學校施設, 敎授方法 등은 財政과 敎師 硏鑽의 문제이므로 재원과 시간만 있으면 쉽게 해결할 수 있는 문제이다. 따라서 교과 교육에 미치는 영향은 비교적 적은 편이다. 그러나 교육제도와 교과서는 교과교육의 방향과 실천을 담보하는 중요한 요소이다. 상대적으로 다른 것에 비해 중요한 제도와 교과서가 자기 정체성(正體性: identity)을 찾지 못한다는 것은 심각한 문제가 아닐 수 없다.

그렇다면 초등학교에서는 재량활동, 중학교와 고등학교의 정규교과로 자리잡고 있는 한문과는 이와 같은 현상이 없는가? 한문과 역시 한국 사회 교육의 한 흐름 속에 있으므로 사회가 겪고 있는 문제를 고스란히 겪고 있다.

教科教育의 측면에서 한문과 교육의 정의는 다음과 같다. "漢文科 教育은 한문과 내용을 구조화하고 교육대상자의 능력수준에 맞게 효과적으로 가르치는 방법을 다루게 된다. 유능한 한문과 교사는 한문 내용을 깊이 있고 폭넓게 알 뿐만 아니라 그것을 교육대상에 알맞게 재조직하여 잘 가르칠 수 있는 능력을 구비해야 한다."[1] 이러한 정의에 따라서 유능한 교사가 漢文科 敎育을 실천하고자 한다면, "한문과 내용의 파악→교육대상 파악→교육대상에게 적합한 내용으로 구조화 및 재조직→교육방법의 개발→실천"의 과정을 거쳐야 한다는 뜻이다. 이러한 과정만 성공적으로 마칠 수 있다면 漢文科 敎育은 매우 바람직하게 진행이 된다.

그러나 학교 붕괴가 새로운 담론으로 떠오르고 교육의 위기가 논의되고 있는 현실 속에서 적확한 문제의 파악과 그에 대한 새로운 대안 마련이 없다면, 漢文科 敎育에 대한 정의를 강조하고, 漢文科 敎育의 목표를 강조해도 대답 없는 메아리와 같이 무의미해질 수가 있다. 따라서 이러한 문제 해결을 위해서 우선 문제의 원인이 되는 요소들을 진단하고 그 해결의 실마리를 찾아내야 한다. 학계는 이에 대해서 깊은 관심을 보여야 할 때이다. 본고는 이러한 문제의 심각성에 주목해서 현행 한문교과서와 그 제도를 살펴보고 어디서 문제가 기인했는지를 진단해내고 그 대안을 모색해보고자 한다.

---

1) 정우상, 「漢文科敎育의 槪念」, 『漢文科敎育論』, 韓國漢字漢文敎育學會 編, 한샘, 1994.

Ⅱ. 漢文科 敎育의 교과서

모범적이고 법을 잘 준수하는 사람을 두고 '교과서 같다'고 한다. 이 말의 의미를 새겨본다면, 교과서(text)는 우리가 따라야 할 가장 기본이 되는 '그 무엇'이라는 것이다. 즉, 문화적인 의식과 가치, 관행으로 타인과의 교류를 수행할 때에 기본과 중심이 되고 다른 것보다 우선적으로 고려 대상이 되는 것이라는 뜻이다. 이와 같이 교과서란 말에는 긍정적인 의미가 內含되어 있다. 그러나 또 다른 측면에서 '교과서'라는 말은 우리에게 있어 매우 권위적인 언어로 사용되었다. 자유로운 행동이나 思考와는 좀 동떨어지며, 창의적인 생각을 억제하는 부정적인 의미로도 사용된 것이 사실이다. 이 말을 따져보면 보수적인 가치관이 진보적인 가치관을 억압하는 이미지로 여겨져서 사회가 변화될 때에는 다소 적응을 못하고, 때로는 깨트려야 할 대상이 됨을 의미한다.

우리나라에서 교과서에 대한 법률적 풀이는 "'교과서'라 함은 학교에서 교육을 위하여 사용되는 학생용의 주된 교재와 그 교재를 보완하는 음반·영상저작물 등(이하 "보완교재"라 한다)을 말한다."[2]이다. 이는 학교 교육에 있어서 교과서란 수업 진행의 중심이며 교육 내용의 자료적인 측면에서 가장 우선적인 것임을 뜻한다.

이러한 법률적 지위에 의한 교과서 성격의 의미를 풀이해보면, 학교는 국가가 지정한 교육 기관이며 사회가 필요로 하는 지식을 전수해야 하는 기능을 맡고, 교과서는 바로 국가가 필요로 하는 지식을 담아내는 그릇이라는 뜻이다. 국가가 교육의 목표를 그 사회가 필요

---

2) 「교과용 도서에 관한 규정」 1장 2조 2항, 『敎科用圖書關聯法規集』, 한국교과서 연구소.

로 하는 인간형을 만들어 가는 것이라고 한다면, 교과서는 사회의 지식과 정보의 가장 중요한 길목에서 지식과 정보를 집합해내고 수용자에게 전달하는 구실을 한다. 따라서 교과서는 당대 사회의 구성원들의 가치와 지식을 함축적으로 담아내는 기능을 한다.

그러나 변화하는 시대에 새로운 가치관이 미처 설정되지 않은 상태에서 당대 사회의 구성원들이 가치와 지식이 바뀌어 가는 때에 교과서 기능은 매우 권위적이고 때로는 시대의 흐름을 거스를 수도 있다. 오늘날은 산업화 사회에서 정보화 사회로 전환되어 가는 과도기적 시기이다.

漢文科 敎育에서 한문교과서는 漢文科 敎育 내용의 가장 우선적이고 중요한 자료이다. 한문교과서는 漢文科 敎育의 성격과 목표를 가장 잘 구현해 낼 수 있도록 구성되어야 하는 것이다. 교육과정에서도 漢文科 敎育의 성격을 "한문과는 한자, 한자어, 한문을 익혀 언어생활에 활용하며, 한문 문장을 독해할 수 있는 기본적인 능력을 기르고, 선인들의 삶과 지혜를 이해하며, 건전한 가치관과 바람직한 인성을 함양하고, 전통 문화를 계승 발전시키도록 하며 또한, 한자 문화권 내에서의 상호 이해와 교류를 증진시키는 데 토대가 되는 교과"[3]라고 정의하였다.

'한자와 한자어, 한문을 익혀서 언어생활에 지장이 없어야 한다'는 정의는 국가가 국민들에게 기본적인 한자 해득의 필요성을 인정하고, 이를 학교 교육에서 성취해 낼 수 있게 하기 위해서 정한 것이다. 최소한 우리 생활 속에서 사용하는 언어에 들어있는 한자나 한자어만큼은 충분히 이해시킬 수 있도록 교육하여야 한다는 뜻이다. 또한 '한문

---

3) 교육부, 『한문, 교련, 교양 선택과목 교육과정』, 교육부 고시 제1997-15호 [별책 17], 28면.

문장을 독해할 수 있는 능력을 기르도록 한' 것은 대학이나 기타 연구
기관에 가서 한국학이나 동양학을 연구할 수 있는 기초 능력을 배양
하기 위해서 정한 교육의 목표이다. '건전한 선인들의 삶과 지혜를 이
해하며, 건전한 가치관과 바람직한 인성을 함양하고 전통을 계승 발
전시키도록 한' 것은 한문 고전이 오랜 역사를 거쳐서 축적되어 온 지
혜와 전통적으로 계승된 한국적인 가치관과 아름다운 인성을 쌓도록
하여 민족 전통을 계승 발전 시켜보자는 뜻에서 정한 목표이다. '한자
문화권 내에서의 상호 이해와 교류를 증진시키자'는 것은 국제적인
관계에서 동아시아는 한자·한문문화권으로 역사적인 공통분모를 지
니고 있으므로 세계화 시대에 한자·한문으로 근접한 국가를 문화적
으로 이해하고, 그들과 교류하자는 뜻에서 정한 목표이다.

따라서 이러한 漢文科 敎育의 성격은 한문과 교과서 내용 구성의
법률적인 구속력을 갖게 된다. 이는 교과서 집필시의 유의사항으로
포함이 되며, 2종 교과서 검정의 평가 기준이 된다. 그렇게 해서 선정
된 교과서는 漢文科 敎育의 성격을 잘 반영한 것이 된다.

그러나 역시 급격한 교육환경의 변화로 인하여 한문교과서 역시 그
권위적인 지위에 도전을 받고 있다. 중학교 고등학교 모두 '한문교육
용 1800자'를 익히도록 되어 있으나[4], 현실적으로 자기 이름도 제대
로 쓸 수 없는 지경에 이르고 있다. 이러한 현상은 대학으로도 연장
되어 대학생이 대학 교제도 읽지 못하는 우스운 현상을 빚어내고 있
다.[5] 이러한 폐단은 漢文科 敎育을 제한하는 여러 가지 정책적인 잘

---

4) "중학교 한문 교육용 기초 한자 900자의 음과 뜻을 알고 쓸 수 있다."(교육부,
   『중학교 재량활동의 선택 과목 교육과정』, 교육부 고시 제1997-15호 [별책 16]).
   "고등학교 한문 교육용 기초 한자 900자의 음과 뜻을 알고 쓸 수 있다."(교육부,
   『한문, 교련, 교양 선택과목 교육과정』, 교육부 고시 제1997-15호 [별책 17]).
5) 1993년 12월 22일 조선일보, "대학교수들은 잘못된 어문정책으로 대학생의 3분

못에서도 기인하지만, 한문과 교과서도 일정부분 책임이 있다.

한문교과는 언어생활을 원활히 하는 것을 목표로 삼았다고 하지만, 한자수의 제한과 교과서 구성 체제의 원칙에 갇혀서 현실적으로 사용되고 있는 신문이나 서적 및 인쇄물 등에 나오는 한자마저 소화해내지 못하는 경우가 많다. 즉, 교육과정이 요구하는 한문교과서의 구성과 내용의 원칙은 현행 한문교과서의 다양한 구성을 제한하고 있음을 느낄 수가 있다. 게다가 지금까지 한문교과서는 인문계 고등학교와 실업계 고등학교가 똑같이 학습하도록 되어 있어 인문계 고등학교보다 전공에 따른 교육을 받고 있는 실업계의 경우는 정작 자신들의 전공 영역과 관련한 한자교육을 전혀 할 수가 없게 되어 있다. 따라서 실업계의 파행은 인문계보다 더 심각한 편이다. 이러한 문제는 교육현장에서 바로 나타나 오늘날 '교육 붕괴'라는 담론이 떠오르기 전부터 '한문'과는 파행적인 교육이 있어왔다. 다라서 논의의 편의상 6차 교육과정 검인정 교과서 심의 과정을 되짚어 본다.

Ⅲ. 교과서 심의제도와 한문교과서

1. 교과서 심의와 한문교과서

교육과정이 개편될 때마다 교육부는 이전보다 나은 교과서를 만들기 위해서 다각도로 노력해왔다. 6차 교육과정 교과서 선정 때에는

의 1가량이 한자가 섞인 교재를 제대로 읽지도 못하는 것으로 판단하고 있다. …중략… 「한국리서치사회조사연구소」(소장 박수일)가 「한자교육진흥회」(회장 이재전)의 의뢰로 제주도를 제외한 전국 4년제 대학의 전임강사 이상 교수 500명을 상대로 개별면접 조사한 결과…「한자가 섞인 교재를 못 읽는 대학생이 있느냐」는 물음에 80.4%가 「있다」고 했으며".

5차 때의 문제점을 보완할 수 있도록 선정기준을 보완하였다. 그러나 이러한 교과서 선정 기준의 보완이 과연 실효성이 있는지는 의문이다. 검인정 교과서를 선정하기 전, 교육부 편수국장이었던 한명희님은 『교과서 연구』 제22호에 이렇게 썼다.

> 2종 교과서를 선정함에 있어 가장 중요한 것은 교과서로서 갖추어야 할 기본적인 요건을 제대로 갖추었느냐를 선정 기준으로 검토하는 일일 것이다. 여기서 우리는 좋은 교과서로서의 요건 중 몇 가지 사항을 검토해 볼 필요가 있다.
>
> ◦ 필수적인 학습 요소를 포괄하면서, 정선된 내용으로 구성되어 있는가?
> ◦ 학습할 내용이 배우기 쉬운 순서와 형태로 선정. 조직되어 있는가?
> ◦ 학습할 내용을 스스로 검토하여 재조직할 수 있는 기회가 제공되고 있는가?
> ◦ 학습할 내용의 이해를 돕기 위하여 필요한 자료(삽화, 사진, 각종 통계 등)들이 체계적으로 적절하게 제시되고 있는가?
> ◦ 학습자가 능동적으로 학습하고자 하는 의욕이 일어나도록 체제나 내용이 구성되어 있는가?[6]

이와 같은 조목은 곧 교과서를 뽑는 선정 기준이 되었으며, 교과서 심의기구는 바로 이 같은 원칙을 기준으로 삼아서 6차 교육과정 교과서를 선정 작업을 하였다. 따라서 6차 교육과정 선정 작업이 위의 원칙을 잘 따랐다면, 교과서는 필수적인 학습요소가 모두 포괄되어 있고, 학습할 내용이 배우기 쉬운 순서와 형태로 조직되어 있으며, 학

---

6) 한명희, 〈교과서 선정의 공정성 확보〉, 『교과서 연구』 제22호, 사단법인한국2종 교과서 협회, (1995년 8월).

생들은 학습내용을 스스로 검토하여 재조직할 수 있으며, 필요한 자료들이 체계적으로 적절하게 제시되어 있으며 학습자가 능동적으로 학습하고자 하는 의욕이 일어날 수 있는 체제와 내용을 갖추었다는 뜻이다.[7)]

특히 '학습자가 능동적으로 학습하고자 하는 의욕이 일어나도록 체제나 내용이 구성되어야 한다'는 항목은 이전의 교과서 선정기준에는 없던 새로운 항목이다. 이 항목은 교과서를 경쟁력이 있는 圖書로 만들어 보고자 해서 내놓은 것이다. 그 때까지 교과서는 상업적 출판인 '참고서'에 비해 종이의 질이나, 편집에서 뒤떨어졌기 때문이다. 뿐만 아니라, 내용 설명에 있어서도 참고서나 자습서의 상세함에 비해서는 매우 낙후되어 있었다. 따라서 학생들에게는 교과서 외에 참고서를 반드시 구비해야 한다는 이중의 부담을 주었다.

그런데 이러한 기준 항목이 실제 교과서 제작과 사용에서 성공하기 위해서는 다음의 두 가지 문제의 선결이 전제가 되어야 했다. 첫째는 당시 교과서 출판의 여러 가지 규정, 예를 들면 '쪽 수의 제한' '색도의 제한' 그리고 '내용 규정의 제한' 등의 문제를 극복하는 것이고, 둘째는 첫째 문제가 해결된다면, 교과서가 편집과 내용면에서 상업적

---

7) 필자는 6차 교육과정 교과서 한문과 심의에 참여한 바 있다. 당시 교육현장에서는 5차 교육과정에 따른 한문교과서를 사용하고 있었는데, 많은 교사들이 한문 교과서에 대해서 상당한 불만을 가지고 있었다. 내용은 재미없고 문법을 지나치게 도식화해서 단조로운 것이 답답하기까지 했었기 때문이다. 그래서 심의가 잘못되어서 그렇겠거니, 하고 막연히 생각했다. 그런데 막상 심사에 임해보니 심의 대상에 올라온 책들은 모두가 심의 규정을 잘 준수한 책들이었고, 수준도 비슷해서 우열을 가리기가 어려웠다. 심사가 끝나고 보니, 이전의 교과서에서 문제시되었던 문법의 도식화를 비롯하여 몇 가지 문제는 해결되었다. 그리고 선정된 교과서들은 심의 규정에 언급한 내용들을 두루 가지고 있었기 때문에 이 정도면 교육 현장에서 좋은 수업을 할 수 있겠다고 생각했지만 이는 희망에 불과할 뿐이었다. 한문 교과서들의 기본 틀은 전혀 바뀌지 않고 예전과 다름이 없었기 때문이다.

출판물인 참고서를 극복해야 한다는 것이다. 이 두 가지 문제는 상호 유기적인 관계에 있기 때문에 첫 번째 문제에 따라 두 번째 문제의 결과가 달라진다는 것이다. 그러나 6차 교과서 제작 심의 과정에서는 이런 면이 고려되지 않았다. 첫 번째 항목부터 과거의 기준을 극복하지 못했으며, 따라서 두 번째 문제인 상업적 출판의 참고서 및 자습서를 출발부터 극복할 수 없었다.

실제로 6차 교과서(上, 下)에서 구성만큼은 많은 노력을 시도한 것이 사실이었다. 예를 들면 '어구풀이' 등을 매우 자세하게 하도록 하였고, 제시된 모든 문장은 번역문을 싣도록 했으며, '평가문제'는 '정답'까지 제시토록 하였다. '추상적인 질문'이나 '~을 해보자'는 식의 막연한 질의는 배제하였다. 서술형의 질문은 반드시 例示를 보여주도록 했다. 이는 6차 교육과정 교과서가 학습자의 능동적 학습이 가능하도록 배려한 것이다. 한문교과서의 이와 같은 작업 목적은 학습 참고서 없이도 능동적 학습이 가능하도록 하는 것이었다.

그러나 결과는 학습자의 능동적 학습이 이루어지지 않았고, 상업적 출판은 여전히 한문교과서를 압도하고 있었다. 결국 학생들은 갈수록 학업에 관심이 없고 교과서는 아예 가방 속에 넣어오지도 않았다. 교과서에 실린 작품이나 그 저자 등이 학생들에게 존경받던 위상에 비하면 오늘날 교과서의 위상은 너무나 초라한 모습이 아닐 수 없다.[8)]

---

8) 필자는 고등학교 때 국어 교과서에 실렸던 서정주 시인의 「국화 옆에서」를 가장 좋아했다. 그 때 국어 선생님께서는 서정주 시인의 생애와 세계를 3단계로 분류해서 가르쳐 주셨다. 그리고 작품을 이리 쪼개고 저리 쪼개서 아주 훌륭한 시로 설명을 했으며, 결국 시험에도 그 작품에 관한 많은 내용을 출제하셨다. 그래서인지 서정주 시인과 「국화 옆에서」란 작품이 최고의 작품인 것으로 믿었다. 그러나 그런 믿음은 대학에 진학하자마자 깨지고 말았으며, 나중에는 속으로 내가 그렇게 믿도록 가르치신 그 선생님에 대한 존경심도 줄게 되었다.

이에 교육부는 그 동안의 교과서에서 문제점을 시정하기 위해 7차 교육과정에서는 새로운 교과서 형식을 시도하였다. 다음 글은 제7차 교육과정에 의거한 2종 교과용 도서에 대한 집필상의 유의점에서 제시한 바람직한 교과서의 像이다.

1. 교과서관은 교육과정 구현을 위한 다양한 자료중의 하나(주된 자료)인 교과서 지향, 교육과정 중심의 학교교육에 적합한 교과서, 기능·태도 영역에 유의하고 창의력, 사고력 배양 강조
2. 교과서 진술형태는 다양한 사실, 사례 제시형, 학습 과정(절차와 방법) 중시형 교과서
3. 단원전개 체제는 단원, 주제의 성격에 따른 다양한 전개 체제 적용
4. 내용의 선정은 핵심 개념과 관련된 실생활 경험, 사례 중심, 학생 중심 내용의 선정
5. 내용의 조직은 관련 지식과 실생활 경험을 통합하여 조직, 다양한 편집체제의 도입
6. 연구개발 과정은 기초 연구를 보다 중시한 교과서 개발[9]

이러한 교과서 개발의 방향은 과거 교과서 내용을 금과옥조로 여기고 교과서만을 중심으로 한 학교교육, 지적 영역 중심의 교과서, 지식 요약과 개념 압축형, 강의 요강형 교과서, 모든 교과서가 하나의 전개 체제 적용, 지식 중심, 교사 중심의 내용선정, 교과서 내용의 실생활과의 유리, 지식 체계별 단선형 조직, 문장과 삽화의 단조로운 구성, 기초 연구가 소홀히 된 교과서[10]의 문제점을 뛰어 넘는 것으로 매우 말 그대로 기대되는 교과서이다. 게다가 교과서의 외형에 있어

---

9) 교육부, 『제7차 교육과정에 의거한 2종 교과용 도서 「집필상의 유의점」(중학교)』, 4면, 1999. 1.
10) 앞의 책, 4면.

서도 파격적인 수준이다. 과거 국판에다가 지질도 떨어지고 색도도 기껏해야 1~2도에 불과했던 것을 혁신적으로 개선했다.

　　　가. 판형은 4×6배판을 원칙으로 함, 규격은 현행 교과용 도서의
　　　　　4×6배판의 규격 사양
　　　나. 지질은 본문용지: 교육부가 개발 중인 교과서 용지 사용(80±5g/m2
　　　　　정도의 상질지) 단, 미술, 사회과부도는 아트지 120(g/m2)
　　　다. 색도는 6도: 사회과부도, 4도: 사회, 과학, 기술·가정, 체육,
　　　　　미술, 영어, 환경, 2도: 수학, 음악, 한문, 컴퓨터 ……이하 생략
　　　　　……11)

　　교육부가 정한 7차 교육과정 교과서 개발의 방향은 매우 고무적인 일이다. 이와 같은 개발의 방향대로 교과서가 만들어진다면 앞으로의 교과서는 매우 다양하고 그 서술 방식도 재미있을 것이다. 따라서 매우 바람직한 학교 교육이 이루어질 수 있으리라고 기대한다. 그러나 이렇게 바람직한 교과서 개발의 방향에도 불구하고 타교과 교과서와 달리 한문교과서에서는 근본적인 문제가 해결될 것이라는 교육부의 기대에 필자는 의구심을 갖지 않을 수 없다. 즉, 단지 외형상의 변화를 통해서 교과서가 않고 있는 모든 문제가 해결될 수는 없다는 것이다.
　　6次 敎育課程 교과서 전시 중에 많은 교사들은 한결같이 "막상 전시본 교과서를 펼치고 나면 다양할 줄 알았는데 모든 교과서가 다 비슷해서 무엇을 택할 것인지 고민스럽고 실망스럽다"고 말했다. 이러한 현상들이 교과서의 높은 질이 서로 비슷해서 일어나는 일이라면 그나마 다행이겠지만, 그러나 결론은 아니었다. 질이 높아서가 아니라, 담고 있는 내용과 편집이 비슷했기 때문에 일어난 일이었다.

---

11) 앞의 책, '교과용도서 외형체제', 74면.

　다양한 필자와 출판사가 서로 약속도 하지 않은 상태에서 교과서를 집필하였는데, 교과서 제작이 끝나고 나면 약속이나 한 듯이 서로 흡사하게 닮아있었다. 지난 6차 교육 과정에 따른 검인정 도서는 중학교 8종, 고등학교 8종의 교과서 각기 6차 교육과정 1차 년도가 시작될 무렵 전시되었다.(고등학교는 2차 년도에는 재심에 의해 3종의 교과서가 추가되어서 11종 교과서로 전시본이 늘었다.)

　중학교 1학년 한문교과서 내용을 분류한 〈표 1〉[12)에 따르면 한자관련 내용이 31%, 한자어 관련 내용이 60%로 되어 있다. 궁극적으로 한자, 한자어가 91%의 비율을 차지하고 있음을 볼 수 있다. 이는 중학교 한문 교과서가 한자·한자어로 획일화되었음을 보여주는 것이다. 한문을 가르칠 때에 반드시 한자, 한자어의 순서를 밟아야 되는 것은 아니다. 여러 가지 방법과 과정이 있을 수 있다. 낱개 글자의 한자부터 비롯해서, 2글자의 한자어, 4자의 한자성어 또는 문장, 5자 이상의 문장 등 다양할 수가 있다. 특히 한문은 2글자에서도 문장이 성립될 수 있는 언어이다. 한자의 익힘도 문장을 통해서 익힐 수도 있고, 한자를 먼저 배우고 한문을 나중에 배울 수도 있다. 또한 짧은 글을 먼저 배우고 한문을 배우며, 한자어는 부수적으로 따라 배울 수도 있다. 옛날 분들은 어려운 유교의 경전을 가르치기 전에 『천자문』 『사자소학』[13) 『동몽선습』 등 다양한 체제의 학습서를 만들어서 가르쳐왔다.

---

12) 최오현, 중학교 한문 교과서의 문제점과 그 개선 방안에 대한 一考, 〈한문교육연구〉 제11호, 한국한문교육학회간, 1997. 6.

13) 四字小學은 4글자씩 작문을 해서 배우는 사람들이 쉽게 암송할 수 있도록 만들었는데, 한문의 기본적인 문법과 지식들이 반복적으로 체계화되어 있다. 게다가 이는 소학이라는 명칭대로 유교가 지향하는 가치관을 어린아이들이 배울 수 있도록 쉽게 구성해 놓았다.

『천자문』은 글자를 학습하는 교재로 알고 있지만, 6세기경 周興嗣 (470?~521)가 梁武帝의 명에 의해서 지은 것이다. 4글자를 하나의 句로 만들었다. 모두 250句로 글자 수는 1천 자이다.[14] 천자문은 250구로 이루어진 四言古詩인 셈이다. 『四字小學』도 역시 어린이들에게 漢字를 가르치기 위해서 만든 기초적인 교재이다. 당시의 유교의 교리를 가르치기 위해서 朱子의 소학과 다른 경전의 내용 가운데에서 쉽고 필수적인 내용을 뽑아서 역시 4글자를 하나의 구로 엮었다.[15] 모두 1,280자가 쓰였다. 역시 1,280자로 된 四言의 文章인 셈이다.

이는 한문교육의 과정에서 한자 학습을 하되, 문장 학습을 겸하고 있다. 따라서 하나의 교재에 낱글자 학습과 문장 학습을 동시에 하도록 되어 있다. 즉 다양한 접근 방법이 있다는 뜻이다. 이와 같이 옛날 한자·한문 초보학습서에서 한자·한문 학습을 동시에 하도록 꾸며 놓아 학습에 지루함이 없도록 꾸몄는데, 오늘날 중학교 교과서가 한자와 한자어 학습으로 획일화된 까닭은 교육과정에 목표와 내용을 한

---

14) "天地玄黃, 宇宙洪荒, 日月盈昃, 辰宿列張…(하늘과 땅은 검고 누르며, 우주는 넓고 끝없다. 해와 달은 차고 이지러지며 뜨고 지고, 별들은 하늘에 펼쳐져 있다. ……)"로 시작되는 데 4글자씩 반복되는 글자 없이 250구절로 이루어져 있다. '하늘천, 따지'식으로 낱글자만 배우는 것이 아니다.

15) 父生我身, 母鞠我身, 腹以懷我, 乳以哺我, 以衣溫我, 以食飽我, 恩高如天, 德厚似地, 爲人子者, 曷不爲孝, 欲報其德, 昊天罔極, 晨必先起, 必盥必漱, 昏定晨省, 冬溫夏淸, … (아버지는 내 몸을 낳아 주시고, 어머니는 내 몸을 길러 주셨네. 어머니는 뱃속에서 나를 품으시고, 내게 젖을 먹여 길으셨네. 옷을 입혀주셔서 나를 따뜻하게 해주시고, 밥을 먹여 나를 배부르게 하셨네. 부모님의 은혜는 하늘같이 높고, 땅같이 두텁구나. 사람의 자식으로 어찌 효를 행하지 아니하리오? 부모님의 은덕을 갚고자 하나, 하늘같이 다함이 없네. 새벽에 부모님보다 먼저 일어나서 반드시 먼저 세수하고 양치질을 하라. 저녁에는 부모님의 잠자리를 정해드리고, 새벽에는 안부를 살피고, 겨울에는 따뜻하게 해드리고 여름에는 시원하게 해드려라…)는 내용으로 전개되는데, 父子, 君臣, 夫婦, 長幼, 朋友간의 도리인 오륜을 주로 언급하였다.

자와 한자어로 못 박아 놓았기 때문이다.[13] 우리의 교육과정은 교육
과정의 큰 틀만 제시하는 것이 아니라, 아예 세부적인 방법과 구성을
결정하고 학습 내용까지도 정한다. 현행 교과서 정책에 있어 핵심은
교과서의 개발 방향이 아니라, 교과서 내용과 구성을 정의하는 교육
과정이기 때문이다. 다음은 6次 敎育課程에서 제시한 중학교 1학년의
한자→한자어→한문의 교육 내용이다.

〈표 1〉

출판사	총과	한자 위주과	한자어 위주과	10자 내외 한문 위주과	10자 이상 한문 위주과	한시 위주과	한자·한자어 비율%
교학연구사	22	12	8	2	·	·	91
을유문화사	22	2	19	1	·	·	95
정법문화사	22	6	15	1	·	·	95
(주)중앙교육 진흥연구소	24	8	15	1	·	·	96
(주)지학사	22	6	11	4	1	·	77
지학사	21	9	11	1	·	·	95
학습개발	23	7	12	4	·	·	83
(주) 한샘교과서	22	6	16	·	·	·	100
계	178	56	107	14	1	·	
비율	100	31	60	8	1	·	91 (필자수정)

　　나. 학년별 내용
　　〈1학년〉
　　-한자-
　　(1) 한자의 음과 뜻 알기

---

16) 한문과는 한자와 한자어를 익혀 언어생활에 활용하게 하고, 한문을 독해할 수
　　있는 능력을 기르게 하며(교육부, 『중학교 한문과 교육과정 해설』).

　(2) 한자의 기본 필순을 알고 바르게 쓰기

　(3) 한자의 짜임을 통하여 한자의 형, 음, 의 이해하기

　(4) 한자를 익혀 언어생활에 활용하기

　(5) 부수에 대하여 알고, 자전에서 한자 찾기

　-한자어-

　(1) 한자어의 음과 뜻 알기

　(2) 한자어의 짜임을 통하여 한자어 풀이하기

　(3) 한자어를 익혀 언어생활에 활용하기

　(4) 고사성어를 풀이하고 이해하기

　-한문-

　(1) 간이한 문장을 풀이하고 이해하기

　(2) 문장의 기본 구조 알기

　(3) 좋은 글귀를 이해하고 그 감명 되살리기

　(4) 평이한 시구를 풀이하기

　(5) 한문 속에 담긴 선인들의 사상과 감정 이해하기[17)]

　〈표 1〉에서 분류한 내용과 그대로 일치하고 있다. 〈표 1〉에는 나와 있지 않지만, 교과서 구성을 보면 신출한자 및 한자의 음과 뜻, 한자의 기본 필순, 한자의 짜임(육서), 한자어의 음과 뜻, 한자어의 짜임, 생활 한자어, 고사성어, 짧은 문장과 사자성어 등을 벗어나지 않는다. 심지어는 심의에 올라온 40여 종의 교과서가 모두 똑같은 구성과 내용이었다. 즉 대부분의 교과서가 하나의 구성체제로 '양식화'된 것이다.

　이러한 양식화는 중학교에만 해당되는 것은 아니다. 고등학교 한문 Ⅰ 교과서도 마찬가지이다. 그 주된 내용이 사자성어, 속담, 고사성어

---

17) 앞의 책.

와 고사, 한시, 산문 등의 내용으로 구성되어 있어 11종의 교과서를 모두 살펴보아도 크게 다를 바 없이 한결같았다. 따라서 교사들은 선택의 다양한 품목은 주어졌지만 내용에 있어서는 선택할 여지가 없었다. 상표를 보고 물건을 고르듯이 출판사의 지명도나 막연한 신뢰도에 의지해서 선택할 수밖에 없는 형편이었다. 결국 이러한 모순이 생긴 것은 제도에 의해서 교과서 내용과 편집이 획일화되었기 때문이다.

획일화의 문제는 한문문법에서도 노출되었다. 4차까지는 문법 내용을 교육과정에서 중요하게 다루지 않았는데, 5차부터는 한문문법을 중요하게 취급하여 제시하였다. 이는 한문교육에서 한문문법의 통일이라는 긍정적인 시도였으나, '보어'의 개념을 다루면서 오류를 범하고 말았다.[18] 설사 오류가 있더라도 교과서 정책이 획일화되지 않았다면 교과서 제작 중에 취급되지 않거나 시정이 되었을 것이다. 그런데, 불행하게도 모든 교과서들이 아무런 생각 없이 따랐던 것이다. 아무런 생각 없이 따랐다기보다는 선택의 여지가 없기 때문에 잘못된 것임을 분명히 알면서도 교과서에 실어놓았다. 그 후에 현장의 한문 교사들이 작은 혼란을 겪었다. 이는 교과서의 획일화가 빚어낸 결과인 것이다. [19]

이와 같이 검인정의 심의 과정을 통과한 교과서가 모두 비슷한 것은

---

18) 宋秉烈, 「敎科書 漢文 文法에 대한 再考」, 漢文敎育硏究 제10호, 韓國漢文敎育學會, 1996. 9.

19) 6次 敎育課程에서 보어 개념의 혼란에 대해 "… '술보관계'의 한자어도 그 어순이 우리말과는 다르다. 술보관계의 지도에서 유의할 점은 '보어'라는 용어가 뜻하는 바가 한국어나 영어의 경우와는 다르다는 점이다. 이 점을 학습자가 인식하여 혼란을 일으키지 않도록 하는 것이 중요하다."고 단서를 달았다. 그러나 필자는 「敎科書 漢文 文法에 대한 再考」(漢文敎育硏究 제10호)에서 보어의 개념설정이 잘못된 것임을 지적한 바 있다. 그런데, 7차 교육과정에서는 문법 부분을 아예 삭제를 해버려 수정할 기회조차 놓치고 말았다.

한문 과목만이 아니었다. 이는 무엇을 의미하는가? "국정교과서가 국가에서 일방적으로 정해준 교과 내용을 그대로 싣고 있다면, 검인정 교과서는 심의제도에 의해서 국가가 정한 교육과정을 온전하게 담아내야만이 살아남는다"는 뜻이다. 즉 검인정 교과서도 그 품목만 여러 가지라는 명색만 드러내었지, 실제로는 하나의 국정교과서와 별반 차이가 없다는 것이다. 이는 검인정교과서가 교육과정에 의해서 철저하게 제한되고 통제 받고 있다는 것을 보여주는 단적인 사실이다.

앞서 7차 교육과정의 교과서 개발 방향에서 "중등교과서는 4×6판 크기에 2~4도로 컬러화 한다"는 말을 다시금 생각하면 "국정은→검인정으로, 검인정은→크기와 색깔로"로 전환한다는 것이다. 이는 매우 진전된 인상을 주지만, 교육부의 교육 내용 제한과 교과서 선정의 주도권은 그대로 유지되고 있다는 것이다. 결국은 교육부가 국정 교과서를 통해서 교육내용을 독점해오다가 소수의 출판사와 저자들에게 나누어주는 과점의 형식을 취하기 시작했다는 것에 불과하다. 따라서 판형의 크기와 색깔의 변화로 획기적인 변화라고 여기는 것은 매우 위험하다.

2. 교과서 정책의 문제

'교과서가 왜 이같이 획일적으로 규제되고 있는가' 하는 것은 교육과정의 의사결정과정에서 잘 드러난다. 학교교육과정의 의사결정의 수준을 법률적으로 살펴보면 다음과 같다.

⑴ "학교의 교과는 대통령령으로 정한다."(초·중등교육법 제23조 ③항)
⑵ "교육부 장관은 제1항의 규정에 의한 교육과정의 기준과 내용에

관한 기본적인 사항을 정하며, 교육감은 교육부장관이 정한 교육과정의 범위 안에서 지역의 실정에 적합한 기준과 내용을 정할 수 있다. (초·중등교육법 제23조 ②항)

(3) "학교는 교육과정을 운영하여야 한다."(초·중등교육법 제23조 ①항)

(4) "교육부 장관은 교육행정의 효율적 수행을 위하여 필요한 경우에는 지방자치단체의 교육·과학·기술·체육 기타 학예에 관한 사무를 관장하는 지방교육행정기관과 학교에 대하여 평가를 실시할 수 있다.(초·중등교육법 제9조 ②항)

(5) ① "학교에서는 국가가 저작권을 가지고 있거나 교육부 장관이 검정 또는 인정한 교과용 도서를 사용하여야 한다. ② 교과용 도서의 범위·저작·검정·인정·발행·공급·선정 및 가격사정에 관하여 필요한 사항은 대통령령으로 정한다.(초·중등교육법 제29조)

위의 내용으로 보면 "교육과정의 결정권은 교육부장관, 교육과정 운영권은 교육감, 교육과정 수업권은 학교장, 교육과정 수업은 교사"로 되어있다. 교사는 의사 결정의 가장 말단에 있어 결정을 하는 사람이 아니라, 결정된 교육과정을 수행하는 사람에 불과하다. 이는 수업에 사용될 교과서 내용의 결정권은 교육부 장관에 달려 있으므로 교육부장관이 정한 교육과정은 교과서를 통해서 실현이 된다는 뜻이다. 결국 현행 교과서 제도는 교육과정으로부터 절대 자유로울 수가 없으며, 다른 선택의 여지도 없다. 교육과정에 실리지 않으면 아무리 좋은 내용이라도 실릴 수도 없고, 가르칠 수도 없다는 뜻이다.

앞서 예를 들었던 8종의 중학교 1학년 한문과 교과서가 한자와 한자어 중심으로 편성이 되었다고 한 것은 우연히 그렇게 된 것이 아니다. 교과서를 제작하는 출판사에 교육과정과 심의규정이 정해져서 전달되기 때문에 많은 돈을 들여서 교과서를 제작하는 출판사의 입장에서는 심사를 통과하기 위하여 저자에게 이와 같은 내용을 강요하지 않을 수 없으며, 출판사와 저자는 결코 교육과정에서 자유로울 수가 없는 상황이 되어 버린 것이다. 따라서 이러한 방식으로 제작된 교과서가 전국에 모두 배포되고, 교사는 교장의 명을 받아 교육과정에 따라서 같은 내용을 가르칠 수밖에 없는 실정이다. 결국 '신을 발에 맞추는 것이 아니라, 발을 신에 맞춘 꼴'이 된 것이다.

국민 기본 교육을 위해서 교육과정을 통한 학습 내용을 표준화할 필요는 있다. 표준화를 통해서 평균 이하의 학생들에게도 공평한 교육의 기회를 부여한다는 것은 근대 교육 사상인 평등교육 이념에도 적합한 일이다. 그러나 표준화된 교육과정이 도리어 지나치게 평등을 의식해서 수월성이나 다양성을 확보에 실패한다면 획일화의 오명을 벗지 못한다. 획일화는 교과서 개편 때마다 기존 교과서 자료의 베끼기를 성행하게 하는 요인이 되어, 전공자 또는 전문 연구자가 아닌 타전공의 편집부 직원이 교재를 편찬해도 변별을 해낼 수 없다.

Ⅳ. '한문교과서'의 '한문교육용 기초한자 1,800자'

한문교과서에는 "생활 속의 한자어" "보충"란 등이 교과의 본문과 아무런 관련이 없는데 실린 경우가 많았다. 이는 결국 중학교의 경우는 900자, 고등학교는 1,800자(중학교 900자 포함)의 한자를 소화하기 위해서 무리하게 설정한 것이다. 그러다 보니 교과 과정에는 들어있는데 내용 연결이 되지 않으므로 학습자에게 무리한 요구가 되고 자연히 학생들은 한문 교과가 내용이 부실한 것으로 생각하고 학습에 호응을 하지 않는 경우가 대부분이다. 과연 우리의 교과서 정책과 한문교과서 저작에서 1,800자의 규정은 꼭 필요한 것인가?

1. '1,800자'와 한문교과서 내용

현행 교육과정은 한문 교과에서 1800자의 한자를 반드시 가르치도록 규정하였다.[20] 이 규정은 한문과의 교과 내용의 주된 소재를 규정하는 단서이다. 이 규정 때문에 한문 교과가 존속할 수 있다고 알려져 있다. 이는 사실이기도 하지만, 한문과 입장에서 보면 本末이 顚倒된 인식이다. 때문에 교과서 저자들은 1,800자의 否定的 機能[21]을 알면서도 개선을 시도하지 못하고 있다.

교과서를 구성하는데 있어서 내용의 소재도 중요하지만, 그 소재를 어떻게 구성 하는가 또한 매우 중요한 문제이다. 1,800자의 한자를 아무런 내용 구성없이 나열만 한다면 교재는 아주 간단하게 만들 수 있다. 그러나 한자를 학습하는 근본 목적은 한자를 익히는데 있는 것이 아니라, 한자 지식을 통해서 한자어를 익히고 또 짧은 문장의 한문을 학습하는데 그 목적이 있다. 그렇게 하려면 일단은 한자어와 한문의 소재가 있어야 한다. 문제는 여기에 있다. 한자, 한자어, 한문의 학습 과정에 따라서 교과서를 구성해야 하는데 그게 말처럼 단순한 것이 아니다.

그 까닭을 살펴보자. 우선 1,800자의 한자의 선정은 일상생활에서 가장 많이 사용되는 한자의 빈도수를 가지고 선정된 것이다. 따라서

---

20) 교육부, 위의 책, 28~29면, "중·고등학교 한문 교육용 기초 한자 1800자를 바탕으로 한문을 독해할 수 있는 능력을 기르도록 하며……".
21) 필자는 1,800자의 선정 자체를 부정하지 않는다. 다만 교과서 제작에서 수월성과 다양성을 확보하는 데 있어서 1,800자를 성취하도록 권장하는 유연한 태도를 갖자는 것이다.

한자어는 한정되어 있으므로 한자를 가지고 한자어를 조합해 내는 데
는 여러 제약이 따르게 마련이다. 그것은 영어 단어를 가지고 숙어나
관용어구를 소화하라는 것과 같다. 한자는 낱글자가 우리의 한글자모
나 영어의 알파벳과는 다르다. 이미 낱개의 글자가 하나의 의미 있는
단어이기 때문이다.

　1,800개의 한자를 가지고 교과서의 문장을 쓰게 되면 문제는 더욱
심각해진다. 국어나 영어 등은 현재 사용하고 있는 언어이므로 새로
운 작문을 하여 단어를 얼마든지 소화해낼 수가 있다. 그러나 한문은
현재 사용하고 있는 언어가 아니므로, 옛 선인들이 사용한 문장을 재
활용해야 하는 어려움이 뒤따른다. 따라서 1,800자 범위 내에서 단어
를 사용한 선인들의 한문 문장을 찾아낸다는 것은 쉽지 않다. 혹시라
도 사용된 문장을 찾아냈어도 문제는 끝나지 않는다. 1,800자 내의
단어를 사용한 문장의 양이라는 것이 제한되어 있으므로 자연히
1,800자를 모두 소화할 수 없다. 따라서 마저 소화하지 못한 한자가
들어있는 문장을 찾다보면 내용도 부적절하거니와, 1,800자 이외의
한자들이 다수 들어가게 되어 있다.

　이러한 문제의 결과는 교과서 형식과 내용을 빈약하게 만든다. 4
차, 5차, 6차 敎育課程의 교과서의 내용을 보면 각기 저자도 다르고
교육과정도 다른데, 사용된 한자어나 한문의 문장을 보면 한결같다.

　예를 들면 '고려 공민왕 때에 어느 형제가 우애를 지키기 위해서 길
에서 주은 금덩어리를 모두 강물에 버렸다'는 '兄弟投金' 이야기는 매
교육과정 때마다 거의 모든 교과서에서 똑같이 다루고 있다. 그것은
형제간의 우애를 나타낸다는 내용의 적절성도 있지만, 결국 다른 우
애의 이야기를 끌어오지 못하는 까닭은 '형제투금'에서 사용된 한자
가 1,800자에 벗어난 것이 몇 개 없기 때문이다. 이러한 문제는 한시

에 이르면 더욱 심각하다.

〈표 2〉를 살펴보면 3차 교육과정 한문교과서인 두 개의 출판사의 책에서 나온 한시의 작품이 4차, 5차, 6차를 거치면서 계속 실린다는 것이다. 「花石亭」의 경우는 여섯 책 가운데 5번 인용되었고, 맹호의 「春曉」와 정몽주의 「春興」은 4번이나 인용되었다. 이는 위에 잘 인용되는 한시가 작품성이 뛰어나고 쉽다는 장점이 있기 때문에 계속해서 읽힐 수밖에 없다는 뜻이기도 하지만, 뒤집어서 생각해보면 이 작품들이 1,800자의 규정에 잘 맞는 작품이란 것을 쉽게 알 수가 있다. 따라서 한문교과서 저자들이 이들 작품들을 선호할 수밖에 없는 것이다. 때문에 각각의 교과서에서 실리는 작품은 서로 순서의 배열만 다를 뿐이지, 다루어지는 내용은 같아진다는 것이다. 결국 1,800자의 규정이 한문교과서의 내용을 제한하고 획일화를 종용하는 부정적인 기능으로 작용한다는 것이다.

〈표 2〉

3차 교육과정 한문교과서	
동아출판사	교학사
두보, 「絶句」	맹호, 「春曉」
맹호, 「春曉」	남이, 「男兒」
정몽주, 「春興」	정몽주, 「春興」
성석린, 「楓岳」	정지상, 「大同江」
이이, 「花石亭」	두보, 「江村」
최치원, 「秋夜雨中」	이백, 「山中問答」
이백, 「子夜吳歌」	
4차 교육과정 한문교과서	
금성교과서	교학사
정몽주, 「春興」	정지상, 「送人(大同江)」
이이, 「花石亭」	이이, 「花石亭」

이백, 「子夜吳歌」	두보, 「絶句」
최치원, 「秋夜雨中」	최치원, 「秋夜雨中」
송시열, 「金剛山」	
5차 교육과정 한문교과서	6차 교육과정 한문교과서
교학연구사	을유문화사
정몽주, 「春興」	맹호, 「春曉」
맹호, 「春曉」	이이, 「花石亭」
송한필, 「偶吟」	
이이, 「花石亭」	
두보, 「江村」	
정지상, 「送人(大同江)」	

　아무리 좋은 내용을 가진 문장이나 한시라고 하더라도 실릴 수 없는 것이 현실이다. 예를 들면 연암 박지원의 「許生傳」은 국어교과서나 문학교과서에 번역이 되어서 실릴 정도로 중요하게 다루는 작품이다. 그러나 한문교과서에서는 '고등학교 한문Ⅱ'에서만 다루어줄 뿐이다. 그것도 중요한 줄거리는 한자가 어렵다는 이유로 주요한 줄거리는 생략된 채, 주로 허생전의 도입부분인 허생의 가출 장면만을 제시하였다.

〈표 3〉

한자 수\서명	총 소요 한자 수	1회 이상 쓰인 한자 수	중학교 900자	고등학교 900자	초과한자
천자문	1,000자	1,000자	530자	237자	233자
사자소학	1,280자	462자	323자	85자	54자

　교과서에서 1,800자를 활용하는 것이 얼마나 어려운 것인가는 다음 내용을 보면 쉽게 알 수 있다. 〈표 3〉을 보면 『천자문』은 중학교 900자 한자 가운데서 530자가 쓰였고, 고등학교 900자 한자 가운데

서 237자가 쓰였다. 나머지 233자는 모두 1,800자를 벗어난 것이었
다. 즉 가장 쉽다고 여기는 『천자문』의 한자도 23.3%가 1,800자에서
벗어나 있다는 뜻이다. 물론 1,800자 기준과 다르기 때문이라는 것을
인정한다 하드라도 중요한 것은 글자가 중복되지 않고 내용을 갖추면
서 1천 자를 배열하는 데도 23.3%가 초과한자라는 것이다. 다음은 일
반적으로 많이 알려진 『四字小學』[22]이다. 『四字小學』은 모두 1,280
자로 『千字文』보다 280자가 많다. 그러나 상당수의 글자가 중복되어
서 실제 교재에 사용된 글자 수는 462자이다. 이는 전체에 36%에 불
과한 것이다. 462자 가운데, 중학교 900자 한자가 323자로 사용된
한자의 70%이고, 고등학교 900자 한자는 85자로 18%이다. 또한
1,800자 이외의 한자가 54자로 12%이다.

　이 통계로 보면 단일한 자료를 사용하더라도 중·고등학교용 한자
가 거의 혼재되어 있어서 1,800자를 고루 사용한 자료를 찾기가 어렵
다. 특히 고등학교 교과서의 경우 중학교 900자가 계속 중복되어서
교재를 구성하는 작업을 할 때에는 활용되지 않은 1,800자가 들어있
는 자료를 찾는데 많은 노력을 들여야 한다. 그렇게 해서 교재를 구
성한다 해도 많은 문제가 도사리고 있다. 정해진 시수에다가 교과서
의 분량 또한 제한되어 있으므로 무한정 실을 수가 없다. 따라서 교
과 내용과는 관계없는 "생활 속의 한자어"나 "보충"과 같은 구성을 할
수 밖에 없다.

　1,800자의 제한으로 인한 교과서 구성의 어려움은 교육과정이 개

---

22) 『四字小學』은 초학교재로 많이 쓰인 기초한문교과서이다. 朱子의 『小學』과 다
른 經傳의 내용을 뽑아서 만든 것이다. 이 책은 오랜 세월동안 초학교재로 많이
사용되었다. 그러나 저자가 알려지지 않았고, 특정하게 정해진 本도 없는 실정이
다. 따라서 여기서는 成百曉님이 편찬하신 『懸吐完譯 四字小學』(전통문화연구회)
을 기준으로 삼았다.

편되어도 크게 변하지 않는다. 따라서 새로운 교과서를 편집한다 해
도 교과서의 내용이나 형식의 변화 없이 1,800자를 무리하게 소모하
기 위한 변칙적인 행위가 계속된다. '연구'나 '보충', '생활한자어'의
항목은 한자와 한자어를 익히게 한다는 취지는 있지만, 이들 항목의
진짜 목적은 교과의 주제로 소화해내지 못하는 한자어의 소모에 있기
때문에 결국 학생과 교사는 한문교과서를 재미없는 자료로 여기게 되
는 것이다.

2. 성취기준 규정으로의 전환이 필요한 '1,800자'

앞서 1,800자가 있기 때문에 한문교과의 존속하는 것으로 알려져
있다고 말했다. 이 말에 대한 참된 의미를 되묻지 않을 수 없다. 과연
1,800자가 한문교과의 존속의 이유가 되는가? 필자의 좁은 소견으로
는 '아니다'라는 대답을 해야겠다. 한문과의 존속 이유가 1,800자의
한자를 익히게 하는 데만 한정된다면 영어교과에 있어서도 규정된 단
어만을 암기하면 영어 교육의 목표가 완성된다고 주장해도 할 말이
없게 된다. 따라서 1,800자가 한문교과의 존속이유라는 발상은 한문
교육을 지극히 한정시키는 왜곡된 시각이라는 것이다.

1,800자는 "한자, 한자어, 한문을 익혀 언어생활에서 바르게 읽고
쓰며, 한문을 독해할 수 있는 능력을 기르고, 한문 기록에 담긴 선인
들의 삶과 지혜를 이해하여 건전한 가치관과 바람직한 인성을 함양하
며, 전통문화를 계승 발전시키려는 태도를 지니고, 한자 문화권내에
서의 상호 이해와 교류 증진에 기여한다."[23]는 한문과의 교육 목표를
실현시키기 위한 최소한의 필요 요건인 것이다. 최소한의 필요 요건

---

23) 앞의 책.

은 한문과 교육 목표 실현 과정 중에서 자연스럽게 실현이 되도록 노력하여야 하는 것이다. 따라서 교과서 구성에 있어서 권장 조항으로는 필요할 수는 있지만, 반드시 교과서에 실려야 한다는 필수 조항이 되어서는 안 되는 것이다.

필자는 1990년에 우리 고전을 알리기 위해서『함께 읽는 우리 한문』(연구사)이란 책을 낸 바 있다. 이 책은 쉽고 재미있는 내용에서부터 진지하고 생각해 볼거리가 많은 내용에 이르기까지 다루었다. 한 때 이 책의 일부 내용을 가지고 고등학생들과 자유롭게 수업을 해 본 바가 있다. 그 때 이 책의 내용에 대한 학생들의 반응은 흥미롭다는 것이었다. 간혹 어렵기는 하지만, 그 것은 굳이 한자로 된 문장을 다 몰라도 내용은 받아들일 수 있다는 것이었다. 이것이 시사하는 바는 매우 크다.

즉, 현행 교육과정과 같이 1,800자를 이용해서 한문과의 목표를 실현하라는 구속적인 규정보다는 1,800자에 대해서는 성취 기준으로만 제시해주는 것이 바람직할 것으로 보인다. 꼭 필요하다면 부록에서 학교 급별과 학년 급별로 1,800자를 제시하는 것이다. 물론 이는 하나의 예에 불과한 것이다. 1,800자를 제한을 풀고, 성취 기준으로 제시하는 표준 규정의 완화에는 학계의 연구자들과 교육과정 담당자간의 밀도있는 연구가 필요하다.

V. 맺는 말

새천년을 이끌어갈 우리의 아이들은 왜 교과서를 거부하는가? 7, 80년대에도 교과서는 지금의 모습과 같았다. 그런데, 왜 그 때는 거부당하지 않았던 교과서 오늘에 와서 이렇게 문제가 되는가? 7, 80년

대까지 교과서가 신성할 수 있었던 것은 교과서 정보·지식을 독점하고 있었기 때문이다. 정보·지식의 유통 구조 속에서 국가는 중요한 길목을 잡고 있었고, 그래서 정보·지식은 매우 제한되어 있었다. 그 정보·지식을 바탕으로 국가적인 가치와 이념이 만들어졌고, 그 이념을 교육과정에 담았으며, 교과서는 이를 담아내는 그릇을 한 것이고 교사는 이를 수행하는 기능을 한 것이다.

그러나 90년대 이후 들어와서는 상황이 매우 달라졌다. 이젠 정보·지식에 있어서 국가는 모든 것을 독점할 수 없게 되었다. 이전과 같이 하나의 국가적 이념이 통하는 시대가 아닌 것이다. 이는 정보·지식의 유통 경로가 다양화되었기 때문이다. 전에는 정보의 유통 경로에서 국가가 가장 정확한 정보와 많은 지식을 가졌기 때문에 국가의 판단을 따를 수밖에 없었지만 이제는 유통경로도 다양해졌을 뿐만 아니라, 정보와 지식의 量도 과거에 비해 훨씬 많아졌기 때문에 국가가 독점적으로 수용할 수가 없게 되었다. 국가 정해준 교육과정을 그대로 수행해왔던 교사도 이제는 정보와 지식의 중심에서 벗어나게 된 것이다. 결과적으로 교과서의 정보와 지식은 오늘날같이 다양한 정보와 지식이 난무하는 세계에서는 일부분을 차지할 수밖에 없게 된 것이다.

최근에는 상업적 성격을 띤 정보와 지식이 비싼 값에 유통이 되고 있다. 이런 정보들은 과거에 오락과 취미의 수준에 머물러 있던 것이지만, 지금은 사회의 부가가치 생산에 중요한 몫을 하고 잇다. 따라서 국가에서도 적극적으로 추진하고 있는 것 가운데 하나가 '신지식인'이다. 돈 되는 일에 성공하고 재주가 있는 사람이면 누구나 그 사람을 전무가로 대우한다는 것이다. 물론 일련의 이러한 움직임은 다양한 가치와 창의적 상상력을 수용한다는 면에서 긍정적이다. 그러나 이러한 경향의 문제는 상업주의적 성격을 띤다는 것이다. 상업주의는 교육에서 열린교육이라는 이름으로 진행 중에 있다.

물론 열린교육을 바라보는 데는 몇 가지 다른 시각이 있다. 학부모와 학생은 그 동안의 낙후된 학교시설에서 보다 나은 시설을 가지고 획일적인 교육에서 벗어나 다양한 교육방법으로 전체보다는 개인이 중시되는 그런 교육을 기대하는 것 같다. 그러나 교육부는 학생을 소비자로 교사는 공급자로 파악하고 공급자가 질 높은 서비스를 해 주어야 한다는 시장의 논리로 학교와 교사를 몰고 가고 있다. 따라서 교육과정을 중앙 통제하는 획일화된 교과서와 제도는 그대로인 채, 교사로 하여금 서비스의 질을 높이도록 강요하는 것은 교육의 본질을 왜곡할 우려가 있다. 문제의 본질은 해결되지 않은 채 학교 교육은 거부된다면, 근대 학교 교육이 가지고 있는 교육적 기회 균등을 보장하기 위해 일정수준의 교육을 국가가 책임진다는 사회복지의 긍정적 기능마저 잃을 수도 있다.

대안은 없는가? 대안의 근원은 문제에서 출발한다. 지금의 열린교육을 들여다보면, 교육을 상품화하고 교사의 능력을 계량화하고 있다. 열린교육과 같은 시장논리를 적용을 중단하여야 한다. 교과서는 아직도 수직적인 의사결정과정을 통해서 지시되는 중앙통제 방식을 택하고 있다. 중앙통제 방식의 교육과정과 교과서를 버리고 다양성을 추구할 수 있는 방향이 먼저 모색되어야 한다. 지금의 교육의 중앙통제를 기능적으로 수행하는 것이 국정교과서와 검인정교과서 심의제도이다. 이 제도의 변화 없이는 교사들의 다양한 학교 수업은 불가능하다.

폐쇄적인 국정교과서나 검인정 교과서제도 인정교과서제도 등을 유연하게 운영할 필요가 있다. 물론 그 대안으로 자유발행제가 있을 수 있다. 그러나 국정이나 검정을 건너뛰고 바로 자유발행제로 가는 것은 혁신적이기는 하나, 평면적인 변화일 수도 있다. 따라서 우선적으로 검정제의 유연하고 탄력적인 운영이 필요하다. 이를 통해서 다양한 교과서의 발행을 유도하고, 교육이 이루어지는 현장에서 가르치면서 그들의 손에 의해서 좋고 나쁜 교과서 판가름이 나야 하는 것이다. 교육과정은 교육내용의 일정한 기준만 정해주는 역할에 머물러 있어야 한다. 한문과는 교육과정에 있어서 학년별, 학급별의 수준 지향적인 '내용-체계'에서 벗어나 포괄적인 성취 체계로 전환할 필요가 있으며, 또한 '1,800자'에 대한 규정도 다양한 교과서가 나올 수 있도록 탄력적인 교육과정으로 바뀌어야 할 것이다.

이 글은 『漢文敎育硏究』 제14호(韓國漢文敎育學會, 2000)에 수록한 논문을 재수록한 것이다.

한문과 교과 교육 내용 체계 및 내용 교재 개발

김왕규·원용석·한은수·김동규

Ⅰ. 서론

1. 연구의 필요성 및 목적

우리는 학교 교육에서 교과 교육의 중요성을 강조한다. 교과 교육의 중요성을 강조하는 이유는 무엇인가? 학교 교육은 교육 과정을 기준으로 실행된다. 그리고 교육과정은 교과, 재량 활동, 특별 활동 등으로 구성된다.[1] 그런데, 국가 수준의 교육과정에서 시간(단위) 배당 기준을 통해 교과, 재량 활동, 특별 활동의 구성 비중을 살펴보면 교과 곧 교과 교육 시간 배당이 다른 영역에 비해 절대적으로 많다. 다시 말해 교과 재량 활동, 창의적 재량 활동의 재량 활동이나 자치 활동, 적응 활동, 계발 활동, 봉사 활동, 행사 활동 등의 특별 활동에 비해 국어, 영어, 한문 등의 교과 교육 활등이 교육 과정 편제의 대부분을 구성하고 있다. 이 점을 통해 우리는 학교 교육에서 교과 교육

---

1) 제7차 교육과정은 국민 공통 기본 교육 과정과 고등학교 선택 중심 교육 과정으로 구성되었다. 국민 공통 기본 교육 과정은 교과, 재량 활동, 특별 활동으로 고등학교 선택 중심 교육 과정은 교과와 특별 활동으로 편성되었다.

의 중요성을 확인할 수 있다.

한편, 학교 교육의 가장 중요한 요소인 교과 교육은 통상 개별 교과를 통해 실행된다. 한문 교육은 교과 교육의 하나이고, 한문과를 통해서 학교 교육의 한문 교육은 실천된다. 그런데 한문과뿐만 아니라 모든 교과는 내용 체계를 가지고 있다. 주지하듯이 교과의 내용 체계는 교과에서 교육할 내용을 집약적으로 제시하고 있다는 점에서 그 중요성을 아무리 강조해도 지나침이 없다.

한문교육학의 탐구 대상에서 주목할 만한 문제 제기와 그 성과가 학계에 거듭 보고되고 있는 분야가 바로 한문과 '내용 체계' 영역이다(박영호, 1996; 강경모, 2002; 송병렬, 2003, 2005; 원용석, 2003, 2004; 안재철, 2003; 김왕규, 2005). 내용 체계는 일차적으로 교과의 교육 내용을 정선, 조직, 배열한 체계로서의 기능과 함께 한문과의 성격, 목표와 밀접하게 관련되면서, 그 이면에 가로 놓인 내용 선정의 기준 및 준거와 교육 내용의 범주화 및 구조화의 원리가 바로 한문교육학의 연구 성과와 수준을 직접적으로 반영한다는 점에서, 연구자의 관심과 비판을 집중시킬 수 있는 주요 탐구 영역이다.

한문과의 경우, 전통적으로 교과의 성격을 내용 중심에 두었고 그에 따라 학문적, 논리적 정합성(整合性)을 강조한다. 곧, 교과 내용의 선조적(線條的) 계열성을 설정하고, 지적 형식을 전면에 내세운다. 이와 함께, 한문과는 현실적, 당위적 필요성 또한 수용하고 강조한다. 언어생활 및 국어 생활에서 한자 및 한자어의 활용이 바로 그것이다. 한문학 지식과 개념을 교과의 중심 학습 내용으로 설정하는 한편, 교과의 위상을 확보하기 위해 한자, 한자어의 언어생활과 국어 생활에의 적용을 강조했다(이인제 외, 1997:6-7; 정재철, 2002:18-20). 한문과 내용 체계에서 한자, 한자어 영역 설정 또한 이 관점에서 배태되었다. 현행 한문과 내용 체계의 영역 구분 및 내용 조직은 내용을 강조하되 기능을 부분적으로 통합·반영했다고 볼 수 있다.

본 연구의 핵심 과제는 한문과 내용 체계의 기준과 원리 곧, 한문과 내용 체계의 핵심 요소인 영역 구분의 기준과 내용 조직의 원리를 탐색하고 이에 따른 내용 교재를 개발하는 것이다. 이 과제를 성공적으로 수행하기 위해 연구진은 한문교육학의 학문적·교과적 특성을 고찰하는 동시에 언어 교과의 내용 체계의 기준과 원리를 비교·적용하는 방법을 사용하도록 한다. 또한 학계에 보고된 한문과 내용 체계에 관한 논문을 검토하여 성과를 수용하고, 역대 한문과 교육과정의 학습 내용과 내용 체계를 비판적으로 검토하고자 한다. 이를 통하여 연구진은 새로운 내용 체계 시안을 마련하고 이에 따른 실험용 교재를 개발함으로써 이 연구의 효용성을 밝힘과 동시에 학교 현장의 한문교육의 질적 변화를 유도하고자 한다.

교과의 내용 체계는 교과 교육과정의 구성 영역 곧, 성격, 목표, 내용, 방법, 평가의 중심 항목이자 타 영역 연구 및 개발의 모태가 된다는 점에서 교과교육학의 학문적 정립에 중요한 분야이다. 본 연구 과제의 최종 결과물[2]는 한문교육학의 학문적 정립에 초석이 될 뿐 아니라, 이후 전개될 한문과 교육과정 개편 작업 시, 이론적·실질적 도움을 줄 것으로 판단된다. 또한 이 내용 체계 시안을 반영한 내용 교재 개발은 향후 교과서 및 한문 관련 교재 개발에 시금석으로 작용할

---

2) 이 연구 과제의 최종 결과물은 2종으로 보고될 예정이다. 보고서 1종 『한문과 교과교육 내용 체계 및 내용 교재 개발』, 교재 1종 『실험용 한문』 교과서가 바로 그 것이다. 최종 결과물 2종은 한국교원대학교 교육연구원 홈페이지(http://cer. knue.ac.kr)에 탑재될 것이다. 이 논문은 최종 결과물을 요약, 정리한 것이다. 이 논문과 관련된 자세한 정보는 교육연구원에 탑재될 최종 결과물 보고서 2종을 참고하기 바란다.

것이다.

2. 선행 연구 검토

본 연구 과제의 내용과 방법에 관한 진술에 앞서 학계에 보고된, 한문과 내용 체계와 관련된 선행 연구 논문의 성과와 문제점을 검토하면 다음과 같다.

박영호(1996)는 6차 한문과 교육과정의 내용 체계의 문제점을 처음으로 학계에 제기하였다. 중학교, 고등학교의 한문과 내용 체계가 비슷할 뿐 만 아니라 중학교 각 학년별 내용 또한 동일함을 지적하면서 내용 체계의 연계성과 위계성이 결여되었다고 비판하였다. 그는 또한 한자, 한자어, 한문 영역 설정의 타당성을 검토하면서, 한자어 영역 설정의 문제점을 제기하였으며, 그 대안으로 한문 문장 학습을 통한 한자, 한자어 학습을 주장하였다. 내용 체계에 관한 논의의 단서를 제시했다는 점에서 일정한 연구사적 의의가 보장되지만, 중학교 한문 교육을 문장 독해 중심으로 제안한 것은, 현재 국가 수준의 교육과정 차원에서 초등학교 한자 교육의 부재 곧 선수 학습을 고려하지 않은 것으로 생각된다.

강경모(2002)는 한문과 내용 체계의 문제점을 내용 단순화의 문제, 내용 혼란의 문제로 요약하였다. 한문교육의 성격을 읽기 교육으로 파악한 관점에서 한문과의 내용 체계의 대영역을 해석과 이해로, 중영역을 어휘, 문장, 과정, 유형으로 구분하였다. 기존의 한자, 한자어, 한문 영역 구분을 벗어나 새로운 영역 설정을 제안했다는 점에서 일정한 의의가 있다. 그러나 해석과 이해의 경계 구분이 확연하지 않고, 이해의 중영역으로 설정한 유형과 그 진술 내용이 상당한 거리가

있으며, 한시에 관한 내용이 누락되었다는 점을 몇 가지 문제점으로
지적할 수 있다.

송병렬(2003)은 한자, 한자어, 한문의 영역 분류와 그 위계성의 문
제점을 다시 학계에 제기하였다. 한문과의 성격을 현행 내용 영역 구
분으로는 포괄할 수 없으며, 한자, 한자어, 한문은 위계성을 결여하
였다고 하였다. 특히 한문과는 독해 능력인 기능을 습득해서 고전을
이해하는 것이라는 관점에서 현행 한문과 내용 체계를 전반적으로 비
판, 검토한 뒤, 기능 영역의 하위 영역으로 이해가 혼재되었으며, 내
용 체계의 반복적 틀, 상위 내용과 하위 내용의 층위 문제, 학습 내용
이 기능 중심으로 구성되었다는 점을 내용 체계의 문제점으로 지적하
였다. 영역 구분의 대안으로 대영역을 기능과 이해로, 중영역을 어
휘, 한문, 한문고전의 이해로 구분하였는 바, 비록 보완해야 할 몇 가
지 문제점에도 불구하고, 새로운 영역 설정의 가능성을 모색하였다는
점에서, 내용 체계 연구 영역의 새로운 지평을 열었다고 볼 수 있다.
몇 가지 문제점으로, '태도' 범주를 내용 영역에 포함시키지 않았다는
점, '실제'라는 용어의 개념과 범위 문제, 한시 영역 포함 문제, 가치
관 설정 문제, 진술 방식의 문제 등을 거론할 수 있다.

원용석(2003)은 한자, 한자어, 한문 영역 구분에 대한 박영호, 정재
철, 강경모, 송병렬의 문제 제기를 종합적으로 검토하면서, 내용 체
계의 문제점을 다시 거론하였다. 한자, 한자어 학습과 한문교육용 기
초한자 1,800자 학습을 한문과 내용 영역 설정에 중요한 요소로 간주
했으며, 교육학적 접근 곧 지식, 기능, 가치를 영역 구분의 전제로 설
정하였다. 교육학적 관점에서 한문과의 내용 체계의 대영역을 지식,
이해, 감상, 태도로 구분하고 각각 중영역과 내용을 제시하였다. 그
러나 영역 구분의 기본 관점으로 전제한 지식, 기능, 가치와 내용 체

계의 지식, 이해, 감상, 태도와의 연관성이 구체적으로 어떤 논리적 연계성을 갖는지 의문이다. 이런 의문은 예컨대, 대영역 지식에 속한 중영역 읽기, 듣기, 쓰기는 연구자가 전제한 지식, 기능, 가치 가운데 기능에 해당되며, 대영역 이해에 속한 중영역 및 내용은 기능, 이해 가운데 기능이며, 혹 지식, 기능, 가치 3분법에 따르면 지식의 범주이고, 이해의 범주에 속할 내용이 감상, 태도에 포함된 점 등에서 제기된다.

안재철(2003) 또한 영역 구분의 문제점을 거듭 거론하면서, 국어과 교육과정 영역, 내용 체계 및 내용을 기준으로, 한문과 내용 체계를 2개의 안으로 제시하였다. 제1안은 대영역을 읽기, 한문 지식, 문학(역사, 철학)으로, 제2안은 읽기(기능), 한문고전(이해)으로 대영역을 구분하였다. 1안은 국어과의 내용 체계의 영역 구분을 원용했는데, 문학(역사, 철학) 및 한문학(역사, 철학)의 개념과 범위가 분명하지 않다. 그리고 대영역 문학의 하위 범주로 설정한 산문(역사 산문, 철학 산문)의 개념과 문학에의 포함 여부, 한문에 대한 태도의 한문 지식에의 포함 여부 등이 문제점으로 지적된다. 2안은 대체로 송병렬의 논의를 수용한 것으로 이해되는데, 기능의 범주에 가치가 포함되는지, 실제라는 용어의 개념 문제 등을 제기할 수 있다.

원용석(2004)은 송병렬, 안재철, 원용석(2003)에서 제안된 내용 체계안의 문제점을 비판하고, 몇 가지 제언을 통해 내용 체계 구안에 앞서 한문교육학 자체에 대한 제방면의 연구 축적이 선행되어야 함을 강조하였다.

송병렬(2005)는 다시 한자, 한자어, 한문 영역 설정의 문제점을 제기하고, '한문의 성격과 내용'을 기준으로 한문의 대영역을 '기능과 이해'로, 중영역을 어휘, 한문, 한문고전의 이해로 설정하였다. 그리고 학습 내용 조직의 원리로 학습 내용의 본질, 학습 내용의 원리, 학습 내용의 실제를 제시하였다. 이왕의 자신의 논의를 거듭 제기하였는데, 영역 구분의 기준으로 한문의 성격과 내용을, 학습 내용의 본질, 원리, 실제를 내용 조직의 원리로 제시한 점이 진일보한 것으로 이해된다.

김왕규(2005)는 한문과 내용 체계에 관한 본격적 논의에 앞서, 한문교육학의 교육적 보편성과 한문과의 언어 교과로서의 공통성에 주목하여 언어 교과의 내용 체계의 기준과 원리를 고찰하였다. 곧 국어과, 영어과, 외국어과의 내용 체계의 영역 구분의 기준이 무엇인지, 그리고 내용의 구조화 및 범주화의 원리는 무엇인지를 탐색하였다. 이 논문은 내용 체계의 구안에 앞서 한문과의 언어 교과로서의 공통성에 주목하는 한편 영역 구분 및 내용 조직의 보편적 기준 및 원리를 도출하여 한문과에 원용하려는 의도를 지닌 것으로 이해되며, 연구 관점 및 방법의 지평을 일정하게 넓힌 것으로 생각된다.

한편, 한문교과 교육과정 내용체계와 교과서 및 교재 개발과 관련하여 검토한 선행연구 논문은 다음과 같다. 정미정(1997)은 제6차 교육과정의 내용체계가 교과서에 어떻게 반영되었는가에 대한 내용을 고찰하였다. 이 논문은 한문 교과가 가지는 가치관 중시의 측면에서 한문 기록에 담긴 선인들의 삶의 모습과 지혜, 사상과 감정 등을 바르게 이해하고, 이를 바탕으로 올바른 가치관과 윤리의식을 형성할 수 있는가에 대해서 민족의 정체성 확립, 민속과 세시풍속, 바람직한 가치 덕목의 제시, 성현의 교훈 및 가르침, 학문관련 부분의 다섯 가지로 교과서를 분석·정리하였다. 박영호(1999)는 교육과정이 바르게 운영되려면 다양한 교과서를 개발해야 한다고 주장하였다. 이는 편제와 교과의 위상과 관련하여 저자에게 많은 재량권을 부여해야 하며,

지역실정이나 학생의 수준 및 진로에 도움이 되는 교과서를 개발해야한다는 것이다. 또한 한문교과가 선택과목인 점을 고려하여 학교의형편에 맞는 교과서를 개발해야 한다고 하였다.

이상의 논의를 정리해 보면, 기존의 선행 연구는 '한자, 한자어, 한문' 영역 구분의 문제점을 제기하고 그 대안을 제시하였으나, 영역 구분의 기준에 관한 논의가 심도 있게 다루어지지 않았으며, 영역 구분에 따른 내용 조직 또한 개인적 차원에서 구성하였을 뿐 내용 조직의원리에 대한 탐색이 부실하였다. 또한 현재의 교과서가 교육과정의내용 체계를 바르게 연계하지 못하여 획일적이고 형식적인 틀을 벗어나지 못하고 있다고 지적하였다. 이 연구는 선행 연구 논문의 문제제기를 인식하고 연구 성과를 공유한 바탕위에, 한문교육학의 성격곧, 한문교육학의 언어적·교과적 특수성과 교육적 보편성을 기초로한문과 내용 체계의 영역 구분의 기준과 내용 조직의 원리를 탐색하고 내용 체계 시안을 개발한 뒤, 내용 체계 시안을 충실히 반영한 실험용 교재를 개발하는 것에 중점을 둔다.

3. 연구 내용 및 방법

본 과제의 핵심은 한문과 내용 체계의 틀을 시론(試論)적으로 구안(具案)하고, 내용 체계 시안에 따른 실험용 교재를 편찬하는 것이다. 과제의 본격적 수행에 앞서, 한문과의 언어 교과로서의 보편성과 한문과의 학문적 특수성 및 교과적 정체성에 터해, 차후 진행될 연구과제의 방향 및 수행 내용을 점검하고자 한다.

한문과 내용 체계 개발을 위한 기초 연구의 하나로 우선 교과 교육에서 내용 체계의 기능과 원리가 무엇인지를 탐색할 필요가 있다. 이를 바탕으로 근대 교육 이전 시기와 그 이후의 시기에 한문과 교육의 범주에 드는 교육 내용을 통시적으로 고찰하는 것이 필요하다. 특히 3차 교육과정 시기부터 한문과는 독립 교과로서의 위상을 확보하고, 교과의 내용을 마련했다. 이 시기의 교육 내용을 영역과 내용 범주 차원에서 살펴 볼 것이다. 그리고 6, 7차 한문과 내용 체계에 대한 학계의 문제점 제기와 그 대안을 검토하여 내용 체계 시안 개발의 토대를 마련할 것이다.

기초 연구를 바탕으로 연구진은 내용 체계 시안을 마련할 것이다. 영역을 설정하고, 내용을 범주화하는 한편 서로 다른 구조화 방식을 통해서 몇 개의 시안을 마련하게 된다. 그리고 개발된 세 개의 내용 체계 시안에 대한 적정화 분석은 현장 중, 고등학교 한문 교사를 대상으로 한 설문 조사, 한문학과 및 한문교육과 교수, 연구자로서 교사 등을 중심으로 한 전문가 협의회를 통하여 시행될 것이다. 설문 조사 및 전문가 협의회를 통하여 최종적으로 내용 체계 시안을 확정 지을 수 있을 것이다.

개발된 한문과 내용 체계 시안에 따라 본 연구진은 실험용 교재를 개발할 것이다. 내용 교재는 내용 체계의 대영역, 중영역을 대단원으로, 소영역을 소단원 학습 목표로 설정할 것이며, 소단원 명, 학습 안내 도입문, 본문, 학습 활동, 심화 활동, 평가 등의 체제로 구성할 예정이다. 또한 내용 체계 시안에 따른 한문과 내용 교재를 현장 수업 시연(試演)을 통해 적합성을 검토할 것이다.[3] 중학교 1개 학교 1개 학급, 고등학교 1개 학교 1개 학급을 표집하여 연구진이 개발한 내용 교재의 한 소단원을 담당 한문 교사가 시연할 것이다. 그리고 수업 시

---

3) 연구진이 개발한 실험용 교재의 현장 시연 내용과 결과는 이 논문에서 생략하였다. 자세한 연구 내용은 본 보고서를 참고하기 바란다.

연 후, 수업 담당 교사와 협력 교사 합동 협의회 자리를 가질 것이다. 이 과정을 통해 교재의 문제점과 개선 방안을 도출할 수 있을 것이다.

한문과 교과교육 내용 체계를 구안하고 그에 따른 내용 교재 개발을 위하여 연구진은 문헌 연구, 설문 조사, 전문가 협의회 등의 방법을 활용하고자 한다. 교육과정 내용체계를 구안하기 위해서는 한문과 교육과정을 검토하는 과정이 필요하며, 교육과정과 관련해 교육학 서적도 검토해야 할 것이다. 또한 국내 한문 관련 학회에 제출된 논문을 검토함으로써 현재 한문과 교육과정 내용 체계가 갖는 문제점을 파악하고 이 연구가 나아갈 방향을 설정하며, 타당도 검증의 도구로 사용할 수 있을 것이다. 내용 체계 시안과 실험용 교재가 개발되면, 한문교육학자, 시·도 교육청 한문과 장학사, 현장 교사 등 한문교육 관련 전문가 협의회를 개최하여 적합성을 검증받고자 한다. 그리고 끝으로 내용 체계 시안과 교재가 개발되면 일선 학교 현장에 적용하여 실제 교수-학습에 적용하고 그에 따른 문제점을 파악, 개선할 것이다.

Ⅱ. 내용 체계 개발을 위한 기초 연구

1. 내용 체계의 기능과 원리

1) 내용 체계의 기능(function)과 관점

언어 교과를 포함한 모든 교과 교육과정은 내용 체계4)를 제시한다.

---

4) 이 글에서 사용하는 '내용 체계'는 교육과정 층위에서의 내용 체계를 가리킨다. 교육과정 층위에서의 내용 체계는 '영역과 계열(Scope and sequence)', '내용 개요(Content outline)', '교수 요목(Course of study)'의 의미로 사용된다. 내용 체

그런데 교과 교육과정에 내용 체계를 제시하는 이유 곧, 내용 체계의 기능은 무엇인가? 교과의 내용 체계는 교과의 핵심 내용을 간명하게 체계화하여 제시한 틀이다. 내용 체계는 일차적으로 교과의 학문적 구조와 교수·학습 활동을 요약, 강조하는 기능을 한다. 한문과의 경우, 내용 체계는 한문교육의 목표를 구현하기 위한 교육 내용의 정선과 선정 준거로, 영역별 및 학년별 교육 내용의 교육적 정당성 판단과 제시 근거로, 또한 진술 내용 및 방식의 준거로 기능한다.

주지하듯이 제7차 한문과 교육과정은 학교 급별로 마련되었다. 내용 체계 또한 학교 급별로 제시되었다. 이렇게 이원화된 내용 체계의 장점은 단일 내용 체계에 비해, 교육 내용의 위계성과 계열성을 학교 급별로 조직, 선정할 수 있다는 점이다. 그러나 현행 한문과의 경우, 학교 급별 내용 체계는 적지 않은 문제점을 노정한다. 선행 연구에서 제기하였지만, 학교 급별(중학교 한문, 고등학교 한문, 한문 고전) 내용 체계는 학교 급별로 다양한 층위에서 수준차를 구현해야 함에도 불구하고, 반복되는 기본 틀의 체계를 벗어나지 못했으며, 내용 선정의 준거 내지 기준으로서의 내용 체계의 기능을 상실한 결과, 영역별 내용과 학년별 내용이 내용 체계의 내용 요소와 동일하게 진술되었다. 그리고 영역 간, 하위 항목과 내용 요소 사이의 위계성·계열성 및 범주화·구조화의 원리 또한 부재하다.

그런데 이 시점에서 우리는 한문교육의 보편성과 특수성을 고려한, 발전적 내용 체계의 설정을 위해 한문교육에 대한 관점을 새롭게 정립할 필요가 있다. 한문과 내용 체계는 한문과에 대한 관점 곧, 한문교육학에 대한 학문적 관점과 밀접한 관련이 있다. 한문학의 지식 체

계의 일반적 의미와 개념에 대해서는 이도영(1998:14-15) 참고.

계가 교육과정상의 내용 및 활동으로 변용되는 과정은 매우 복잡하고 다층적·다차원적이다. 이 다차원적 변용의 과정에 작용하는 요인(정태범, 1986:11)을 이론적으로 규명하고 이를 체계화시키는 작업이 바로 한문교육학의 핵심 과제의 하나라고 할 수 있다. 한문교육학을 학문과 교육의 총체적, 상호 작용의 관점에서 이해하고 그 바탕 위에서 언어(한문)의 본질, 초기 단계에서의 한문 습득 및 이해의 과정과 방법, 독해 과정과 전략, 학습자의 독해 기능의 신장, 사회에서의 한문의 기능 등을 과학적인 방법으로 탐구해야 한다. 한문교육학의 교과적 특수성을 고려하되, 학습자의 한문 학습 및 사용 과정 곧, 난해하고 미묘한 언어(한문) 독해 과정과 이를 성공적으로 수행하기 위한 전략에 대한 가정과 실험, 연구와 적용 등을 교육학적 관점에서 수행하며 이론화하는 노력이 절실히 요청된다(김왕규, 2003).

2) 영역 구분의 기준

일반적으로 언어 교과를 포함한 교과 교육과정은 몇 개의 영역으로 교육 내용을 구분한다.5) 여기서 우리는, 교과 교육과정에서 '영역 구분이 필요한가?', 필요하다면 '영역 구분의 기준은 무엇인가?'라는 문제를 제기할 수 있다. 언어 교과의 경우, 언어활동의 양상을 교육과

---

5) 언어 교과 가운데 제7차 교육과정에 따른 국어, 외국어(영어), 외국어(독일어 외
 6개 과목), 한문의 영역 구분은 다음과 같다.

교과		영역	비고
국어		듣기/말하기/읽기/쓰기/국어 지식/문학	
외국어(영어)		언어 기능/의사 소통 활동/언어 재료	
외국어		의사 소통 활동/언어 재료	
한문	한문	한자/한자어/한문	
	한문 고전	한자·한자어/한문	

정에 포괄적으로 반영할 수 있고, 언어 능력에 관한 체계적 접근이 용이하며, 영역에 따른 교수·학습의 특화가 가능하다는 점을 그 필요성으로 거론할 수 있다. 그리고 언어 교과의 영역을 구분하는 일반적 기준으로 언어활동의 양상, 언어의 발달 단계, 교육공동체와 학습자의 요구 분석, 지식·기능·태도, 학문의 구조 등을 들 수 있다(최현섭 외, 1999:83).

국어과의 경우, 언어활동의 양상을 기준으로 듣기·말하기·읽기·쓰기로 교육 내용을 구분하는 한편 국어 지식, 국어 문화의 관점에서 언어(국어 지식), 문학을 구분하는 이른바 6분법이 5차 교육과정 이후 영역 구분의 기본 틀을 형성하였다. 그러나 국어과의 영역 구분의 방법 내지 기준은 언어활동의 양상에 제한되지 않는다. 언어활동의 양상과 무관하지 않지만, 국어교육을 이해하는 관점 또한 국어과의 영역을 선정, 구분하고 내용 요소를 추출하는데 중요 요인으로 작용한다.

외국어(영어)의 경우, 매개 언어(medium)와 이해·표현 기능을 기준으로 언어 기능을 듣기·말하기·읽기·쓰기로 구분하였으며, 의사소통 활동은 음성 언어 활동과 문자 언어 활동으로 범주화하였다. 영어과의 내용 영역 구분에서 우리의 주목을 요하는 영역은 '언어 재료' 부분이다. 언어 기능과 의사소통 활동의 성공적 수행과 자연스러운 언어활동의 실제를 위해 소재, 문화, 언어, 어휘, 단일 문장의 길이를 기준으로 언어 재료라는 영역을 설정하였다. 제2외국어 또한 이해·표현 기능을 기준으로 의사소통 활동 영역을 설정하였으며, 영어과와 같은 논리로 언어 재료 영역을 구분하였다.

주지하듯이, 한문과의 영역은 한자, 한자어, 한문 3분 체계로 구분되었으며, 한문과의 내용 체계의 내용 요소와 그 영역은 한문과의 교과적 특수성, 곧 한문과의 학문적 체계와 일치한다고 했다(교육부,

1999:161; 교육부, 2000d:17). 그런데 한문 교과의 특성, 한문과의 학문적 체계는 무엇이며 어디에서 찾을 수 있는가? 그것과 3분 체계는 직접적인 관련이 있는가? 이 문제에 대해 필자는 만족할 만한 답변을 마련하기 어렵다. 잠정적으로 논의의 진전을 위해 몇 가지를 제기한다. 한문과는 언어 교과로서의 특성을 공유하며, 학문적 체계는 범학문적 성격(문학, 사학, 철학 등)을 지닌다. 한편으로 국어, 외국어와 달리 고전 문어로서의 기능 또한 그 특성으로 제시할 수 있다. 모든 언어는 형태론과 통사론 규정에 제약된다. 형태소로서 한자, 통사 구조로서 한문 학습은 한문과의 특성과 유관하다. 적어도 한자, 한문이라는 2분 체계는 성립된다. 3분 체계의 한자어는 무엇으로 설명할 수 있는가?

> 한문 교과의 내용 영역은 한자·한자어·한문의 3분 체계에서, 특히 한자어 영역의 독립성 여부에 대한 일부의 논란이 있었으나, 한글 전용 하에서의 국한문 혼용이라는 어문 정책의 현실적 여건을 고려하여 3분 체계를 그대로 유지하였다(교육부, 1999:161).

한문과의 내용 영역을 한자, 한자어, 한문이라는 3분 체계로 설정한 근거는 한문과의 교과적 특성이나 학문적 체계와 무관하며, '어문 정책의 현실적 여건'을 고려한 것임을 알 수 있다. 이 문제에 대해 학계는 문제를 파헤치고 비판(송병렬, 2002)하는 한편, 그 대안 또한 다양하게 마련되었다.

3) 범주화 및 구조화의 원리

언어 교과의 경우, 대체로 언어활동의 양상이 영역 구분의 기준이

됨을 살펴보았다. 그런데, 언어 교과의 교육 내용의 범주화 및 구조
화의 원리는 무엇인가? 국어과의 경우, 본질, 원리, 태도, 실제로 국
어 교육의 내용을 범주화하고 이를 토대로 내용 체계를 구조화하였
다. 국어과의 교육 내용의 범주화 및 구조화의 원리에서 주목되는 것
은 '실제'라는 범주명과 그 실체적 의미이다. 사실, 명제적 지식(본
질), 절차적 지식(원리) 그리고 태도는 독립적이고 평면적인 내용 범
주로 구성되었다.

　한문과의 경우 교육 내용의 범주화 및 구조화의 원리는 무엇이며,
영역 간, 영역과 내용 요소, 그리고 내용 요소들 사이의 관계 양상은
어떠한가? 결론적으로 한문과 교육 내용의 선정과 선정 준거인 내용
체계의 원리는 부재하다. 애써 '위계성', '연계성'을 강조했지만(교육
부, 1999:162; 교육부, 2000d:17), 한자·한자어·한문 3분 체계에 따른
영역 구분조차 '한자어' 문제로 인해 그 위계성의 원리를 상실했다.
또한 영역, 영역의 하위 항목, 그리고 내용 요소 사이의 관계 또한
'상세화' 이외는 범주화 및 구조화의 원리가 부재하다. 각 영역의 내
용 요소 사이 또한 '선후 관계' 그 이상은 없다. 한문과의 내용 체계는
한문과의 교육 내용을 범주화하고 구조화한 '내용 체계표'가 아니라
내용을 단순 배열한 '내용 배열표'로 해석된다. 그 결과, 한문과의 학
년별 내용 및 영역별 내용은 내용 체계의 원리에 따른 교육 내용의
조직, 선정, 진술이 아니라 내용 체계의 배열 내용을 '동어반복'으로
진술하는 양상을 나타냈다. 원리의 부재는 한문교육학에 대한 관점의
부재이고, 한문교육학 탐구 영역 및 모형의 이론 부재다. 한문교육학
에 대한 총체적 연구 역량의 제고가 학계에 절실히 요청된다.

2. 내용 체계에 대한 통시적 고찰

한문과 교육과정에서 내용 체계가 제시된 것은 제6차 한문과 교육과정부터이다. 그러나 5차 교육과정에서 '내용 체계'로 제시되지 않았지만 영역을 설정하고 그에 따른 내용을 제시한 것을 볼 수 있다. 고등학교 '한문'을 중심으로 살펴보면, 5차 교육과정에서는 내용을 한자, 한자어, 한문으로 나누어 진술하였다. 내용 분류가 곧 영역이었다.

6차 교육과정에서는 처음으로 모든 교과에 내용 체계가 제시되었으며 한문과 내용 체계의 경우, 영역과 내용으로 양분하고, 한자, 한자어, 한문으로 영역을 설정하였다. 곧 5차 교육과정의 영역인 한자·한자어·한문을 그대로 영역으로 설정하고, 각 영역별 내용을 제시하였다. 이는 언어 재료의 길이에 따른 분류로써 한문 교과가 가지고 있는 특질을 파악해서 구조적으로 체계를 세웠다기보다는 교과의 학습 내용을 언어 길이에 따라 배열한 것으로 이해된다. 6차에 이은 제7차 한문과 교육과정 내용 체계는 다음과 같다.

이 내용 체계는 많은 학자들에 의해서 검증되었듯이 대영역을 6차와 같은 '한자·한자어·한문'으로 설정하고, 6차 교육과정에 없던 중영역을 두어 보다 범주화하려는 모습을 보였다. 곧 '익히기', '활용하기', '형성하기' 등의 용어로 중영역을 설정한 것은 평면적 기술에서 벗어나지 못한 한계를 지니고 있기는 하지만 교과 교육의 내용을 일정하게 범주화하고 있다고 인정할 수 있다. 그러나 '동어 반복'에 의한 나열이 상당히 두드러지므로 과연 이 내용 체계가 한문 교과 교육의 내용을 모두 포괄할 수 있는지는 의문이다. 결국 내용 체계는 포괄성, 위계성, 체계성이라는 입체적인 양상을 띠어야 함에도 불구하고 이 내용 체계는 그러한 교과 교육의 모습을 특징적으로 드러내고 있다기보다는 내용을 평면적으로 범주화하고 그 범주화한 것을 상세화한 수준에 그치고 있다는 비판을 면하기 어려울 것으로 보인다.

〈표 1〉 제7차 한문과 교육과정 내용 체계

영역		내용
한자	한자 익히기	· 한자의 음과 뜻 알고 쓰기 · 한자의 짜임을 통해 형·음·의 알기
	한자 활용하기	· 언어생활에 활용하기 · 문장 독해에 활용하기
한자어	한자어 익히기	· 한자어의 음과 뜻 알고 쓰기 · 한자어의 짜임을 통해 뜻 알기 · 성어의 속뜻 알기
	한자어 활용하기	· 언어생활에 활용하기 · 문장 독해에 활용하기
	가치관 형성하기	· 선인들의 삶과 지혜를 이해하고 가치관 형성하기
한문	한문 익히기	· 산문을 읽고 풀이하기 · 문장 구조를 통해 문장의 내용 알기 · 허자의 쓰임을 알고 활용하기 · 문장의 형식을 통해 문장의 뜻 풀이하기
	한시 익히기	· 한시를 풀이하고 감상하기 · 한시의 기초적인 형식과 특징 이해하기
	한문 활용하기	· 격언·속담, 명언·명구를 일상생활에 활용하기
	가치관 형성하기	· 선인들의 삶과 지혜를 이해하고 가치관 형성하기
	전통 문화 계승 발전시키기	· 전통 문화를 이해하고 계승, 발전시키기 · 한자 문화권 내에서의 상호 이해 증진하기

3. 현행 내용 체계에 대한 비판과 대안 검토

송병렬, 안재철, 원용석은 언어 교과(국어, 영어 등)의 교육과정에 한문을 적용하여 한문과 교육과정 내용 체계를 구안하여 제시하였다 (송병렬, 2002; 안재철, 2003; 원용석, 2003). '한문과 교육과정의 내용 체계는 어떻게 구안되어야 하는가?' 하는 것이 논의의 핵심이다. 학계에 보고된 송병렬, 안재철, 원용석의 3개 안의 내용을 살펴보면 다음과 같은 성과를 얻을 수 있다.

첫째, 기존의 영역인 한자·한자어·한문의 대영역 설정에 대해 동일한 문제의식을 공유하고 있다. 한자·한자어·한문의 영역 설정이 한문 교과의 목표를 달성할 수 있는 내용을 범주화하고 구조화한 것이 아니라 언어의 길이에 따른 분류이기 때문에 어떤 교과 교육학의 이론도 담고 있지 않다는 강한 비판을 제기한 것이다.

둘째, 이들은 한문과 교육이 지향해야 할 내용을 제시하려고 노력했다. 내용 체계의 용어 기술이 한자·한자어·한문이라는 한문 교과 내의 용어에서 벗어나서 '기능과 이해', '읽기', '본질, 원리, 가치, 실제', '지식, 이해, 감상, 태도' 등의 교육학 용어로 대체하여 한문 교육이 가지는 내용을 체계적으로 범주화하려는 의지를 드러냈다.

셋째, 단순한 내용의 나열이나 '동어 반복'의 상황을 노정했던 기존의 교육과정에서 내용의 상세화를 가능하게 하는 범주화, 구조화를 시도함으로써 구조화 및 범주화의 다양한 원리를 내포할 가능성을 제시하였다.

이와는 상대적으로 이들은 다음과 같은 문제점을 공통으로 노정하고 있다.

첫째, 교과 교육학 이론의 정립에 필요한 언어학, 교육학 등의 기초 연구가 부족하여 스스로의 한계를 드러냈다는 점이다. 교육과정은 교과 교육학 발전의 결과이며, 내용 체계는 기본적이고 핵심적인 교과 내용을 집약하여 한 눈에 볼 수 있게 체계화한 것이기 때문에 이러한 바탕이 없이는 교과의 내용을 범주화하고 구조화하는 데 한계를 드러낼 수밖에 없다.

둘째, 일부 안의 경우, 국어과 교육과정의 용어를 그대로 한문과에 원용하여 내용 체계를 구성하였는데, 이러한 용어는 국어과에서 교과의 특성을 밝히기 위해 그동안 진행해 온 연구의 결과이다. 그러므로 각 교과의 동질성과 이질성이 밝혀지지 않은 상태에서 적용하는 것은 무리이다.

셋째, 한문 고전을 한문의 분류인 문학·역사·철학으로 분류함에 따라 실용문을 비롯한 그 외 다른 장르의 글들이 설 자리를 잃게 되었다. 그러므로 한문과의 모든 내용을 함섭할 수 있는 용어로 영역명을 제시해야 할 것이다.

넷째, '기능', '이해', '지식', '감상' 등의 용어들은 그 개념을 명확하게 정교화한 후에 사용해야 한다. 개별 교과 적용 시, 교육학 용어의 개념과 범위를 고려하여 그 사용에 유의할 필요가 있을 것이다.

Ⅲ. 내용 체계 시안 개발

1. 영역 설정과 내용 조직

한문과 내용 체계의 핵심은 한문 문장으로 남아 있는 한문 고전과 언어생활에 방대한 양으로 들어 있는 한자어에 대한 교육을 한문과에서 어떻게 담당하는가에 대한 답변이다. 그러므로 한문 문장은 그대로 '한문'으로 설정하였으나 한자·한자어 설정의 문제는 생각보다 쉽지 않았다. 한문과의 입장에서 한자는 한자어와 한문의 어소로 작용하지만 그 자체가 단어이기도 하다. 그러나 국어과에서는 국어 표현에서 한자로 치환할 수 있는 모든 것을 다 '한자어'라고 하고 있다. 그러므로 '한자어'라는 말은 한문 교과를 고려한 용어가 아니며, 또한

'한자어'는 1음절부터 다음절까지를 모두 지칭하고 있어서 실제로 '한자'뿐만 아니라 '성어'조차 '한자어'에 포함되므로 한자어가 본래의 모습과는 다르게 지나치게 많은 내용을 아우르는 문제를 야기하였다. 이 문제의 해결을 위하여 '한자 생활'이라는 영역을 설정하였다. '한자 생활'이란 결국 한자와 언어생활을 고려한 용어로서, 역사적 특수성으로 인한 우리의 언어생활의 현실을 고려한 것이다.

'한자생활'과 '한문'의 영역 설정과 더불어 이 두 영역에 공통으로 포함되면서 체계화하기 어려운 한문 문법 관련 요소를 '한문 지식'이라는 영역을 설정하여 해결하고자 하였다. 여기에는 '육서(六書)'를 비롯한 '한자'의 생성과 발전의 과정을 보여주는 문자학, 어휘, 문장의 구조와 형식, 허자의 쓰임 등을 포괄적으로 제시하고자 하였다.

그리고 이미 설정된 영역에 대한 내용을 어떤 체계로 조직하는가에 대하여 고민한 결과, 3개의 안을 내기에 이르렀다. 공통적으로 설정한 것은 내용 조직에 있어서 내용과 한문 재료(언어 재료)로 나눈 것이다. 내용 체계 시안의 '내용'은 한문 교과에서 다루어야 할 모든 내용을 지칭하는 것이며, '한문 재료'[6]는 그 내용을 보충하기 위한 한문 언어 재료라고 말할 수 있다.

---

6) '한문 재료(언어 재료)'라는 설정에 주목을 요한다. 연구진은 기존의 한문과 내용 체계 및 영역별 내용에 한문 텍스트를 포함한 한문 언어 재료에 관한 정보가 제시되지 못했다는 점에 주목하였다. 국어과의 경우, 학년별로 사용 가능한 텍스트의 종류와 수준을 제시하였다. 아직 우리 한문교육학계는 학교 한문과 교육에서 사용할 수 있는 텍스트의 종류와 학교 급별 수준을 고려한 텍스트를 선정, 제시할 수 있는 학문적 논의와 배경이 부족하다고 진단하였다. 연구진 또한 이 점을 절감하며, 최종 내용 체계 시안에서 한문 재료를 삭제하였다. 이 방면의 연구가 한문교육학계에 거듭 요청된다.

2. 내용 체계 시안

1) A안

영역		내용	한문 재료(언어재료)
한자생활			
한문	산문		
	운문		
한문지식			

A안에서 '한문 지식' 영역은 한문과 학습 내용 중, 문법 관련 요소를 '한문 지식' 영역으로 통합한 것이다. 단, 최소 필수 학습 요소를 제시하고, '한문 지식' 영역은 원칙적으로 '한자 생활'과 '한문' 영역과 통합하여 가르치는 것을 원칙으로 하였다. 그리고 '한자 생활'영역은 7차 교육과정의 '한자', '한자어' 영역을 통합한 것이다.

2) B안

영역	내용			한문재료(언어재료)
한자 생활	지식	활용		
한문 지식	지식	구조	적용	
한문	독해	감상	문화	

B안에서 '한자 생활' 영역의 지식은 한자, 한자어, 성어와 관련된 기본적 학습 요소이며, 활용은 한자, 한자어, 성어를 언어생활의 실제에서 사용하는 것이다. '한문 지식' 영역의 지식은 한자, 한자어, 한문과 관련된 배경 지식이고, 구조는 한자, 한자어, 한문(한시)과 관련된 문법적 체계이며, 적용은 앞의 문법적 내용을 한문 문장(한시)에서

탐색하는 것이다. '한문'영역의 독해는 한문·한시를 풀이하고 이해
하는 것이고, 감상은 한문·한시를 비평하고 가치화하는 것이며, 문
화는 한문·한시와 관련된 한문 문화권의 사고와 생활 양식을 탐구하
는 것으로 구분하였다.

3) C안

영역	내용				한문재료(언어재료)
한자 생활	한자	복합어	성어		
한문	산문		운문		
한문 지식	한자	복합어	성어	한문	

통상 '한자어'라는 용어는 국어에서 한자로 표기되는 모든 단어를
가리키므로 한자와 성어도 포함하고 있다고 볼 수 있다. C안의 '한자
생활' 영역에서는 이를 해체하여 한자, 복합어, 성어로 구분하였다.

Ⅳ. 내용체계 시안 적정화 분석

1. 설문 조사

1) 설문조사의 목적 및 대상

'한문과 교과 교육 내용 체계 및 내용 교재 개발'과 관련하여, 현장
의 중·고등학교 한문 담당 교사를 대상으로 '한문과 내용 체계'에 관
한 설문 조사를 실시하였다. 설문조사의 목적은 다음과 같다.

첫째, 현행 한문과 교육과정의 문제점과 개선 방향을 조사한다.

둘째, 한문과 내용 체계 시안을 마련하기 위한 현장 교사의 의견을 수렴한다.

셋째, 연구진이 개발한 내용 체계 시안을 수정, 보완한다.

설문 조사 대상자들의[7] 배경변인별 분포를 알아보기 위해 먼저 중·고등학교 한문 담당 교사를 대상으로 학교 급, 교직경력, 성별, 소재 지역, 교육과정 참여여부 등을 알아보았으며, 설문 조사의 배경 변인별 분포는 다음 〈표 2〉와 같다.

〈표 2〉 조사 대상의 배경 변인 분포

구분		n	%
학교급	중학교	81	51.3
	고등학교	77	48.7
교직경력	5년 미만	82	51.9
	5년 이상~10년 미만	33	20.9
	10년 이상~20년 미만	32	20.3
	20년 이상	11	7.0
성별	남	53	33.5
	여	105	66.5

---

7) 본 설문은 전국의 중·고등학교에 재직하고 있는 한문과 담당 교사 181명을 대상으로 2006. 7. 10. ~ 2006. 8. 10. 사이에 연구진이 설문 장소를 직접 방문하여 조사하는 형식으로 이루어졌다. 설문의 분석 과정에서 문항의 과반 이상 답변을 하지 않은 23명의 자료를 제외하고, 총 158명의 자료를 분석 대상으로 삼았는데 자세한 내용은 다음과 같다(중복하여 설문에 응답한 사람은 없음).

순	설문 대상	인원	날짜	장소
1	경기한문교육연구회 소속 교사	29	06.07.22.(토)	군포고등학교
2	전국한문교사모임 소속 교사	37	06.08.10.(목)	천안상록연수원
3	공주대학교 주관 한문과 일급정교사 연수 참가자	39	06.07.28.(금)	공주대학교
4	강원대학교 주관 한문과 일급정교사 연수 참가자	65	06.08.01.(화)	강원대학교
5	한국교원대학교 교육대학원 소속 교사	8	06.08.02.(수)	한국교원대학교

지역	대도시	70	44.3
	중·소도시	74	46.8
	읍·면지역	14	8.9
교육과정 참여여부	국가 수준 교육과정 개정	1	0.6
	시·도 교육청 또는 학교 교육과정 개발	19	12.0
	참여 경험 없음	138	87.3
전체		158	100.0

2) 설문지의 조사 내용

본 조사에 사용된 도구는 '한문과 교육과정 내용 체계 시안에 대한 조사'로서, 연구진이 제작하여 전문가의 협의를 거쳐 최종적으로 작성된 것이다(설문지는 보고서 참고). 구체적인 설문 내용과 해당 문항 번호는 다음 〈표 3〉과 같다.

〈표 3〉 설문지 조사 내용

조사영역	조사내용	문항번호
배경변인	학교급	1
	교직경력	2
	성별	3
	지역	4
	교육과정 참여여부	5
교육과정 내용 체계 전반	1) 현행의 한문과 교육과정 내용 체계의 적절성	6
	2) 제7차 한문과 교육과정 내용 체계의 가장 큰 문제점	6-1
	3) 현행 7차 한문과 교육과정 내용 체계의 세로축 영역의 적합성	7
	4) 한자, 한자어 영역을 통합할 경우, 적절한 통합 영역명	7-1
	5) 한자어 영역명을 변경할 경우, 적절한 변경 영역명	7-2
	6) 현행 7차 교육과정 내용 체계의 가로축 내용의 '내용 선정 및 조직방식'에 대한 적절성	8
	7) 시안 A의 영역 설정 및 내용 조직 방식의 적합성	9
	8) 시안 B의 영역 설정, 내용 조직 및 범주화의 적합성	10
	9) 시안 C의 영역 설정, 내용 조직 및 범주화의 적합성	11

	10) 한문과 내용 체계 시안(시안 A, B, C) 중 가장 적합하다고 생각하는 안	12
	11) 현행의 '한자·한자어' 영역을 통합하여 '한자 생활' 영역으로 설정한 시안에 대한 의견	13
	12) 한문과 학습 내용 중 문법 관련 요소를 '한문 지식' 영역으로 통합, 내용은 '한자 생활'과 '한문'영역에서 통합하여 가르치도록 설정된 시안에 대한 의견	14
내용 체계의 내용요소	1) 내용 요소의 진술 방식에 대한 의견	15
	2) 시안의 '한자 생활'영역의 적절한 내용 구조화	16
	3) 시안의 '한문 지식'영역의 적절한 내용 구조화	17
	4) 시안의 '한문'영역의 내용 구조화 방식	18
	5) '한문 재료'영역의 내용 요소로 포함해야 할 내용(순위별)	19
	6) '한자 생활'영역의 내용 요소로 포함해야 할 내용(순위별)	20
	7) '한문 지식'영역의 내용 요소로 포함해야 할 내용(순위별)	21
	8) '한문'영역의 내용 요소로 포함해야 할 내용(순위별)	22
한문과 내용체계 개선	한문과 내용 체계를 개선할 때 반드시 토완되어야 할 내용에 대한 의견(자유기술식)	23

3) 설문 조사 결과 분석

설문 문항에 대해 기본적으로 빈도분석, 교차분석과 복수응답분석을 실시하였으며, 특히 변수간의 상호 관련성 여부를 알아보기 위해 Chi Square(χ2)검정을 실시하였다. Chi Square(χ2)검정 결과는 '기대 빈도가 5 이하인 셀이 전체의 20% 이상을 넘지 않는 경우 검정결과를 사용 한다'는 가용 기준에 합당한 경우에만 제시하였다. 각 설문 문항의 내용과 그 결과, 그리고 결과에 대한 분석 및 해석은 보고서의 내용을 참고하도록 하고, 여기서는 간단하게 요약, 제시하도록 한다.

첫째, 전체 응답자 156명 중에서 90.4%가 '현행 내용 체계의 개선이 필요하다'라고 응답하였다.

둘째, 현행 한문과 교육과정 내용 체계의 세로축 영역에 대해 152

명의 응답자 중에서 64.5%가 한자, 한자어 영역을 통합하여야 한다고 보았다. 또한 21.1%의 응답자는 한자어 영역을 삭제하여야 한다고 답하였다. 그리고 응답자 중 9.9%가 한자어의 영역 명을 바꿔야 한다고 응답하였다.

셋째, 한자, 한자어 영역을 통합할 경우, 98명의 응답자 중에서 65.3%가 '한자 생활'을 대안으로 답하였고, 29.6%가 '실용 한자'를 적절한 대안으로 응답하였다.

넷째, 한자어 영역을 바꾸어야 한다는 응답자 중, '한자어'를 대신할 수 있는 영역 명칭으로 15명 중 80.0%가 '어휘'로 응답하였으며, '단어'로 응답한 비율이 13.3%, '복합어'로 응답한 비율이 6.7%로 나타났다.

다섯째, 연구진이 개발한 내용 체계 A, B, C 안에 대해 설문한 결과, 156명의 응답자 중 41.7%가 B안을 가장 적합한 안이라고 응답하였다. 다음으로 A안 24.4%, C안 21.2%의 비율로 응답하였으며, 12.8%는 '적합하다고 생각하는 안이 없다'고 답하였다. 이것으로 볼 때, A·B·C 세 가지의 안 중에서는 B안을 선호하는 편이나 현장 중등학교 한문 교사들이 만족하게 여길 수 있는 시안 개발을 위해 더욱 면밀한 연구가 필요하다는 데 연구진은 인식을 같이 하였다.

2. 전문가 협의회

연구진이 개발한 한문과 교육과정 내용체계 시안의 적합성 여부를 검토하기 위해 2006년 8월 21일 전문가 협의회를 실시하였다.[8] 연구

---

[8] 회의에 참석한 인원은 다음과 같다. 이명학(성균관대학교 교수), 안재철(단국대학교 교수), 윤재민(고려대학교 교수), 안동규(군포고등학교 교장), 장호성(한국교육과정평가원 연구원), 남궁원(한국교육과정평가원 연구원), 백광호(파주공업고등학교 교사), 김왕규(한국교원대 교수), 원용석(군포중학교 교사), 한은수(서울신우초등학

수행 경과보고 뒤, 개발된 내용 체계 A·B·C 안의 적합성과 현장 설문 조사 결과에 대해 논의를 하였다. 주요 논의 내용을 요약, 제시하면 다음과 같다.

첫째, '한자 생활'이란 영역 명칭이 타 영역 명칭과 비교하여 볼 때 한문과 교육과정의 내용 체계로 합당하다고는 할 수 없으나 한자를 실생활에 적용시키는데 중점을 둔 표현이므로 나름대로 의미가 있다고 할 수 있다.

둘째, 현행 교육과정 내용 체계에 없는 '한문 지식'이란 영역을 설정하여 한문법과 관련된 내용의 교육을 강조하려는 신선한 의도가 엿보이지만, 중영역 명칭인 '복합어' 대신 '어휘'라는 명칭을 사용하는 것이 더 합리적으로 판단된다.

셋째, 한문 영역의 하위 범주인 '독해·감상·문화'는 기존의 교육과정 내용체계에는 없는 명칭으로 한문과 교육의 다양한 효과를 흡수할 수 있는 구분으로 생각된다.

넷째, 전반적으로 연구진에서 개발한 시안은 현행 한문과 교육과정 내용체계의 문제점을 명확히 인식하고 문제점을 개선하기 위해 고심한 흔적이 엿보이는 것으로 현행 한문과 교육과정의 문제점을 모두 해소한 최선의 방안이라고 보기는 어려우나 한문과 교육과정 내용 체계의 합리적인 구성을 위해 다각도로 노력한 대안이라고 할 수 있으며 차기 교육과정 내용 체계 개선에 일정 부분 기여하는 바가 있을 것으로 판단된다.

3. 내용 체계 시안 확정

설문 조사를 위해 1차로 개발한 3종의 내용 체계 시안에 대한 현장

교 교사), 김동규(낙생고등학교 교사), 박상우(한국교원대학교 대학원생).

교사들의 설문 조사 결과와 전문가 협의회를 거쳐 연구진이 개발한 최종 내용 체계 시안은 다음과 같다.

〈표 4〉 한문과 내용 체계 시안

영역	내용		
한자 생활	**기능**		**활용**
	한자 읽기와 쓰기 단어 읽기와 쓰기 성어 읽기와 쓰기		한자의 활용 단어의 활용 성어의 활용
한문 지식	**한자**	**어휘**	**문장**
	한자의 발달 한자의 특징 한자의 짜임	단어의 발달 단어의 형태 성어의 특징	문장의 구조 문장의 형식 허자의 쓰임
한문	**독해**	**감상**	**문화**
	단문의 읽기와 풀이 산문의 읽기와 풀이 한시의 읽기와 풀이	단문의 감상 산문의 감상 한시의 감상	전통문화의 계승과 창조 한자문화권 상호 이해와 교류 증진

먼저, 대영역 명칭인 '한자 생활'은 현행 7차 교육과정 내용체계의 '한자', '한자어' 영역을 통합하여 설정한 것으로 현장 한문교사의 설문 조사 결과 한자어 영역을 삭제(21.1%)하거나 한자어 영역을 그대로 둔 채 영역 명칭만 바꿔야 한다(9.9%)는 의견보다 한자, 한자어 영역을 통합하여야 한다(64.5%)는 의견을 반영하여 설정한 명칭이다. 대영역 명칭인 '한자 생활'은 전문가 협의회 과정에서 타 영역 명칭과 대비하여 볼 때 부적절하다는 의견도 있었으나 한자를 익혀 실생활에 적용하는 것에 중점을 둔 것으로 오히려 학습자나 현장 교사에게 친숙한 표현으로 판단하였다.

중영역 명칭인 '기능'과 '활용'은 한자를 익혀 실제 생활에 활용하는 절차와 과정을 중시하여 설정한 것이다. 내용 요소인 '한자 읽기와 쓰기', '단어 읽기와 쓰기', '성어 읽기와 쓰기', '한자의 활용', '단어의 활용', '성어의 활용'은 한문과 교육에서 '한문 문장'보다 위계가 낮은 내용 요소들을 포괄하는 것이다.

다음으로 대영역 명칭인 '한문 지식'은 한문과 학습 내용 중 문법 관련 요소를 통합하되 그 내용은 '한자 생활'과 '한문' 영역과 연계하여 지도할 수 있도록 설정한 것이다. '한문 지식' 영역의 설정은 현장 교사 설문 조사 결과 현행 교육과정처럼 별도의 영역을 설정하지 않고 가르쳐야 한다(28.0%)는 의견보다 하나의 영역을 설정하여 한문법 교육을 강화해야 한다(66.2%)는 의견을 반영한 것이며, 전문가 협의회 과정에서도 참신한 영역 설정이라는 의견이 있었다.

중영역 명칭인 '한자, 어휘, 문장'은 설문 조사 결과 '지식, 구조, 적용'을 선호하였으나 각 영역간 층위가 맞지 않고, 영역 명칭이 이해하기 어렵다는 의견을 반영하여 수정한 것이다. 중영역 명칭인 '한자'는 '한자 생활'영역의 기능적인 측면보다는 한자가 지닌 문자학적 특징을 반영하여 설정한 것이다. 중영역 명칭인 '어휘'는 현장 설문 조사 결과 단어(13.3%)나 복합어(6.7%)보다 어휘(80.0%)를 선호하는 의견을 반영한 것이며, 전문가 협의회에서도 현행의 '한자어' 영역을 대신할 명칭으로 '어휘'가 좋겠다고 한 의견을 수용한 것이다. 중영역 명칭인 '문장'은 전문가 협의회시 단일 문장(sentence)을 뜻한다는 의견도 있었으나 내용 요소인 '문장의 구조', '문장의 형식', '허자의 쓰임'을 포괄할 수 있는 큰 개념으로 사용될 수도 있으므로 그대로 사용하기로 하였다.

끝으로, 대영역 명칭인 '한문'은 교과 명칭인 '한문'과 동일하여 다소 혼란을 가져올 수 있다는 지적도 있었으나 현행 교육과정 내용체계에 나타나 있는 교육 내용 요소를 포괄할 다른 명칭으로 바꾸기 어려우므로 그대로 사용하기로 결정하였다. 중영역 명칭인 '독해, 감상, 문화'는 현장 설문 조사 결과 '산문, 운문'(29.7%), '독해, 감상, 태도'(13.3%)

보다 '독해, 감상, 문화'(52.5%)로 하는 것이 좋겠다는 의견을 반영한
것이며, 전문가 협의회에서도 타당한 중영역 명칭으로 협의되었다.

중영역 '독해'의 내용 요소인 '단문의 읽기와 풀이', '산문의 읽기와
풀이', '한시의 읽기와 풀이'는 전문가 협의회시 '각종 문체의 풀이'가
학교 현장에서 가르칠 수 있는 내용으로 부적절하다는 의견을 수용하
여 설정한 것이다. 중영역 '감상'의 내용 요소인 '단문의 감상', '산문
의 감상', '한시의 감상'은 전문가 협의회시 '감상과 가치화'란 용어가
모호한 표현이란 의견을 반영하여 설정한 것이다. 중영역 '문화'의 내
용 요소인 '전통 문화의 계승과 창조'는 전문가 협의회시 '전통 문화'
가 '고전 문화'보다 큰 개념이고 포괄하는 내용이 많다는 의견을 수용
하여 설정하였다. 중영역 '문화'의 내용 요소인 '한자 문화권 상호 이
해와 교류 증진'은 전문가 협의회시 교재로 구성하기 어렵다는 지적
도 있었으나 한문과 교육 목적의 하나인 동아시아 보편 문화의 이해
라는 측면에서 꼭 필요한 요소로 판단되어 시안대로 설정한 것이다.

V. 교재개발의 방향과 구성 체제

1. 교재 개발의 방향

한문과 교육과정 내용 체계 시안에 따른 실험용 교재 개발에 앞서
현행 고등학교 한문 교과서의 문제점들을 반성적으로 고찰하면 다음
과 같다.

첫째, 교과서 구성 방식의 문제이다. 현행 고등학교 한문 교과서는
10개의 출판사에서 출판되어 학교 현장에서 사용하고 있다. 각 출판
사별로 새로운 아이디어를 가지고 7차 교육과정에 맞춰 개발하였다.

그러나 10종의 교과서를 살펴보면 본문 제재에 대한 설명이나 관련 자료의 제시에 불과하다. 즉 본문을 소개하고, 일차적 풀이를 제시하고 있으며, 본문과 관련되지 않은 한자들은 '한자의 활용', '언어생활의 활용' 등에서 억지로 소화하였다. 외적 체제측면에서 디자인이나 편집은 6차 교육과정까지의 교과서 보다는 세련되거나 다양하나, 내적체제 측면에서는 기존의 교과서와 대동소이하다.

둘째, 교사 중심의 교재 편찬이다. 7차 교육과정은 학습자 중심의 교육과정이라 볼 수 있다. 교육과정을 실현하기 위해 사용되는 교과서 역시 학습자 중심의 교과서가 되어야 한다. 그러나 현행 교과서는 개별 교사의 개별화된 교수-학습법과 단위 학교 교육과정에 따라 이루어지는 기존의 교과서 수업 방식과 대동소이하다. 다시 말해 제7차 교육과정에서 표방한 학습자 중심의 교과서로서의 역할을 못하고 있는 것으로 판단된다.

셋째, 한문교육용 기초한자 1,800자 관련 문제이다. 모든 교과서는 고등학교에서 배워야할 한문교육용 기초한자 1,800자 중에서 900자를 교과서의 내용에서 모두 제시하고 학습하여야 한다. 10종 교과서별로 35~39과로 이루어졌다고 볼 때 23~25자 정도의 한자를 배분하여 제시하고 있다. 본문 제재의 선택에서 예외 한자의 수를 감안하더라도, 기초 한자를 제시해야 하고, 본문 제재에서 소화하지 못한 한자를 해당 단원에서 제시해야 하는 까닭에 '한자의 활용'이나 '언어생활의 활용' 등에 활용하였다. 이는 학습자의 흥미와 관심을 유발할 수 있는 한문 교과서의 개발에 큰 장애가 되고 있다.

넷째, 교육과정 수용의 소홀과 학습 위계의 적합성에 관련된 문제이다. 한문과 교육과정에는 자기 주도적 학습과 산문과 한시의 감상 및 내면화, 가치화 등에 대한 언급이 진술되어 있음에도 불구하고 실질적으로 한문과 교과서에서는 그것을 온전히 구성하거나 언급하고 있지 않다. 또한 한문 본문의 내용도 학교급 및 학습자의 수준을 고려하지 않은 채 선정하였다. 예컨대, 중학교 수준의 학습 내용이 고등학교 교과서에도 반복되어 선정되었다.

다섯째, 현행 한문과 교육과정의 내용 체계 문제이다. 현 교육과정 내용체계의 '한자', '한자어', '한문'의 영역 구분은 교과서 구성에도 많은 영향을 주었다. 집필자는 각 영역에서 제시된 학습 목표에 접근하기 위한 방법을 강구하고, 그 결과를 교과서에 반영한다. 단원과 학습 내용 선정은 각 영역별 구분에 근거하여 구성한다. 그러므로 한문과 내용 체계의 문제점이 그대로 교과서에 드러나게 되었다.

이와 같은 문제점을 개선하기 위해 이 연구에서는 다음과 같은 실험용 한문 교과서 개발 방향을 설정하였다.

첫째, 내용 체계 시안의 학습 목표에 접근할 수 있는 교과서를 개발한다. 기존의 '한자', '한자어', '한문'을 '한자생활', '한문지식', '한문'으로 대영역을 설정하였다. '한자', '한자어', '한문'의 영역에 의거해 순차적으로 구성, 개발되었던 교과서를 '한자 생활', '한문 지식', '한문'의 대영역과 각 영역별 '기능·활용', '한자·어휘·문장', '독해·감상·문화'에 따른 교과서를 개발한다. 곧 영역별 내용과 학습 목표를 순차적으로 달성할 수 있는 교과서를 개발한다.

둘째, 학습자 중심의 교과서를 개발한다. 교과서는 교육과정의 실현을 위해 학습자에게 제공하는 학습 자료이다. 교과서는 교사 중심이 아닌 학습자 중심의 내용과 체계를 통해 학습 목표에 접근할 수 있어야 한다. 그러므로 각 영역별로 제시된 내용을 중심으로 교과서를 구성하되, 학습자가 주도적으로 문제를 해결해나가며 학습 목표에 접근할 수 있는 단계를 보여주는 교과서라야 한다.

셋째, 한문교육용 기초한자 1,800자 문제를 유연하게 수용한다. 한문교육용 기초한자 1,800자가 교과서의 내용과 구성을 결정하는 중요한 요소이자 장애가 되는 것을 앞에서 언급하였다. 교육과정의 영역별 내용과 해당 단원의 학습 목표에 따른 다양한 제재를 선정하고 새로운 구성의 교과서를 개발하기 위해서는 한문교육용 기초한자의 제약에서 벗어나야 한다. 각 차시별로 일정한 한자를 학습해야하는 기존의 방식에서 탈피하여 다양한 제재의 선정과 단원 구성의 자율성을 보장할 때 학습자 중심의 교재 개발이 가능하다.

넷째, 목표 학습의 단계적 접근이 가능한 교과서를 개발한다. 단계적 접근을 통해 학습자는 점차적으로 학습 목표에 접근할 수 있으며, 자기 주도적 학습이 가능하다. 그러므로 실험용 교과서는 단계별 학습 활동을 제시하고, 학습자의 자기 주도적 학습 활동이 충분히 발휘될 수 있도록 내용 선정 및 구성이 이루어져야 한다.

다섯째, 위계에 따라 교재 내용을 선정하고 구성한다. 교과서는 학교급별 및 학습자의 수준을 고려하여야 한다. 다양한 내용의 선정과 학교급별 수준을 고려한 구성은 학습자가 용이하게 학습 목표에 접근할 수 있게 할 것이며, 학습자의 자기 주도적 학습을 가능하게 할 것이다. 실험용 교과서에서는 단원별로 체계적이고 단계적 학습이 가능한 내용을 구성할 것이며, 한문과 교육과정 실현의 전범이 될 것이다.

2. 교재 구성의 체제

1) 내용 체계 시안에 따른 구성

'한자', '한자어', '한문'으로 설정된 기존의 한문과 교육과정 내용 체계 영역 사이의 간섭에 대한 고민과 비판은 무수히 있어왔다. 그러나 실제 교육과정 내용 체계가 변화되지 않는 한 교과서의 구성은 크게 변하지 않을 것이다. 그러나 이번 내용 체계 시안의 새로운 영역 설정은 단계적 학습이 가능함은 물론 영역별 학습 목표 접근을 용이하게 하였다. 또한 '한문 지식', '읽기'와 '쓰기', '독해', '감상', '문화' 등은 한문과 교육과정에서 소홀했던 부분에 대한 반성과 고민의 결과이며 이 요소들은 향후 한문 교과 내용 체계의 방향을 제시하였다고 볼 수 있다. 그러므로 실험용 교과서는 교재 내용, 구성, 대단원, 소단원이 내용 체계 시안과 깊은 연계를 이루게 했으며, 다양한 글감과 구성을 통해 각 영역별 학습 목표의 접근이 단계적으로 이뤄질 수 있게 하였다. 구성상의 특징은 다음과 같다.

내용 선정의 측면에서 실험용 교과서의 내용은 '한자생활' '한문' '한문 지식'의 한문과 교육과정의 내용 체계 시안에 근거하여 학습 목표에 쉽게 접근할 있도록 선정하였다. 내용 조직의 측면에서는 기초 단계에서 응용 단계로, 초급 단계에서 고급 단계로 단계적으로 발전하되, 학습자의 경험의 계속성과 계열성을 고려하여 조직 배열하였다. 학습 내용의 분량 측면에서는 현행 한문과 교육과정의 6단위가 아닌 4단위(현 학교 현장에서 배당된 단위 기준)를 기준으로 하여 각 단원별로 1~2시간 동안 수업이 이루어지도록 하였다. 끝으로 내용의 수준과 범위 측면에서 중학교, 고등학교의 학교급별 수준을 고려하였으며, 한문교육용 기초한자 1,800자의 뜻과 음을 제시하였고, 범위를 넘어서는 한자는 별도로 표시하였다. '한자생활'의 '기능'과 '활용', '한문' 영역의 '독해', '감상', '문화'를 단계적으로 학습할 수 있는 수준과 범위를 고려하였다.

2) 대단원별 구성

대단원의 구성은 한문과 교육과정의 내용체계의 영역과 내용을 고려하고, 이상적인 학습이 가능하도록 구조화하였다. 대단원은 한문과 내용 체계 시안의 중영역에 따라 구성하였는데, 한문 지식은 본문에 편성하지 않고 부록의 참고 자료로 제시하였다. 즉 모두 5개의 대단원을 구성하였다. 각 소단원별 내용은 내용 체계 시안의 소영역에 따랐다. 각 대단원의 1면과 2면에는 대단원별 학습 목표와 대단원 선정에 대한 진술 및 소단원과 학습 자료가 제시되어 있다. 그리고 각 대단원 말미의 두 면은 대단원 정리와 평가로 구성하였다. 내용 체계, 대단원명, 소단원명, 학습 목표를 제시하면 다음과 같다.

〈표 5〉 실험용 교재 대단원명, 소단원명, 학습 목표

내용 체계	대단원명	소단원명	학습목표
한자 생활 중 기능	I. 한자를 벗 삼아	1. 한자야 놀자	• 한자의 음과 뜻을 알고 읽을 수 있다. • 한자의 필순을 알고 바르게 쓸 수 있다.
		2. 단어의 세계	• 단어의 음과 뜻을 알고 읽을 수 있다. • 단어를 한자로 바르게 쓸 수 있다.
		3. 성어와 함께	• 성어의 음과 뜻을 알고 읽을 수 있다. • 성어를 한자로 바르게 쓸 수 있다.
한자 생활 중 활용	II. 한자는 내 친구	1. 한자야 모여라	• 한자를 단어 이해에 활용할 수 있다 • 한자를 언어생활에 활용할 수 있다.
		2. 단어의 신비	• 단어를 언어생활에 활용할 수 있다. • 단어를 학습 용어 이해에 활용할 수 있다.
		3. 재미있는 성어	• 성어를 언어생활에 활용할 수 있다. • 성어의 속뜻을 알고 활용할 수 있다.
한문 중 감상	IV. 그 뜻을 마음속에	1. 짧은 글 긴 여운	• 단문의 내용과 의미를 이해할 수 있다. • 단문의 표현 방식을 이해하고 감상할 수 있다.
		2. 명문을 찾아서	• 산문의 다양한 문체를 알 수 있다. • 산문의 내용과 주제를 이해하고 감상할 수 있다.
		3. 한시와 더 가까이	• 한시의 형식과 특징을 이해할 수 있다. • 한시의 내용과 주제를 이해하고 감상할 수 있다.

한문 중 문화	V. 손에 손잡고	1. 전통의 얼	• 선인들의 삶과 지혜를 이해하고 건전한 가치관과 바람직한 인성을 함양한다. • 전통 문화를 바르게 이해하고 창조적으로 계승 발전시키려는 태도를 지닌다.
		2. 한자문화권	• 한자 문화권의 문화를 이해할 수 있다. • 한자 문화권의 상호 이해와 교류 증진에 기여하는 태도를 지닌다.
한문지식 중 한자	학습 자료	1. 한자 요모조모	• 한자의 기원을 안다. • 한자의 형성과정을 이해한다. • 한자의 자체를 이해한다. • 한자의 3요소를 이해한다. • 한자의 부수를 이해한다. • 한자의 여러 가지 음과 뜻을 안다. • 상형과 지사를 안다. • 회의와 형성을 안다.
한문지식 중 어휘		2. 어휘로 나아가기	• 단음절어를 안다. • 다음절어를 안다. • 단어의 품사를 안다. • 단어의 짜임을 안다. • 성어의 종류를 안다. • 성어의 속뜻을 안다.
한문지식 중 문장		3. 한문에서 헤엄치기	• 문장의 성분을 안다 • 문장의 구조를 이해한다. • 문장의 형식을 안다. • 문장의 수사법을 안다. • 허자의 종류를 안다. • 허자의 기능을 이해한다.

3. 교재 개발의 실제

각 소단원은 4면으로 이루어져 있으며, 구체적으로 1면은 '학습목표', '본문에 대한 학습 안내 도입문', '본문', '신출한자'로 이루어져 있다. 2면과 3면에는 '학습활동'과 '심화학습'을 두되, 본문 내용을 학습자 중심으로 유도하기 위해 단계적 학습 활동을 보여주도록 하였다. 4면에서는 '정리와 평가'를 두어 소단원 내용을 정리하고, 학습한 내용을 평가할 수 있도록 하였다. 소단원 구성 방식과 체제를 제시하면 다음과 같다.

1) 학습 목표 제시

소단원에서 달성되어야 할 학습 목표를 서술식으로 진술하였다. 이는 이후 전개되는 학습 내용의 단계적인 학습의 목적이며 바탕이 된다.

2) 본문에 관련한 소개와 도입문 제시

각 소단원 제목 하단에 본문의 내용과 관련한 간단한 학습 도입 안내문 또는 학습활동과 관계된 내용들을 제시하여 줌으로써 학습에 대한 긴장감을 완화시키고, 학습 목표 접근을 용이하게 하였다.

3) 본문 내용의 선정

본문 내용은 한문교육용 기초한자 1,800자에 구애 받지 않고, 학습 목표 접근이 용이한 대표적인 제재를 선정하였다. 그리고 본문 제재 내용의 이해를 도울 수 있는 삽화를 선정하였다.

4) 신출한자

고등학교용 기초한자 900자에 해당하는 한자의 뜻과 음을 제시하고, 예외자는 그 앞에 '*'를 표시하여 구분하였다. 또한 기술 방식은 모양, 뜻, 소리를 순차적으로 제시하였다.

5) 학습 활동

2면과 3면에는 학습 방법과 절차를 단계적으로 제시하여 줌으로써 학습자가 문제를 스스로 해결해가는 과정과 방법을 학습하여 학습목표에 접근할 수 있도록 구성하였다.

6) 심화 학습

3면에 심화학습을 두어 학습자의 심화학습활동과 과정을 중시하였다. 심화학습은 개별학습, 모둠별 학습 등 다양하게 제시하였다. 이는 본문의 내용을 심화 학습하는 과정으로 학습 활동에서 한 단계 발전되고 심화된 학습활동이다.

7) 정리와 평가

4면에는 소단원에서 학습한 내용을 정리하였다. 새로운 내용의 제시 보다는 복습과 정리를 고려하였다. 평가 부분은 기존의 단편적 지식을 묻는 형성평가를 지양하고 학습 과정과 활동을 평가하거나, 탐구능력 평가, 정보 수집 분석 평가, 수행평가 등 학습 활동을 다양하게 평가할 수 있도록 구성하였다.

지금 제시한 교과서의 내용과 구성은 실제 학교에서 사용되는 교과서의 문제점들을 분석하고, 새로 제시된 내용 체계 시안에 준하여 개발된 것이다. 연간 수업 시수를 고려해볼 때 앞서 제시된 체제만으로 수업한다는 것은 현실적으로 불가능할 수도 있다. 그러나 이 교과서는 한문과 교육과정을 실현할 수 있는 교과서를 개발할 때 참고할 수 있는 실험용 교과서라는 점을 고려한 것이다.

이 연구에서 개발한 실험용 한문 교과서의 한 단원을 예시하면 다음과 같다.

[실험용 교과서 대단원 도입, 정리 그리고 소단원 예시]

❑ 대단원(도입, 정리: 총 4면)

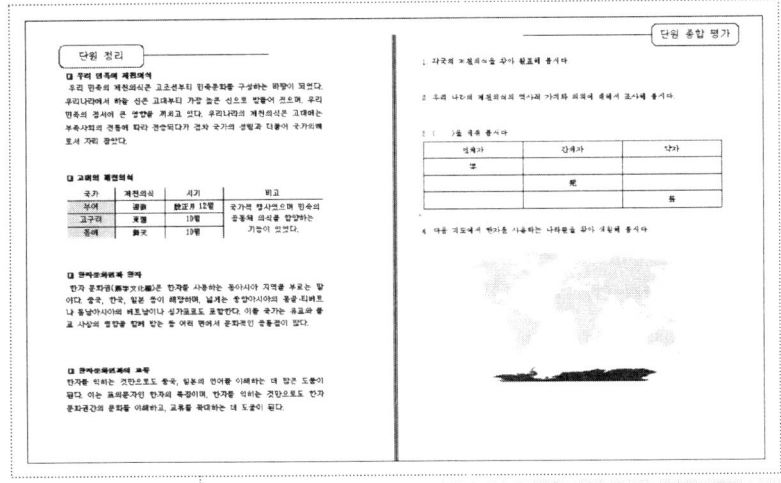

• 소단원에서 학습한 내용을 정리하고, 평가를 할 수 있도록 하였다.

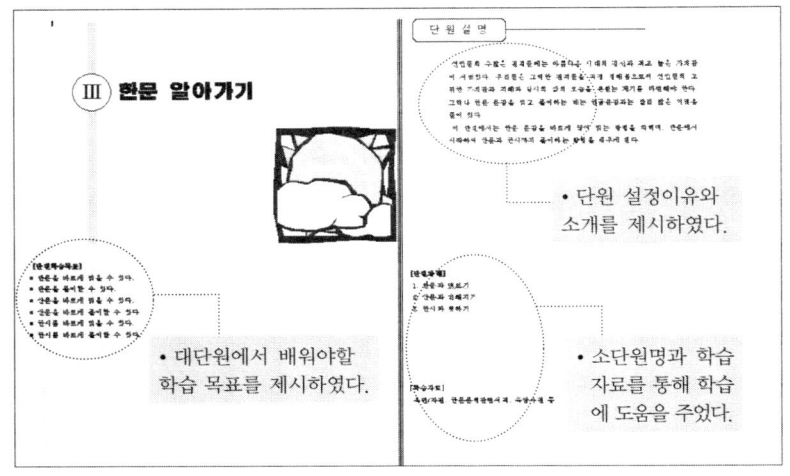

• 단원 설정이유와 소개를 제시하였다.

• 대단원에서 배워야할 학습 목표를 제시하였다.

• 소단원명과 학습 자료를 통해 학습에 도움을 주었다.

☐ **소단원(총 4면)**

소단원 1면

1 재미있는 성어

학습목표
• 성어를 언어생활에 활용할 수 있다.
• 성어의 속뜻을 알고 활용할 수 있다.

고사성어란 옛날에 있었던 이야기를 간단히 줄여 만든 말이다. 대화를 나누거나 글을 쓸 때에 과거의 어떤 사건을 인용하는 경우가 있다. 이때 사건을 모두 말하는 것보다 상징적인 내용으로 줄여 표현하는 것이 좋다. 이런 경우에 자주 인용되는 것이 성어이다.

漁夫之利

朝三暮四

結草報恩

• 학습 목표를 새로운 내용체계에 맞춰서 제시하였다.
• 본문 학습 안내문을 두어 학습 방법과 절차 및 본문관련 내용을 제시하여 학습에 도움을 주었다.

• 한문교육용 기초한자 1800자를 기준으로 하였으며, 그 외에 자는 별도의 표시를 하였으며, 한자의 뜻과 음을 서술형으로 표시하였다.

┌ 새로 한자 ┐

漁 고기잡을 **어**   利 이로울 **리**   暮 저물 **모**
結 맺을 **결**   報 갚을 **보**   恩 은혜 **은**

소단원 2면(예시 유형 1)

학습 활동

❶성어의 뜻을 풀이하여 봅시다.

漁　　夫　　之　　利

훈　고기를 잡다 / 사내(사람)/ -의　/　이익
풀이　고기를 잡는　사람　　의　　이익
⇒　고기를 잡는 사람(어부)의 이익

❷성어의 유래를 알아봅시다.

漁　夫　之　　利
↓
· 겉뜻 : 고기를 잡는 사람(어부)의　　이익

성어의 유래　중국의 조나라가 연나라를 침략하려고 하였습니다. 연나라는 조나라와 맞서 싸울 형편이 아니었기 때문에 소대라는 사람을 조나라 혜문왕에게 보내 싸움을 믿으키지 말도록 했습니다. 연나라의 소대가 조나라의 혜문왕에게 다음과 같이 말했다.

"제가 조나라로 오면서 易水잡을 지나다 보니, 마침 조개 한 마리가 껍질을 벌려 살을 내놓고 햇볕을 쬐고 있었습니다. 이 때 도요새가 날아와 조개의 살을 쪼자 조개는 껍질을 닫아서 도요새의 부리를 물었습니다. 이렇게 서로가 놓지를 않고 다투는 동안 마침 지나가던 어부가 둘 다 잡아가버렸습니다. 지금 조나라가 저의 연나라를 치려하는 데 두 나라가 전쟁을 하면 모두 허약해지고 백성들은 고난을 당할 것입니다. 그러면 강한 진나라가 어부처럼 둘지 않을까 걱정입니다. 왕께서는 깊이 생각하시기 바랍니다."

조나라의 혜문왕은 이를 옳다 여기고 연나라를 치려던 계획을 그만두었습니다.

❸성어의 속뜻을 알아봅시다.

漁　　夫　　之　　利
겉뜻　고기를 잡는 사람(어부)의　　　이익
↓
비유　[　　　　　　　]　　[연나라와 조나라의 다툼]
↓
속뜻　[　　　　　　　　　　　　　　　　]

• 학습 활동에서는 본문 교재의 내용을 단계적으로 학습할 수 있도록 제시하되, 도식과 그림 등을 활용하여 학습 목표의 접근이 용이하도록 하였다. 또한 내용체계에 따른 교과서의 전형을 보여주었다.

• 학습자가 직접 문제를 해결해 나가면서 학습이 이루어지도록 하였다.

소단원 2면(예시 유형 2)

---

❶ 단문 읽기

1. 단문을 한 자씩 끊어 읽어봅시다.
   - 예　水˘滴˘穿˘石(수˘적˘천˘석)

2. 토(吐)를 달지 않고 읽어봅시다.
   - 예　隨友適江南(수우적강남)

3. 단문에 토(吐)를 달아 읽어봅시다.
   - 예　一日之狗가 不知畏虎라.(일일지구가 부지외호라.)

4. 의미에 따라 끊어 읽어봅시다.
   - 예　一魚˘(混˘全川이라.(일어˘혼˘전천이라.)

❷ 단문 풀이

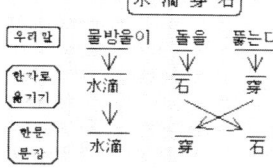

水 滴 穿 石

우리말	물방울이	돌을	뚫는다.
한자로 옮기기	水滴	石	穿
한문 문장	水滴	穿	石

우리말과 한문 문장을 비교해 볼 어순이 다른 것을 알 수 있다. 우리말에서는 '~을 ~하다.'로 되는 것이 한문에서는 '~하다 ~을'로 바뀌게 된다. 그러므로 한문에서는 '~을'에 해당하는 부분이 '~하다.'의 뒤에 위치하게 된다.

❸ 단문 읽기와 풀이

○孤掌難鳴이라.

읽기　孤掌˘難鳴이라.

풀이　외손뼉이 울기 어렵다.

• 읽기과정 및 문장 풀이 과정의 전형을 보여줌으로써, 산문, 한시의 읽기와 풀이 학습의 기초가 되게 하였다.

소단원 3면

심화 학습

❶ 조삼모사(朝三暮四), 결초보은(結草報恩)의 유래를 알아봅시다. 그리고 겉뜻과 속뜻을 써 봅시다.

朝 　 三 　 暮 　 四 ·········

겉뜻 ‖

속뜻 ‖

結 　 草 　 報 　 恩

겉뜻 ‖

속뜻 ‖

❷ 보기와 같이 성어를 활용해 대화 상황을 만들어 봅시다.

■ 보기 <漁夫之利>

갑돌 : 너, 어제 TV에서 중계한 경기 보았니?

갑순 : 응. 두 나라가 서로 반칙을 해서 모두 본선 출전 자격을 잃었다.
　　　 그래서 우리나라가 본선 경기에 나아가게 되었어.

갑돌 : 그럼, 漁夫之利로 우리나라가 본선에 나아가게 되었네.

■ 대화 만들기

• 심화 학습 단계를 제시하여 학습 활동을 기초로 하여 심화 단계 학습으로 발전되게 하였으며, 본문 제재의 내용과 관련하여 문제 해결을 하도록 하였다.
　심화 학습 단계를 고려하여 과제 중심, 개별 학습, 모둠 학습 등 다양한 학습 활동을 제시하였다.

소단원 4면

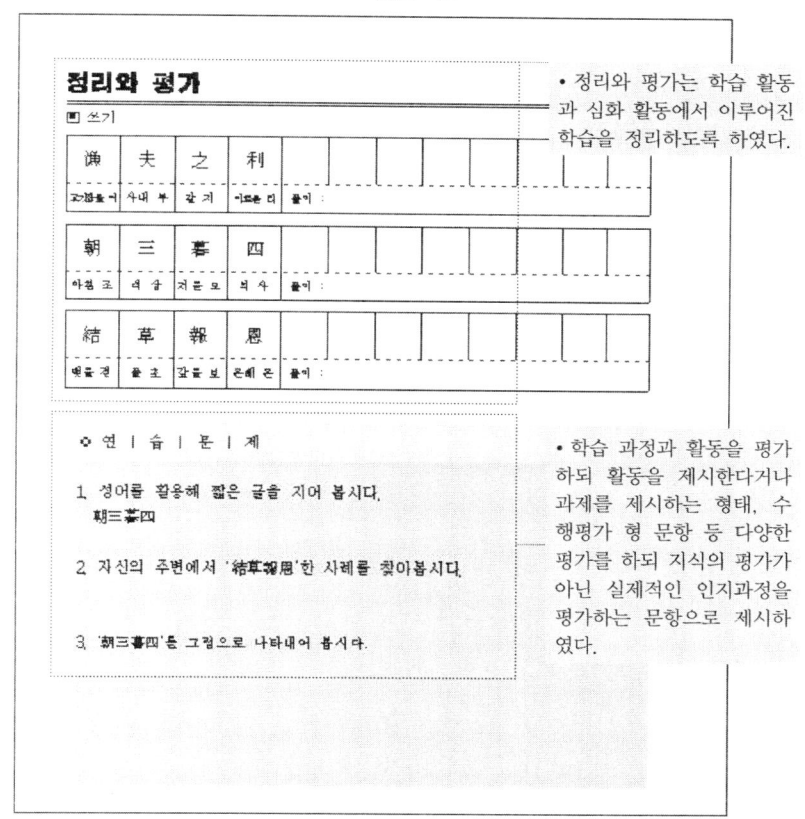

Ⅵ. 결론

교과의 내용 체계는 교과 교육학의 학문적 정체성 정립뿐만 아니라
해당 교과 교육과정의 구성 요인 가운데 가장 중요한 영역이다. 한문과
내용 체계에 관한 이론적 연구와 그 결과물은 한문교육학 연구 역량과
수준의 직접적 반영이라는 점에서 한문교육 학계의 관심과 주목을 요

하는 탐구 대상이다. 본 연구의 핵심 내용은 한문과 내용 체계의 영역 구분의 기준과 내용 조직의 원리를 이론적으로 탐색하는 것이다. 그러므로 본 연구는 한문과 내용 체계와 관련된 선행 연구 논문의 문제 제기를 공유하면서 선행 연구의 문제점과 미해결 과제를 일정 부분 해결하려고 노력하였다. 특히 내용 체계의 구안 과정에서 기준과 원리에 대한 탐색은 새로운 내용 체계의 이론적 토대를 제공할 것이다.

본 연구에서 제안한 내용 체계 시안과 실험용 교재는 다음과 같은 기대 효과를 불러올 것으로 예상된다. 먼저, 본 연구 과제의 성공적 수행을 위해 한문과의 교과적 특성과 언어 교과로서의 특성을 고려하면서 내용 체계의 기준과 원리를 모색하기 위한 이론적, 실천적 연구는 한문교육학의 학문적 정체성 확립에 크게 기여할 것으로 판단된다. 특히 수행 결과물은 앞으로 전개될 한문과 교육과정 개편 작업시 이론적 토대를 형성하는데 많은 기여를 할 것으로 기대된다. 교과 교육과정 구성 요인 가운데 특히 내용 체계는 여타 구성 요인 및 영역의 기초가 된다는 점에서 더욱 그러하다.

또한 이 연구 과제의 결과물은 현장 한문교육을 담당하는 한문 교사에게 한문과 교육의 학문적 정체성이 무엇인지, 학습자에게 전수할 한문과 학습 내용의 핵심이 무엇인지에 대한 방향을 제공할 것으로 예상된다. 내용 체계가 바뀌면 학교 현장의 한문교육의 양상도 바뀌게 될 것이다. 내용 체계의 변화는 내용의 변화를 수반하며 이를 수행하기 위한 교과서의 개편도 불가피할 것으로 보인다. 우선 교과서를 구성하는 방식에서 다양한 변화가 예견되며, 이는 교육목표를 달성하기 위한 학교 현장 교단의 교수−학습에도 지대한 영향을 끼치게 될 것이다.

결과적으로 내용 체계 연구는 학교 현장에 적용하는 것을 원칙으로 하며, 그렇게 하기 위해서는 이에 따른 내용교재가 다양한 모습으로 개발되고, 그 교재를 학교 현장에 투입함으로써 한문 교과는 이전에 볼 수 없었던 다양한 양태의 교수-학습이 가능해 질 것이다. 이렇게 내용 체계 연구는 한문 교육에 대한 시각 자체를 바꾸어 학교 현장에서 다양한 변화를 가져오게 할 것이며, 한문 교육이 마땅한 자리에 자리매김을 하는 계기로 작용할 것이다.

끝으로, 본 연구 과제의 수행 과정이나 연구 결과물 산출 후, 다음과 같은 관련 과제가 학계에 요구된다.

일반적 수준에서 교육 내용의 체계를 조직하는 원리로 위계성 (hierarchy), 계열성(sequence), 통합성(integration)을 강조한다. 내용 체계의 조직 원리 면에서 한문과의 내용 체계는 단순 배열이 아닌 '체계화'될 필요가 있다. 단, 내용 체계의 문제가 한문교육학에 대한 관점, 최상의 교육 목표 설정, 한문과의 학문적 정체성 등과 밀접한 관련을 맺고 있다는 점에서 연구의 집중과 지속이 요구된다.

언어 교과의 하나인 국어과의 교육 내용의 범주화 및 구조화의 원리에 비해 볼 때, 한문과의 경우 영역 간, 영역과 하위 내용 요소는 원리의 부재로 인해 각각 독립적이고 평면적이다. 학문적 체계를 학습자 수준에서 변용하여 정선, 조직된 '지식'과 이 지식을 학습하는데 필요한 언어 '기능', 그리고 텍스트에 내재한 '문화'적 가치를 발견, 창조하는 '태도' 등을 범주화·구조화할 수 있는 교과 내적 논리를 마련하는 일 또한 계속 논의되고 탐구되어야 한다.

기능의 훈련과 지식의 이해, 문화에 대한 통찰과 태도의 함양 등은 구체적 텍스트를 필요로 한다. 거듭 강조하지만, 목적별 담화 장르 혹은 의사소통 유형별 언어 재료 범주로 원리, 본질, 태도, 기능, 지식을 통합하였듯이, 한문과의 풍부한 언어 재료를 적극 개발하여 교육 내용으로 범주화할 필요가 있다.

　한문과의 교과적 특수성을 고려한 교육 내용의 제시·진술 방식에 관한 문제, 학습 내용(학습 요소)의 수준과 범위 등의 문제 또한 내용 체계와 관련하여 함께 다루어져야 할 작업임을 제기한다. 이 연구에서 개발된 한문과 내용 체계 시안은, 이후 교육과정 및 내용 체계와 관련된 이론 검증 및 현장 적용 뒤, 더욱 정교화해야 할 것이다.

참고문헌

교육부(1999), 『중학교 교육과정 해설(V)』-외국어(영어), 재량 활동, 한문, 컴퓨터, 환경, 생활 외국어.

교육부(2000a), 『고등학교 교육과정 해설』-2 국어.

교육부(2000b), 『고등학교 교육과정 해설』-11 외국어(영어).

교육부(2000c), 『고등학교 교육과정 해설』-12 외국어(독일어, 프랑스어, 스페인어, 중국어, 일본어, 러시아어, 아랍어).

교육부(2000d), 『고등학교 교육과정 해설』-13 한문.

강경모(2002), 「바람직한 한문과 평가를 위한 내용 검토」, 『한문교육』 54, 전국한문교사모임.

김동규(2005), 「한자어 교수-학습 자료 개발의 실제」, 『한자한문교육』 14, 한국한자한문교육학회.

김왕규(2003), 「한문교육학의 학문적 정립을 위한 序說」, 『大東漢文學』 19, 대동한문학회.

김왕규(2004), 「한문교육과정 개정·변천의 양상과 한문과의 위상」, 『漢文敎育硏究』 22, 한국한문교육학회.

김왕규(2005), 「언어 교과의 '내용 체계(內容 體系)'의 몇 가지 쟁점」, 『한문교육연구』 24, 한국한문교육학회.

박영호(1996), 「제6차 한문과 교육과정 중 '내용 체계'의 문제점과 해결 방안」, 『한문교육연구』 10, 한국한문교육학회.

박영호(1999), 「제7차 중·고등학교 한문과 교육과정의 의의와 과제」, 『한문교육연구』 13, 한국한문교육학회.

송병렬(2002), 『새로운 한문교육의 지평』, 문자향.

송병렬(2003), 「한문과 교육과정의 영역과 내용 체계의 문제」, 『새로운 한문교육의 지평』, 문자향.

송병렬(2005), 「한문과 교육과정의 내용 영역 설정 및 내용 조직의 원리 모색」, 『한문교육연구』 24, 한국한문교육학회.

안재철(2003), 「한문과 교육과정의 영역에 대한 문제 검토」, 『한문교육연구』 20, 한국한문교육학회.

원용석(1995), 「한자어 교수–학습 방법에 대한 연구」, 『한자한문교육』 2, 한국한자한문교육학회.

원용석(2003), 「한문과 교육과정의 내용 체계에 관한 연구」, 『한자한문교육』 11, 한국한자한문교육학회.

원용석(2004), 「고등학교 한문 교과서의 내용 및 수준 문제 고찰」, 『한자한문교육』 13, 한국한자한문교육학회.

원용석(2004), 「한문과 교육과정 내용 체계 고찰」, 『한문교육연구』 22, 한국한문교육학회.

이도영(1998), 「언어 사용 영역의 내용 체계에 대한 연구」, 서울대 박사학위논문.

이인제 외(1997), 『제7차 중·고등학교 한문과 교육과정 개발 연구』, 한국교육개발원.

정미정(1998), 「제6차 교육과정에 의한 고등학교 한문 교과서의 가치관에 관한 연구」, 『한문교육연구』 12, 한국한문교육학회.

정우상 외(2000), 『신한문과교육론』, 전통문화연구회.

정재철(2002), 「제7차 한문과 교육과정 실천상의 쟁점과 해결 방안」, 『한문교육연구』 18, 한국한문교육학회.

정태범(1985), 「교과교육학의 개념적 모형」, 『교원교육』 2권 1호, 한국교원대학교.

최영환(2003), 『국어교육학의 지평』, 삼지원.

최오현(1997), 「중학교 한문 교과서의 문제점과 그 개선 방안에 대한 일고」, 『한문교육연구』 11, 한국한문교육학회.

최현섭 외(1999), 『국어교육학개론』 제2판, 삼지원.

한은수(1994), 「국민학교 한자교재구성 시론」, 『한자한문교육』 창간호, 한국한자한문교육학회.

한은수(2002), 「초등학교 한문교육 평가방법의 모색」, 『한자한문교육』 9, 한국한자한문교육학회.

한은수(2004), 「초등학교 한문 교재의 내용 수준 문제」, 『한자한문교육』 13, 한국한자한문교육학회.

이 글은 『漢字漢文敎育』 제17집(韓國漢字漢文敎育學會, 2006)에 수록한 논문을 재수록한 것이다.

2007년 교육과정 개정안에 따른 고등학교 한문교과서의 방향

한예원

I. 머리말

제7차 한문과 교육과정은 1997년 12월 31일에 고시된 이후 현재까지 학교 현장에 적용되고 있다. 고시되던 10년 전의 교육상황에 입각한 교육과정이었기 때문에, 10년이 지난 현재의 교육현장의 변화를 수용하기 위해서는 개정될 필요성이 있었다.

특히 주5일제 수업이 확산·정착됨에 따라 학교사정이 많이 변화하였고, 게다가 한문과목은 중학교에서는 재량활동의 선택과목으로, 고등학교의 경우 일반선택과목 중의 하나로 되면서 한문과의 위상은 갈수록 불안하게 되었다. 정상적인 한문교육을 위하여서는 한문과목의 입지를 확고하게 만드는 일에 관심을 갖지 않을 수 없는 상황이 되었다. 이런 상황을 타개하기 위하여서도 한문과의 정체성을 살린 개정 교육과정이 절실하게 필요하다.

제6·7차 교육과정을 거치면서 왜 한문과의 위상이 오늘날처럼 추락하게 되었는가를 살펴볼 때, 제일 먼저 떠오르는 것은 한문과목의 목표로 제기된 '한자어' 교육을 강조하고 있는 부분이다. 이것은 '한자→한자어→한문'의 학습단계 중, 중간에 위치하는 한자어 교육 강화하여 국어생활에 도움이 되게 한다는 것으로, 결과적으로 국어과목에서 가르쳐야 할 한자 어휘 학습을 한문과목이 대신하게 된 것이다. 또 덧붙여 한문과목을 언어생활 또는 타 교과의 학습에 활용하는 도구교과라고 규정하고 있는 점이다. 이것은 국어과의 이해를 돕기 위한 한자어 학습일 뿐, 한문과 자체의 중심적 교육내용이 될 수 없는 사항이다. 한문과목의 중점적 학습내용은 무엇보다도 한문독해와 이해와 감상에 있기 때문이다.

기존의 한문과 교육과정 목표가 위와 같이 되어있는 한, 한문과목은 자격을 갖춘 한문교사가 아닌, 수업시수가 남는 타교과목의 교사가 한문을 담당하는 결과를 초래한다. 이 문제는 한문과의 교육내용을 국어과의 한자어 교육과 차별화 시키지 않는 이상, 계속 발생할 개연성이 있다.

이러한 문제점에 대한 반성에서 이번 개정 교육과정이 설정되었다고 생각한다. 우선 한문과목의 도구교과 성격을 '한문독해를 위한 도구교과'로 재정립 하였다. 또 한자·한자어·한문이라는 3대 교육영역도 '한문과 한문지식'으로 전환하였다. 이런 점에서 개정 교육과정은 기존의 '한자어' 중심 한문교육을 지양하고, '한문' 중심 한문교육의 정착을 지향하고 있다. 이에 따라 교육내용의 대영역에 자리 잡았던 '한자어'가 개정 교육과정에서는 '한문지식'의 중영역 중 '어휘'의 학습요소 편성되었다.

그리고 이번 개정 교육과정에서 특히 주목을 요하는 항목은, '한문' 영역을 '읽기·이해·문화'로 나누고 있는 점이다. 특히 '문화'라는 범주가 신설되었다. 이는 6차·7차 교육과정 이래 끊임없이 주목받아온

'전통문화'와 '한자문화권'이라는 개념을 바탕으로 '문화교육'의 관점을 한문교육에 접맥시킨 것이다. 앞으로 이 문화교육의 목표와 교육방법 및 교육내용에 대해서는 심도 있는 토의와 연구가 필요하다고 본다.

여기서 우리는 이러한 이번 개정 교육과정의 특색이 그것을 구현하는 한문 교과서에 어떻게 반영하여 그 취지를 살릴 것인지를 생각해 볼 필요성이 있다. 즉 교과서를 어떤 목적 하에 어떤 방향으로 어떻게 구성할 것인지를 곰곰이 따져보아야 한다. 교육과정의 성패는 결국 그것을 수용하여 운영하는 학교현장에 달려있다. 그 중에서도 교육의 핵심부분에 위치하는 텍스트의 비중은 타의 추종을 불허한다고 하여도 과언이 아니기 때문이다.

Ⅱ. 개정 교육과정의 한문교육 목적과 목표

이번 개정 교육과정의 구성도 제7차 교육과정처럼 '성격'과 '목표'와 '내용'의 3단 구성에 '교수·학습 방법'과 '평가'가 추서되어 있는 형식이다. '성격'을 통하여 한문교육의 목적을 살필 수 있는데, 이번 개정 교육과정의 특색은 다음 두 가지로 요약할 수 있다. 우선 한문교과의 도구 교과적 성격규정을 새롭게 저시한 것과, 한문읽기와 이해를 강조하고 있는 점이다. 다음은 문화교육 방면, 즉 전통문화의 이해와 계승에 연계하여 한문문화권 문화에 대한 기초적인 지식을 학습하는 것이다.

이러한 목적을 실현하기 위한 하위목표로 다음 다섯 가지 항목이 제시되어 있다.

〈가〉항에서는 '識字' 교육의 대상과 내용이 제시되었다. 중학교 한문은 '중학교 한문교육용 기초한자 900자'를 중심으로 한문능력을 신장하고, 고등학교 한문Ⅰ은 '고등학교 한문교육용 기초한자 900자'를 중심으로 한문능력을 신장하며, 한문Ⅱ에서는 위의 성과를 바탕으로 보다 심화된 한문능력을 신장한다는 것이다.

〈나〉와 〈다〉항에서는 이번 개정 교육과정의 가장 두드러진 특징인 한문독해능력 향상을 위한 목표가 제시되었다. 〈나〉에서는 한문지식 영역에서 달성할 목표로 '한문에 대한 기초적인 지식을 익혀 한문독해와 언어생활에 활용하는 능력을 기른다'는 것이고, 〈다〉에서는 한문영역에서 달성할 목표로 '다양한 유형의 한문 자료를 비판적으로 이해하고 심미적으로 향유할 수 있는 능력을 기른다'는 것이다.

〈라〉와 〈마〉항은 '문화교육'신장에 관한 목표가 제시되었다. 〈라〉는 전통문화와 관련하여 '바르게 이해하고 창조적으로 계승 발전시킨다'는 것이고, 〈마〉는 '한자문화권의 문화에 대한 기초적인 지식을 익혀 한자문화권 내에서의 상호 이해와 교류 증진에 기여한다'는 것이다.

개정 교육과정의 교육목표는 학습자가 한문에 대한 지적능력, 정의적 능력의 신장, 전통문화에 대한 가치이해와 친근한 태도, 문화 재창조 및 한자문화권에 대한 공감대 형성과 공동체 삶에 대해 기여할 수 있는 내용으로 설정되었다. 이렇게 설정된 한문교육 목표는 교과목별, 학교 급별, 학년별로 다시 세분하고 구별하여 교육하여야 할 것이다. 이를 구체적으로 반영하는 것 중 중요한 자리를 점하는 것이 교과서라고 할 수 있다.

그렇다면 고등학교 한문교과서의 한문교육 목적과 그 목표는 어떤 방향으로 설정해야 할 것인가. 먼저 개정 교육과정에 제시된 사항을 검토하는 것에서 부터 실마리를 찾아보기로 한다.

1. 독해능력 신장 중심의 한문교육으로의 변화

우선 주목할 것은 한문과의 성격에 변화가 일어난 점이다. 그것은 한문독해를 위한 도구교과로서의 한문교육이라는 점을 개정 교육과정에 명시함에 따른 변화이다. 한문과 교육과정에 '도구교과'라는 개념이 도입 강조된 것은 제5차 교육과정에서 부터이다. 한자교육을 언어생활에 활용하기 위해서 한문과목을 국어과목의 도구교과로 설정한다는 내용이다. 제7차 교육과정에서는 제6차 교육과정을 승계하여 한문교육의 위상을 국어과 및 타 교과의 도구교과로 설정하고 있다. 그러나 이번 개정안에서는 한문과의 성격을 '한문 독해와 언어생활에 활용하는데 필요한 도구교과'로 전환하였다.

> 한문과는 한자 문화권에서 공통적으로 사용되었던 고전 문언문인 <u>한문에 대한 기초적인 지식을 익혀 한문 독해와 언어생활에 활용하는데 필요한 도구교과</u>이며, 한문의 학습을 통하여 다양한 유형의 한문 자료를 비판적으로 이해하고 심미적으로 향유할 수 있는 능력을 기르기 위한 교과이다.[1](밑줄은 인용자)

위에 명시된 개정안의 내용을 충족시키기 위해서는 우선적으로 한문독해에 필요한 한문지식의 내용으로 한문 文型의 학습과 虛辭의 관용적 표현의 학습이 요구된다. 즉 한문을 보다 깊이 있게 이해하고 감상하기 위한 '도구교과'로서의 한문교육이라는 목표가 실현되기 위해서는 한문의 '名文'을 독해하여 그 표현의 특징을 분석하고 작품을 역사·사회적 환경 속에서 분석할 필요성이 있다.

---

1) 교육인적자원부(2007). 2면.

2. 한자어 교육에서 한문문화교육으로의 전환

한자·한자어·한문으로 삼분되었던 교육영역이 '한문'과 '한문지식'으로 바뀌었다. 여기서 '한문'은 다시 한자로 이루어진 '短文', '散文', '漢詩'로 구분된다. 이러한 내용구성의 저변에는 한문이란 한자문화권에서 공통적으로 사용되었던 古典 文言文이라는 개념과, 아울러 한문은 한자가 모여서 이루어진 문장이라는 것이 바탕을 이룬다.

'한문'의 중영역은 다시 '읽기', '이해', '문화'로 구성된다. 여기서 '읽기'란 문장을 음으로 읽는 '音讀'만을 의미하는 것이 아니라, 逐字式 직역수준의 해석도 포함한다. 따라서 이해는 읽기를 바탕으로 주제를 파악한다던가, 표현방식의 감상, 나아가 문체의 특성을 파악하는 것에 까지 미치게 된다. 한문은 뜻글자이기 때문에 의미파악이 되지 않고서는 제대로 끊어 읽을 수 없는 특성이 있다. 따라서 '읽기'와 '이해'는 의미파악의 일정부분이 공유된다고 할 수 있다. 또 한문의 특성상 읽기와 이해는 상호보완적인 관계이다. 보다 깊은 이해를 통하여 올바른 읽기가 완성된다. 운율의 감각을 살린 읽기는 작품의 내면적 가치를 이해하는 데도 많은 기여를 한다.

'문화'는 한문으로 기록된 우리의 전통문화를 계승·발전시키는 것과 한자문화권의 이해와 교류라는 양대 산맥으로 구성된다. 한자문화권에 관해서는 7차 교육과정 때보다 보다 심화되었다. 한자문화권에 관심을 갖고 교류를 증진하는 수준을 넘어, 좀 더 구체적으로 '한자문화권의 문화에 대한 기초적 지식'을 익힌 다음, 상호이해와 교류증진에 기여한다는 설정이다. 바꾸어 말하면 한자문화권에 대한 구체적인 지식을 축적하여 그것을 바탕으로 현재 및 미래의 교류를 증진한다는 내용이다.

교육내용의 변화에서 마지막으로 짚고 넘어 갈 것은 이론교육이 중시되었다는 점이다. 즉 이전에는 한문교육의 포커스가 한자어 중심의 교육을 통하여 언어생활에 활용하는 쪽에 맞추어져 있다 보니까 한문의 독해와 감상에 필요한 문법지식이라던가 문체론 및 한문학사 등은 소홀히 해온 경향이 있다. 이러한 미비점이 이번 개정 교육과정 안에서는 상당 부분 보완 되었다.

이상의 개정 교육과정의 특색을 감안할 때, 한문교과서의 교육목표는 개정 교육과정이 제시하는 교육목적을 최대한 달성할 수 있는 구체적인 항목으로 구성할 필요성이 있다. 특히 '한문문화교육'은 개정 교육과정에서 처음 본격적으로 시도되는 것인 만큼, 전통문화와 한자문화권의 문화와의 공통성과 차이를 각각 문화의 담당층이나 문화형성의 사회경제적 상황 및 역사적 상황 등을 이해한 뒤에, 위에서 문화 즉 '말과 사상과 정서와 생각과 사는 방식이 하나의 질서를 이룬 것'[2]을 살피는 것이 바람직한 방향일 것이다.

따라서 지금까지 살핀 개정 교육과정의 논의에서 거론된 한문 교육목적과 교육목표를 토대로 한문교과서의 교육목적을 세워보려고 한다. 우선, "한문으로 표기된 문서의 독해능력을 향상하여 전통문화의 이해와 창의적 재창조 실현하고, 한문문화권과의 비교를 통한 정체성 확립과 상호소통"이라고 정리할 수 있다. 그리고 이를 토대로 교과서에서 실현할 교육목표를 다음의 표처럼 정리할 수 있다.

---

2) 김대행 외(2000), 57면.

고등학교 한문교과서의 교육목적	
한문으로 기록된 전통문화를 이해하고 감상하여 창의적으로 재창조하고, 한문문화권과 의 비교를 통하여 정체성을 확립하며 상호 소통에 기여한다.	

▼　　　　▼

한문교과서의 교육목표		
이해 · 체험단계	−識字교육을 통한 한문문장의 어휘 및 어법을 이해한다.	지적영역
	−한문문화의 전통 및 성취수준을 시대적, 영역별로 이해한다.	
	−한자문화권의 소통에 관한 정서를 이해하고 체험한다.	정의적영역
감상 · 심화단계	−다양한 유형의 한문 자료를 독해하고 심미적으로 향유한다.	지적영역
	−전통문화의 가치를 알고 창의적 재창조를 위한 방법학습 익히고 자기화 한다.	가치영역
	−전통문화와 한자문화권의 동이점을 비교하여 정체성을 확립 한다.	태도영역

Ⅲ. 고등학교 한문 교과서 내용설정

　위에서 설정한 교육목적과 교육목표를 달성할 수 있는 학습내용을 설정하여 보자. 제7차 교육과정에서는 학습자의 학습흥미와 관심을 끌 수 있는 교육내용이 중점적으로 선택되었는데, 개정교육과정의 교육목표를 실현하기 위해서는 학습자와 교사가 서로 합의하는 내용을 선택하는 것이 효과적이라고 하겠다. 하지만 현 단계에서는 학습자와의 합의를 도출하기 어려우므로 앞에서 제시한 교육목표에 따라서 한문지식, 한문독해 및 감상, 한문문화로 나누어 내용을 제시하기로 한다.

　한문의 독해는 대상이 너무 다양하기 때문에 모든 종류를 포함할 수 없다. 따라서 반드시 가르쳐야할 내용과, 보충·심화과정에서 다룰 만한 내용을 교사가 미리 설정할 필요성이 있다. 대개 전자의 경우는 한국한문학 중 한국인의 문화나 가치관의 정체성에 가까운 것이

해당하고, 후자의 경우는 중국고전이나 일본한문학 중 비교할 수 있는 항목이 해당된다고 볼 수 있다. 혹 시대를 대표하는 名文과 非名文, 주류문화와 비주류문화가 혼재한 상황에서는 名文과 주류문화를 대상으로 교육하는 것이 바람직하다. 또 한문독해 속에 한문지식과 한문문화가 내재하기 때문에 한문지식, 한문독해, 한문문화를 통합적으로 제시하는 것이 좋을 듯하다.

1. 한문지식

한문지식은 한문의 언어적 성격을 고려하여 고전 문언문인 한문에 대한 어법적(문법적) 이해측면을 말한다. '한자'에서는 한자의 문자학적 특징과 한문의 언어적 환경을 고려하여 '한자의 특징' '한자의 짜임' '한자의 역사'를 내용요소로 하고, '어휘'에서는 한문어휘의 형태론적 특성과 한문의 언어적 환경을 고려하여 '단어의 형성' '단어의 갈래' '어휘의 의미'를 내용요소로 하고, '문장'에서는 한문문장의 통사론적 특성과 한문의 언어적 환경을 고려하여 '문장의 구조' '문장의 유형' '문장의 수사'를 내용요소로 포함한다.[3]

이 중에서 고등학교 교과서의 내용으로는 한문독해와 관련한 '문장'을 가장 중요하고 기본적인 내용으로 우선 선택하지 않을 수 없다. 문장의 한문독해 및 감상의 유기적 관련성을 고려하거나, 한문 교육목표로서 한문독해 신장을 위해서 체계적으로 설계할 수 있는 장점을 갖기 때문이다.

한문지식으로는 다음과 같은 것을 들 수 있으며, 이 중 한문지식과 관련하여 교육내용을 선정할 수 있다.

---

3) 윤재민(2007), 24~25면 참조. 정만호(2006) 참조.

- 文章成分

문장을 구성하는 文法的 單位인 문장성분은 內容的인 性格과 機能的인 성격을 갖는다. 한문 문장에서 어휘는 자형의 변화 없이 문장 내에서 어느 곳에 위치하는가에 따라 문장성분과 품사가 바뀌게 된다. 특히 서술어에 오는 品詞의 경우, 일반적으로 영어에서는 動詞, 국어에서는 動詞・形容詞가 담당한다. 하지만 한문 문장에서는 動詞・形容詞・名詞가 서술어로 사용된다. 따라서 한문 문장을 구성하는 최소단위인 문장성분은 다른 언어와 비교하여 일치하지 않는 것도 있다는 것을 가르칠 필요가 있다. 어휘들의 結合關係에 따라 결정되는 문장성분을 이해하는 것은 한문 문장의 독해능력을 신장하는 한문교육에 效果가 크다고 하겠다.

한문의 문장성분은 主語・敍述語・賓語・補語・副詞語・冠形語・接續語・感歎語・獨立語 등이 있는데, 그 중 문장의 결합관계에서 기본적으로 갖추어야 하는 주된 성분은 主語・敍述語・賓語・補語이고, 문장이 확장 될 때 사용되는 副成分은 副詞語・冠形語・接續語・獨立語 등이다.4)

- 文章類型

한문 문장은 오랜 역사 속에서 言語로서가 아닌 文字로서 기록을 담당하여 왔다. 이렇듯 한문 문장이 古代로부터 近代까지 커다란 변화 없이 기록을 담당할 수 있었던 것은 文型을 유지해 왔기 때문이다. 문형은 언어요소가 문장 속에서 어떻게 배치되고 결합되는지를 형식화하고 규칙화 한 문장의 틀이다. 이 문형을 체계성과 난이도를 배려

---

4) 송병렬(2006), 10면.

하여 단계적으로 학습자에게 제시하면, 학습자는 흥미롭게 한문문형을 학습하는 가운데 한문의 기초가 다져지며 독해력이 신장될 것이다. 즉 학습자는 문형을 배우면서 한문 문장에 대한 이해의 폭을 넓힐 수 있게 된다.

현재 우리의 한문교과서는 가능한 문법적 설명과 이론적 설명은 최소수준으로 줄이려는 선상에서 구성되었다. 이는 한자의 識字수준의 암기만으로도 어렵고 재미없는데, 한문 독해에 필요한 문법 이론까지 첨부하면 학습자의 학습의욕이 저하될 것을 염려한 결과이다. 하지만 같은 한자문화권인 일본의 경우는 교과서에 인용된 지문을 설명하기 위하여 자세한 문법 설명은 물론이고, 다시 주요 문법사항을 '부록'으로 첨부하여 학습자가 필요한 때마다 찾아 볼 수 있도록 하고 있다.[5]

2. 한문독해

한문 독해의 대상을 '단문'과 '산문'과 '한시'로 나누고 있고, 각 분야를 '읽기와 풀이', '이해와 감상'의 학습단계에 따라 가르치도록 개정 교육과정은 제시하고 있다. 한문 텍스트의 주제는 크게 문학·사학·철학으로 나누어진다. 따라서 교과서 구성 시에는 문·사·철의 비중이 균형을 유지하는 것이 중요하지만, 가르칠 때는 꼭 이에 구애될 필요는 없다고 본다. 학습자와 교사가 상호 합의하여 학습목표를 정하고, 그에 부합하는 내용을 취사선택하는 것이 학습자의 흥미를 진작시키는 방법이 되기도 하기 때문이다. 그리고 읽기와 풀이와 이해와 감상은 유기적 관련성을 지니므로 통합하여 교육하는 것이 효과적이다.

---

5) 稲賀敬二·森野繁夫(2000).

- 한문단문

한문단문은 俗談, 格言, 명언·명구, 우언·고사·일화 등 짧은 문장으로, 대개 특정 작품 또는 저술의 일부에서 발췌한 것들이다. 특히 고등학교 한문 교과서의 단계에서는 단문 중에서 한자 어휘의 典故 부분이나 역사서의 단일 記事, 그리고 짧은 한문단편 등을 중심적으로 소개하는 것이 바람직하다. 이 단문은 한문독해의 초기에 학습하는 교육영역이다. 따라서 정확하게 읽고 풀이하는 것도 중요하지만, 흥미를 상실하지 않도록 하기 위하여 단문이 만들어지게 된 역사 상황이나 사회경제적 삶의 모습을 개괄적으로 전달하여 학습자가 통합적인 이미지를 갖도록 하는 것이 더 중요하다.

우선 교과서의 편재 상 도입부에서는 길지 않고 어렵지 않은 逸話를 중국의 제자백가서나 우리나라 고전에서 소개하는 것이 효과적이다. 일화는 짧은 글속에 등장하는 사람의 행동과 말이 생생하게 표현되어 있어, 읽는 사람을 이야기 속으로 견인하여 감동을 안겨주고 아울러 살아가는 방법, 처세술 등을 일깨워 준다.

- 한문산문

산문은 한시와 대립되는 개념으로서의 산문의 개념이다. 중국의 한문산문은 經書, 諸子百家, 역사서로 시작하여 六朝시대의 변려문을 거쳐 당송팔대가에 의한 古文으로 이어졌다. 보통 중국의 명문이라고 하면 도연명을 시작으로 하여 한유, 유종원, 소식 등을 일컬으므로 이들의 문장을 소개함과 동시에 우리나라 고려·조선의 이규보, 이제현, 김시습, 서거정, 김창협, 박지원, 정약용등의 문장 등을 대상으로 할 수 있다. 아울러 일본의 한문문장을 소개하여 한국한문학과 무엇이 다른지를 스스로 비교 검토해보게 하는 것도 중요하다.

- 한시

한시 텍스트를 통하여 작가의 사상과 정서를 이해하고, 언어적 함축미를 학습할 수 있으며, 시를 둘러싼 역사, 사회경제적 환경과 정서를 이해할 수 있다. 나아가 학습자는 다양한 시를 통하여 한국인의 정서를 이해하고, 미묘한 시어의 의미를 이해하고 활용하는 능력을 기를 수 있다. 또한 전통시대 作詩의 분위기와 한시의 역할을 학습할 수 있다.

漢詩는 시대적인 순서에 따라 가르치고, 주제에 따라서 작품을 선택하는 것이 좋다. 관용적 표현이나 각 계층의 정서를 이해하는 데 韓譯漢詩가 보다 적절하다. 즉 우리의 전통한시의 독해는 한국인의 정서를 체험하는데 크게 도움이 되고, 한자문화권의 한시는 우리를 포함한 공감대를 느끼는 효과를 기대할 수 있다.

3. 한문문화교육

문화교육의 일반적 목표는 문화를 이해하고 그 문화를 창의적으로 개발하며, 문화에 동화되는 학습자를 양성하는 것이라고 할 수 있다. 그렇다면 한문교육에서의 문화교육의 목표는 어떻게 설정해야 할까?

먼저 한국어교육에서의 문화교육 상황을 살펴보자. 외국어로서의 한국어 교육에서는 주로 의사소통 능력을 향상하기 위한 하나의 방편으로서 한국문화교육이 이루어졌기 때문에 언어표현의 영역에서 벗어나지 못하는 한계를 상정하였다. 이런 문제를 근원적으로 해결하기 위하여 한국문화교육을 통하여 한국어교육을 실시하는 방향으로 시각을 전환하였다. 한국어를 학습하는 학습자를 의사소통의 대상으로 규정하지 않고 '한국이라는 공동체적 삶을 함께 실현' 하는 구성원으

로 받아들이기 위하여 문화교육을 통하여 언어교육이 이루어지는 방향을 설정하고 있다.[6]

이런 한국어교육에서의 문화교육의 방향전환은 한자문화권 속에서 한문문화교육 방향을 설정함에 他山之石으로 삼아 전철을 반복하지 않아야 할 것이다. 전통시대 한자를 받아들여 기록문자로 사용하던 단계에서 수용된 한자문화권의 문화는 일방통행적인 문화동화적 수준에 머물렀다. 이는 위에서 살펴본 한국어 소통을 위한 한국문화교육의 수준이라고 하겠다. 반면에 현재는 문화동화적 문화교육에서 탈피하여, 문화비교적 문화교육이라는 패러다임으로 전환할 필요성이 있다. 또한 한문문화권의 문화교육은 主流와 非主流의 틀에서 벗어나 공동체적 삶을 구현하는데 목적을 두어야 할 것이다.

문화능력을 향상하기 위해서는 문화의 구성요소[7]를 비교적 차원에서 학습할 필요성이 있다. 그 중 한문교육을 위한 문화요소로는 産物범주의 문학을 觀念범주의 신념이나 가치관과 병합하여 다른 문화와 변별하는 능력을 통하여 한국문화의 내적특성을 알아가야 한다.

한자문화권을 대표하는 문화, 한자문화권의 특성을 설명해줄 수 있는 문화, 즉 한자문화권의 정체성을 설명해줄 문화를 교육내용으로 선정할 필요가 있다.[8]

- 한자의 발생

한자문화권의 문화교육은 우선 한자가 어떤 곳에서 어떤 방법으로

---

6) 권오경(2006), 390~403면 참조.

7) Tomalin&Stempleski(1993)는 문화의 구성요소로 성취(문학·민속·미술·음악·가공품), 관념(신념·가치관·제도), 행위(관습·습관·옷·음식·레저)로 제시하였다.

8) 김용재(2007).

발생하여 사용되어 왔는지를 부터 제시할 필요성이 있다. 이런 노력을 통하여 학습자는 현재 학습하고 있는 한자가 누구에 의해서 무엇을 위하여 어떻게 전파되어 왔는지에 관심을 갖게 된다. 또 전통문화 형성에 어떠한 역할을 담당하였는지에 대해서도 흥미를 갖도록 가르친다.

한자의 기원을 설명하는 과정 안에서 자연스럽게 한자문화권의 지리적 상황과 농경문화에 대한 공감대를 형성할 수 있다. 다음 지도에서 보더라도 한자발생지역의 황하 중류지역은 현재의 한반도에서 서해를 건너 바로 도달할 수 있는 인접지역임을 파악하면 한자에 대한 인식이 훨씬 친근하게 될 것이다.

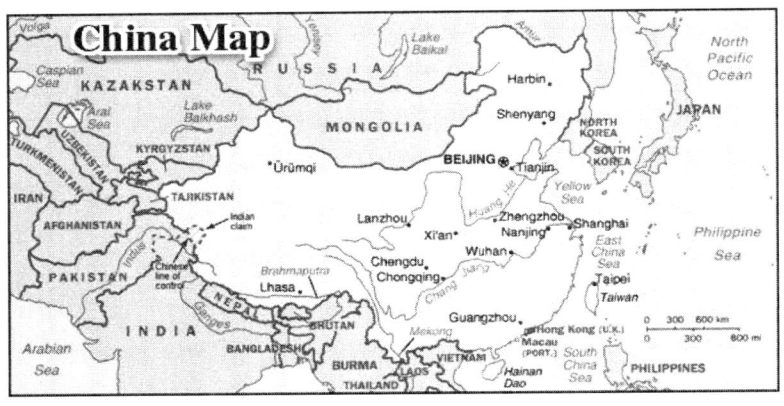

더욱이 현재적 시각으로 전통문화를 고찰하면, 학습자의 관심은 증폭한다. 즉 한자기원을 설명함에 1899년 금석학자인 王懿榮이 우연한 기회에 古文字를 발견하고 '갑골문자'라는 이름을 명명하였던 것[9]

---

9) 왕의영이 감기가 들어 제자와 함께 北京의 한약방에서 龍骨이 들어있는 약재를 사왔다. 용골이란 오래된 거북의 껍질이나 소의 견갑골 등인데 그는 거기서 문자

에서 거슬러 올라가 殷나라 도읍지가 있던 河南省 安養縣 부근이 한자의 발생지임을 설명하는 방법이다. 현재의 시공간에 대한 인식에서 출발하여 점차 전통시대의 시공간으로 넓혀가는 방법은 학습자의 흥미를 진작시킨다.

– 한자의 유통

한자문화권에서 한자는 황하와 양자강의 뱃길을 따라 한반도와 일본열도로 확산되었을 것으로 추측된다. 이렇게 한자유통을 바탕으로 생겨난 문명을 '황화문명벨트'[10]라고 호칭할 수 있다. 이런 한자의 유통은 자연적인 현상이라기보다 중화사상이 확산됨에 수반되는 외교상 의례라는 강압적 요구에 응한 결과라고도 볼 수 있다. 중국 지배자 문화의 기록수단이었던 한자가 중국 내에서 유통되는 것은 물론이고, 주변국에까지 유통되기에 이른 것은 정치세력의 힘의 역학에 의한 결과였다는 점을 설명할 필요가 있다.[11]

– 한자의 수용

한자를 수용하여 자국의 기록문자로 사용하였던 한반도와 일본열도, 그리고 베트남은 서로 다른 모습으로 한자를 수용하여 사용하였다. 그것은 각기 다른 정치사회적 상황에서 주체적으로 취사선택하였

가 새겨져있는 것을 발견하고 甲骨文字라고 명명하였으며, 전설의 단계에 머물러 있던 殷王朝가 중국에서 가장 오래 된 왕조임이 실제로 증명하게 되었다. 이 갑골문자를 殷墟文字라고 부르는 이유도 여기에 있다.

10) 황화유역을 중심으로 하는 중국의 '中原'지역과 황하문명과 연계하기 쉬운 지리적 위치에 있던 한반도에는 일종의 문명벨트가 형성되었다고 본다. 이를 필자는 '황하문명벨트'라고 부르고자 한다.

11) 원복록(2007) 참조.

기 때문이다. 물론 차이만 있는 것은 아니고 공통점도 있다. 정치권력을 잡고 있는 귀족·관료계층에 속해있는 사람들이 자신들의 집권 세력을 유지·확장하기 위해 중국의 정치사상 및 정치제도의 도입이 필요하였던 상황에서 수용하였다는 것이다.[12] 이런 한자수용 상황의 비교를 가르치면 학습자들은 한자문화권 각국의 문화·사회적 특색을 이해할 수 있게 된다.

- 한문독해의 차이

중국 주변의 지역에서는 한문을 받아들여 문자생활을 영위하였다. 그러나 한문을 받아들이는 상황이 지역마다 달랐기 때문에 한문 학습 방법도 각각의 문화적 전통에 입각하여 창의적으로 개발하기에 이르렀다.

예를 들면 한자문화권 안에서는 한문의 독해방법이 각기 다른 형태를 취하고 있다.[13] 한문의 표기 형태는 본래 띄어쓰기나 句讀点이 없다. 따라서 중국에서 字句를 떼지 않고 연결하는 白文의 상태로 기록하고 읽고 있다. 중국의 '學而時習之不亦說乎'를 수입하여 한반도에서는 '學而時習之면 不亦說乎아.' 하고 현토문으로 고쳤는가 하면, 일본열도에서는 '學んで時に之を習えば亦た説こば不らんや。'라는 '가기구다시문'으로 고쳐서 해독하고 있다.[14]

---

12) 박노자(2000).

13) 古田島洋介(1998) 참조.

14) 중국의 경우는 한 문장이 끝나는 지점에 마침표 즉 句點(。) 찍었고, 한 문장 안에서 끊어 읽기를 하여야 할 곳에 쉼표 즉 讀點(、)을 찍어서 한문을 읽었다. 일본의 경우는 '白文'과 오구리 가나를 붙인 '훈독문', 그리고 고어 해석문이 가기구다시 문장이다. 우리나라의 경우는 신라 때부터 薛聰이 구결을 붙여 유가 경서를 해석하였다는 기록이 있다. 한글이 창제된 이후에는 字行의 구두자리에 현토를 하고 언해를 첨부하기에 이르렀다.

하지만 중국은 자신들의 한문문화의 종주국이라고 생각하고, 또 한반도 쪽에서는 일본의 고대 문화 형성에 지대한 공헌을 하였다는 우월의식을 갖고 있다. 이러한 시각으로는 한자문화권 안의 독자성을 파악하기 어렵다. 사실 일본은 황하유역 보다는 吳나라가 위치한 양자강 하류지역과 왕성한 교류가 있었고,15) 한반도를 통한 문화의 전파보다 해양문화의 영향이 더 컸다고 하는 것이 문화인류학 쪽의 연구 결과이다. 이러한 문화의 공통점과 차이점을 비교하면서 학습자는 자국문화의 정체성에 보다 근접할 수 있게 된다.

- 한자문화유적체험

한자문화권의 유적지 중 고궁 및 사찰에 걸린 柱聯16)이나 遍額17) 등의 내용을 학습자에게 가르치면 각 지역의 전통적 생활문화를 보다 구체적으로 체험할 수 있다.18) 더욱이 각 지역에 있는 書院이나 鄕校처럼 한문문화의 주요 담당층이 활동하던 공간의 편액과 주련은 각 지역의 학문적 특색과 추구하였던 정신세계를 비교함에도 효과적이다. 아울러 직접 견학할 수 없는 유적에 대해서는 ICT를 활용한 영상 이미지 및 청각 이미지를 활용하면 간접체험이기는 하지만 문화유적 체험을 할 수 있게 된다.

---

15) 한자음의 면에서도 한국어는 唐音이 기조를 이루는 반면, 일본어는 吳音이 바탕이 되고 있다. 예를 들면 '學生(쉬에성)'을 한국어로는 '학생'이지만, '각세이'라고 발음하고 있다.

16) 사찰의 기둥이나 벽에 성구를 세로로 써 붙이는 글씨를 지칭하고, 기둥마다에 부처님 성구나 시구를 연하여 걸었다는 뜻에서 주련이라 부른다.

17) 종이나 비단 또는 널빤지에 그림을 그리거나 글씨를 써서 방안에나 문 위에 걸어 놓는 액자(額子).

18) 한예원(2006), 김은경(2007).

- 전통미술

詩書畫는 옛 지식인 계층들이 학문을 닦는 수행 중 여가를 보내던 보편적 방법이었다. 더욱이 전통적 서화 및 도자기에는 畵題라는 글들이 기록되어 있다. 이러한 화제들을 시대별 또는 지역별로 비교하여 가르치면 학습자들이 보다 구체적으로 한자문화권의 미술세계를 이해하게 된다. 또 시서화를 다룬 圖錄이나 전시회 판넬 등은 작품설명으로 한문제목을 첨부하고 있는데, 그것들의 의미를 독해하는 방법을 가르치면 작품 감상을 보다 흥미롭게 하는데 도움이 된다.

- 한자문화권 사상

한자문화권의 사상은 중국고대에 형성된 諸子百家의 사상에 연원을 두고 있다. 그것은 전쟁으로 사회가 극도로 혼란했던 시기 인간의 본성, 삶의 태도 등을 생각하고 그리고 이상적 정치형태를 추구한 결과이기도 한다. 세속적인 것을 초월하여 자연과 자유를 추구하였던 老子・莊子의 道家思想과 仁과 孝悌를 강조하였던 공자의 儒家思想, 그리고 유가의 사상을 差別愛라고 비판하면서 '兼愛'를 강조하였던 墨家思想, 性善說의 孟子와 성악설의 荀子의 대립, 나아가 순자의 제자에서 나와 '禮'와 '法'을 바꿔 놓고 중앙집권국가의 실현을 주장하였던 韓非子의 사상 등이 나타난다. 이것과 아울러 조선의 이황과 이이, 이익과 정약용 등과 일본의 이토진사이(伊藤仁齋), 오규소라이(荻生徂徠)등의 사상을 '인간의 본성', '학문', '정치' 등의 세 부분으로 나누어 제시하여, 한자문화권의 사상에 대한 기본인식을 형성할 수 있다.

- 한자문화권 종교

한자문화권의 불교문화를 비교하여 가르치는 것은 각 지역의 정체성을 파악함에도 도움이 된다. 특히 불교문화는 일찍부터 문헌으로 보존되어 온 것이 많기 때문에 다양한 문헌자료를 제시할 수 있다. 하지만 기존의 교과서는 종교에 관한 내용은 기피하는 경향이었다. 이것은 다양하고 풍부한 한문문화를 방치하는 결과를 초래하므로 바람직하지 못하다. 한반도의 삼국시대 및 고려의 정신세계를 이해하기 위해서는 '佛國土'관련 기사는 필수적이고, 神異之事라고 기피하였던 불교관련 설화도 고대불교문화를 이해함에는 중요한 소재가 된다. 학습자들은 한자문화권에 속하는 각국의 불교적 특성을 비교함을 통하여 한국적 특색을 발견하게 된다.

Ⅳ. 맺음말

개정 교육과정을 반영한 교과서의 방향을 구상할 때, 제일 먼저 걱정이 되는 것은 중학교에서 시행되는 한문과 수업 연한이 각기 다르다는 점이다. 제6차 교육과정과 제7차 '국민 공통 기본 교육 과정'을 거치면서 선택과목으로 바뀐 한문과목을 3년간 선택하는 학교도 있고, 2년간만 한문을 선택하는 학교도 있기 때문에 야기된 결과이다.

그렇지만 고등학교 한문 교과서는 사실상 중학교 한문교육이 3년 동안 정상적으로 이루어졌다는 전제하에 편찬되어 왔다. 따라서 실제 고등학교 한문은 중학교 한문과 연계하기 어려운 면이 발생한다. 실제로 중학교 한문학습의 2년간을 한자어 중심의 중학 한문1과 한문2만 학습하고 단문정도의 문장이 나오는 한문3을 배운지 않은 상태에서, 고등학교 한문 교과서의 문장을 접하게 되면 제대로 된 한문학습은 기대하기 어렵게 된다.

게다가 고등학교의 한문은 국민공통교과목을 학습하는 고교 1학년
에는 이루어지지 않고 고교 2학년에서야 시작한다. 중학교 3년간 한
문을 착실하게 학습하였다고 하여도 일 년 쉬고 고교 2학년 때에 한
문학습을 재개하면 중학교에서 배운 한문학습과 연계하기는 쉽지 않
게 된다. 학교에 따라서는 고교 3년에도 한문수업이 있지만 사실상
제2외국어 과목으로 한문을 선택하지 않는 학생이라면 한문 수업시
간은 입시준비의 자습시간이 되기 쉽다.

따라서 개정 교육과정의 교과서는 이러한 문제점을 인식하고 해결
하는 방향에서 편찬될 필요성이 있다. 중·고등학교의 한문 학습이
연계될 수 있도록 고등학교 한문교과서에 중학교 교육내용 및 한문학
습의 기초가 다져질 수 있는 내용이 보충되는 것이 바람직하다.

소고에서는 개정 교육과정의 특색에 맞추어 고등학교 한문 교과서
의 구성 방향을 살펴보고자 하였다. 이를 위하여 한문교과서의 목적
을 한문으로 기록된 전통문화를 이해하고 감상하여 창의적으로 재창
조하고, 한문문화권과의 비교를 통하여 정체성을 확립하며 상호 소통
에 기여하는 것으로 설정하고, 이를 실현하기 위한 구체적 목표로는
다음처럼 설정하였다. '이해·체험단계'로서 識字교육을 통한 한문문
장의 어휘 및 어법 이해, 한문문화의 전통 및 성취수준이해, 한자문
화권의 소통에 관한 정서를 이해하고 체험하는 것이다. 그리고 '감
상·심화단계'로서 다양한 유형의 한문자료를 독해하고 심미적으로
향유, 전통문화의 가치를 알고 창의적으로 재창조, 전통문화와 한자
문화권의 동이점을 비교하여 정체성을 확립하는 것이다.

설정한 교육목적과 목표를 달성할 수 있는 학습내용을 다음처럼 설
정하였다. 우선 文章成分과 文章類型을 다루는 한문지식과, 한문산문
과 한시를 다루는 한문독해, 그리고 한문문화교육으로 구성하였다.

특히 한문문화교육 영역에서는 그 내용요소로 한자의 발생, 한자의 유통, 한문독해의 차이, 한자문화유적체험, 전통미술, 한자문화권의 사상, 한자문화권의 종교 등을 설정하였다.

　이와 같은 작업은 '독해력 신장을 위한 도구교과', 그리고 한자어 교육에서 벗어난 한문문장 중심의 교육, 그리고 '문화교육'에 주안점을 둔 개정 교육과정의 취지가 실현될 수 있는 토대를 조성함에서 출발 하였다. 앞으로 이러한 연구 결과를 토대로 교과서 개발 및 매체 제작이 활발히 개발되어야 할 것이다.

참고문헌

교육인적자원부(2007), 『한문교과 교육과정 최종 심의본』.

권오경(2006), 「한국어교육에서의 한국문화교육의 방향」, 『어문논총』 제45호, 한국문학어문학회, 389~431면.

김대행 외(2000), 『문학교육원론』, 서울대 출판부.

김용재(2007), 「동아시아 古典敎育 文化콘텐츠[Culture-Content] 개발」, 『한문교육연구』 28호, 81~114면.

김은경(2007), 「文化遺産을 活用한 漢字, 漢字語 敎授-學習 方法」, 『한자한문교육』 18호, 한국한자한문교육학회, 1~54면.

박노자(2000), 「한국 문화 교육의 현황과 문제점」, 『한국어 교육』 제11권2호, 국제한국어교육학회, 63~88면.

송병렬(2006), 「문장론」, 『학교 한문법 통일안 제정을 위한 공청회 자료집』, 10~15면.

안재철, 「現行 高等學校 漢文敎科書의 變遷硏究-漢字, 漢字語 領域을 중심으로-」, 『한자한문교육』18호, 한국한자한문교육학회, 1~59면.

원복록(2007), 「베트남에서 중국어와 한자의 전파-역사전개를 중심으로-」, 『한문교육연구』 28호, 한국한문교육학회, 31~80면.

윤재민(2007), 「2007년 개정 한문과 교육과정의 구체적 내용분석」, 한문교육학회 2007년 하계학술대회 발표논문집, 9~33면.

정만호(2006), 「학교 한문 문법의 정립을 위한 탐색 : 한문의 문장성분 분류」, 『한자한문교육』 16호, 한국한자한문교육학회, 123~147면.

한예원(2006), 『한문교육론』, 문자향.

Tomalin&Stempleski(1993), 「Cultural awareness. Resource Book for teachers」, Oxford University Press.

古田島洋介(1998), 「日韓兩國の韓文讀解方式に關する若干の考察」, 『비교문학』별 권, 한국비교문학회, 195~214면.

稻賀敬二・森野繁夫 編(2000), 『古典 二』, 第一學習社.

이 글은『漢文敎育硏究』제29호(韓國漢文敎育學會, 2007)에 수록한 논문을 재수록한 것이다.

중학교 한문교육용 기초한자 900자의 교과서 활용 방안

진재교

Ⅰ. 머리말

개정 교육과정은 학습자의 흥미는 물론 자기 완결형의 교과서를 요구한다. 최근 교과서의 경우, 내용 못지않게 학습자의 독서 환경을 십분 고려하여 편집과 디자인의 비중을 어느 시기보다 강조하고 있다. 중학교 한문 교과서 역시 예외가 아니다. 더욱이 개정 교육과정에 따른 새 교과서는 기왕의 것과 달리 4도의 컬러색체로 제작한다는 점에서, 무엇보다 편집과 디자인을 강조하고 있는 것은 당연할 수 있다. 이처럼 개정 한문 교과서는 일차적으로 교과서의 외적 변화를 요구하고 있다. 한문과 교육과정 역시 외적 변화 못지않게, '한자 – 한자어 – 한문'의 기왕의 한문 교육체계를 변화시켜 '한문 – 한문지식'으로 재정립한 바 있다.

그렇다면 내·외적인 형식의 변화를 요구하는 것에 대응하여 새로운 교과서에서는 구체적으로 그 내용을 어떻게 전개할 것인가? 이러한 질문이 가능함에도 불구하고, 한문교과서에 수록할 내용은 기왕의

교과서와 크게 달라질 수 없는 것 또한 엄연한 현실이다.[1] 설사 약간
의 내용 변화를 요구받는다 하더라도, 이 시점에서 그 변화는 충분히
예상 할 수 있는 수준이다. 이를테면 예전 교과서에 없는 글을 뽑는
다든가, 단원이나 과의 구성을 달리하는 수준에서 크게 벗어나지 않
을 것이기 때문이다.

하지만 개정 교육과정에 따른 한문교과서를 집필 하고자 할 경우,
참신한 내용과 외적 형식의 創新을 통해 학습자의 흥미를 환기시켜야
하며, 학습자가 '한문 교과'의 접근에 용이하게 하도록 구성할 필요가
있다. 여기에 학습자 스스로 교과 내용을 이해할 수 있는 자기 완결
형 교과서로의 전환도 필요하다. 이는 본 논제를 전개하기 위한 대
전제이다.

본고는 이를 근거로 중학교 한문교육용 기초한자 900자를 새로운
교과서 집필 시에 어떠한 방식으로 적절하게 배치하여 학습 효과를
높이는 방향으로 활용할 수 있을 것인가라는 문제를 중심으로 논의할
것이다. 이 문제의 해결을 위해, 나는 여기서 한문 교과서 각 단원의
본문을 확장하고 그 확장한 본문을 서사로 재구조화함으로써 한 과를
이야기의 서사구조[2]로 만들 것을 제안하고자 한다. 기왕의 교과서

---

1) 이는 타 교과서와 달리 한문 교과서는 한문교육용 기초한자 1,800자라는 제한이
   있고, 집필자가 그 내용을 마음대로 창작하거나 뽑은 글을 마음대로 바꿀 수 있는
   여지가 원천적으로 불가능하기 때문이다. 한문 자료를 인용하는 텍스트의 원문을
   너무 강조하는 것은 교과서의 풍부한 내용을 담아 흥미를 주고, 자기 완결성을 지
   닌 교과서를 구성하라는 것과 형식 논리로 보자면 맞지 않는다. 특히 중학교 한문
   교과의 기본 목적이 한자 배치에 따른 수사법이라던가, 한문학 작품의 수준 높은
   미적 감상을 요구하는 것이 아니기 때문이다. 따라서 원 텍스트와 크게 벗어나지
   않으면 몇 글자의 출입은 허용할 필요가 있다. 원 텍스트의 부분적 글자 변용이
   교과서의 질적 수준을 떨어뜨리는 것은 아니기 때문이다.
2) 최근에 거론되는 스토리텔링을 연상하면 된다. 한 단원(과)를 이야기(서사)로 만
   들어 이를 교사나 학생 등이 두루 참여하여 한 과의 내용으로 다양한 시각으로

체재와 달리 본문 배치 방식의 전환을 통해 중학교 한문교육용 기초한자 900자 활용 문제를 효과적으로 해결할 수 있다고 생각한다. 이를테면 한 과의 완결된 서사구조에 한문의 원문텍스트를 제시하고, 한문교육용 기초한자 900자를 서사 구조의 공간에 적절하게 배치하면, 한문과 한자의 적절한 학습 효과를 높일 수 있기 때문이다.

Ⅱ. 근대 계몽기 이후 한문교과서 체재

1894년 갑오개혁 이후 한글이 국가의 정식 국어로 격상되고, 한자(한문)은 정전의 지위에서 밀려나고 만다. 이어 한글은 근대계몽운동의 전개와 함께 간행된 다양한 신문과 잡지 등에 본격적으로 모습을 부각된다. 계몽운동을 기획한 계몽지식인들 역시 학교나 사회에서 다양한 형태의 교과서를 간행하면서 한문은 물론 한글을 적극 활용하여 교과서를 제작하였다. 한문교과서 역시 이 시기에 집중적으로 나온 바 있다. 이 시기 한문 교과서는 한문만 사용한 것도 있지만, 한글을 다양한 방식으로 활용하여 교과서의 내용으로 만들기도 하였다.

더욱이 근대계몽기에 나온 한문교과서는 교육 대상과 목표에 따라 성격 또한 다양할 뿐만 아니라, 담고 있는 내용 또한 일률적이지 않다.[3] 교과서의 구성과 표기 방식은 물론 교과서가 지향하는 모습도 각양각색이다. 한문 원전을 내용으로 구성하는 경우도 있고, 다중을

말하도록 구성하는 것을 의미한다. 물론 이러한 서사를 배치하고 말하는 것을 예상하여 교과서를 구성하는 것이 바로 스토리텔링을 의미하는 것은 아니다. 이는 뒤에서 재론할 것이다.

3) 근대 계몽기 한문 교과서의 전반적인 서술과 그 내용에 대해서는 남궁원(2006) 참조.

계몽하기 위해 國漢文混用의 표기로 내용을 구성하거나, 혹은 아동을
계몽하기 위하여 다양한 한자 어휘만을 내용으로 구성한 경우도 있
다. 요컨대 이 시기에 나온 대부분의 한문 교과서는 표기방식과 내용
을 구성하는 방식에서 다소 차이가 나지만, 대부분은 계몽적 성격의
글을 담고 있는 경우가 많다는 사실을 먼저 확인해 두자.

　여기서 눈여겨 볼 점은 이 시기의 한문교과서는 구성과 편집에서
다양한 양상을 보여주고 있다는 사실이다. 독특한 면모를 보여주는
교과서의 몇 가지 사례를 우선 살펴보자.

> (1) 人은 天과 地 사이에 가장 靈ᄒ니라 靈ᄒ다홈은 엇지 謂이뇨 갈
> 오ᄃ ㅣ 능희
> > 一, 사람의 사람되ᄂ 道理를 지며
> > 二, 사람의 사람되ᄂ 權利를 알며
> > 三, 사람의 사람되ᄂ 義務를 알며
> > 四, 사람의 사람되ᄂ 資格을 알며
> > 五, 사람의 사람되ᄂ 職業을 알며
> > 六, 사람의 사람되ᄂ 福祿을 알므로써 홈이니 그러ᄒ고로 此六條
> > ᄂ 사람의 사람노릇 ᄒ는大根本이니라
> > 사람이 날내기ᄂ 飛鳥를 ㅅㄷㅏ르지 못ᄒ며 굿세기ᄂ 走獸에
> > 미치지 못호대 그 知覺이 신령ᄒ야 萬物의 長 되나니라
> > 然ᄒ나 여섯가지의 큰근본을 아지 못ᄒ면 이ᄂ새김생과異업
> > 심이오알고도行치못ᄒ면 反혀새김생만도못홈이니라
> > 이러ᄒ지라 사람은 사람의 노릇을 ᄒ여야 사람이니 사람의
> > 놀스은 여섯가지 큰근본에 잇나니라[4]

---

4) 俞吉濬, 『勞動夜學讀本』, 「第一課」 '人' 참조. 유길준의 『노동야학독본』에 대해
　서는 배수찬(2006), 599면~626면 참조.

(2) 競爭은生物의理라微物의蜂蟻도相鬪홈이有ᄒ거던况人類리오文明이愈進홀ᄉ록競爭이尤多ᄒᄂ니古今史策을觀ᄒ건듸數十年間에戰爭의無홈이未有ᄒ야優勝劣敗의蹟을昭然可考홀지라是以로世界列邦이各其兵을養ᄒ며武를習ᄒ야써防禦를務ᄒ며戰鬪를備ᄒ야今日에和平으로結約ᄒ얏다가明日에干戈로써相尋홈에至ᄒ니此時代를當ᄒ야文에怗ᄒ고武에嬉ᄒ야競爭의心이無ᄒ者ᄂ其彊土의權利를保ᄒ며人民의享福을圖코져ᄒ나豈得ᄒ리오然ᄒ나兵은徵兵의道에莫善ᄒ니라5)

(3) 鄭起龍은壬辰亂時將軍이라賊陣을橫行ᄒ기平地를발붐과갓고賊의銃이一齊히發ᄒ야도맛지아니ᄒ며大戰을當ᄒ면勇氣가더욱壯ᄒ고그탄말은龍馬라여섯길을솟고層巖絶壁이라도飛鳥와갓치달니ᄂ이다起龍이居昌ᄯ에셔騎兵十人으로賊의先鋒百餘名을버히며尙州에셔ᄂ賊을火攻ᄒ고高靈에셔ᄂ賊將을生擒ᄒ야大旗우에달고싸오니그威風이무셔윗ᄂ이다起龍이如此히大小六十餘戰에한번도敗ᄒ지아니ᄒ니可謂第一勇將이라賊이다逃匸ᄒ얏ᄂ이다6)

(4) 天文	日月	星辰	論理	槪論	今世
텬문	일월	셩신	론리	개론	금셰
天文家	一處	行動	猛烈	火氣	光明
텬문가	일쳐	힝동	밍렬	화긔	광명
生氣	處所	行星	地球星	七星	水星
싱긔	쳐소	힝셩	디구셩	칠셩	슈셩
金星	火星	木星	土星	天王星	
금셩	화셩	목셩	토셩	텬왕셩	
海龍星	恒星	體	一週年	遲速	
히룡셩	흥셩	톄	일쥬년	지속	

---

5) 『高等小學讀本』卷二, 「第三課」'原兵'.
6) 『幼年必讀』卷三, 「第三十二課」'鄭起龍'.

日月食	度數	昭詳	彗星	數十年
일월식	도수	쇼샹	혜성	수십년
數百年	周遊	船長	日夜	較計
수빅년	쥬유	션쟝	일야	교계
無邊大洋				
무변대양				

分埜분야

天文은日月星辰의잇ᄂ데位를論理ᄒ야말ᄒ거신데녯스리쓰學士의槪
論을가지고今世의天文家들이더옥硏究ᄒ거시라大抵太陽은一處에만잇
고行動치아니ᄒᄂ거시라다만猛烈ᄒ火氣와光明이잇스믜들이그빗츨비
러가지고제빗츨삼ᄂ지라그러ᄒ나들은그中에生氣가업다ᄒᄂ니라우리
의處所도行星中에ᄒ나히니일홈은地球星이라쏘七星이잇스니갈온水星
金星火星木星土星天王星海龍星이니이별들은가만히잇ᄂ恒星과갓지안
코그體가놀아움죽이ᄂ者ㅣ라큰者는들이녯도잇고다숫도잇고여돏도잇
스며쏘엇더ᄒ恒星은스스로太陽과ᄀ치빗치잇ᄂ니라行星들은다太陽을
안고돌므로一週年의遲速과日月食의度數를昭詳히아ᄂ니라쏘彗星이잇
ᄂ듸中天을멀니두고도라든님으로數十年만에보이기도ᄒ고數百年만에
보이기도ᄒᄂ니라近來에海上으로周遊ᄒᄂ船長들이日夜를較計치아니
ᄒ고든니다가無邊大洋에서星辰의度數를보고分埜를아ᄂ니라[7]

(1)의 『勞動夜學讀本』은 俞吉濬(1856~1914)이 노동하는 일반 사람
들의 계몽과 교육을 위해 만든 책이다. 내용은 국한문으로 구성되어
있다. 여기서 유길준은 한 과의 전체 내용은 서사로 구성하고 그 서
사에 국한문 혼용 형태의 어휘를 배치하고 있다. 물론 이 과에서 강
조하는 내용은 1~6으로 제시함으로써, 강조할 사항을 분명하게 제시

---

7) 『牖蒙千字』 卷之一, 「第九科程」 '天文의 略論'.

해두고 있다. 과의 전체 구성 역시 강조하고자 하는 내용을 중심에 두고 그 앞뒤로 그것과 관련한 내용을 적절하게 배치하고 있다. 이러한 구성방식은 1~6의 중심내용을 선명하게 드러내기 위한 서사구성으로 읽을 수 있거니와, 여기서 유길준이 문맹을 퇴치하고 애국계몽을 위해 고심한 흔적을 엿볼 수도 있다.

여기서 특히 주목할 점은 중간 중간에 삽화를 제시하여 내용의 선명성과 이미지를 통한 가독성을 고려하였다는 점이다. 국가가 일반 민을 효율적으로 통치하고 국가가 추구하는 가부장적 이념을 강조하기 위해 『삼강행실도』와 같은 데서 그림을 활용한 적이 있지만, 근대계몽기 교과서에 삽화를 그려 내용을 선명하게 드러내려는 기획과 발상은 주목할 만하다. 교과서에 그림을 적절히 배치하여 내용을 보완하며 선명성을 높이려는 시도는 지금의 교과서와 크게 다르지 않다는 점에서 유길준의 『勞動夜學讀本』은 만화를 활용한 교과서의 개척자인 셈이다.

(2)의 『高等小學讀本』은 韋庵 張志淵(1864~1920)이 1906년에 徽文義塾의 학생을 위해 만든 한문교과서이다.[8] 휘문의숙 학생들에게 애국계몽을 고취시키기 위해 국한문 혼용으로 교과서로 만들었다. 이 교과서는 19세기 말에 급속도로 퍼진 사회진화론과 이후에 그것을 변용한 양계초의 국가사상을 수용하여 자강을 주장한 자신의 사유를 그대로 드러낸 바 있다. 이를테면 우승열패와 적자생존이 만연한 시기에 국권을 회복하기 위해서는 오직 스스로 힘을 길러야 할 뿐만 아니

---

8) 장지연은 1906년에 교육과 산업을 통한 국권회복을 목표로 大韓自强會를 창립하였다. 국민을 단합하고 계몽시켜 국권을 회복하기 위해서는 실력을 양성하여 자강을 도모하기 위해서였다. 그는 사회진화론 및 그 변용인 양계초의 국가사상을 수용하여 자강사상을 주장하였는데, 이는 점진적 자강 구국론이다. 장지연은 대한자강회 운동 기간 중에 徽文義塾長이 되어 『高等小學讀本』과 『中等修身敎科書』를 집필하였다.

라, 국가를 위해 징병제도가 필요하다고 역설하고 있다. 그래서 장지 연은 교과서 여러 곳에서 진화론을 근거로 시대의 조류에 대응하기 위해 힘을 길러야 한다는 내용을 본문으로 강조한다. 이 내용을 적절 하게 구성하기 위해 장지연은 『勞動夜學讀本』와 달리 자신이 전달하 고자 하는 핵심을 본문에 배치하여 한 단원(과)로 만들고 있다는 점에 서 그 특징을 찾을 수 있다.

(3)의 『幼年必讀』은 玄采(1886~1925)가 1907년에 학부 검인정 한문 교과서로 발간한 아동용으로 만든 것이다.[9] 이 책은 한문 원문을 언 해하면서 필요한 한자 어휘는 노출하는 방식을 보여주고 있다. 아동 용이지만, 자국사와 자국 문화에 대한 다양한 민족 문화에 대한 내용 을 두루 소개하고 있다. 독자는 이 책을 통하여 초학자를 비롯하여 다양한 계층이 자국에 대한 상식을 쉽게 알 수 있으며, 애국심을 환기 시킬 수 있다. 현채는 여러 계층을 두루 고려하여 이 교과서를 만든 것으로 보인다. 실제 민족적 성격이 강한 이 교과서는 1909년 5월에 검열에 걸려 금서로 지정받아 하지만, 책의 구성 방식은 (2)와 대동소 이하다. 다만 이 과의 내용은 주로 자국사에서 국난극복에 기여한 애 국인물의 활약상을 서사의 내용으로 구성하여 독자에게 애국심을 환

---

9) 이 책은 현채가 4권 2책으로 편집하여 발행간 것이다. 현채는 이 책 외에 교사용 으로 『유년필독석의』 4권 2책을 별도로 간행하였다. 『유년필독』은 4권 모두 33과 인데 모두 132과로 구성하고 있는데, 국가·역사·지리·인물·풍속·종교·애 국·학문·인류 등의 내용을 두루 담고 있다. 근대 계몽과 관련한 내용을 중심으로 교과서를 편찬하고 있는 것이 이 교과서의 특징이다. 청·러시아·일본·미국 등 당시 조선에 영향력을 행사하던 제국들의 평가를 내용으로 담아내었다. 이 책은 아동용 한문 교과서로 편찬되었으나, 수록된 내용과 그 수준을 감안하면 광범위한 계층이 공부하더라도 무방할 내용을 담고 있다. 실제 많은 계층이 이 교과서를 통 해 한문을 익히고 애국계몽의 정신을 고취할 수 있는 것으로 보인다. 결국 이러한 내용 때문에 일제는 1909년에 이 책을 禁書로 지정하여 압수하였는데, 당시 압수 된 출판물 중 가장 많은 부수를 차지하였다.

기시키고 있다. 이 점에서 (2)와 본문의 내용이 차이가 날 뿐이다.

(4)의 『牖蒙千字』는 James S. Gale(1863~1937, 한국명 奇一 :필자주)이 1909년 3월 大韓 廣學書舖에서 초학자를 위해 발행한 한문교과서이다.[10] 게일은 책머리에서 "아이를 가르치는 법은 쉬운 데서 시작하여 슬기로운 말로써 그 마음을 열어 밝히고 그 지식을 넓혀 주는 것이 가장 요긴"한 것이라 교과서의 목표를 제시해 두고 있다. 게일은 쉬운 내용을 담은 어휘에서 시작하여 그 지식을 점차 넓혀나갈 뿐만 아니라, 교과서 어휘를 독창적인 방식으로 배치하고 있다. 우선 한자어를 한글과 함께 제시한 다음 제시한 한자어를 사용하여 하나의 이야기가 되도록 각 科를 구성하였다. 또한 『牖蒙千字』는 다른 교과서와 달리 한자어를 전체 서사 속에서 이해하도록 구성한 점은 주목할 만한 편집체재로 보인다. 더욱이 전체 구성을 고려하여 **'天文의 略論'의 제목을** 붙이고 있는 점, 한자어를 제시하고 서사를 통해 한자어를 재배치하는 방식으로 본문을 구성한 점에서, 기왕의 교과서와 전혀 다른 단원 구성과 체재를 보여준다. 당시 교과서가 단순하게 한문

---

10) 『牖蒙千字』3卷은 J. S. Gale이 저술하고 李昌植 교감하였다. 이 교과서는 저자의 계몽 정신과 조선 문화에 대한 관심을 표현하고 있는데, 특히 新鉛活字本을 통해 다중에게 판매하는 것을 고려하고 교육에서의 수월성을 인식한 교과서다. 國漢文混用으로 구성하여 유년층에게 한문을 교육시키기 위해 나온 것으로 1909년 서울의 廣學書舖에서 간행되었다. 이때의 表題는 『유몽천자[Korean Readers]』로 되어 있어 흥미롭다. 본래 原書名이 『Korean Readers』로 되어 있는데, 제명으로 보면 유년층에게 무엇보다 계몽과 신지식으로 조선의 지도자가 될 것을 강조하고 있다. 본래 이 책은 1901년 Gale이 중국 복건에서 출간한 책을 李昌植이 校閱하여 한국과 국문(한글)을 혼합하여 교과서로 편찬하였다. 1권에서는 세계의 문화, 생물, 과학, 교역 등을 소개하였고 2-3권에서는 서양의 역사와 문화 등을 소개하고 있다. 주요한 특징으로는 다양한 신문 광고와 판매를 통한 아동의 계몽 시도한 점과, 국한문 혼용을 통한 내용의 創新과 계몽운동의 시도하고 있으며, 시대정신을 반영한 교과목 구성과 어문질서를 고려한 국한문 혼용 문체를 사용하고 있는 것이 특징이다.

원전을 본문으로 제시하거나, 국한문 혼용의 통 문장을 본문으로 제시하는 구성방식을 창신하여 교과서의 새로운 방향을 보여주고 있다.

여기서 우리가 무엇보다 주목할 점은 서사를 통해 교과서의 본문을 확장시킨 구성방식이다. 게일은 이미 한문소설과 구운몽 등 한국의 전통 서사에 누구보다 많은 관심을 가졌던 인물이다. 그는 단순한 전통 서사에 관심을 가지는 것에 머물지 않고 李陸의『靑坡劇談』야담의 백미인『靑邱野談』, 그리고 임방의『천예록』을 비롯하여 다양한 고전소설을 영문으로 번역하여 서구에 소개한 바 있다.[11] 게일은 이러한 경험을 십분 살려 서사를 한문교과서에 원용하여 가독성과 교육적 효과를 고려한 것으로 보인다.

사실 한문 교과서 단원(과)의 구성은 광복이후 1차~7차까지의 중학교 교과서의 구성을 살펴보면 대체로 동일하다는 것을 알 수 있다. 최근까지 근대계몽기 한문교과서나 조선 총독부에서 간행한 한문교과서와 그 구성과 편집이 본질적으로 크게 달라지지 않았다는 사실이다. 한문 원문(어휘 한자어 포함)을 제시하는 것만을 본문으로 생각하고, 이 본문을 풀이하고 이와 관련한 지식을 다른 면에 단순 배치하는 틀을 유지한다는 점에서 그러하다.

이러한 사정을 고려하면 게일의『牖蒙千字』는 이미 20세기 초에 나온 교과서임에도 불구하고 매우 혁신적이다. 교과서 전체 구성은 **'제목 – 원문 – 원문 관련 내용'**을 하나의 서사(이야기)로 구성하고 있다는 점[12]에서 당대 교과서의 내용을 창신하여 새로운 길을 보여주

---

11) 이상현(2004) 참조. 그리고『천예록』을 번역한 양상을 밝힌 논문으로 백주희(2008) 참조.

12) 게일은 한국의『구운몽』이나『천예록』과 같은 고전 소설과 야담 작품을 다수 영역하여 서구에 소개한 경험이 있다는 점에서 서사를 고려한 교과서 편찬과 무관하지 않은 것으로 보인다. 게일의 저술과 저술활동에 대해서는 김봉희(1999), 137

고 있다. 본고에서 제시하고자 하는 방식과 크게 다르지 않다는 사실
이다. 여기서 이러한 점을 십분 고려하되, 게일의 구성방식에 머무르
지 않고 이를 계승하여 새로운 교과서에 게일의 장점을 이월시킨 다
음, 이를 토대로 중학교 한문교육용 기초 한자 900자의 활용 문제에
접근하고자 한다.

Ⅲ. 敍事의 도입과 교과서 구성의 創新
－서사를 통한 본문의 확장과 재구조화

근대계몽기 한문 교과서도 그렇지만, 그 이후에도 교과서 본문의
경우, 한문 원전을 그대로 제시하는 경우가 일반적이다. 이러한 상황
은 7차에서도 크게 다르지 않다. 대부분은 한문 원전을 본문으로 제
시한 다음, 다양한 표제어를 제시하여 본문의 내용을 설명하거나 특
별 항목을 두어 설명하는 방식이다. 간혹 원문과 관련한 내용이나 한
문과 관련한 기타 의견을 사족처럼 덧붙이기도 한다. 이러한 교과서
체재와 구성은 지금의 디지털 세대와 어울리지 않는다. 지금의 중학
생들은 예전 같으면 문학으로 칠 수도 없는 '해리포터'에 열광하고,
'스토리텔링'이 있는 컴퓨터 게임을 무엇보다 좋아하는 등, 숱한 정보
화 시대의 산물들과 알게 모르게 접촉하는 세대다.

지금의 교과서 환경은 이전과 사뭇 다르다. 공교육이 사교육을 따라
가지 못하는 것 중의 하나가 바로 교과서다. 지금 중학교에 다니는
세대들이 글을 깨우치면서 눈과 귀에 익은 교재가 바로 서사로 구성
된 내용들이다. 여기에 이들이 접한 교재의 대부분은 시각과 청각 자

면~163면 참조.

료인 바, 이러한 자료들은 이들의 정서와 감수성에 호소하는 그야말로 멀티적인 경우가 많다. 눈을 돌려 사교육 시장을 보면 어떤가? 이 역시 출판물과 다르지 않다. 여기에 부응하여 공교육에서 개정 한문교과서의 색도를 4도로 맞춘 것은 크게 환영할 일이다. 디자인을 크게 고려한 것도 이전에 비해 크게 진일보 한 것임은 물론이다. 교과서 구성상, 이러한 외적 변화에 부응하려면 기존의 한문 교과서 구성 방식을 달리 해야 한다. 이미 언급하였지만, 한문 교과서에 수록할 내용을 크게 바꿀 수 없음은 분명하다. 다른 교과서와 같이 집필자가 창작을 하던가, 혹은 기존의 문장을 취사선택하여 적절하게 가공하는 것이 아니기 때문이다. 하지만 7차에 이르도록 한문 교과서의 전체 구성을 보면, 일부의 차이에도 불구하고 그야말로 모두 판박이다. 근대 계몽기 이후 사회적 차원에서 교육을 시작한 이후 지금까지의 교과서 구성은 어슷비슷하다. 한문의 원전을 그대로 본문으로 제시하거나, 혹은 본문 다음에 설명을 하는 방식이 그러하다.[13] 지난 수 십 년 간 교과서의 구성이 본질적으로 달라지지 않은 것은 문제가 아닐 수 없다.

지금 중학교 한문교육용 기초 한자 900자를 어떻게 교과서에 담아낼 것인가 하는 사안은, 교과서의 전체 구성을 어떻게 할 것인가 하는 문제와 직결된다. 원칙적으로 집필자가 한문 문장을 창작하여 교과서에 수록할 수 없는 상황임을 고려하면, 1,800자라는 한자를 교과서에 반드시 포함시켜야 한다는 것은 논리적으로는 모순이다.[14] 하

---

13) 이러한 기존 틀에서 벗어나 본문의 구성을 새롭게 배치해 보려는 시도가 없지 않았다. 이를테면 7차 고등학교 한문교과서의 경우, '천재'와 '대학서림'의 경우가 그러하다. 하지만 부분적 실험에 그쳤고, 서사를 통해 일관성 있게 또한 전 체 단원 구성 역시 서사를 고려하여 배치한 것은 아니라는 점에서 한계를 드러내었다.
14) 특별한 경우를 제외하고, 집필자가 한문 원전을 가공하거나 변형시켜 문장을 제시하지 못한다는 점에서 한문교육용 기초한자 1,800자(중학교 900자)를 모두 포함시킨다

지만 한문 교과서와 한문교육용 기초한자는 유관하다는 점에서, 한문교육용 기초한자 1,800자를 한문 교과서에 적절하게 배치하는 것은 현실적 문제이기도 하다.

그런데 막상 교과서를 집필하다 보면 한문교육용 기초한자를 교과서에 수록하는 것이 간단하지 않다는 사실을 알 수 있다. 기존의 구성 방식에 따라 한문 원전만을 본문으로 할 경우, 옛 선현들의 문장을 중학교 한문교과서에 900자를 수용하기란 참으로 고단한 일이 아닐 수 없다. 한문 문장을 선택할 경우, 僻字라는 복병에다 중학교 한문교육용 기초한자 900자를 고려하여 문장을 선택해야 하는 어려움이 버티고 있다. 900자 내에 있는 문장이라 하더라도 독해와 이해에 어려움이 가로막고 있는 경우가 비일비재하다. 그래서 한문 교과서 본문에 900자를 소화한다는 것은 집필자가 숱한 문집과 사료를 뒤져서 해결할 수밖에 없다.

이러한 작업마저도 여러 가지 제한이 있다. 이것저것 감안하면 중학교 한문교육용 기초한자 900자를 수록하기 위해서는 마치 퍼즐을 맞추듯 힘든 게임을 해야 하는 형국이다.[15] 더욱이 이 게임의 경우 이길 승산이 적다. 때문에 기왕의 교과서도 본문이 아닌 본문 이외에 한문교육용 기초한자를 배치하는 방법(편법?)을 동원하여 이를 해결하였던 것으로 보인다. 기존 중학교 교과서를 살펴보면 각 교과서가

는 것은 참으로 어려운 퍼즐 게임을 풀어야 하는 난제이다. 선현들이 남긴 한문 문장의 경우, 한문교육용 기초한자 1,800자(중학교 900자)와 애초 무관하기 때문이다. 그렇다고 이를 무시하거나 이를 포기할 수도 없는 형편이다. 한문 교과의 존립과, 공교육에서의 한문교과목을 기준으로 삼을 수 있는 것은 현재로서는 없기 때문이다. 한문교육용 기초한자 1,800자(중학교 900자)를 교과서에 반드시 수록해야만 하느냐 여부는 다른 차원의 문제이기 때문에 이 자리에서 이는 고려할 사항은 아니다.

15) 고등학교 한문 교과서라 해서 예외가 아니다. 1,800자는 한자의 숫자가 늘어났을 뿐, 중학교와 사정이 전혀 다르지 않다.

사용하는 어휘나 고사 성어를 비롯하여 단문의 중복이 많은 것은 이러한 저간의 사정을 반영하는 것이기도 하다.[16]

한문교육용 기초한자의 경우, 기본적으로 교과서의 본문에 배치하여 이를 소화하는 것이 옳다. 그러면 한문교육용 기초한자를 본문에서 어떻게 배치하고 활용해야 하는가? 이를 해결하기 위해, 본문의 틀을 바꾸고 본문의 개념을 전환시킬 필요가 있다. 예컨대 각 과의 제목에 맞게 '이야기의 형태'의 서사로 본문을 구성하여, 교과서 본문을 확장시켜야 한다. **이는 기존의 교과서와 같이 한문 원전을 제시하는 것만을 고집하는 것이 아니라, 본문을 서사구조 안에 한문 원전을 포함시켜 '하나의 이야기'로 본문을 재구조화하는 것을 의미한다.** 이야기 방식의 서사구조의 형태를 본문으로 삼는다는 것은, 기존의 한문 원전만을 본문으로 제시하는 것과 달리 본문의 확장을 의미한다. 사실 중학교 한문교육용 기초한자 900자의 경우, 본문이 아닌 다른 곳에서 900자를 활용하는 것은 편법에 가깝다. 이전 교과서는 본문이 아닌 곳에서 따로 다양한 항목을 마련하여 본문에서 사용하지 않은 한자를 사용함으로써 900자를 해소하였다. 따라서 이러한 편법을 해결하기 위해, 기왕의 '본문' 틀을 걷어낼 필요가 있다. 기존처럼 고정된 본문의 개념으로는 중학교 한문교육용 기초한자 900자를 활용할 방법이 없기 때문이다.[17] 본문의 확장을 통해 적절한 본문의 공간

---

16) 물론 일부 교과서는 중학교 한문교육용 기초한자 900자를 해결하기 위해 손쉽게 기존의 교과서에서 어휘나 성어를 비롯하여 한시와 단문 등을 참고(베껴)해서 그렇게 된 측면도 있다.

17) 기왕의 본문 방식을 고수하며 적절한 문장을 찾아서 배치하면 이 문제는 해결될 수도 있다. 그리고 기왕의 방식이 아닌 다른 방법을 찾아 중학교 한문 교육용 기초한자 900자를 수록하는 것도 해결책이 될 수 있다. 그럼에도 불구하고 개정 교과서 집필 시에는 학생들의 흥미도와 취향, 그리고 흥미를 유발하기 위해 교과서의 구성을 바꿀 필요가 있다. 이를 전제한다면, 기왕의 방식과 달리 교과서의 구성을 바꾸어

에 중학교 한문교육용 기초한자 900자를 활용하고 배치하면 이 문제
는 해결할 수 있다.

디지털과 빠른 속도에 익숙한 중학생에게 쉽고 재미있게 이야기를
들려주는 방식의 교과서가 이 시점에서 요구된다. 시각과 청각의 빠
른 속도에 길들여진 중학생들의 감수성에 일정부분 호응해 줄 필요가
있기 때문이다. 교과서가 따분하면 학생들의 집중도가 떨어지는 것은
당연하다. 한문 문장 속의 내용이 현실과 소통하고 한문 교과서 속의
인물이 밖으로 뚜벅뚜벅 걸어 나오게 하는 방법은 이야기로 풀어가듯
이 본문을 구성해야 가능할 터이다. 하나의 완결된 서사구조로 교과
서를 구성하고 필요에 따라 한자를 서사의 공간에 활용하고 배치하는
것이 현재의 조건을 감안하면 최선의 선택이 아닌가 한다.18)

주지하듯이 새롭게 집필 되는 한문 교과서는 6차에 비해 7차에 비교
하면 큰 판형과 2도 색상, 디자인과 편집의 중요성 등을 강조함으로써,
학생들의 흥미와 눈높이를 고려한 흔적을 보여 준다. 그렇지만, 기존
교과서는 각 과의 제목을 한문 성어나 어휘를 그대로 제시한 경우가
많고, 각 과의 내적 연결이 부족한 경우가 대부분이다. 어떤 경우는
한문 교육용 기초한자의 수록에만 주안점을 두어 단원 구성을 단순

교과서를 하나의 이야기책 내지 스토리텔링 할 수 있는 방식도 하나의 안이 될
수 있다. 전체를 서사의 형태로 구조화하여, 누구든 교과서를 통해 그 서사를 이야기
할 수 있도록 구성하는 것이다. 물론 교과서의 각 단원도 내적인 서사로 연결시킬
필요가 있고, 각 단원의 구성도 서사로 배치하여 본문을 확장시켜야 한다.
18) 물론 이 경우, 각 과목의 내용과 서사를 교사나 학생들이 일방적으로 따를 필요
도 없고, 얼마든지 다른 이야기가 생성될 수 있도록 객관적인 서술 방식을 취해야
함은 물론이다. 교사에 따라 얼마든지 새롭게 재구조화되고, 배우는 학생들은 저
마다 다채롭게 이야기를 듣고 이해할 수 있는 서사와 내용을 추구해야 함은 물론
이다. 이러한 것은 본질적인 문제이기는 하지만, 이 자리에서 논란할 것은 아니다.
다만 이 문제를 충분히 고려하여 서사로 구성하고 서사의 필요에 따라 한자를 적
절하게 배치하면 된다는 사실을 보다 중요한 사실로 거론할 필요가 있다.

나열식으로 내적인 연결을 고려하지 않고 구성한 경우까지 있다. 이는 근대계몽기 이후 한문 교과서와도 크게 다르지 않다. 이러한 본문의 구성으로는 지금의 독서문화와 사교육의 출판물을 따라 잡을 수 없을 뿐 아니라, 학습자들이 한문교과에 접근하는데 장애가 되기까지 한다.

　이를 위해 한문교과서를 하나의 서사로 구성하여 본문을 확장시키는 전략은 유효한 것이 아닌가 한다. 최근 서사의 변모된 모습으로 거론되는 스토리텔링19)을 한번 상기해 보자. **종이** 매체로 서사를 표현하면 문학이 되고, 영상 매체로 서사를 표현하면, 영화가 된다. 디지털 매체로 서사를 표현될 경우 게임 등 디지털 서사가 되는 것이다. 서사를 이용한 스토리텔링은 이제 청소년의 생활과 불가분의 관계를 지닐 만큼 매우 밀접하다. 예컨대 지금 중학교 세대들은 자신이 인지하던 그렇지 않던 간에 광고물과 뮤직비디오, 핸드폰 TV 영화, 게임 등에서 스토리텔링과 다양한 방식으로 접속하고 있다.

　더욱이 현재 교육 환경은 디지털과 분리되어서 설명할 수 없는 상황이다. 한문이 4도가 된다는 것은 단순히 컬러라는 것을 넘어 종이와 디지털과 만날 가능성이 많음을 의미한다. 한문의 원전과 같은 정보는 스토리(Story)라기 보다는 하나의 데이터(Data)에 불과하다. 이 축적된 데이터를 단원(과)의 주제와 내용이 추구하는 본래의 목적에 맞게 이야기로 꾸며 전달하는 것은 매우 효과적일 수 있다. 뿐만 아니라, 이 서사구조는 통해 중학교 한문교육용 기초한자 900자를 가장 적절하게 활용할 수 있는 충분한 공간을 제공하고 있다. 이런 점에서 서사의 활용은 유의미한 것이 아닌가 한다.

---

19) 이를 간단하게 정의하면, 스토리텔링이란 '스토리(story)+텔링(telling)'의 합성어로서 상대방에게 알리고자 하는 바를 재미있고 생생한 이야기로 설득력 있게 전달하는 것을 말한다.

Ⅳ. 본문의 재구조화 사례
– 중학교 한문교육용 기초한자 900자 수록

그러면 교과서 내에서 본문의 확장을 통한 재구조화를 어떻게 실현시킬 것인가? 기본적으로 과를 하나의 서사 형태로 구성하여 본문으로 제시하면 가능하다. 이 경우, 우선 제목부터 단순한 표제어보다는 이야기를 담고 있는 형태로 풀어서 제시할 필요가 있다. 이는 학습자에게 제목을 통해 본문에 접근하는 것이 용이하도록 하며, 본문이 담고 있는 서사의 내용을 보다 쉽게 이해하기 위해 필요하다. 그런 다음 본문의 서사와 연관시켜 '길잡이'[20]에 해당되는 내용을 본문 서사의 앞에 제시하여, 한 과의 방향과 서사의 관련 내용을 미리 암시해준다. 물론 이 과에서 배울 다양한 형식관련 내용과 간단한 학습 목표를 함께 제시하는 것이 좋다. 그런 다음 관련한 한문 원전을 뽑고, 한문 원전과 관련 있는 다른 원전 텍스트나 이 원전 텍스트와 관련한 내용을 서사의 한 부분으로 배치하여, 전체적으로 서사를 통해 전체 본문을 재구조하는 방식으로 본문으로 제시하면 된다.

요컨대 전체의 본문을 이야기 방식을 만들되, 하나의 서사형태로 구성하여 본문으로 삼으면, 기존처럼 한문 원전만을 본문으로 문제점을 해결할 수 있다. 이렇게 하면 학습자들이 한문교과의 내용을 낯설게 받아들이거나 어려워 흥미를 떨어뜨리는 단점도 보완할 수 있다. 이러한 구성은 전체 본문을 서사구조로 재구조화한 다음 이러한 구성에 그 일부로 한문 원전을 포함시켜, 본문을 확장시킴으로써 '하나의 이야기'로 본문을 재구조화하는 것을 말한다.

---

20) '길잡이'라고 하든, 아니면 다른 이름을 붙이든 이름을 뭐라고 정하여도 상관이 없다. 다만 전체 서사의 길잡이에 해당되는 내용을 요약해서 제시해 두면 된다.

　더욱이 이러한 방식으로 본문을 확장하면, 한문 원전텍스트 외에도 본문의 공간을 확보할 수 있다. 확보한 본문의 공간 내에서 한문교육용 기초한자 900자를 적절하게 배치하면 그간 문제가 되었던 중학교용 한문교육용 기초한자 900자의 문제도 자연스럽게 해소시킬 수 있다.[21] 이를 위해 3가지의 사례를 통해 구체화시켜 보자.

【사례1】
－ 자연과 사람의 관계 －

배울 내용	·日月山川의 음과 뜻은?　　　　　·天地之間의 짜임은?
	·日月山川과 天地之間의 의미를 살려 생활에서 활용한다면?

▶길잡이
인간은 지구에 존재하는 한 생명체로, 자연생태계의 일원이다. 이를 겸허하게 받아들여야 자연의 재앙을 예방하고 삶의 터전에서 사람답게 살 수 있다. 그러면 자연과 사람은 어떻게 관계를 맺고 살아가야 할까? 선현들은 그 답을 제시하고 있다.

　人間은 萬物의 영장이라고 한다. 과연 그럴까? 많은 生命體들은 지구를 터전으로 함께 살아가고 있다. 오직 인간만이 지구의 주인으로 생각하며, 자연을 훼손하고 생태계를 파괴하여, 자연재해를 불러오기까지 한다. 그런데도 인간은 스스로 '만물의 영장'이라고 하니 오만에 가깝다. 우리 先賢들은 예로부터 '人間 中心의 思考'에서 벗어나 많은 생명체를 존중하며 더불어 살고자 했다.

　日月在天하고 山川在地이라. 『보통학교 한문독본』
　上有天하고 下有地하며 天地之間에 萬物生焉이라. 『보통학교 한문독본』

　"해와 달이 하늘에 있고, 산과 내는 땅에 있다."고 했으니, 사람은

---

21) 이 때 중학교 한문교육용 기초한자 900자는 한문 원전처럼 문장의 형태로 배치될 수는 없고, 서사의 흐름 내에 적절하게 어휘나 성어 혹은 드물게 단문의 형태로 수록될 수밖에 없다.

日月山川과 늘 함께 한다고 생각하며 살았다. 또한 우리 선현들은 "위에는 하늘이 있고 아래에 땅이 있으며, 하늘과 땅 사이에 만물이 살아간다."고 하였다. 인간은 天地之間에서 만물의 하나일 뿐이다. 자연은 하늘과 땅을 아우르니, 사람은 자연 속에서 살아가는 셈이다.

더 알아보기 - **자연과 더불어 살았던 선현들의 삶의 지혜**

> 우리 선조들은 생각을 하거나 집을 짓거나 日常生活을 하면서도 항상 自然을 거스르지 않았다. 자연과 더불어 살며 심지어 자연을 벗하며 사는 지혜를 보여주었다.
> "벗은 뜻을 같이 하는 사람이니 멀리 옛 사람을 벗하려면 옛 사람이 한 둘이 아닐 것이요, 지금 사람을 벗하려면 나와 같은 무리가 어찌 적겠는가? 그러나 김경지는 강·산·눈·달·바람·꽃 여섯 벗만이 있으니, 아마도 한 세상에 남이 따를 수 없는 뛰어난 재주를 가진 사람이다. 天地는 父母와 같고 萬物은 나의 同類이니, 어디로 간들 나의 벗이 아닐까보냐."
> – 이색(李穡), 『육우당기(六友堂記)』

【사례 1】은 단문의 한문 문장을 본문의 한 요소로 구성하였다. 제시한 사례의 경우, 구체적인 사항은 얼마든지 바꿀 수 있다. 다만 단원(과)의 제목을 고려하여 적절하게 한문 원전텍스트(예전의 교과서 본문에 해당)을 뽑고, 이 한문 원전텍스트를 중심으로 이와 관련한 내용을 적절하게 배치한다. 그 다음, 전체 내용 요소를 하나의 서사로 재구조화하여 본문으로 구성하고 있는데, 이 점을 먼저 상기할 필요가 있다.

제시한 한문 원문텍스트는 중학교 1학년에 수록할 만한 내용이다. 제목은 '자연과 사람의 관계'로 뽑았다. 제목에 맞게 한문 원전에서 뽑고, 이를 고려하여 서사에 배치하여 본문을 구성해 본 것이다. 1학년에 수록하는 한자의 경우, 한문교과서를 처음 배운다고 가정하여 비교적 쉽고 平易한 내용을 선택할 필요가 있다. 문장 역시 구성이 복잡하거나 난해한 것으로 고르기보다, 어휘만 알면 쉽게 이해할 수 있는 것을 우선적으로 선택해야한다.

본문의 구성 방식은 서사로 구성하되, 각각의 표제어(더 알아보기, 길잡이 등)에 배치된 내용을 연결시켜 이야기할 수 있는 구조로 다시 구성한다.[22] 이는 기존에 한문 원문만을 본문으로 인식하는 것을 확장시켜, 거시적으로 각각의 표제어를 하나의 서사로 재구조화하여 본문으로 구성하였음을 의미한다. 이를테면 자연과 사람의 관계는 어떠해야하는가 하는 문제를 역사의 시공간을 아우르는 시각 하에 '하나의 이야기'로 구성하는 것을 말한다. 바로 '하나의 이야기[서사]'가 전체 본문에 해당된다. 위에 제시한 '길잡이', '원문제시', '더 알아보기' 등의 각 내용은 '하나의 이야기'라는 서사의 부분 내지 요소들이며, 이들 각 부분을 다시 이야기로 구성하여 재배치한 것이다.

한문의 원문텍스트는 하늘과 땅을 포함하는 자연에 인간만이 존재하는 것이 아니라 만물이 삶의 터전을 삼아 생존하는 모두의 공간임을 제시한 내용이다. 이에 반해 '길잡이'에 배치한 내용은 현재 인류가 안고 있는 생태문제를 근원적으로 제기하였다. 반면에 '더 알아보기'에서는 이를 위해 우리의 선현들이 자연을 벗 삼아 살면서, 인간 중심이 아닌 順自然의 사유를 보여주는 내용을 배치하였다. 이를 통해 현재 지구가 안고 있는 생태 문제를 인간의 시각이 아니라 지구 내지 자연의 입장에서 문제를 제기하였다. 그리고 이러한 문제를 해결하기 위해서는 선현들이 삶의 지혜와 사유방식을 이해할 수 있어야 한다는 것으로 전체의 서사를 구성하였다. 특히 전체 본문을 서사 구성에 맞도록 적절하게 배치하기 위해서는 선현들의 문집 등에서 서사구조에 맞는 원문

---

22) 물론 본문을 배치할 경우, '길잡이'나 '더 알아보기'를 다른 용어로 대체해도 좋고, 이러한 표제어를 무시하고 적절하게 내용을 배치하여 전체를 연결시켜도 무방하다. 여기서는 기존의 교과서와 달리 본문을 한문 원전을 제시한 것으로만 제한하지 말고 이를 확장시키되, 전체를 하나의 이야기가 있는 서사 구조화 하자는 취지로 본문의 전체구성을 기획한 것이다.

을 뽑아 이를 발췌, 번역·윤문하여 전체 서사에 맞게 구성하면 된다.

이 경우, 각 내용 요소를 서사로 배치하면서 원문텍스트에 나오는 한자나 어휘 외에 '길잡이'와 '더 알아보기'의 항목에 필요한 한자(중학교 한문교육용 기초한자 900자)를 적절하게 사용하면 된다. 하지만 1학년 교과서의 경우, 가능하면 원문텍스트가 있는 부분에서 한자어를 많이 사용하고, '길잡이'와 '더 알아보기'의 항목에서는 한자(중학교 한문교육용 기초한자 900자)의 활용을 피하는 것이 좋다. 아주 필요할 경우에만 사용하는 전략이 필요하다. 사실 한문 문장의 경우, 원문텍스트가 있는 부분에서 될 수 있으면 많이 배우는 것이 한자나 어휘를 훨씬 효과적으로 가르칠 수 있기 때문이다.

【사례2】
─세한도(歲寒圖)에서의 스승과 제자─

배울	·전통 시대 사제간(師弟間)의 참모습을 알아본다.
내용	·而의 쓰임을 이해한다. ·한문을 바르게 읽고 해석한다.

▶길잡이
'세한도(歲寒圖)'는 추사 김정희가 절해의 고도(孤島) 제주도에 유배(流配)되었을 때의 작품이다. 이 그림은 추사가 변함없는 모습으로 자신을 찾아준 제자에게 선물로 그려준 것이다. 그림 왼쪽 부분에 화제(畵題)의 편지글이 곧 본문의 내용이다. 염양세태(炎涼世態)라는 말이 있듯이, 권력과 세력이 있을 때 친하지 못해 안달하다가, 권력과 세력을 잃으면 언제 보았냐는 식으로 떠나가는 것이 세상의 인심이다. 몇 그루의 앙상한 소나무가 추운 겨울을 버티고 서있는 그림은 바로 추사 자신이라 할 수 있다. 이 글은 그림과 절묘하게 조화를 이루어 보는 사람의 마음을 끌어당긴다. '세한도'에 얽힌 일화(逸話)를 이해하고, 스승과 제자가 주고받은 편지글의 아름다움을 상상해 보자.

상적이 읽어보게!

지난해에 책을 부쳐주더니, 今年에는 또 다시 책을 보내 왔네 그려. 게다가 천만리 아주 먼 땅에서 여러 해가 걸려서야 얻었다니 한 때에 마음먹어 이루어진 일도 아니었더구나. 사람들은 모두 權勢와 利益만을 좇거늘 자네는 어째서 힘들게 구한 것을 바다 건너 볼 품 없는 나에게 주며 마치 세상 사람들이 權勢와 이익을 좇는 듯 하다는 말이더냐?

孔子曰 "歲寒然後에 知松柏之後凋"라 하니 松柏은 是貫四時而不凋者로 歲寒以前도 一松柏也요 歲寒以後도 一松柏也어늘 聖人이 特稱之於歲寒之後라

그대가 지금 나를 대하는 마음도 예전 보다 더한 것도, 덜한 것도 없네만 예전의 그대에게는 말할 만한 것이 없었는데, 지금의 그대는 성인에게 칭찬을 받을 만하구나. 성인께서 특별히 송백을 말씀하신 것은 송백에게 올곧은 지조와 굳센 절개가 있었기 때문만이 아니라 추운 겨울이 되어서 송백에게 감동(感動)하여 느낀 점이 있었기 때문이라네.

– 완당노인은 쓴다.

더 알아보기 – 숱한 세월을 참고 견딘 세계적 명화 '세한도(歲寒圖)'

이상적(李尙迪)이 소유하던 그림은 그의 집안에서 2대에 걸쳐 보관된다. 그렇지만 세한도의 운명(運命)은 이후부터 화가(畵家)의 생애를 닮는다. 일제 치하를 맞게 되자 세한도는 경성제국대학 사학과 후지스까 교수의 수중에 들어가게 된다. 그는 우리 미술을 보는 눈썰미와 감식안이 깊었다. 그는 추사에 미쳐 반평생을 추사에게 바쳤고 관악산 아래에 있던 추사의 초라한 묘를 찾아 예산 고택 옆으로 이장까지 했던 장본인이었다. 그래서 아직도 추사 묘석에는 쇼와(昭和)라는 일본연호가 적혀있다. 해방되기 전, 후지스까는 세한도를 가지고 일본으로 돌아간다. 진도 출신의 청년 소전(素筌) 손재형(孫在馨)은 이 사실을 알고 얼마간의 돈을 마련해 폭격으로 아수라장이 된 동경으로 날아갔다. 30대 초반의 청년 손재형은 폭탄이 비오듯 쏟아지는 동경으로 '세한도'를 찾기 위해 건너간 것이다. 후지스까는 병석에 누워 있었는데 소전은 후지스까의 집 부근에 여관을 잡고 매일 식전(食前)이면 찾아가 무릎을 꿇고 문안(問安)

> 인사만 드렸다. 문안 인사 백 일이 되던 날, 노학자 후지스까는 드디어 "내가
> 눈을 감기 전에는 내놓을 수 없는 것이었다."는 고백(告白)과 함께 '세한도'를
> 내놓았다. 손재형은 곧바로 서울로 돌아와 '세한도'를 오세창(吳世昌) 선생에게
> 보인다. 오세창 선생은 '세한도'를 다시 보게 된 감회를 이렇게 표현했다. "저승에
> 갔던 친구가 다시 살아나서 손을 마주 잡는 것과 같다."
>
> — 김병종의 『화첩기행』에서

【사례2】는 산문을 예로 들어 본문 전체를 구성하였다.[23] 제시한
원문은 중학교 3학년 뒷부분에나 넣을 만한 내용이다. 오랜 기간 제
주도에 유배 간 추사 김정희가 자신을 위해 온갖 어려움을 아끼지 않
았던 이상적에게 준 편지글이다. 제시한 글은 김정희가 제자를 위해
쓴 편지글을 풀어 이야기[서사]로 꾸며본 것이다.

위의 내용은 조선조 후기 고증학의 대가 추사 김정희와 그 제자 이
상적이 보여주는 참다운 사제지간의 모습을 제시하였다. 몇 번이나
제주도에 들러 스승의 어려운 처지를 십분 이해하였던 제자 이상적에
대한 스승의 고마운 마음이 짙게 배어 있다. '세한도'를 통해 상징적
으로 펼쳐지는 師弟間의 참다운 면모와 감동, 참다운 사제지간을 배
경으로 탄생한 세한도, 그리고 그러한 '세한도'가 겪는 우여곡절을 본
문으로 배치하였다.

비록 '길잡이'와 한글로 풀어 쓴 추사의 편지글과 한문 원전, 여기에
세한도 그림과 세한도와 관련한 후일담 등은 비록 시공간과 표상하는
방식이 다르다. 하지만, 각각의 글을 하나의 서사로 종합하여 전체 본문
으로 구성하여 서사로 배치하면 이질적인 것은 하나로 통합될 수 있다.

제시한 각각의 글은 편지 글을 번역하여 이야기 형태로 제시하였
다. 따라서 각 내용을 본문의 서사로 재배치하면서 필요한 한자[중학

---

23) 이 내용은 7차 현행 고등학교 교과서(이희목, 진재교, 신영주, 최돈욱 저, 『한문』
천재, 32과)를 활용하여 다시 구성한 것이다.

교 한문교육용 기초한자 900자]를 서사의 구성 내에서 적절하게 사용하면 된다. 이처럼 이야기 형태의 서사로 본문을 확장하여 본문을 재배치하면 중학교 한문교육용 기초한자 900자를 적절한 서사 공간에 활용하더라도, 한자나 한자 어휘를 부자연스럽게 활용한다는 생각은 들지 않을 것이다. 위의 본문처럼 편지의 원문을 번역하고 이를 본문에서 서사의 한 부분으로 재배치할 경우, 본문의 서사 흐름을 고려하여 자연스럽게 한자나 한자 어휘를 배치할 수 있기 때문에, 한자나 한자 어휘의 가독성과 학습 효과를 충분히 발휘할 수도 있다. 더욱이 전체 편지 글을 통 문장으로 이해하기 때문에 한자나 한자 어휘의 활용도는 훨씬 효율성을 얻을 수 있을 것이다.

이처럼 다양한 글과 한문원전텍스트를 종합하여 활용하여 본문으로 구성하고 이를 서사구조화 함으로써 우리는 歲寒圖를 둘러싸고 일어났던 사제 간의 진면목 확인할 수 있음은 물론, 공자가 말하는 "歲寒然後, 知松柏之後彫也"를 함께 이해하는 계기를 마련할 수 있다. 여기에 그치지 않고 세계적 수준의 전통회화의 탄생과 그 전변도 함께 알 수 있어 망외의 효과도 얻을 수도 있지 않겠는가?

【사례3】
－ 한시(漢詩)의 멋과 전통 문화의 향기(香氣) －

배울 내용	·한시를 이해하고 감상한다. ·전통 문화의 향기를 이해한다.
	·한시의 형식을 이해한다. ·시어의 ㅂ 유적 기능을 이해한다.

▶길잡이
한문학은 우리 선조들의 삶과 정신세계를 반영한다. 그 중에서도 한시는 선조들의 정감과 생각을 압축된 언어로 드러낸다. 한시의 이해는 선조들의 미적 정서를 섬세한 언어로 느끼는 것이다. 한축과 비유를 통해 드러나는 재치와 상상, 기발한 시어의 구사와 아름다움 등을 통해 한시의 멋과 전통 문화의 향기를 마음껏 느껴보자.

김시습은 태어난 지 8달 만에 글을 알았다. 김시습의 친척 할아버지 최치운(崔致雲)은 그의 이름을 시습(時習)이라고 지어 주었는데, 항상 공부에 열중하라는 뜻이었다. 김시습은 말문이 늦게 트였으나 精神은 민첩하여 글을 보면 입으로 읽지는 못해도 뜻은 다 알았다. 김시습은 이미 세 살에 한시를 지을 줄 알았다.

桃紅柳綠三月暮이라

"복사꽃은 붉고 버들은 푸르니 삼월이 저물었네."라 하여 온갖 꽃이 만발하는 3월의 모습을 기발하게 비유하였다. 그리고 이슬을 보고 이렇게 읊조렸다

珠貫靑針松葉露이라

"구슬을 푸른 바늘로 꿰었으니 솔잎에 맺힌 이슬이네."라고 표현하여 솔잎에 맺힌 이슬의 모습을 참으로 재치 있게 그렸다. 글자도 겨우 알 정도인 세살에 봄 3월과 이슬을 이렇듯 아름답게 노래하고 있으니 그는 어린이 천재 시인이었다.

더 알아보기 - 천재 詩人 5세 神童

> 김시습은 유모가 맷돌에 보리를 갈자, "비도 안 오는데 우레 소리는 어디에서 울리는고. 누런 구름이 조각조각 사방으로 흩어지네.[무우뇌성하처동(無雨雷聲何處動), 황운편편사방분(黃雲片片四方分)]"이라고 읊조리자 사람들이 매우 신기하게 생각하였다. 또한 김시습은 다섯 살에 『대학(大學)』을 읽고 이해하니, 신동(神童)으로 소문이 났다. 정승 허조(許稠)가 그를 보고, "내가 늙었으니 노자(老字)로 시구를 한번 지어보라."고 하였더니 즉시 "늙은 나무에 꽃이 피니 마음은 늙지 않았다.[노목개화심불로(老木開花心不老)]"라고 지었다. 허 정승이 무릎을 치며 "이 아이는 참으로 神童이다."라고 하였다.

【사례3】은 한시와 관련한 서사를 앞뒤로 배치하여 본문으로 확장

한 경우다. 중학교에서 한시를 본문에 수록할 경우 한시의 선택은 쉽지 않다. 중학교 수준에서 한시를 이해하고 감상하자면 우선 한시가 쉬워야한다. 그러기 위해서는 고도의 상상이나 비유 등 수사법을 구사하여 쉽게 한시를 이해할 수 없는 작품은 피해야 한다. 더욱이 중학교 한문교육용 기초한자 900자를 고려하면, 결국 한시의 선택은 매우 제한적일 수밖에 없다. 이러한 조건에 비교적 호응할 수 있는 작품은 이른바 선현들이 아이 때에 창작한 한시를 우선적으로 꼽을 수 있다. 흔히 이를 '童蒙詩'라고도 한다. 동몽시의 경우, 대개 시와 관련한 이야기[敍事]와 결부된 경우가 많다. 동몽시의 창작과 관련하여 이야기[서사]는 길고 짧음의 차이는 있을 수 있지만, 서사의 장단은 중요하지 않다. 본문을 구성할 때, 서사를 적절하게 재구조화하여 본문으로 배치하면 될 터이기 때문이다.

위에 제시한 김시습의 동몽시도 그러한 여의 하나이다. 제시한 동몽시는 『練藜室記述』에 있는 시화의 한 대목을 뽑은 것이다. 예컨대 이러한 시화를 본문으로 구성할 경우, 시화의 내용이 짧으면 상관이 없지만, 만약 시화의 내용이 길면, 일단 詩話의 전체 내용을 번역한 다음, 시화의 큰 대의가 손상되지 않은 범위에서 윤문하고 이를 발췌하여 본문의 서사로 제시하면 된다.

위에 제시한 시화는 내용이 길지 않기 때문에 번역한 다음 중학교 수준에 맞게 약간의 윤문을 그치면 서사로 구성하더라도 그다지 문제가 되지 않는다. '이야기가 있는 한시'를 하나의 서사로 재구조화 하여 본문으로 구성할 경우, 한시와 관련한 전체 내용을 서사로 구조화하는 도중에 한시와 관련한 내용을 쉽게 이해할 수 있도록 필요한 한자를 적절하게 배치할 수 있는 공간을 손쉽게 확보할 수 있다. 이 공간 내에서 필요한 한자를 적절하게 배치함으로써 한문교육용 기초한자를 필요에 따라 조절할 수 있는 융통성을 확보할 수 있다. 뿐만 아니라, 이야기를 통해 한자 어휘를 쉽게 배치하여 내용을 이해하면서 한자 어휘를 자연스럽게 익히게 할 수 있는 이점도 얻을 수 있다.

본문을 서사로 구성하고 그 안에 한시의 원문을 적절하게 배치하는 방식은, 본문에 있는 한자와 한자 어휘는 물론 심지어 詩句도 함께 배치할 수 있는 이점이 있다. 때문에 교과서 내에서 한자[중학교 한문교육용 기초한자 900자]를 활용할 수 있는 충분한 공간을 확보하여 그 공간 내에서 한자[중학교 한문교육용 기초한자 900자]를 배치하면 된다.

더욱이 이 경우, 단순히 한시를 제시하는 것보다 이 시를 둘러싼 이야기를 들려주는 방식으로 구성한다면 기억에 오래 남으며, 흥미와 재미를 통해 쉽게 전달할 수 있다. 이 점에서 이중의 효과를 노릴 수도 있을 것이다.

Ⅴ. 맺음말

학생들의 눈높이와 정서를 충분히 고려한 교과서이든, 중학교 한문교육용 기초한자 900자를 잘 활용한 교과서이든, 교사의 능력을 따라갈 수는 없다. 학교 현장에서 교사야말로 무엇과 비교할 수 없는 훌륭한 교과서이다. 아무리 훌륭한 교과서라 하더라도 교사를 대신할 수는 없다. 한문교과목과 교사와의 관계는 더욱 그러하다. 이는 본고의 대전제이다. 방향도 없고 누구를 위해 무엇 때문에 경쟁하는 것인지도 모르는 무한 경쟁으로 나아가는 험란한 교육환경의 거센 바람 앞에서도 한문 교과는 지난 수십 년간 꺼지지 않은 촛불로 굳게 버텨

왔다.

이러한 지난한 상황을 고려하여 교과과정을 새롭게 하고 교과서를 새롭게 만드는 마당에 발상을 전환할 필요가 있다. 기왕의 교과서의 구성과 달리 본문을 확장하고 서사구조를 통해 한문문장을 서사로 재구조화하고, 그로부터 생겨난 공간에 중학교 한문교육용 기초한자 900자를 적절하게 배치할 필요가 있다. 이는 각 교과간의 경쟁을 요구하는 환경에 살아남기 위한 시도이자, 어찌 보면 그 필요성에도 불구하고 교과목으로서의 존재자체를 위협받는 현실에 대한 자구책이다. 여기서 이 방향이 반드시 옳다고 주장하는 것은 아니다.

사실 '한문'은 그것을 배우는 입문 초기에는 입으로 외우며 머리에 주입하는 것이 어떤 방법보다 훨씬 효과적인 교육방법일 수 있다. 한문을 처음배우는 중학교 학생의 경우, 교과서에 나오는 문장을 암기하는 것이 오히려 오래 남고, 한문능력과 한자 어휘와 개념을 이해하고 신장시키는 데도 훨씬 효율적이다. 지금 '주입식 교육'이라는 말만 들으면 거부 반응을 일으키는 교육환경과 한문과목을 다른 외국어보다 더 어렵고 재미없다고 생각하는 여건을 감안하면, 일방적 암기를 강요하는 주입식 교육을 한문 교과목에 강요할 수만은 없는 노릇이다. 그런 점에서 한문교과의 효율적인 교육은 교사의 몫이 여느 과목보다도 큼에도 불구하고, 학습자에게 흥미를 주고 한문 교육의 효율성을 위해 교과서의 구성과 내용을 생각하지 않을 수 없는 상황이다.

이제 새로운 교육과정에 따른 교과서 집필을 위해 시대에 맞추어 한문교과서를 발본적으로 創新할 필요가 있다. 한문 교과서의 창신의 첫걸음은 학생들이 한문에 쉽게 접근하고 흥미를 가질 수 있도록 배려하는 것임은 두말 할 나위없다. 그렇다고 교과 내용을 등한시하자는 것은 아니다. 교과서의 질적 수준을 위해 한문내용을 고려해야 함은 물론이다. 이를 충분히 고려한 위에서 교과서를 창신할 필요가 있다. 이를 위해 중학교 한문교과서의 각 단원과 전체 구성을 하나의 서사로 된 이야기 형태로 구성하는 것도 유효한 방법일 수 있다는 점이다. 요컨대 기왕의 방식과 달리 본문을 확장시키는 것도 유효한 전략 중의 하나라는 사실이다. 이는 한문 원전텍스트도 본문 내부의 이야기의 한 소재로 배치하고, 이를 융합하여 전체 본문을 하나의 이야기로 구성하는 것을 의미한다. 이러한 서사 구성의 교과 단원에 한문교육용 기초한자를 적용하자면, 본문의 확장을 통해 생겨나는 서사의 공간에 중학교 한문 교육용 기초 한자 900자를 적절하게 배치하여 활용하면 해결될 것이다.

교과서는 당대의 시대상을 반영한다. 학생들의 관심을 받지 못하는 교과목은 '지금'의 이곳의 교육상황을 고려하면 참으로 어려운 처지가 될 것이다. 이는 중등학교에서의 교과가 존재해야 하는 당위와 관계없는 현실 상황의 진행이다. 한문교과서 역시 예외가 아니다. 지금 이 시점에서 이러한 교육 환경에서 구체적인 대안을 찾는 것 역시 한문학을 전공하는 사람들의 몫이 아니겠는가?

참고문헌

俞吉濬, 『勞動夜學讀本』
玄采, 『幼年必讀』
James S. Gale, 『牖蒙千字』, 大韓廣學書舖.
張志淵, 『高等小學讀本』, 徽文義塾.

이희목·진재교·신영주·최돈욱 저(2008), 『고등학교 한문』, 천재출판사.
김봉희(1988), 「James Scarth Gale, 奇一의 한국학 저술활동에 관한 연구」, 『서지학연구』 3호, 서지학회.
남궁원(2006), 「한국 개화기 한문과 교육과정의 전개와 교과서 연구」, 성신여대 대학원 박사학위논문.

배수찬(2006), 「〈勞動夜學讀本〉의 시대적 성격에 더한 연구 : 지식 체계와 교재의 구성 방식을 중심으로」, 『국어교육』119호, 한국어교육학회.

백주희(2008), 「J.S 게일의 『Korean FolksTales』 연구」, 성균관대 대학원 동아시아학과 석사학위 논문.

이상현(2004), 「제임스 게일의 『구운몽』 번역과 문화의 변용」, 성균관대 석사학위논문.

이 글은 『漢文敎育硏究』 제31호(韓國漢文敎育學會, 2008)에 수록한 논문을 재수록한 것이다.

初等學校 漢字教科書에 있어서의 古典資料 活用에 관하여

金昌祜

Ⅰ. 들어가는 말

이 논문은 초등 한자교과서에 古典資料를 적극 활용해야 한다는 취지 아래, 구체적인 주제와 방법을 모색하고자 한 것이다. 현재 초등학교 한자교육에 관한 국가 수준의 교육과정은 없다. 그럼에도 불구하고 각 市都 교육청 검인정 한자교과서는 수를 세기가 힘들 정도로 많다. 한자교육의 필요성에 대한 인식이 교육 담당자들 사이에서 널리 확산되고, 또 현장의 분위기가 새롭게 조성되고 있다는 점에 있어서는 고무적인 현상이라 할 것이다. 그러나 성격, 목표, 내용 등의 기준도 제시되지 않은 현실에서, 많은 교과서가 어떤 철학적 기반 아래 어떤 공학적 과정을 거쳐 만들어졌는지에 대해 의문을 가지지 않을 수 없다. 교육과정 제정의 문제가 상황 타개의 관건이라 할 것이나, 향후의 제정에 대비하고 집필자의 인식 전환을 위해서는 교과서에 나타난 문제점을 지적하고 개선 방향을 찾는 노력부터 필요하다. 본고의 논의 방향도 이러한 선상에 있다.

본고는 다음과 같은 순서로 논의를 진행하고자 한다. 먼저 한자교과서의 내용 검토를 통해 지금까지 한자교육의 주요 목적으로 언급된 것들이 교과 내용에 고르게 반영되었는가에 대해 살필 것이다. 이어 교과서에 실린 고전 자료들이 내용, 제시형태 등에 있어서 체계성을 가지고 있는지에 대해서도 살필 것이다. 이를 통해 한자교과서에 있어서의 고전자료 활용의 필요성을 도출하고, 대상이 초등학생이라는 점을 고려하여, 자료 선정의 기준과 제시 형태를 서술하게 될 것이다. 무엇보다도 어떤 주제의 자료를 활용할 것인가의 문제가 중요한데, 다양한 자료의 검토를 통해 활용 가능한 主題 목록을 작성하고 이것을 飜譯·加工한 형태의 수업 자료를 예시하고자 한다. 초등한자교과서에 있어서의 고전 자료 활용에 관한 연구는 아직 보이지 않고, 다만 文化遺産이나 전통 蒙學敎材를 한자·한자어 교수-학습 방법, 한자 학습 방법 등에 활용한 것들[1]이 있을 뿐이다. 한편 '고전자료'는 近代 以前 중국 등 동아시아 및 우리 민족의 삶과 정신에 관한 일체의 것을 한문 또는 국문으로 표기한 자료를 가리키나, 본고에서는 국어교과서에서 주로 다루어졌거나 다루어질 수 있는 국문자료를 제외하고 한문으로 표기된 자료를 대상으로 하였다.

Ⅱ. 現行 漢字敎科書의 性格과 古典資料 活用의 必要性

초등학생의 한자 지도에 관한 여러 논의는 적합한 指導 漢字 數로

---

1) 김은경, 「문화유산을 활용한 한자·한자어 교수-학습 방법」, 『漢字漢文敎育』17집, 한국한자한문교육학회, 2007. 박광민, 「傳統 蒙學敎材를 활용한 효율적인 한자학습 방법 고찰」, 『漢字漢文敎育』17집, 한국한자한문교육학회, 2007.

600字 정도를 제시하고 있다.2) 이러한 논의에 바탕하여 현행 교과서
들도 대부분 600자 내외의 한자를 가지고 내용을 구성하고 있다.3)
구성 방식에 있어서는 주로 한자-단어-문장 내에서의 활용으로 이
어지는 상향식 구성 방식이 주를 이루고 있으며, 본문-단어-한자의
하향식, 단어-한자-문장 내에서의 활용으로 이어지는 절충식도 보
인다. 이들은 한자를 익힌 다음 단어로 이어지는 한자의 확장력·조
어력의 장점을 살리거나, 본문 제시를 통해 독서의 흐름을 존중하면
서 그 안의 단어와 단어를 이루는 한자의 음·훈을 배우는 방식이다.
이 같은 패턴은 공통적으로 한자·단어의 학습이 중심에 놓인다.

각 교과서의 단계별 내용 구성 방식은 대체로 유사하다. 기초 단계
에서 상형자나 지사자 등 구체물과 대응이 용이한 한자와 그것들을
조합한 단어로부터 점차 개념어·학습 용어 범주의 한자와 단어로 발
전해간다. 4단계 구성의 책에서, 1단계의 日, 月, 山, 川, 또는 一,
二, 三, 四 등의 내용으로부터 4단계의 追憶, 因緣, 便紙나 意志, 念
願, 思想 등으로 나아가는 것4)이 그러한 예다. 학습 단어는 기본적인

---

2) 아래 〈표〉 참조. 이것은 방인태·김창호·한은수, 『초등학교 한자교육』, 역락,
2006. 113면의 내용을 전재한 것임.

학회·연구자	제시 漢字 수	제시 년도
안승덕	578자	『국어교육』 28(1976)
한국어문교육회	1000자	1991
한은수	667자	『한자한문교육』 창간호(1994)
방인태	600자	『한국초등교육』 제9권 제1호(1997)
서울시교육청	600자	초등학교 한문 교육과정(1997)
김혜영	670자	부산대학교교육대학원논문(1997)
한국한문교육학회	500자(1800자) 600자(2000자)	한문 교육용 기초한자 1,800자 조정에 관한 연구 보고서(1999)
총계	500~1000자	

3) 방인태 외, 『초등학교 한자교육』, 역락, 2006. 304면의 참조.

언어생활에 필요한 것들이 대부분이다. 그리고 높은 단계로 갈수록 사회 현상의 이해, 또는 교과 학습에 도움이 되는 것들이 많다. 초등 한자 교과는 언어생활과 관련을 가지면서 교과학습 이해에도 도움이 되는 도구 교과적 성격을 가진다고 할 수 있다.

한자 지도를 통해 의도할 수 있는 교육 목적으로는 원활한 언어생활의 영위, 타 교과 학습 내용의 이해 이외에도 여러 가지가 있다. 여러 성과들이 제시하는 것으로 전통문화의 이해와 가치관 형성5)이라든지, 한자 문화권의 이해와 발전에 기여할 수 있는 태도 기르기6), 자기 주도적 학습 능력 기르기7) 등을 들 수 있다. 그런데 현행 교과서들이 이 같은 교육목적을 어떻게 반영하고 있을까.

이것은 교과서에서 다루고 있는 내용의 성격 규명을 통해 해명이 가능할 것 같다. 한자교과서의 많은 단어, 특히 상위 단계의 단어일수록 특정한 주제, 사상에 뿌리를 둔 개념어, 학습 용어가 많다. 이 가운데 일부 단어는 오랜 세월동안 우리 민족의 경험, 사상, 정서의 테두리 안에서 사용되어 왔지만 많은 단어는 우리의 언어 환경에 등장한지 그리 오래되지 않는다. 中國에서 西歐用語를 번역한 것을 그대로 쓴 것도 있지만, 상당수는 동아시아에서 서구 근대 과학 기술

---

4) 방인태 외, 『어린이 한자』1~4단계, 두산동아, 2003.
5) 서울시교육청, 「초등학교 漢文 교육과정」, 1996.
   방인태, 「初等 漢字 教育論」, 『한국초등교육』 제9권 제1호, 서울교육대학교 초등교육연구소, 1997.
   김왕규, 「한국의 초등학교 한자교육의 현황과 과제」, 『한문교육연구』 제21집, 한국한문교육학회, 2003.
   강병륜·송영일·허왕욱, 「'初等學校 漢字 教育課程' 개발 연구(Ⅰ)」, 『어문연구』 제30권 제2호, 한국어문교육연구회, 2002.
6) 김왕규, 앞의 논문.
7) 강병륜 외, 앞의 논문.

문명을 처음으로 받아들인 日本에서 만든 것들이다. 따라서 이러한 단어들은 전통사상이나 문화의 맥락보다는 서구 근대 문명에 의한 생활 및 사고 패턴의 변화와 맞닿아 있다. 이러한 것들이 근대 서구 학문 체계에 기반한 오늘 우리의 학습에 긴요한 요소가 되었다고 할 수 있다. 각 단원의 학습 단어들을 포괄하는 주제의 의미 범주 역시 현대화된 오늘의 삶과 밀착된 것들이 많다. A교과서의 예를 들기로 한다. 이 책의 3단계를 보면 앞에 責任, 義務, 權利 등의 단어가 제시되어 있다. 이 책을 공부하는 학생은 責任, 義務, 權利를 이루는 責, 任, 義, 務, 權, 利 각각의 음·훈을 익히고, 이어 한자와 한자가 결합하는 방식을 통해 단어의 의미를 알아가면서 점차 연관 개념을 떠올릴 것이다. 예를 들면, 6학년 학생이 이 내용을 배울 경우, 관련 내용인 사회교과의 民主主義라는 주제를 먼저 생각하게 될 것이다. 이것을 볼 때, 오랜 기간 쓰여 온 漢字를 조합하였으며, 또 漢文 構造의 장점을 바탕으로 만들어진 단어들이지만, 그 사상적·정서적 기반은 전통 문화와 다소 거리가 있는 것이 사실이다.

그렇다고 해서, 현행 교과서의 내용이나 체제를 볼 때, 전통문화 및 가치에 대한 고려가 없는 것은 아니다. 본문[8]이나 단원 말미의 쉬어가기 코너[9]에 일부 옛날이야기나, 교훈 자료 등을 싣고 있으며, 참고 자료의 형태로 故事成語[10], 字源 풀이(생각해보기)[11], 삽화 등을 활용함으로써 언어생활 위주 학습의 단조로움을 피하려 하고 있다. 그러나 일정한 체계 없이 임의적으로 자료를 배치하는가 하면 내용의

8) 학교법인 제철학원 편저, 『어린이 한자』, 대한교과서(주), 1995·4·30 경상북도 교육감 인정.

9) 정우상 외, 『초등학교 漢字』 1단계~4단계, 전통문화연구회, 1996.

10) 오덕진, 『아하! 漢字』 1단계~4단계, 도서출판 한자자격수험도서, 2003.

11) 정우상 외, 앞의 책.

면에서 부정확한 것들이 적지 않다. 특히 단원 전개의 과정에서, 차시 학습을 준비하는 내용, 또는 학습 중간의 흥밋거리로 다루고 있는 데에서 이러한 자료를 다루는 저자들의 인식을 엿볼 수 있다. 즉 그들의 입장에서는 전통문화 관련 내용에 대한 특별한 고려 없이도, 한자와 단어의 학습 과정에서 자연스레 전통 문화와 가치에 대한 학습이 이루어진다고 생각한 것은 아닌가 한다.

언어생활에 초점을 둔 한자교과서가 전통문화나 사상·정서 교육의 요소를 담고 있지 않은 것은 아니다. 그러나 한자, 또는 한자로 조합된 단어의 학습이니만큼 자연스럽게 전통문화의 이해를 담보한다는 막연한 오해로부터 벗어날 필요가 있다. 언어생활이 중심인 초등의 특성을 고려하면서, 전통문화 및 가치와 관련된 요소를 의도적이고 체계적으로 반영해야 한다. 그리고 이러한 과정에서 풍부한 문화유산인 고전 자료를 적극 활용할 필요가 있다.

Ⅲ. 고전자료 選定의 基準과 提示 形態

고전 자료를 선정하는 데에는 몇 가지 기준이 필요하다. 첫째, 先人들의 삶의 모습과 정서를 잘 드러내며 전통문화의 이해 및 가치관 형성에 도움이 되는 것이어야 한다. 특히 초등학생 시기부터 정신적·문화적 정체성을 확립해 나가는 데에 도움을 줄 수 있는 자료이어야 한다.

둘째, 원자료를 번역한 것, 또는 가공한 내용이 초등학생 수준에서 이해 가능한 것이어야 한다. 고전 자료의 내용이 중요한 의미를 가진다고 하더라도 초등학생 수준에서 이해하기 힘든 것은 자료로서의 가치가 떨어진다. 초등학생 수준에서 이해하기 쉽고 음미할 만한 내용의 것이어야 한다. 초등학생 수준을 상회하는 자료 가운데 원자료의 핵심적인 의미를 해치지 않으면서 초등학생 수준에 맞게 가공할 수 있는 것도 좋다.

셋째, 길지 않은 분량의 자료, 또는 길더라도 적절한 분량으로 가공할 수 있는 것이어야 한다. 고전 자료는 단원 구성상 대개 보조 자료의 성격을 지니기 쉽다. 그러므로 가급적 분량이 짧은 것이 좋으며 긴 내용이라도 적절한 분량으로 가공할 수 있는 것이어야 한다.

넷째, 오늘날 우리가 직면한 사회 문제와의 관련성을 고려한다. 현행 한자교과서에는 긴장을 늦추고 편하게 읽을 수 있는 이야기 자료나 교훈적 내용이 많다. 이러한 내용대로의 장점이 있기는 하지만, 오늘 우리의 문제와 관련하여 문제의식을 담고 있는 자료를 적극 발굴하여 제시할 필요가 있다. 체제상 가능하다면 이런 자료를 직접 본문에서 다루는 것도 좋다.

다섯째, 타 교과와의 관련성, 학습자의 흥미도를 고려한다. 한자 교과는 도구교과이며, 범교과적 성격을 띤다. 언어생활의 측면만이 아니라 타 교과의 관련성, 문화 이해의 측면, 학습자의 흥미도 등을 고려해야 한다.

한편 자료의 제시형태로는 다음과 같은 것을 고려할 수 있을 듯하다. 첫째, 교과서를 개방적인 체제로 전환함으로써 고전자료 운용의 폭을 넓힐 필요가 있다. 언어생활 중심의 기본적인 체재에 심화·보충 과정을 더하거나 몇 가지 유형의 체제를 운영함으로써 고전 자료 활용의 폭을 넓힐 필요가 있다.

둘째, 기존 교과서와 같이 본문이나 단원 마무리 부분을 이용하되 고전자료 번역문, 번역문 형태의 警句, 가공 자료, 단편적인 문화상

식 등을 제시할 필요가 있다. 마무리 부분의 경우, 해당 단원의 旣習
한자나 단어를 복습·정리할 수 있는 고전 자료를 배치할 수 있으며,
旣習 한자를 반영하기 어려운 경우, 참고자료, 문화상식 등의 형태로
제시하는 것이 좋다.

셋째, 한자학습 과정에서 교과서의 여백을 이용하여 간단한 형태의
자원풀이, 한자문화 상식 코너를 마련할 수 있다. 이를 통해 한자의
의미를 새롭게 환기시키고 생활사·풍속사와 관련한 함의를 설명함
으로써 문화이해의 감각을 기를 수 있다. 이때 다루는 한자는 학습
주제와 관련성이 깊거나 흥미를 유발할 수 있는 것이 좋다.

넷째 언어생활 자료, 예를 들면 대화나 인용문, 읽기 자료의 내용
중간에 사자성어, 警句 등을 이용할 수 있다. 이를 통해 사자성어, 경
구 등이 의사전달, 설득 등 목적지향적인 글쓰기·말하기의 상황에서
매우 효과적임을 보여줄 수 있다.

다섯째, 만화, 그림 형태로의 자료 가공도 필요하다.

Ⅳ. 고전 자료의 活用 主題와 實例

고전 자료는 다양한 주제로 이루어져 있으며, 각 자료에 대해서는
다양한 시각과 접근방식이 있을 수 있다. 앞에서 언급한 선정 기준과
제시 형태를 고려하고, 특히 초등학생의 발달단계와 이해 수준을 고
려하여 활용 가능한 주제를 항목화하면 다음과 같다.

	주제	학습요소	활용 가능 자료의 예
1	가족의 의미	가족 간의 情, 가족의 일원으로서의 나, 효도와 우애	「燕巖憶先兄」(박지원, 『燕巖集』), 伯兪의 눈물(『小學』), 尙德의 효(『三國遺事』)
2	더불어 사는 사회	남에 대한 배려, 참다운 사귐, 친구사이의 예절, 남을 위해 일하는 사람의 도리	홍서봉 어머니 이야기 (『海東續小學』), 孫叔敖 이야기(『蒙求』), 청백리 李後白 이야기 (이이, 『율곡전서』)
3	인간과 자연	생명의 존중, 생태학적 인식	海上之人 이야기(『列子』, 「黃帝」) 등
4	옛날 사람들은 어떻게 살았을까?	古人들의 삶의 모습과 경험, 생활사·풍속사 관련 내용	『京都雜志』, 『洌陽歲時記』, 『東國歲時記』, 『擇里志』등
5	웃음과 기지 넘치는 조상들의 삶	웃음과 機智, 낙관적인 삶의 태도, 여유와 멋	借鷄歸還 이야기, 聞慶縣監 이야기 (권응인, 『松溪漫錄』)
6	사물의 관찰과 표현	사건이나 현상을 정확하게 관찰하고 조리있게 말하기, 효과적으로 표현하기, 아름다움의 포착과 절제 있는 언어표현	小兒辯日(『列子』, 「黃帝」), "月作雲間鏡, 風爲竹裡琴", "細雨池中看, 微風木末知" 등 『推句』의 詩句
7	문화 이해를 위한 기초상식	전통문화 이해의 기본 요소	方位와 季節, 色, 五行 등의 대응관계, 寸數, 家族關係 呼稱, 行列, 本貫, 10干 12支 등의 의미 알기, 한자의 뜻을 통해 이름에 담긴 의미 알기

①은 구성원 각자가 고립적인 오늘의 가정을 돌아보면서, 전통적인 가족의 의미를 되새겨 보려는 것이다. 초등학생 시기에 가족의 일원으로서의 자신을 인식하며 가족 내에서 자신의 역할을 아는 것이 무엇보다도 중요하다. 고전 자료를 통해 부모님에 대한 孝, 형제간의 友愛 등 가정 내의 전통적인 가치요소를 체득할 수 있는 있을 것이다. 효에 관한 다양한 예화, 예를 들면 종아리를 때리는 어머니의 쇠약함에 눈물을 흘린 伯兪의 이야기, 자신의 허벅지 살을 베어 봉양했던 『삼국유사』所載 尙德 이야기 등은 좋은 예가 될 것이다. 특히 박지원의 「燕巖憶先兄」의 "우리 형님 누굴 닮으셨었나, 아버지 생각날 땐 형님 얼굴 보았었지, 오늘따라 그리운 형님, 어디에서 볼 수 있을까, 시

내에 가서 물에 비친 내 모습 봐야지(我兄顏髮曾誰似, 每憶先君看我兄. 今日思兄何處見, 自將巾袂映溪行.)"같은 내용은 가족의 일원으로서의 나는 누구인가에 대해 깊이 생각하게 하는 자료다. 초등학생에게 다소 어려울 수도 있으나 가공을 통해 읽기 자료로 활용할 수 있을 듯하다.

②는 ①의 연속선상에 있는 것으로 고립화되고 파편화된 현대인의 삶 속에서 잊기 쉬운 남에 대한 배려, 양보의 마음을 생각하게 하는 것이다. 여종이 사온 고기가 썩은 것을 보고 모두 사오게 하여 담장 밑에 파묻게 했다는 洪瑞鳳 어머니의 이야기나 머리 둘 달린 뱀을 보면 죽는다는 말에 암담함을 느끼면서도 다른 누가 볼까봐 뱀을 땅에 묻었다는 孫叔敖의 이야기 등이 있다. 둘 다 참된 선행이나 배려가 무엇인가에 대해 알려주기도 하지만, 한편으로 선행이나 배려는 결코 여유로움에서만 나오는 행동이 아니라는 것임을 잘 보여준다. 이 밖에 公的인 일을 중요시하고 개인적 이익에 매몰되지 않는 공인의 자세를 보여주는 李後白의 이야기도 좋은 자료다. 이야기 자료로 활용하기에 좋을 듯하다.

③은 자연을 욕구 실현의 대상으로 보던 인간이 생태계 파괴, 환경 오염 등 그 피해를 고스란히 입고 있는 현실에서 인간과 자연과의 관계를 다시 한 번 생각하게 하는 것이다. 인간과 자연의 새로운 관계 정립이 요구되는 시대에, 어릴 때부터 자연과 인간의 관계에 대한 올바른 개념 정립은 중요한 의미를 지닌다. 이런 점에서 자연과 교감을 나누며 자연을 연속체로 파악했던 조상들의 사고는 많은 시사점을 준다. 私心없이 대할 때 서스럼없이 날아오던 갈매기가, 욕심을 가지게 되면서부터 가까이 오지 않았다는 『列子』의 이야기는 좋은 예라 할 수 있다. 자연과 인간 사이에 거리가 생기는 것은 인간의 욕심 때문이며, 욕심은 결국 대상의 희생을 요구하거나 대상을 파멸에 이르게

한다는 것, 그리고 그 피해의 귀착점은 인간 자신이라는 것을 암시하는 내용이다. 초등학생 수준의 가공 자료를 바탕으로 갈매기의 입장이 되어 말하기, 갈매기와 사람이 멀어지게 된 이유에 초점을 맞추어 자료화할 수 있을 듯하다. 단원의 학습 漢字를 반영하여 약간 다른 내용으로 바꾸어 구성하기 좋은 자료이기도 하다.

④는 생활사, 풍속사의 관점에서 우리 조상의 삶의 모습과 경험을 이해하는 것이다. 생활상을 실감나게 전해주는 것도 좋고, 漢字의 字意가 함의하는 문화사적 면을 간단하게 설명하는 것도 좋다. 예를 들면 '秋'자 같은 한자를 통해 고대 농경사회의 생활상을 이해할 수 있다. 이 글자는 본래 가을에 농작물에 피해를 주는 메뚜기를 태워 죽이는 풍속을 반영한 글자이나 시간이 흐르면서 메뚜기는 사라지고 메뚜기를 태워 죽이는 '불'과 가을을 상징하는 '고개 숙인 벼'가 남아 지금의 字形을 갖추게 된 것이다.[12] 한자 학습 단계에서 한 컷 정도로 그림과 함께 설명하면 좋을 듯하다.

⑤는 오늘날 우리의 삶의 차원에서 조상들의 여유와 재치를 되돌아봄으로써 각박하고 고단한 현실을 풀어나가는 슬기를 얻을 수 있게 하는 것이다. 오늘의 어린이와 청소년은 주어진 과제에 대해 쉽게 포기하거나 무기력한 모습을 보이는 때가 많다. 이들에게 생활을 웃음과 機智로 풀어가고 삶을 긍정적으로 전망했던 조상들의 모습을 보여줌으로써 건전하고 균형 잡힌 교양인으로 성장하는 데에 도움을 줄수 있을 것이다. 잘 알려진 〈借鷄歸還〉은 이야기 자료로, 『松溪漫錄』에 나오는 聞慶縣監 이야기는 모양이 유사한 '能, 熊, 大, 犬'을 인상적으로 기억하게 하는 한편 기지와 해학을 잘 보여줄 수 있는 자료다.

---

12) 김언종, 『한자의 뿌리』, 문학동네, 2001, 886면.

⑥은 사물의 특징을 정확하게 관찰하고, 관찰한 내용을 조리있게 말하거나 효과적으로 표현하는 능력을 기르는 데에 도움이 되는 것들이다. 근래에는 意思表現 能力, 효과적인 표현 능력 등이 강조되는 추세다. 상대를 설득하기 위해 논리적으로 달하는 과정을 보여주는 내용, 효과적인 비유나 표현으로 대화의 물꼬를 터가는 기지, 寸鐵殺人의 한 마디를 던짐으로써 상대의 논리를 무력화하는 내용 등을 통해 깊이 생각하고 精緻한 논리를 구축하며 효과적으로 표현하는 방법을 전달해 줄 수 있다. 두 어린이가 각각 파악한 특징대로 조리있게 태양을 설명함으로써 孔子를 꼼짝 못하게 했다는 『열자』의 〈小兒辯日〉이야기는 초등학생 고학년 수준에서 생각하며 읽을 수 있는 자료다. 이 밖에 『推句』의 내용은 하늘, 해, 달, 별, 땅, 나무, 꽃 등의 주변 물상의 특징을 古人들이 어떻게 포착하고 또 어떻게 표현했는지 보여주는 좋은 자료다. 참고자료, 읽기 자료 등의 코너에서 번역문, 또는 한문을 병기한 번역문 형태로 제시할 수 있을 것이다. 특히 『推句』의 표현은 비유의 면에서 원관념-보조관념의 관계가 뚜렷하고, 절제된 언어표현의 묘미를 보여주는 동시에, 제재가 주변 일상의 것이라는 점에서 문학적 상상력 배양에도 좋은 자료라 생각된다.

⑦은 전통문화와 정신을 이해하는 데에 필요한 기초상식과 관련된 것이다. 고전 자료의 내용, 문화 유적 이해의 바탕을 이루는 기본 관념, 문화 상식, 관습적 의례 등을 말한다. 예를 들면, 東西南北-仁義禮智-木火金水-靑赤白黑의 대응 관계를 그림 형태로 제시하여 익히게 할 필요가 있다. 그럼으로써 崇禮門, 興仁之門이 왜 '남대문', '동대문'인지 알 수 있으며, 江西古墳〈四神圖〉의 靑龍, 朱雀, 白虎, 玄武의 方位와 色에 대해서도 쉽게 이해할 수 있을 것이다. 각각의 대응관계에 관한 근본 원리에 대해서는 사상사, 철학사적인 맥락에서의 해

명이 필요하므로 초등학생 수준에서는 그리 중요하지 않다. 다만 그
것을 암기하고 떠올릴 수 있게 함으로써 역사 유적지를 방문하거나
전통문화 관련 독서를 할 때에 적절한 도움을 받을 수 있을 것이다.
전통 문화 이해에 도움이 되는 寸數, 家族關係 呼稱, 行列, 本貫, 10干
12支 등의 의미 알기, 한자의 뜻을 통해 이름에 담긴 의미 알기 등
여러 가지 내용을 고려할 수 있을 듯하다. 문화유적 등의 實例를 통해
문화상식 요소를 풀어나가는 방법도 생각할 수 있다.

　한 학기를 기준으로 학습 주제를 구성한 다음, 구성의 例를 제시하
고자 한다. 한 학기 15주를 기준으로 다음과 같이 내용을 구성할 수
있을 듯하다.

> ■ 단원 마지막 부분의 읽기 자료: 8주
> 　－ 가족 간의 의미 2주, 더불어 사는 사회 2주, 인간과 자연 2주,
> 　　웃음과 기지 넘치는 조상들의 삶 2주
> 　＊ 4주는 旣習 단어 반영 자료. 4주는 학습 단어를 반영하지 않아도
> 　　되는 참고자료
> ■ 단원 마지막 부분의 전통문화 상식: 3주
> 　－ 나의 이름에 담긴 뜻? 1주, 가족관계 호칭 1주, 方位와 季節,
> 　　色, 五行 등의 대응관계 학습 1주
> 　＊ 학습 단어 반영하지 않아도 됨.
> ■ 언어생활 관련 읽기 자료: 4주
> 　－ 동화, 일기, 편지 등 다양한 읽기 자료 3주
> 　＊ 旣習 한자, 단어 반영
> ■ 단원 내에 漢字 字源을 통한 생활사 풍속사 설명 5개 내외

이상의 주제를 다음과 같은 여러 형태로 구성할 수 있다.

1) 단원학습 내용을 연계한 형태(旣習한자 '遠近高低' 이용)

〈원자료〉

〈해에 대한 두 아이의 토론〉

공자가 동쪽 지방을 여행하고 있었는데, 두 아이가 말다툼을 하고 있는 것을 보고는 그 까닭을 물었다. 한 아이가 대답했다.

"저는 해가 처음 떠오를 때에는 사람에게 가까이 있고, 하늘 한가운데 있을 때에는 멀리 있다고 생각합니다."

다른 아이는 해가 떠오를 때에는 사람으로부터 멀리 있고, 낮이 되어 하늘 한가운데에 있을 때면 가깝다고 생각했다. 한 아이가 말했다.

"해가 떠오를 때면 크기가 수레덮개만하지만, 낮이 되어 하늘 한가운데에 있으면 쟁반만 해지잖아요. 이것은 멀리 있어서 작고, 가까이 있어서 크다는 것 아니겠습니까?"

한 아이가 말했다.

"해가 떠오를 때에는 서늘했는데 하늘 한가운데로 가니까 더운 물을 만진 듯 뜨거운걸요. 이것이 가까이 있어서 뜨겁고 멀리 있어서 서늘한 것 아닐까요?"

공자도 그 말다툼을 시원하게 해결할 수 없었다. 두 아이가 비웃으며 말했다.

"누가 그랬나요. 선생님이 아는 게 많다고."

孔子東遊, 見兩小兒辯鬪, 問其故. 一兒曰, 我以日始出時, 去人近, 而日中時遠也. 一兒以日初出遠, 而日中時近也. 一兒曰, 日初出大如車蓋, 及日中則如盤盂, 此不爲遠者小而近者大乎. 一兒曰, 日出滄滄涼涼, 及其日中如探湯, 此不爲近者熱而遠者涼乎. 孔子不能決也. 兩小兒笑曰, 孰爲汝多知乎. (『列子』,〈小兒辯日〉)

〈가공자료〉

〈아이들이 보는 태양〉- 열자

공자가 동쪽 지방을 여행하고 있을 때였다. 두 아이가 말다툼을 하고 있었다. 그 까닭을 묻자 각각 이렇게 대답하는 것이었다.

A: "저는 이렇게 생각합니다. 해가 떠오를 때에는 사람에게 ㉠(近) 있고, 낮이 되어 하늘 한가운데 있을 때면 ㉡(遠)있다고 생각합니다."

B: "저는 그 반대라고 생각합니다. 해가 떠오를 때에는 사람으로부터 멀리 있고, 낮이 되어 하늘 한가운데에 있을 때면 가깝다고 생각합니다."

A: "하하. 아닙니다. 생각해보세요. 해가 떠오를 때면 ㉢낮게 떠있으면서 크기가 수레덮개만하지만, 낮이 되어 하늘 한가운데에 ㉣높이 떠 있으면 쟁반만 해지잖아요. 멀리 있어서 작고, 가까이 있어서 크다는 것 아닐까요?"

B: "그렇지 않습니다. 해가 떠오를 무렵은 서늘했는데 하늘 한가운데로 가니까 더운 물 만진 듯 뜨거운걸요. 가까이 있어서 뜨겁고 멀리 있어서 서늘한 것 아닐까요?" 공자도 그 말다툼을 시원하게 해결해 줄 수 없었다. *(이하생략부분: 두 아이가 비웃으며 말했다. 누가 선생님이 아는 게 많다고 그랬는지 모르겠네요.)*

---

1) ㉠近과 ㉡遠의 뜻이 알맞게 짝지어진 것은?
  1 멀리-가까이 ②가까이-멀리 ③높이-멀리 ④가까이-높이

2) ㉢'낮게'(낮다)와 ㉣'높이'(높다)를 뜻하는 한자로 알맞게 짝지어진 것은?
  ①小-大 ②大-小 ③高-低 ④低-高

3) 어느 어린이의 설명이 옳다고 생각하나요? 옳다고 생각하는 어린이가 누구인지 적고 그 이유를 간단하게 적어봅시다.

　이 자료는 학생이 앞서 遠, 近, 高, 低를 배웠다고 전제하고, 정리 부분의 〈읽기 자료〉로 만든 것이다. 遠, 近, 高, 低의 음과 뜻을 복습한 다음, 내용상의 '대상을 정확하게 관찰하고, 관찰한 내용을 조리 있게 말하는 것'에 초점을 맞추면서, 관찰하고 생각하고 말하는 것에 대해 다시 생각해 볼 수 있는 내용이다. 원자료에는 내용 중에 '遠近'만 있었으나 旣習 한자의 활용을 위해 원문에 없는 '高低'를 넣었다. 그리고 원문 내용을 초등학교 고학년 수준에 맞게 다듬고, 교육적 의미를 고려, 마지막 부분의 공자를 비난하는 부분을 뺐다.

2) 참고자료 형태(旣習한자를 반영하지 않음)

〈원자료〉

　　옛날 문경고을의 현감이 아전에게 말했다.
　　"오늘 매우 한가하니 聯句놀이나 하세."
　　아전이 원님에게 양보하자 원님이 먼저 다음과 같이 읊었다.
　　"主屹山前能論論"(주흘산 앞에는 곰이 놀고)
　　能은 熊과 통하고 論論은 노는 모습을 말한다.
　　아전이 이렇게 읊었다.
　　"莫同門外大蒙蒙"(막동문 밖에 개가 멍멍 짖네)
　　大는 犬과 통하고, 蒙蒙은 개가 짖는 소리다. 원님이 말했다.
　　"왜 개(犬)를 '大'라고 하는가?"
　　아전이 말했다.
　　"원님도 곰의 네 발을 잘랐으니 저라고 어찌 개의 귀 하나를 자르지 못하겠습니까."
　　들은 사람들이 크게 웃었다.

> 昔有聞慶縣監謂小胥曰, 今日閑甚, 聯句可乎. 小胥讓於倅, 倅先吟曰, 主屹山前能論
> 論. 能能通論論遊貌. 小胥應聲曰, 莫同門外大蒙蒙. 大犬通蒙蒙吠聲. 倅曰何以犬爲
> 大乎. 日君侯斷熊之四足, 小吏何不割犬之一耳乎. 聞者齒冷. (『松溪漫錄』, 權應仁)

〈가공자료〉

> 옛날 문경 고을에 한 원님이 있었습니다. 어느 날 아전에게 말했습니다.
> "오늘 한가하니 우리 시 짓기 놀이나 할까?"
> 아전이 원님에게 양보하자 원님이 먼저 이렇게 적어갔습니다.
> "주흘산(산이름) 앞에는 곰이 놀고."
> 그러면서 곰을 뜻하는 '熊'(웅)자를 그만 '能'(능)자로 잘못 썼습니다. 아전은 웃음
> 을 참으며 이렇게 적었습니다.
> "막동문(문 이름) 밖에는 개가 짖네."
> 그러면서 개를 뜻하는 '犬'(견)자를 일부러 모양이 비슷한 '大'(대)자로 적었습니
> 다. 그러자 원님이 말했습니다.
> "이 사람아 왜 '犬'자를 '大'자로 적는가?"
> 아전이 대답했습니다.
> "㉠원님도 곰의 네 발을 자르셨는데, 전들 어찌 개의 귀 하나를 못 자르겠습니까요."
> 그 이야기를 들은 사람들이 모두 깔깔 웃었다.
>
> 1) 다음 한자의 음과 훈을 써 봅시다.
> 熊 - 음:(　), 훈:(　), 能 - 음:(　), 훈:(　)
> 犬 - 음:(　), 훈:(　), 大 - 음:(　), 훈:(　)
>
> 2) 밑줄 친 ㉠은 무엇을 말하는지 熊과 能, 犬과 大 네 글자를 가지고 설명해 봅시다.
>
> 3) 이 글의 내용을 볼 때, 아전은 어떤 사람이라 할 수 있을까요?
> ①욕심이 많은 사람　②부지런한 사람
> ③실수가 많은 사람　④재치가 있는 사람

이 자료는 旣習 한자와 관계없는 참고자료 형태다. 학생은 내용을
통해 能, 熊, 大, 犬와 같이 모양이 비슷하면서도 뜻이 다른 한자에
대해 알 수 있을 것이다. 그리고 이러한 한자들을 이용하여 자신의
삶의 공간을 즐거움이 가득한 공간으로 만들어갔던 선조들의 재치와
여유에 대해서도 알 수 있을 것이다. 詩句로 오간 내용을 초등학생이
이해하기 쉽게 풀어썼으며, 원자료에 있는 '論論', '蒙蒙' 등은 생략했다.

3) 〈참고자료〉 형태(旣習한자를 반영하지 않음)

〈원자료〉

〈이름에 담긴 뜻〉

李齊賢 - 見賢思齊(『論語』)
金時習 - 學而時習之, 不亦悅乎.(『論語』)
李舜臣

〈가공자료〉

※다음 글을 읽으며 이름에 담긴 뜻을 알아봅시다.

　　李齊賢(성 이, 가지런할 제, 어질 현),
　　金時習(성 김, 때 시, 익힐 습),
　　李舜臣(성 이, 순임금 순, 신하 신)

　우리 조상들의 이름에는 특별한 뜻이 담겨있습니다. 고려 후기의 유명한 학자인 이제현(李齊賢: 성 이, 가지런할 제, 어질 현)의 이름에는 "훌륭한 사람을 보면 그 사람처럼 되고싶은 마음을 항상 가져라"라는 바람이 깃들어 있습니다. 다섯 살 때 세종대왕 앞에서 글솜씨를 뽐냈다는 김시습(金時習: 성 김, 때 시, 익힐 습)의 이름에는 "열심히 배우고 배운 내용을 시간 나는 대로 익혀라"라는 당부가 담겨 있습니다. 우리가 잘 아는 이순신(李舜臣: 성 이, 순임금 순, 신하 신) 장군의 이름에는 어떤 뜻이 담겨있을까요? '순'이 중국에서 가장 훌륭한 임금님의 이름이고, '신'이 신하를 뜻하는 것을 보면, 임금님을 순임금 같은 임금님이 되도록 돕는 훌륭한 신하가 되라는 뜻이 아닐까요?

1) 나의 이름을 지어주신 분은 누구인가요?
　(　　　　)
2) 나의 이름을 한자로 쓰고 음과 뜻도 적어봅시다.
　이름 : (　　), / (　, 　) (　, 　) (　, 　)
3) 나의 이름에 담긴 뜻은 무엇인지 적어봅시다.
　(　　　　　　　　　　　　　　　　　)

　이 자료도 旣習 한자와 관계없는 〈참고자료〉의 형태다. 한자의 뜻을 통해 조상의 이름에 담긴 깊은 뜻을 알고, 이어 자신의 이름에 담긴 뜻을 생각할 수 있을 듯하다. 궁극적으로는 부모님이 어떤 뜻을 담아 이름을 지어주셨을까? 나는 어떤 마음으로 살아가야 하나? 등의 생각으로 이어지게 할 수 있을 듯하다.

V. 맺음말 - 古典資料 活用의 意義

이상을 통해 초등한자교과서에 있어서의 고전자료 활용 방안을 모
색하고 그 實例를 제시해 보았다. 고전자료 활용의 의의를 정리하면
서 결론을 맺고자 한다. 고전 자료 활용의 의의는 다음과 같다.

첫째, 고전 자료의 활용은 언어생활 중심의 한자 교과서에서 결여
되기 쉬운 文化와 價値 要素를 보충한다. 그럼으로써 전통문화의 이
해와 가치관 형성, 한자 문화권의 이해와 발전에 기여할 수 있는 태
도 함양, 자기 주도적 학습 능력 신장 등 한자교육을 통해 의도할 수
있는 다양한 목적 달성을 가능하게 할 것이다. 고전자료는 중국 등
동아시아 및 우리 민족의 사상과 정서를 담고 있으며, 삶의 모습과
경험을 생생하게 전해주고 있기 때문이다.

둘째, 선인들의 지혜와 민족적 경험의 총체를 담고 있는 고전 자료
는 정신적·문화적으로 학습자의 정체성 확립에 많은 기여를 한다.
고전 자료는 특성상 오늘 우리의 삶의 차원에서 재음미될 '가치이월
적' 성격의 글이 많으며, 이것은 우리가 직면한 많은 문제를 해결하고
미래 사회의 다단한 문제에 대응하는 능력을 기르는 데에 도움을 줄
수 있을 것으로 예상되기 때문이다.

셋째, 고전 자료의 활용은 중·고등 한문 교육과의 자연스런 연계
를 가능하게 한다. 고전 자료의 활용을 통한 문화요소의 강조와 부각
은 최근 문화요소를 강화한 개정 중고등학교 교육과정의 기본 방향과
도 자연스럽게 연결된다.[13]

참고문헌

서울시교육청, 「초등학교 漢文 교육과정」, 1996.

중학교 교육과정 해설(한문), 교육과학기술부, 2008.

강병륜·송영일·허왕욱, 「初等學校 漢字 敎育課程' 개발 연구(Ⅰ)」, 『어문연구』제
　　30권 제2호, 한국어문교육연구회, 2002.

김언종, 『한자의 뿌리』, 문학동네, 2001.

김왕규, 「한국의 초등학교 한자교육의 현황과 과제」, 『한문교육연구』제21집, 한국
　　한문교육학회, 2003.

김은경, 「문화유산을 활용한 한자·한자어 교수-학습 방법」, 『漢字漢文敎育』17집,
　　한국漢字한문교육학회, 2007.

박광민, 「傳統 蒙學敎材를 활용한 효율적인 한자학습 방법 고찰」, 『漢字漢文敎育』17
　　집, 한국漢字한문교육학회, 2007.

방인태, 「初等 漢字 敎育論」, 『한국초등교육』제9권 제1호, 서울교육대학교 초등교
　　육연구소, 1997.

방인태 외, 『어린이 한자』 1~4단계, 두산동아, 2003.

방인태, 김창호, 한은수, 『초등학교 한자교육』, 역락, 2006.

오덕진, 『아하! 漢字』 1단계~4단계, 도서출판 한자자격수험도서, 2003.

정우상 외, 『초등학교 漢字』 1단계~4단계, 전통문화연구회, 1996.

학교법인 제철학원 편저, 『어린이 한자』, 대한교과서(주), 1995.

이 글은 『漢文敎育硏究』 제32호(韓國漢文敎育學會, 2009)에 수록한 논문을 재수록한 것이다.

---

13) 개정 교육과정은 한문 과목에서 다루는 내용이 언어생활에서의 활용과 다른 교
　　과를 학습하는 데 도구가 될 뿐만 아니라 한문으로 이루어진 각종 자료 및 이와
　　관련된 학문과 문화의 제 분야를 이해하는 데에도 기본적인 도구가 된다고 하면서
　　한문 과목의 도구 교과적 성격을 한문 과목의 정체성에 맞게 재규정하고 있다.(중
　　학교 교육과정 해설(한문), 교육과학기술부, 2008. 155면 참조)

제3부
한문교과서의 내용에 대한 연구

제7차 교육과정 중학교 한문교과서에 수록된 한자어 문제 연구

李東宰

Ⅰ. 서론

중학교 한문 교과서는 교육과정의 한문과 교육목표를 달성하기 위한 지식·경험의 체계로서의 교육내용을 학습자(학생)의 발달 수준에 맞게 체계적으로 조직해 놓은 학습 자료이다. 또한 단위 학교에서 한문과 교육목표에 도달하기 위한 교수-학습의 과정에서 가장 많이 활용하는 도구이므로, 학습자에게 지대한 영향을 미친다고 할 수 있다.[1]

한문교과서의 내용은 한자, 한자어, 한문으로 구성되어 있으며, 일부 논란이 있지만 한자·한자어·한문의 위계적 방법으로 지도하여야 한다고 한다. 즉 한자어는 선행 학습한 한자와 차상단계의 한문 학습을 연계해 주는 단계로써,[2] 그 내용은 '언어생활을 원활히 하고, 다

---

[1] 이동재, 「제 7차 교육과정 중학교 한문교과서의 교육용 기초 한자 900자의 '의미' 통일 방안」, 『漢字·漢文 敎育』13집, 한국 한자·한문교육학회, 2004, 64면.

[2] 제7차 중학교 교육과정 한문과의 영역별 목표 가운데, '한자어'영역의 목표는 '한 자어를 바르게 읽고 쓰며, 언어생활에 활용한다.'이고, 영역별 내용 가운데 한문과 관계있는 내용은 '학습한 한자어가 문장에서 활용됨을 안다(2학년).'와 '학습한 한 자어를 이용하여 문장 독해에 활용한다(3학년).'라고 하였으므로, 한자어는 바로

른 교과학습에 도움'이 되는 인지적 영역과 '건전한 가치관과 바람직한 인성을 함양' 하는 정의적 영역을 만족시키는 내용으로 구성하여야 하며, 학습자인 학생이 자기 주도적으로 학습이 가능하도록 '한자어의 짜임'에 대한 문법적 설명과 문법적 형식에 어긋난 한자어에 대한 상세한 안내가 전제되어야 한다.

제7차 교육과정에 따라 검인정된 한문교과서3)는 교과서에 따라 그 구성이 다양하며,4) 또한 수록된 한자어 수도 차이가 있지만,5) 한문과 교육목표에 도달하도록 구성되어 있다. 다만 일부 교과서가 앞에서 전제한 것처럼, 한자어를 구성하기 위한 문법적 기능인 '한자어의 짜임'과 한문과 교육목표인 '언어생활과 타교과 학습에 도움이 되고, 건전한 가치관과 바람직한 인성을 함양' 하는데 부적합한 내용을 포함하고 있으므로, 이에 대한 검토가 필요하다고 하겠다.

제7차 교육과정에 따라 집필된 교과서에 대한 검토가 시도되었으나,6) 이들 연구에는 '한자어의 짜임'에 대한 문법적 연구가 이루어지

한자와 한자어를 연계해 주는 단계라고 할 수 있다.

3) 제 7차 교육과정에 따라 제작된 중학교 한문 교과서는 11개 출판사에서 제작한 11종이며, 1차로 檢定에 통과한 것이 7종(동화사, 문원각, 박영사, 지학사, 청색, 한국 교육미디어, 한서출판사)이고, 재심사를 신청하여 통과한 것이 4종(교학사, 민중서림, 도서출판 태성, 중앙교육진흥연구소)이며, 본고에서는 논의의 진행상 1, 2, 3학년 전 학년에 모두 통과된 교과서는 8종(동화사, 박영사, 지학사, 청색, 교학사, 민중서림, 도서출판 태성, 중앙교육연구소)으로 본 연구의 대상으로 삼으며, 논의의 편의상 A(교학사), B(동화사), C(민중서림), D(박영사), E(중앙교육), F(지학사), G(청색), H(태성)으로 표기한다.

4) 제7차 교육과정에 따라 간행된 8종의 한문교과서의 소단원의 체제는 출판사에 따라 16개 소단원에서부터 22개 소단원으로 구성하고 있다.

5) 출판사 별 수록 한자어 수는 출판사에 따라 중복된 것을 포함하여 적게 수록한 출판사는 792어휘, 많이 수록한 출판사는 1371어휘를 수록하고 있다.

6) 7차 교육과정에 따라 간행된 한문교과서를 검토하여 문제점을 제기한 논문은 다음과 같다.

지 않았고, 또한 각각의 한자어가 '한문교육의 목표에 부합되는지?'
의 검토가 아닌 담론적 성격을 띠고 있다.

본고는 제7차 교육과정에 따라 집필되어 검인정을 통과한 8종의 교
과서를 중심으로 하여 중학교 한문 교과서에 수록되어 있는 한자어를
검토하여, 그 문제점을 살펴보는 것을 목적으로 논지의 편의상 첫째,
'한자어 짜임의 문제', 둘째, '한자어의 내용문제', 셋째, '同音異義語
문제'로 나누어 살펴보아, 앞으로 시행될 제8차 교육과정의 한문교과
서를 집필하는데 일조를 하는 것이 목적이다.

Ⅱ. 한자어 짜임의 문제

제7차 교육과정에서는 한자어의 짜임에 대하여 "한자어의 짜임이
란 한자를 기본단위로 하여, 보다 큰 의미로 짜여진 형태의 결합관계
를 말한다. 두 자 이상의 한자가 결합하여 한 단위의 의미체를 형성
할 때는 반드시 문법적 기능관계를 가진다. 그 문법적 기능관계를 알
아봄으로써 한자어의 뜻을 보다 정확하게 파악하도록 지도한다."[7]라
고 하여, 한자어의 짜임에 대한 문법적 설명과 문법적 형식에 어긋난

허정옥, 「중학교 1학년 한문 교과서의 분석연구」, 공주대 교육대학원(석사), 2002.
송병렬, 「한문교육의 한자어 교육 문제」, 『동방한문학』23호, 2002.
송병렬, 「한문과 교육과정의 영역과 내용 체계의 문제」, 『새로운 한문교육의 지평』,
문자향, 2002.
이동재, 앞의 논문.
7) 제7차『한문과 교육과정』, 「한문과 학습 지도상의 유의점」을 설명한 『중학교 교
육과정 해설 Ⅴ』에서는 '한자어의 짜임을 지도할 때에는 용어를 강조하거나 상호관
계를 도식적으로 강조하는 등, 문법 중심의 교수-학습에서 벗어나 많은 용례를
통해서 한자어를 바르게 이해하고 풀이하는 방법을 익히게 해야 한다.'라고 하여
교육과정의 내용과 다소 상호 모순된 설명하고 있는데, 이는 지나친 도식적인 문
법적 설명을 지양하라는 의미로 이해된다.

한자어에 대한 지도가 반드시 필요함을 강조하고 있다. 기실 '한자어의 짜임'은 한자어의 외형적인 구조를 이해하는 문법적 기능을 말하며, 이를 통해 한자어의 내용을 이해하는 기초가 되므로, 한자어를 이해하는데 매우 중요한 요소이다.

제7차 교육과정에 따라 집필된 한문 교과서에는 교과서에 따라 '한자어의 짜임'에 대한 명칭이나 내용을 다르게 제시하여, 단위학교에서 이를 기본 자료로 삼아 학생들을 지도하는 교사나 이를 학습하는 학생들은 많은 혼란을 초래하고 있는 실정이다. 본고에서는 논지의 전개를 위해 편의상 이를 첫째, '한자어 짜임의 명칭과 분류 문제', 둘째, '특이한 한자어의 짜임문제'로 나누어 살펴본다.

1. 한자어 짜임의 명칭과 분류 문제

교과서는 교육과정상의 교과목표에 도달하기 위한 학습도구로서 학령에 따른 인지능력에 따라 교육내용을 조직하여야 하며, 나아가 학습자의 혼란을 막기 위해, 법칙이나 명칭이 통일되어야 한다. 또한 제7차 교육과정은 학습자인 학생이 자기 주도적으로 학습 내용을 선택하고, 문제를 해결하는 자기 주도 학습이 가능하도록 하는 것이 교육의 목표이므로, 한문과의 교육과정도 이를 준수하여야 하며, 한문과 교육과정에 따라 집필된 교과서도 이를 따라서 교과의 내용을 조직하여야 한다.

한문법의 제정과 통일의 문제는 한문이 정식 교과목으로 채택되어 지금에 이르기까지 계속하여 제기되어 왔다. 또한 이 문제를 해결하기 위하여 우리나라의 한문교육을 대변해온 한국한문교육학회에서 2차에 걸쳐, 그 문제점과 통일 방안을 모색을 시도하였지만, 8) 불행하

---

8) 1차 발표의 논문은 『漢文敎育研究』 제10호(1996)에 수록되어 있으며, 발표 내용

게도 제7차 교육과정에 따라 집필된 중학교 한문교과서는 연구의 성과의 반영이 미비하다고 하겠다. 나아가 한문 교과서의 한문법에 관한 연구의 성과에도 불구하고, '한자어의 짜임'에 대한 문법적 설명이나 분류는 전무한 실정이며, 단지 몇몇의 현장연구자들에 의해 그 문제점이 언급된 정도이다.[9)]

본 절에서는 제7차 교육과정에 따라 검정되어 출간된 9종의 교과과서에서 '한자어의 짜임'을 '어떻게 명명하고 분류하였는지'를 살펴본다.

아래의 〈표 1〉은 제7차 교육과정에 따라 검인정된 8종의 한문교과서에서 제시한 한자어의 짜임이다.

〈표 1〉 8종 교과서가 제시한 한자어의 짜임 현황

출판사	A	B	C	D	E	F	G	H
명칭	주술관계	주술관계	주술관계	주술관계		주술관계		주술관계
	술목관계	술목관계	술목관계	술목관계		술목관계	술목관계	술목관계
	술보관계	술보관계	술보관계	술보관계		술보관계	술보관계	술보관계
	수식관계	수식관계	수식관계	수식관계		수식관계	수식관계	수식관계
	병렬관계	병렬관계 (1)	병렬관계	유사관계		병렬관계 (유사)	병렬관계	유사관계
		병렬관계 (2)		상대관계		병렬관계 (대립)		대립관계
		병렬관계 (3)		대등관계		병렬관계 (대등)		대등관계

은 宋秉烈의「教科書 漢文 文 法에 對한 再考」, 임종혜의「漢文敎科書 文法用語의 實際」, 安載澈의「漢文敎育에 있어서의 文法用語의 諸問題」, 김승호의「漢文文型에 對한 硏究」 등이다.

2차 발표 논문은 『漢文敎育硏究』 제16호(2001)에 수록되어 있으며, 발표내용은 김승호의「학교 문법을 위한 문장 분류의 문법적 이해」, 송병렬의「바람직한 문장 구조 및 성분론」, 안재철의「학교 한문문법의 품사 분류와 그 내용에 관한 문제」 등이다.

그 밖에 최오현의「중학교 한문교과서의 문제점과 그 개선 방향에 대한 一考」, 『漢文敎育硏究』11집, (韓國 漢文敎育學會, 1997) 등이 있다.

9) 허정옥, 앞의 논문.

앞의 〈표 1〉에서 볼 수 있듯이, 8종의 교과서가 한자어의 짜임에 대하여 적게는 4개의 짜임에서 많게는 7개의 짜임으로 다양하게 제시하였다.

8종의 교과서가 제시한 '한자어의 짜임'에 대하여 살펴보면, '주술관계'는 E출판사와 G출판사는 명칭이 없고, '술목관계, 술보관계, 수식관계'에 대해서는 7개 출판사가 명칭이 일치하며, E출판사는 명칭을 붙이지 않았다.[10] 그러나 '병렬관계'에 있어서는 8개의 출판사가 각각 같거나 다르게, 또는 세분하여 제시하여 많은 혼란을 주고 있다. 이렇게 출판사별로 다양하게 제시된 한자어의 짜임은 현저하게 부족한 수업시수에 의해 많은 어려움이 있는 한문교육에 부정적인 영향을 미친다고 하겠다. 또한 단위 학교인 중학교별로 선택한 교과서에 따라 다르게 '한자어의 짜임'을 배운 학습자인 학생들이 상위 위계인 고등학교에 들어와서 다시 한문을 배울 때는 '한자어의 짜임'에 대한 통일된 문법적 이해가 없기 때문에 교수-학습하는데 많은 혼란과 어려움에 직면하게 될 것이다.

본고에서는 8개의 출판사가 이견을 보이지 않는 '술목관계', '술보관계', '수식관계'에 대해서는 언급을 피하고, 서로 이견을 보인 '주술관계'와 '병렬관계'에 대하여 살펴본다.

먼저 '주술관계'를 살펴보면, '주술관계'에 관한 8개 출판사의 설명

---

10) E출판사에서 발행한 중학교 1, 2, 3학년 교과서에는 한자어의 짜임에 대한 명칭은 없지만 한자어에 대한 설명과 분류는 7종으로 하였다. 즉 '① 뜻이 서로 상대되는 한자끼리 어울린 한자어(內外, 明暗), ② 뜻이 서로 비슷한 한자끼리 어울린 한자어(海洋, 庭園), ③· 서술어와 목적어로 이루어진 한자어(敬老), ④ 서술어와 보어로 이루어진 한자어(孝親), ⑤ 수식어와 피수식어로 이루어진 한자어(勤勉) ⑥ 주어와 서술어로 이루어진 한자어(人和), ⑦ 뜻이 서로 대등한 한자끼리 어울린 한자어(夫婦, 內外)'로 나누었다. '①~⑥'은 '1학년 5과에서 15과' 사이에서 설명하였으며, '⑦'은 '2학년 1과'에서 설명하였다.

은 아래 〈표 2〉와 같다.

〈표 2〉 8종 교과서가 제시한 '주술관계' 짜임 현황

출판사 \ 내용	명칭	설명	비 고
A	주술관계	주어와 서술어로 짜여진 한자어	1학년 13과
B	주술관계	'주어+서술어'로 이루어진 한자어	1학년 10과
C	주술관계	주어가 앞에 놓이고 술어가 뒤에 놓이는 한자어	1학년 10과
D	주술관계	주어와 서술어의 관계로 짜여진 한자어	1학년 6과
E		주어와 서술어로 이루어진 한자어	1학년 15과
F	주술관계	'주어+서술어'로 이루어진 한자어	1학년 3단원
G			
H	주술관계	'주어+서술어'로 짜여진 관계	1학년 15과

위 〈표 2〉에서 보듯이 '주술관계'는 6개 출판사가 명칭과 내용에 있어서도 이견이 없고, E은 명칭은 부여하지 않았지만 실질 내용으로 '주술관계'를 설정하고 있으며,[11] G출판사는 '주술관계'를 한자어의 짜임으로 설정하지 않고 '문장의 구조'로 파악하고 있다.[12] 또한 G출판사를 제외한 7개 출판사는 동학년, 또는 상급학년에 다시 '주술관계'를 다시 설명하여 반복학습이 가능하도록 되어있다.

다음으로 '병렬관계'에 대하여 살펴보면, 아래에 제시한 〈표 3〉은 '병렬관계'에 대하여 출판사 별로 제시한 내용이다.

다음에 제시한 〈표 3〉에서 보듯이, 8종의 교과서가 가장 큰 이견을

---

11) 주 10) 참조.

12) G출판사에서는 '주술관계'에 대하여는 한자어의 짜임으로 분류하지 않고 '문장의 구조'로 설명하고 있다. 즉, 1학년 교과서 부록 3] '한자어의 짜임과 문장의 구조'의 '한자어의 짜임'에 '① 병렬관계, ② 수식관계, ③ 술목관계, ④ 술보관계'로 나누었고, '문장의 구조'에 '① 주술구조, ② 주술목 구조, ③ 주술보 구조'로 분류하였으며, 타 교과서에서 '주술관계'로 예를 든 '人和'를 '주술구조'로 분류하여 설명하고 있다.

보인 것이 병렬관계로, 출판사에 따라 병렬관계를 다시 세분화하여 '유사관계', '대립(상대)관계', '대등관계' 등으로 나누기도 하였다.

먼저, '병렬관계'에 대한 출판사 별로 제시한 명칭을 살펴보면, B는 '병렬관계'를 (1), (2), (3)으로 나누었지만, 위 표의 설명에서 알 수 있듯이 '병렬관계(1)'은 '유사관계', '병렬관계(2)'는 '대립(상대)관계' 로, '병렬관계(3)'은 '대등관계'로 분류하였음을 알 수 있다. 또한 E출 판사는 그 명칭은 부여하지 않았지만, 한자어의 설명을 통해 '유사관계', '대립(상대)관계', '대등관계' 등으로 분류하고 있다.[13]

D출판사와 F, H출판사는 처음부터 '유사관계', '대립(상대)관계', '대등관계' 등으로 분류하고 있으므로, 결국 8개 출판사 가운데 5개의 출판사는 '병렬관계'를 '유사관계', '대립(상대)관계', '대등관계' 등으로 나누고 있다고 할 수 있다.

A출판사는 '병렬관계'를 '뜻이 비슷하거나 상대되는 한자끼리 나란히 결합된 한자어'라고 하여 타출판사의 '유사관계'와 '대립(상대)관계'를 혼합한 관계로 정의하면서도, 1학년 13과 '한자어의 다양한 만남'에서는 '유사관계'와 '대립관계'로 세분하여 설명하였고, 2학년 2과 '삶의 요소'의 '한자어의 풀이'에서 '衣食住'를 풀이하면서 '서로 대등한 한자끼리의 짜임'으로 설명하고 있으며, 동 학년 3과 '여행의 즐거움'에서 '見聞'의 짜임을 같은 방법으로 설명하고 있다. 즉 '병렬관계'는 '유사관계'와 '대립관계', '대등관계'를 포괄하는 개념으로 정의하고 있다.

---

13) 주 12) 참조.

〈표 3〉 8종 교과서가 제시한 '병렬관계' 짜임 현황

출판사＼내용	명칭	설명	비고
A	병렬관계	뜻이 비슷하거나 상대되는 한자끼리 나란히 결합된 한자어	1학년 11과
B	병렬관계(1)	뜻이 서로 같거나 비슷한 한자로 이루어진 한자어	1학년 5과
	병렬관계(2)	뜻이 서로 반대되는 한자로 이루어진 한자어	1학년 6과
	병렬관계(3)	뜻이 서로 대등한 한자로 이루어진 한자어	1학년 7과
C	병렬관계	뜻이 서로 같거나 비슷한 한자끼리 어울린 한자어	1학년 9과
		뜻이 서로 맞서는 한자끼리 어울린 한자어	1학년 8과
D	유사관계	뜻이 같거나 비슷한 한자들로 짜여진 한자어	1학년 13과
	상대관계	서로 상대되는 뜻을 가진 한자가 나란히 놓여 이루어진 한자어	1학년 12과
	대등관계	서로 뜻이 대등한 한자들로 짜여진 한자어	1학년 9과
E		뜻이 서로 비슷한 한자끼리 어울린 한자어	1학년 7과
		뜻이 서로 상대되는 한자끼리 어울린 한자어	1학년 5과
		뜻이 서로 대등한 한자끼리 어울린 한자어	2학년 1과
F	병렬관계 (유사)	뜻이 같거나 비슷한 한자가 어울려 이루어진 한자어	1학년 11과
	병렬관계 (대립)	뜻이 서로 반대되는 한자가 나란히 놓여 이루어진 한자어	1학년 18과
	병렬관계 (대등)	의미상 서로 대등한 한자로 이루어진 한자어	1학년 14과
G	병렬관계	뜻이 같은 한자어	1학년 11과
		뜻이 상대되는 한자어	
H	유사관계	비슷한 뜻의 한자끼리 짝지어진 관계	1학년 9과
	대립관계	서로 반대되는 뜻의 한자끼리 짝지어진 말	1학년 8과
	대등관계	대등한 한자끼리 짜여진 관계	1학년 9과

　　C출판사는 '병렬관계'를 '뜻이 서로 비슷하거나 맞서는 한자끼리 어울린 한자어'로 정의하여 '유사관계'와 '대립관계'를 분류하지 않았으나, 뒤에서 다시 '뜻이 서로 같거나 비슷한 한자끼리 어울린 한자어'와 '뜻이 맞서는 한자끼리 어울린 한자어'로 나누어 설명하여 '유사관계'와

'대립관계'로 나누었다.14) G출판사는 '병렬관계'를 '같은 성분의 한자
끼리 나란히 모여 이루어진 한자어'라고 정의하여 '유사관계', '대립관
계', '대등관계' 등으로 나누지 않았으나, 단원 종합정리에서는 '뜻이
같은 한자어'와 '뜻이 상대되는 한자어'로 나누어 설명하였으므로 사실
상 '유사관계'와 '대립관계'로 분류하였다. 즉 8개의 출판사 가운데 5개
출판사는 '유사관계', '대립(상대)관계', '대등관계' 등으로 분류하였고,
A, C, G출판사는 '유사관계'와 '대립(상대)관계'로 나누고 있다.

　또한 앞의 〈표 3〉에서 보듯이, 8개의 출판사는 저자의 견해에 따라
'유사관계', '대립(상대)관계', '대등관계'와 '유사관계'와 '대립(상대)관
계'로 나누고 있지만, '유사관계'에 대해서는 이견이 없고, 다만 '대립관
계'와 '대등관계'를 나누거나 묶어서 분류하는데 차이가 있다고 하겠다.
이에 대하여 출판사별로 자세히 살펴보면, B에서는 '대립관계'를 '뜻이
서로 반대되는 한자로 이루어진 한자어'로 정의하고, 그 예를 '大小(크
고 작음), 高低(높고 낮음), 長短(길고 짧음), 强弱(강하고 약함)' 등과 같이
그 풀이를 '~고'로 한 것으로, '대등관계'는 '뜻이 서로 대등한 한자로
이루어진 한자어'로 정의하고, 그 예를 '東西(동녘과 서녘), 南北(남녘과
북녘), 前後(앞과 뒤), 左右(왼쪽과 오른쪽), 內外(안과 밖)' 등을 들고 있는
데, 그 풀이가 '~과(와) ~'로 풀이된다.

　D출판사는 '대립관계'를 '상대관계'로 명명하고, '서로 상대되는 뜻

---

14) 1학년 7과 '東西'에서는 병렬관계를 '뜻이 서로 비슷하거나 맞서는 한자끼리 어울
　　린 한자어'라고 정의하고, 그 예를 '南北(남쪽과 북쪽), 長短(길고 짧다)'를 들었지
　　만, 동학년 8과 '晝夜'에서는 '뜻이 서로 맞서는 한자어'를 설명하고, 예를 '朝夕(아
　　침과 저녁)'을 들었으며, 9과 '寒冷'에서는 '뜻이 같거나 서로 비슷한 한자끼리 어
　　울린 한자어'로 '寒冷, 溫暖, 氷雪'을 들고 있어, 사실 상 '유사관계'와 '대립관계'로
　　나누고 있다. 또한 14과 '家族'에서는 '병렬관계'를, 첫째, 명사와 명사의 병렬(예
　　: 夫婦, 內外), 둘째, 동사와 동사의 병렬(예 : 慈愛)로 나누어 설명하기도 하였다.

을 가진 한자가 나란히 놓여 이루어진 한자어'로 정의하고, 그 예로 '是非(옳음과 그름)'를 들고, '대등관계'는 '서로 뜻이 대등한 한자들로 짜여진 한자어'라고 풀이하고 '市道(시와 도)'를 예로 들고 있다.

E출판사는 '대립관계'란 명칭은 없지만 '뜻이 서로 상대되는 한자끼리 어울린 한자어'와 '뜻이 서로 대등한 한자끼리 어울린 한자어'로 나누고, '뜻이 서로 상대되는 한자끼리 어울린 한자어'의 예를 '明暗(밝음과 어두움), 曲直(굽은 것과 곧은 것)' 등으로 들었으며, '뜻이 서로 대등한 한자끼리 어울린 한자어'의 예로 '夫婦(남편과 아내), 父母(아버지와 어머니)'로 들고 있다.

F출판사는 '대립관계'를 '뜻이 서로 반대되는 한자가 나란히 놓여 이루어진 한자어'로 설명하고, 예를 '往來(가고 옴), 出入(나가고 들어감)'으로 들었으며, '대등관계'를 '의미상 서로 대등한 한자로 이루어진 한자어'로 정의하고, 예를 '信義(믿음과 의리), 草木(풀과 나무)'로 들고 있다.

H출판사는 '대립관계'를 '서로 반대되는 뜻의 한자끼리 짝지어진 말'로 설명하고, 예를 '前後(앞과 뒤), 內外(안과 밖), 左右(왼쪽과 오른쪽)' 등을 들었으며, '대등관계'는 '대등한 한자끼리 짜여진 관계'라고 정의하고, 그 예로 '魚貝(생선과 조개)'를 들고 있다.

A출판사는 '대립관계'라고 명명하지는 않았지만, '뜻이 상대되는 한자어'의 예로 '大小(크고 작음)'와 '高低(높고 낮음)'을 들고 있고,[15] '대등관계'에 대한 명명은 하지 않았으나, 2학년 2과 '삶의 요소'의 '한자어 풀이'에서 '衣食住'를 설명하면서 '서로 대등한 자격을 갖춘 한자끼리의 짜임'이라고 설명하고 있다.

C출판사는 '뜻이 서로 같거나 비슷한 한자끼리 어울린 한자어'로

---

15) 윤미길 외, 『중학교 漢文』, 82면. 3단원 종합정리의 일부분인 '한 눈에 익히기'의 '2. 뜻이 상대되는 한자어'.

설명하고, '寒冷, 溫暖, 氷雪'을 예로 들었으며, '뜻이 맞서는 한자끼리 어울린 한자어'의 예를 '寒暖'으로 들고 있다. 또한 2학년 1과 '便紙와 日記'의 '한자어의 짜임'에서 병렬관계를 설명하면서 '省察(반성하고 살핌), 見聞(보고 들음), 姓名(성과 이름)' 등을 예를 들었고, 같은 학년 4과 '表現과 感想'의 '한자어의 짜임'에서 '喜怒哀樂(기쁨과 노여움과 슬픔과 즐거움)'을 '병렬관계'로 설명하고 있다.

　G출판사는 '대립관계'나 '대등관계'라고 명명하거나 분류하지 않고, '뜻이 상대되는 한자어'로 정의하고, 그 예를 '男女, 老少'로 들고 있다.

　지금까지 한자어의 짜임 가운데 '병렬관계'에 대하여 교과서별 특징을 살펴보았다. 앞에서 살펴본 바와 같이 8개의 출판사 가운데 B, D, E, F, H출판사 등은 사실상 '병렬관계'를 '유사관계', '대립관계', '대등관계' 등으로 나누었으며, H과 A는 '병렬관계'를 '유사관계', '대립관계', '대등관계'로 하위분류하였으나 설명이 모호하고, G출판사는 '유사관계'와 '대립관계'로 나누었으며, '대립관계' 속에 '대등관계'를 포괄하는 것으로 정의하였다.

　종합하여 보면 '한자어의 짜임' 중 '병렬관계'에 대한 문제점은 크게 2가지로 분류할 수 있다. 첫째, '한자어의 짜임에 대한 명칭을 붙일 것인가?'에 대한 문제이다. D, F, H출판사는 '병렬관계'에 대하여 '유사관계', '대립관계' '대등관계'라고 명칭을 붙였지만, E출판사는 '병렬관계'를 사실상 '유사관계', '대립관계', '대등관계'로 나누어 설명하면서도 명칭을 붙이지 않았다. B출판사는 '병렬관계(1)', '병렬관계(2)', '병렬관계(3)' 등으로 명명하였고, A출판사와 C출판사는 '병렬관계'로 합하여 설명하였다. 이는 한문법이 통일되지 않은 것이 기인이지만, 이를 해결하려는 한문교육학계와 저자의 적극적인 의지가 아쉽다고 하겠다.

　이미 일선의 중·고등학교에서는 기존의 교육과정에 따라 출판된 교과서를 가지고 익힌 한문법에 따라 '유사관계', '대립관계', '대등관계'에 대하여 익숙하여졌다. 이는 '병렬관계'가 이미 '유사관계', '대립관계', '대등관계'로 분류되어 있음을 의미하므로 이를 간과해서는 안된다.

둘째, '대립관계'와 '대등관계'에 대한 정확한 정의와 구분이다. 앞의 〈표 3〉에서 알 수 있듯이, 대부분의 출판사는 '대립(상대)관계'를 '뜻이 서로 반대(상대)되는 한자로 이루어진 한자어'로 정의하고, '대등관계'를 '뜻이 서로 대등한 한자로 이루어진 한자어'로 정의하고 있다.

'대립(對立)'은 '의견이나 처지, 또는 속성 등이 서로 맞서는 것'이고, '대등(對等)'은 '맞먹거나 같음'을 의미하므로, 한자어에 따라 그 속성을 구분하여, 그것이 '대립', 또는 '대등'으로 분류하기는 지극히 난해하다고 할 수 있다. 예를 들면, B출판사에서 '대등관계'로 예를 든 '東西, 南北, 前後, 左右, 內外' 등을 H출판사에서는 '대립관계'로 도식적인 설명을 하고 있다.

제8차 교육과정에서는 '한자어의 짜임' 가운데 '대등관계'와 '대립관계'의 분류와 설명은 단지 한자어의 도식적인 설명이 아니라 문맥상에서, 그 쓰임(뜻)이 '서로 보완적인 관계'로 활용되었으면 '대등관계'로, 그 의미가 '서로 대척적인 관계'로 활용되었으면 '대립관계'로 설명되어진다면 동일한 한자어를 가지고 '대립관계'와 '대등관계'로 서로 혼란을 초래하는 것을 최소화 시킬 수 있을 것이다. 예를 들면, '內外'를 '아내와 남편'으로 활용되면 '대등관계'로, '안과 밖'의 의미로 활용되면 '대립관계'로 설명하는 것이다.

2. 특이한 한자어의 짜임문제

한자어의 짜임 가운데 한문식 짜임이 아닌 우리말식(국어식) 짜임이 있다. 이는 우리나라에서 만들어진 것도 있고, 정격(한문식)에서 벗어난 짜임도 있어 교수-학습을 하는데 어려움이 있다. 따라서 이에 대한 자세한 설명이 없으면, 학습자인 학생이 스스로 자기주도 학습이 불가능하여 한문과 교육목표에 도달하기가 어려울 것이다.

주지하듯이 제7차 교육과정은 학생이 자기주도로 학습을 계획하고 실천하여 교육과정의 목표에 도달하는 것이 목표이며, 이에 따라 집필된 교과서는 이를 친절하게 안내하는 지침서이므로, 특이한 한자어의 짜임, 즉 정격에 벗어난 한자어에 대한 자세한 안내가 있어야 한문과 교육목표를 달성할 수가 있다. 또한 중학교 한문교과서는 아직 인지발달이 미성숙한 학생을 상대로 하여 가장 정확한 의미를 전달하여야 하는 학습도구이므로, 그 통일성과 정확성이 반드시 전제되어야 한다.

제7차 교육과정에 따라 출간된 8종의 중학교 한문교과서에는 아래의 〈표 4〉와 같이 정격에 어긋난 짜임의 한자어가 수록되어 있다.

〈표 4〉 8종 교과서에 수록된 정격에 어긋난 짜임의 한자어 현황

출판사 학년	A	B	C	D	E	F	G	H
1학년	自然保護 公害防止 水質淨化 山林綠化			所望		自然保全 公害防止 綠地造成		自我形成
2학년		下水處理 公害防止 綠地保存 自然保護 品種改良 海洋開發	情報處理	自然保護 所望	自然保護	山林綠化 海洋開發	自然保護 山林綠化 公害防止 所願	品種改良
3학년	臥病	所願	臥病	臥病	體力增進 能力開發 自我省察 理想追求 臥病	自我省察 臥病	臥病	自然保存 臥病

앞의 〈표 4〉에서 알 수 있듯이, 국어식(우리말식) 한자어는 출판사에 따라 적게는 2단어에서 많게는 7단어까지 제시하고 있다. 이는 각 출판사가 제시한 한자어의 양에 비하면 극소수에 불과하나, 그 짜임이 정격에 어긋나기 때문에 자세한 설명이 필요하다고 하겠다.16)

먼저, 한문의 정격에 어긋난 국어식(우리말식) 한자어를 출판사별로 살펴보면, A출판사는 1학년 12과 '자연과 생활'의 본문에 '自然保護, 公害防止, 水質淨化, 山林綠化'를 제시하고, '탐구하기'에서 '국어식 한자어'의 짜임을 '한자식 짜임'과 대비하여 설명하고 있으며, 나아가 확인학습으로 '空氣淨化'를 제시하고 있다.

B출판사는 2학년 6과 '農水産業'의 본문에서 '品種改良'과 '海洋開發'을 제시하고, '한자어의 짜임'에서 '海洋開發'을 '국어식 한자어'라고 설명하고 있으나 '品種改良'에 대한 설명은 없다. 또한 10과 '自然保護'의 본문에서 '下水處理, 公害防止, 綠地保存, 自然保護'을 제시하고, '한자어 풀이하기'에서 '국어식 한자어이다'라고 언급만 하고 보충설명은 하지 않았다.

C출판사는 2학년 2과 '情報와 通信'의 본문에서 '情報處理'를 제시하고, '터 닦기'에서 '국어식 어순의 한자어'로 한문식 어순과 비교하여 설명하였으며, 한문은 "'서술어+목적어'의 어순이 보통이다. 그러나 국어식 어순의 한자어는 목적어 앞으로 온다."라고 보충 설명을 하고 있다.

D출판사는 2학년 4과 '環境'의 본문에서 '自然保護'를 제시하고는 특별한 설명 없며, E은 2학년 8과 '自然保護'의 본문에서 '自然保護'를

---

16) 〈표 4〉에 제시한 정격에 어긋난 짜임의 한자어 가운데, '臥病', '所願' 등은 『中文大辭典』에 등재된 한자어이지만, 그 '풀이'가 '피수식어+수식어'이므로, 기본적인 '수식관계'가 '수식어+피수식어'에서 어긋나므로 이에 포함하였다.

제시하고, 한자어의 풀이에서 '우리말과 어순이 같은 한자어(목적어+서술어)'라고만 설명하였으며, 3학년 1과 '自我實現'의 본문에 '體力增進, 能力開發, 自我省察, 理想追求'를 제시하였으나 추가설명이 없다.

F출판사는 1학년 16과 '自然保全'의 본문에서 '自然保全, 公害防止, 綠地造成'을 제시하고, '돋보기'에서 국어식 어순의 한자어에 대하여 한문식 한자어와 비교하여 자세하게 설명하였다. 2학년 3과 '農林水産'의 본문에서 '山林綠化'와 '海洋開發'을 제시하였으나, 그에 대한 설명은 없으며, 3학년 3과 '學習要領'의 본문에서는 '自我省察'을 제시하였으나, 특별한 언급이 없다.

G출판사는 2학년 4과 '自然保護'의 본문으로 '自然保護, 山林綠化, 公害防止'를 제시하고, '도움마당'에서 '우리말 어순으로 이루어진 한자어'에 대하여 자세하게 설명하고 있다.

H출판사는 1학년 11과 '出生'의 본문에서 '自我形成'을 제시하고, '알고 가기'의 '한자어의 결합'에서 '자아를 형성함'으로 풀이하였으며, 보충설명으로 '자아가 형성됨', '자아의 형성'으로 설명하였으나 '국어식 한자어'에 대한 설명이 없다. 또한 2학년 9과 '農漁村'의 본문에서 '品種改良'을 제시하였으나, 이에 대한 설명이 전혀 없으며, 3학년 4과 '自然保存'의 본문에서 '自然保存'을 제시하고, '알고 가기'의 '한자어의 결합'에서 한문식 한자어로 '保存自然'과 우리식 한자어 '自然保存'을 대비시켜 설명하였으며, 나아가 '自然保存'을 '자연이 보존됨'으로 풀이하여 '주술관계'로도 설명하였다.

그 밖에 한자어의 짜임이 정격에서 어긋난 것은 '臥病, 所願, 所望' 등이 있다. 먼저 '臥病'을 살펴보면, A출판사는 3학년 12과 '화목한 가정'의 '한자・한자어의 쓰임'에서 한자어로 활용하였으나 짜임과 풀이에 대한 설명이 없고, C출판사는 3학년 11과 '생활 속의 한자어'에서 한자어로 활용하면서 '臥病'을 '병으로 자리에 누움'으로 보충 설명하였다.

　D출판사는 3학년 7과 '馬耳東風'의 한자의 활용에서 예시로 제시하고 '병으로 누움'으로 보충설명을 하였고, E출판사는 3학년 8과 '말과 행실'의 '한자의 뜻과 쓰임'에서 한자어로 제시만 하였으며, F출판사는 3학년 16과 '知恩'의 '생활 한자어의 활용'에서 '臥病'을 활용하고 보충설명으로 '병으로 자리에 누움'이라고 하였다.

　G출판사는 3학년 16과 '溫達'의 '한자어의 활용'에서 한자어로 활용만 하였고, H출판사는 3학년 7과 '虎死留皮'의 '한자로 낱말 만들기'에서 '臥病'를 제시하고, '병으로 자리에 누움'이라고 보충 설명하였다.

　다음으로 '所願'과 '所望'을 살펴보면, B출판사는 3학년 12과 '가르침을 본받아'의 '여러 가지 뜻을 가진 한자'의 예로 '所願'을 들었으나 특별한 보충 설명이 없고, G출판사는 2학년 20과 '秋夕'의 '한자어의 활용'에서 한자어로 활용하였으나 보충설명이 없다. D출판사는 1학년 22과 '三寒四溫'의 '한자의 여러 가지 뜻'의 예로 '所望'을 들었으나 보충설명이 없고, 2학년 18과 '一生之計'의 '한자어의 뜻'의 예로 '所望(바라는 바)'를 들고 특별한 설명이 없다.

　지금까지 특이한 한자어의 짜임에 대하여 살펴보았다. 8곳의 출판사는 각각 특이한 한자어를 제시하였으나, '짜임'에 대하여 D출판사는 전혀 설명이 없고, A, B, C, F출판사는 '국어식 짜임'으로, E, G, H출판사는 '우리말식 짜임'이라고 설명하고 있다. 또한 '臥病', '所願', '所望'에 대해서는 8곳의 출판사가 그 '짜임'에 대해서는 전혀 설명이 없고, 단지 '臥病'에 대해서만 C, D, F, H출판사가 '뜻풀이'를 보충하였을 뿐이다.

　제7차 교육과정은 자기 주도적 학습이 가능하도록 하는 것이 목적이다. 따라서 교과서의 저술도 여기에 초점을 맞추어 저술되어, 학생들은 교과서만 가지고도 한문 학습이 가능하도록 되어야 하는데도,

앞에서 보여준 예와 같이 한자어의 짜임이 정격에서 어긋난 것에 대한 설명과 친절한 안내가 없다면, 자기주도 학습이 불가능하고, 나아가 혼란만 초래할 것이다. 앞으로 제8차 교육과정에 따라 집필될 교과서는 이러한 것들을 충분히 고려하여 집필하여야 한다.

Ⅲ. 한자어 내용의 문제

한문과 교육은 "한자어 학습을 통하여 언어생활을 원활히 하고, 다른 교과학습에 도움을 주는 도구교과이며, 건전한 가치관과 바람직한 인성을 함양하는 교과이다."[17]라고 교과의 성격을 밝히고 있다. 따라서 한문 교과서는 '언어생활을 원활히 하고, 다른 교과학습에 도움'이 되는 인지적 영역과 '건전한 가치관과 바람직한 인성을 함양' 하는 정의적 영역을 만족시키는 교과내용으로 구성하여야 한다. 또한, 교과서는 교육과정상의 교과목표에 도달하게 하는 학습도구로서 학령에 따른 인지능력에 따라 교육내용을 조직하여야 하고, 학습자의 혼란을 막기 위해, 법칙이나 어휘가 통일되어야 하며, 학습자인 학생이 자기주도적으로 학습 내용을 선택하고, 문제를 해결하는 하는 자기 주도 학습이 가능하도록 교과 내용을 구성하고 조직하여야 한다.[18]

제7차 교육과정에 따라 검인정된 한문 교과서는 저자의 주관에 따라 학령에 따른 인지능력을 고려하고, 학습 내용과 제재 등을 선택하여 1, 2, 3권으로 집필되었지만, 저자의 관습에 따라 관용적으로 한자어를 선택하여 집필하였기 때문에 일부 한자어는 내용이 생경하고 난해하

---

17) 제7차 교육과정의 '한문과 교육과정의 성격'.
18) 이동재, 앞의 논문, 80면.

며, 實辭가 아닌 虛辭 등으로 언어생활과 타교과 학습에 도움이 될지 의심스러운 한자어와 바람직한 인성을 기르는데 부정적인 내용의 한자어가 수록되어 있다. 물론 이러한 한자어 가운데, 한문의 교수–학습을 진행하는데, 흥미를 주거나, 실생활에 있어서 의미가 있는 한자어도 있다고 할 수 있다.

본고는 제7차 교육과정에 따라 검인정된 8종의 한문 교과서에 수록된 한자어의 내용을 검토하여, 실사가 아닌 허사, 내용이 생경하여 난해한 한자어, 교과서의 어휘로써 부적절한 한자어를 검토하여 본다.

아래의 〈표 5〉는 8종의 교과서에 수록된 한자어 가운데 내용이 생경하거나 난해하고, 實辭가 아닌 虛辭와 정서적으로 교과 내용에 부적합하여 내용 검토가 필요한 한자어를 출판사별로 제시한 것이다.

앞의 〈표 5〉에서 알 수 있듯이, 내용 검토가 필요한 한자어는 출판사에 따라 5어휘에서부터 22어휘에 이르기까지 8종의 교과서는 모두 내용검토가 필요한 한자어를 수록하고 있으며, 상위 학년으로 올라갈수록 그 어휘수도 늘어난다.

학년 별로 내용 검토가 필요한 한자어를 살펴본다. 먼저, 1학년 교과서에 수록된 내용검토가 필요한 한자어는 15 어휘로, A, F, G출판사에는 용례가 없고, B출판사 1어휘, D출판사 2어휘, E출판사 1어휘, H출판사 3어휘, C출판사에는 7개의 어휘가 있다.

내용별로 살펴보면, 먼저 1학년 교과서에는 명사형 실사가 아닌 부사형 虛辭는 E출판사에 '許多'가 있다. '許多'는 뒤에 '~하다'를 붙여 '수효가 많다'라는 형용사가 되어 실사로 사용되지 않는다. B출판사의 '烏鳥'는 '까마귀'를 '한문'으로 번역한 것이고, C출판사의 '黑牛'는 '털빛이 검은 소'를 한문으로 번역한 어휘, '百出(여러 가지로 많이 나옴. 수없이 많이 나타남)', '步武(씩씩하게 걷는 걸음걸이)', '赤身(벌거벗은 몸.

알몸. 벌거숭이)', '赤心(조금도 거짓이 없는 참된 마음)', '赤地(흉년이 들어 거둘 농작물이 아주 없게 된 땅)', '金波(석양이나 달빛이 비치어 금빛으로 반짝이는 물결. 곡식이 누렇게 익은 들판)'은 중학생 수준에서 이해하기 어렵고 일상생활에서 활용되는 예가 거의 없는 생경한 어휘이다.

〈표 5〉 8종 교과서에 수록된 내용검토가 필요한 한자어 현황

출판사 / 학년	A	B	C	D	E	F	G	H
1학년		鳥鳥	金波 百出 步武 赤身 赤心 赤地 黑牛	山人 俗心	許多			百出 素地 牛肉
2학년	何如間	角力 萬若 植物人 間 或如 紅顔	對戰 白酒 惡性所 聞	擧皆 聞風 食指 呻吟 風致 何必	景光 賞與 於此 彼 自古 每三 只今 村家	殺人 自古 黃牛	萬若 炎署	殺伐 雲氣 若干 終乃 只今 村家 但只
3학년	乃至 萬若 自古 早紅 紅顔	生絲 昨今 只今 許多 天空	報怨 浮浪者 良久 重且大 或是 胸骨	乃至 白酒 浮浪人 非但 叔行 亦是 炎天 令息 威武 利息 效則 凶惡	但只 白酒 亦是 然則 陰凶 栽植 重且大 處刑 抱恨 豐登	但只 巖山 炎凉 惟獨 或是 凶暴	但只 將次 店房 何必	巨細 季氏 空房 勤實 生絲 元兇 何時 或是

또한 D출판사의 '山人'은 '깊은 산속에서 세상을 멀리하고 사는 사람'과 '산속에 사는 중이나 도사'를 의미하는 한자어, '俗心'은 '세속의

욕망에 끌리는 마음'을 의미하는 한자어로 한문 문장을 이해하는 데는 도움이 되겠지만, 일상생활에 활용되는 예가 거의 없는 생경한 어휘이며, H출판사의 '百出(여러 가지로 많이 나옴. 수없이 많이 나타남)', '素地(사물의 바탕)'도 생경한 어휘이고, '牛肉'은 이미 '쇠고기'로 그 의미가 정착되어 있어 일상생활에 활용되지 않는 어휘이다.

다음으로 2학년 교과서에 수록된 한자어를 살펴보면, 2학년 교과서에는 출판사마다 차이가 있지만 8개 출판사에 모두 37개의 내용을 검토해보아야 할 한자어가 있다. A출판사의 '何如間(어쨌든)', B출판사의 '萬若(어떤 일을 가정하고서)', '或如(만일에)', D출판사의 '何必(어찌하여 반드시. 어째서 꼭. 다른 방도도 있는데 왜)', E출판사의 '於此彼(이러나저러나)', '自古(예로부터)', '只今(과거와 미래의 경계가 되는 바로 이 시간)', F출판사의 '自古(예로부터)', G출판사의 '萬若(어떤 일을 가정하고서)', H출판사의 '若干(조금. 얼마쯤)', '終乃(끝끝내)', '只今(과거와 미래의 경계가 되는 바로 이 시간)', '但只(다만. 한갓)' 등은 부사로 사용되거나 명사로도 언어생활에 중요한 의미를 갖거나 타 교과 학습의 용어에 해당하지 않는 한자어이다.

또한 B출판사의 '角力(서로 힘을 겨룸)', '紅顔(젊어서 혈색이 좋은 얼굴)', C출판사의 '對戰(맞서 싸움. 상대하여 겨룸)', D출판사의 '擧皆(거의 모두. 대부분)', '聞風(뜬소문을 들음)', '食指(집게손가락)', '風致(훌륭하고 멋스러운 경치)', E출판사의 '景光(경치)',[19] '賞與(상으로 금품을 줌. 직원들의 공적 따위를 참작하여 급료와는 별도로 돈을 줌)', '再三(두세 번 거듭)', '村家(시골집)', F출판사의 '黃牛(누런 소)', G출판사의 '炎署(심한 더위)', H출판사의 '雲氣(기상 조건에 따라 구름이 움직이는 모양.

---

19) 오늘날에는 '景光'보다는 '景致'를 주로 활용된다.

공중으로 떠오르는 기운)', '村家(시골 마을에 있는 집. 시골집)' 등은 오늘날 언어생활에 흔히 활용되거나 타교과 학습에 큰 영향을 미치지 않는 한자어이다.

그리고 B출판사의 '植物人間(명사 호흡·순환·소화·배설 등의 기능은 유지되나 思考·운동·지각 등 대뇌 기능이 상실되어 의식불명인 채 살아있는 사람)', C출판사의 '白酒(흰 빛깔의 술. 배갈)', '惡聲所聞(나쁜 소문을 의미하는 어휘이나 국어사전에는 없는 한자어)', D출판사의 '呻吟(병으로 앓는 소리를 냄. 억압 등으로 고통에 허덕임)', F출판사의 '殺人(사람을 죽임)', H출판사의 '殺伐(분위기나 풍경. 인간관계 따위가 거칠고 서먹서먹함)' 등은, 그 내용이 한문과 교과 목표인 '건전한 가치관과 바람직한 인성을 함양' 하는 데에 부합되는지 의심스럽다.

마지막으로 3학년 교과서의 내용을 살펴보면, A출판사의 '乃至(얼마에서 얼마까지의 뜻을 나타냄. 또는. 혹은)', '萬若(어떤 일을 가정하고서)', '自古(자고로. 예로부터)', B출판사의 '昨今(어제와 오늘. 요즈음 요사이)', '只今(과거와 미래의 경계가 되는 바로 이 시간)', '許多(수효가 많다)', C출판사의 '良久(한참 만에)', '或是(만일에)', D출판사의 '乃至(수량을 나타내는 말 사이에 쓰이어 얼마에서 얼마까지. 혹은)', '非但(주로 아니다 따위 부정하는 말 앞에 쓰이어 '다만')', '亦是(또한. 예상한 대로. 아무리 생각하여도)', E출판사의 '但只(다만. 한갓)', '亦是 (또한. 예상한 대로. 아무리 생각하여도)', '然則(그러하니, 그러하면의 뜻을 나타내는 접속부사)', F출판사의 '但只(다만. 한갓)', '或是(만일어. 혹야. 혹여. 혹자)', G출판사의 '但只(다만. 한갓)', '惟獨(여럿 가운데 홀로. 오직 홀로)', '將次(앞으로. 앞날에 가서)', '何必(어찌하여 반드시. 어째서 꼭)', H출판사의 '何時(언제. 어느 때)', '或是(만일에. 혹야. 혹여. 혹자)' 등은 부사어로 굳이 한자어를 알아야 언어생활을 풍요롭게 할 수 있고, 타교과

학습에 도움이 되는지 의심스럽다.

또한 A출판사의 '早紅(감의 한 가지. 또는 다른 감보다 일찍 익고 빛깔이 매우 붉은 감을 의미하는 '早紅柿'의 준말)', '紅顏(젊어서 혈색이 좋은 얼굴)', B출판사의 '生絲(삶아서 익히지 않은 명주실)', '天空(한없이 넓은 하늘)', C출판사의 '胸骨(가슴뼈를 의미하는 어휘지만 오늘날에는 갈비뼈가 보편적으로 사용되는 어휘이므로 생경한 어휘)'이고, D출판사의 '叔行(아저씨뻘의 항렬)', '炎天(타는 듯이 더운 한여름의 하늘, 또는 그런 날씨)', '슈息(남을 높이어 그의 아들을 높이는 말)', '威武(위엄 있고 씩씩함)', '利息(利子를 의미하나 오늘날에는 利子가 주로 활용됨)', '效則(본받아 법으로 삼음)', E출판사의 '栽植(농작물초목 따위를 심음을 의미하나, 오늘날에는 植栽가 주로 사용됨)', '豐登(농사지은 것이 썩 잘됨)', G출판사의 '巨細(거대함과 세소함. 크고 작음)', '季氏(남의 아우를 높여 부르는 말)', '空房(비워 둔 방. 여자가 혼자 자는 방)', '勤實(부지런하고 진실하다)', '生絲(삶아서 익히지 않은 명주실) 등은 오늘날 언어생활에 흔히 활용되거나 타 교과 학습에 중요한 의미를 갖고 있는지 의심스럽다.[20]

그리고 한자어의 내용이 한문교육의 교육목표의 하나인 '바람직한 인성'을 기르는데 부적절한 한자는 C출판사의 '報怨(앙갚음)', '浮浪者(일정한 직업이 없이 떠돌아다니는 사람)', D출판사의 '白酒(흰 빛깔의 술. 배갈)', '浮浪人(국어사전에는 없는 어휘로 '일정하게 사는 곳과 하는 일이 없이 떠돌아다니는 사람)', '凶惡(성질이 몹시 악함, 또는 그러한 사람)', E출판사의 '白酒(흰 빛깔의 술. 배갈)', '陰凶(마음속이 음침하고 흉악함)', '抱恨(원한을 품음)', '處刑(극형에 처함)', F출판사의 '凶暴(흉악하고 포악하다)', H출판사의 '元兇(못된 짓을 하는 무리의 우두머리. 악당의 두목)' 등이다.

---

20) C과 E에서 제시한 '重且大'는 '대단히 중요하거나 큼'을 의미하는 형용사로 '重大'의 힘줌말이지만, 일본식 한자어로 교과서의 한자어로는 적합하지 않다고 하겠다.

앞에서 살펴본 것처럼 제7차 교육과정에 따라 검인정된 8종의 중학교 한문교과서에는 한문과 교육목표인 '언어생활에 활용하고 타 교과 학습에 도움이 되며, 바람직한 인성'을 기르는데 부적합하여 검토가 필요한 한자어는 1학년 교과서에는 15어휘, 2학년 교과서에는 34어휘, 3학년 교과서에는 54어휘가 있다. 또한 출판사 별로 살펴보면, A출판사는 6어휘, B출판사 10어휘, C출판사 17어휘, D출판사 20어휘, E출판사 18어휘, F출판사 8어휘, G출판사 6어휘, H출판사 18어휘이며, 이들 어휘 가운데 부사어는 31어휘, 생경하거나 난해한 어휘는 54어휘, 한자어의 내용이 교과 내용으로 부적절한 어휘는 17어휘로써 반드시 검토가 필요하고 하겠다.

Ⅳ. 同音異議語의 문제

제7차 교육과정에 따라 출간된 8종의 한문교과서는 출판사에 따라 제시된 同音異議語의 한자어는 적게는 '경기(景氣, 競技)'와 같이 2단어에서 많게는 '공명(公明, 功名, 共鳴, 空名)'과 같이 4단어까지 다양하게 제시되어 있다. 기실 同音異議語의 지도는 한문과의 고유영역으로 타교과(특히 국어과)가 넘볼 수 없는 전문 분야라고 할 수 있다. 다음 글은 제7차 교육과정에 편찬된 중학교 2학년 도덕교과서의 내용의 일부이다.

　　"민주적인 **합의**를 이루어 내기 위해서는 공정한 절차가 존중되어야 한다. 진정한 민주사회에서는 공정한 경쟁과 협력을 바탕으로 이루어지는 **합의**의 결과도 중요하지만, 그것이 이루어지는 과정도 중요하

다. 이러한 **합의**의 과정에 자발적으로 참여하여 자신의 입장을 충분
히 밝히는 것은 물론, 관련된 상대방의 입장도 충분히 들어서 이해하
고 반영하는 양보와 타협의 과정을 거쳐 **합의**를 이루어야 한다.[21)]

위 문장을 보면, '합의'가 4회 나오는데, '합의'가 '合意인지, 아니면
合議인지'를 알기는 지극히 어렵다. '合意'는 '일치된 의견'을 뜻하고,
'合議'는 '(어떤 일을 토의하여) 의견을 종합하는 일'이나, '모여서 협의
함'을 뜻한다는 것을 안다면, 위 문장의 '합의'가 '合議'라는 것을 쉽게
이해할 수 있을 것이다. 이와 같이 同音異議語의 이해는 언어생활뿐
만 아니라, 타 교과를 학습하는데 필수 불가결한 중요한 문제라고 할
수 있다.

한문과 교과에서 同音異議語에 대한 지도를 등한시 한다면, 이는
한문과 교육의 목적을 포기하거나, 방치한 것이라고 할 수 있다.

본고에서는 '同音異議語'에 대하여 8종의 교과서에서 어떻게 다루
고 있는지를 살펴보고자 한다.

먼저, 8종 교과서가 제시한 한자어 가운데, 동음이의어 현황을 살펴보
면, 경기(景氣, 競技), 고시(考試, 告示), 고전(古典, 苦戰), 공명(公明, 功名,
共鳴, 空名), 공사(公私, 工事), 공중(空中, 公衆), 과실(果實, 過失), 교우(交
友, 校友), 교훈(敎訓, 校訓), 국가(國家, 國歌), 기사(記事, 己巳), 난방(暖
房, 難防), 대지(大地, 大志), 도로(道路, 徒勞), 동의(同意, 同義, 動議),
무사(武士, 無私), 방문(房門, 訪問), 백미(白眉, 白米), 병사(兵士, 病死),
부인(夫人, 婦人), 비례(比例, 非禮), 사고(事故, 思考), 사상(思想, 死傷),
사시(四時, 巳時), 사전(事前, 寺田), 산하(山河, 山下), 상품(商品, 賞品,

上品), 생사(生死, 生絲), 설화(說話, 雪花), 수리(修理, 數理), 수상(受賞, 首相), 수석(水石, 首席), 수신(修身, 受信), 수업(授業, 受業), 수학(數學, 修學), 시도(市道, 試圖), 시선(視線, 詩仙), 신고(申告, 辛苦), 안정(安靜, 安定), 우수(憂愁, 雨水), 유학(留學, 遊學), 음성(音聲, 陰性), 의사(意思, 義士, 醫師), 이상(理想, 以上), 일기(日記, 日氣), 입지(立志, 立地), 자신(自身, 自信), 장관(壯觀, 長官), 정오(正午, 正誤), 지성(知性, 至誠), 차례(次例, 茶禮), 충성(忠誠, 蟲聲), 풍속(風俗, 風速) 등 53여 어휘가 있다.

이 가운데 각 교과서에서 선택의 빈도수가 높은 한자어를 몇 가지를 살펴보면, '고전(古典, 苦戰)은 5개 출판사에 8회, 공명(公明, 功名, 共鳴, 空名)은 4개 출판사에 8회, 과실(果實, 過失)은 5개 출판사에 10회, 교우(交友, 校友)는 6개 출판사에 11회, 국가(國家, 國歌)는 7개 출판사에 13회, 사고(事故, 思考)는 6개 출판사에 8회, 상품(商品, 賞品, 上品)은 4개 출판사에 9회, 수업(授業, 受業)은 6개 출판사에 9회, 수학(數學, 修學)은 6개 출판사 13회, 의사(意思, 義士, 醫師)는 5개 출판사에 8회, 일기(日記, 日氣)는 7개 출판사에 10회, 입지(立志, 立地)는 6개 출판사에 9회, 자신(自身, 自信)은 4개 출판사에 10회, 풍속(風俗, 風速)은 6개 출판사 11회 등이다. 한문 교과서에 同音異議의 한자어의 빈도수가 높다는 것은 그만큼 중요한 어휘임을 예증하는 것인데도, 한문 교과서에서 이를 소홀히 취급하여 교수-학습의 활동이 이루어지지 않는 다면, 이는 한문 교과의 고유 영역을 등한시 한 것이라고 할 수 있다.

다음으로 8개의 출판사 별로 同音異議의 한자어를 '어떻게 다루고 있는지'를 살펴본다.

A출판사는 '음은 같고 뜻이 다른 한자어'라고 명명하고 1학년 교과서에는 언급하지 않았으나 2학년 교과서에는 3과에서 '수학(數學, 修學)', 5과에서 '동의(同意, 同義, 動議)', 11과에서 '장관(壯觀, 長官)', 14

과에서 '백미(白眉, 白米)' 등 4차례 반복하여 설명하고 있으며, 3학년 교과서에서 '공명(公明, 功名, 空名)'은 설명하고 있으나 '共鳴'에 대한 언급은 없다.

B출판사는 1학년 13과에서 '음은 같으나 뜻이 다른 한자어'라는 항목을 두어 '일기(日記, 日氣)'를 예를 들었고, 2학년에서는 1과 '大韓民國'에서 '음은 같으나 뜻이 다른 한자어'의 항목을 두어 국가(國家, 國歌)를 예를 들었고, 7과에서도 '상품(商品, 賞品, 上品)'을 예로 들어 설명하였으며, 3학년 11과에서는 '비례(比例, 非禮)'를 예로 들고 있다.

F출판사는 1, 2학년에서는 언급이 없으나 3학년의 3과에서 '음이 같은 한자어'라고 항목을 둑 '안정(安定, 安靜)'을 들고 있다.

G출판사는 1학년 13과에서 '서로 바꾸어 쓰기 쉬운 한자'로 '校訓(학교의 교육이념)', '敎訓(가르치고 깨우침)'을 제시하고 있지만 同音異議語에 대한 언급은 전혀 없다.

H출판사는 1학년 16과에서 '소리가 같은 한자어'로 '수업(授業, 受業)'을 예로 들고, 선생님의 입장에서는 '授業', 학생의 입장에서는 '受業'이라고 보충설명을 하였으며, 또 '교우(交友, 校友)'를 예를 들고, '敎友(같은 종교를 믿는 친구)'를 보충 설명하였다. 2학년에서는 12과에서 '음이 같은 한자어'로 '경기(競技, 景氣)'를 예를 들고' 13과에서는 '난방(暖房, 難防)', 14과에서는 '공사(公私, 工事)', 21과에서는 '과실(果實, 過失)' 등 5회의 설명을 하고 있다. 3학년에서는 2과에서 '의사(意思, 義士, 醫師)', 18과에서는 '유학(留學, 遊學) 등 학령의 급에 따라 1, 2, 3학년과 동학년에서 반복하여 제시하여 학습 효과를 높이고 있다. 그러나 C, D, E출판사는 同音異議語를 제시하거나 전혀 언급하지 않고 있다.

同音異議語의 지도는 타 교과가 넘볼 수 없는 한문과의 고유 영역이지만, 제7차 교육과정에 따라 출간된 8종의 한문교과서에는 53어휘의 同音異議語가 수록되어 있어 소홀히 취급하지 않았나한다. 8종의 교과서 가운데 同音異議語에 대한 설명은 A출판사 5어휘, B출판사 5어휘, F출판사 1어휘, G출판사 1어휘, H출판사 8어휘에 대한 설명이 있고, C, D, E출판사 전혀 다루지 않고 있다. 제8차 교육과정에 따라 출간될 교과서에는 이에 대한 보완과 지도 대책을 수립하여 교과서를 집필하여야 한다.

V. 결론

이 논문은「제7차 교육과정 중학교 한문교고서의 교육용 기초 한자 900자의 '의미' 통일 방안」의 후속 연구로서, 제7차 교육과정에 따라 출간된 중학교 한문교과서에 수록된 한자어의 문제점을 살펴보아, 앞으로 시행될 제8차 교육과정의 한문교과서의 집필에 일조를 하는 것이 목적이다.

중학교 한문은 1972년 정식 교과로 채택된 이후, 교육과정이 개편될 때마다 그 지위가 부침을 거듭하여 제6차 교육과정에서는 선택교과로 변하였고, 제7차 교육과정에서는 재량활동의 영역 가운데, 교과선택 과목으로 그 지위가 변하였지만, 교과서의 체제나 내용은 변화가 없이 답습하고 있는 실정이다.

제7차 교육과정에 따라 검인정된 한문교과서는 8종이며, 이에 수록된 한자어는 출판사에 따라 689어휘에서 1371어휘에 이르기까지 다양하게 제시하고 있다. 다만 일부 교과서가 한자어를 구성하기 위한 문법적 기능인 '한자어의 짜임'에 대한 '명칭 통일과 분류'에 차이가 있으며, 한문과 교육목표인 '언어생활과 타교과 학습에 도움이 되고, 건전한 가치관과 바람직한 인성을 함양' 하는데 부적합한 내용을 포함하고 있어, 이에 대한 검토가 필요하다.

본고는 한문 교과서에 나와 있는 한자어를 검토하여, 그 문제점을 살펴보았는데, 논지의 편의상, 첫째, '한자어의 짜임의 문제', 둘째, '한자어의 내용문제', 셋째, '同音異義語 문제'로 나누어 살펴보았으며, 그 결과는 아래와 같다.

첫째, '한자어의 짜임의 문제'는 '명칭과 분류 문제'와 '특이한 짜임의 문제'로 나누어 살펴보았다. 먼저, '명칭의 문제'는 8종의 교과서가 가운데 E출판사는 명칭을 부여하지 않았으며, 분류에 있어서는 8종의 교과서가 '술목관계', '술보관계', '수식관계'에 대해서는 큰 이견이 없었다. 다만 '주술관계'는 6종의 교과서가 이견이 없고, E출판사는 명칭은 부여하지 않았지만 실질 내용으로는 '주술관계'를 설정하고 있으며, 청색출판사는 '주술관계'를 한자어의 짜임으로 설정하지 않고 '문장의 구조'로 파악하고 있다. 또한, '병렬관계'는 8개의 교과서 가운데 5종의 교과서는 '유사관계', '대립(상대)관계', '대등관계' 등으로 분류하였고, A, C, E출판사는 '유사관계'와 '대립(상대)관계'로 나누었으므로, 결국 '유사관계'에는 이견을 보이지 않았으며, '대립관계'와 '대등관계'를 나누거나 묶어서 분류하는데 이견이 있었다. 제8차 교육과정에서는 '한자어의 짜임' 가운데 '대등관계'와 '대립관계'의 분류와 설명은 단지 한자어의 도식적인 설명이 아니라 문맥상에서 설명되어진다면 혼란을 최소화할 수 있을 것이다.

다음으로, '특이한 한자어의 짜임 문제'는 한자어의 짜임 가운데 한문식 짜임이 아닌 우리말식(국어식) 짜임과 정격(한문식)에서 벗어난 짜임을 말한다. 8종의 교과서에는 '自然保護'와 같이 우리말식으로 풀이되는 특이한 한자어를 제시하였으면서도, D출판사는 전혀 설명이 없고, A, B, C, F출판사는 '국어식 짜임'으로, E, G, H출판사는 '우리말식 짜임'이라고 설명하였다. 또한 정격에 어긋난 '臥病', '所願', '所望'에 대해서는 8종의 교과서가 그 '짜임'에 대해 전혀 설명이 없고, 단지 '臥病'에 대해서만 C, D, F, H출판사가 '병들어 누움'이라고 뜻풀이를 보충하였을 뿐이다.

둘째, 한자어의 내용문제에 대하여 살펴보았다. 한문과 교육목표인 '언어생활에 활용하고 타 교과 학습에 도움이 되며, 바람직한 인성'을 기르는데 부적합하여 검토가 필요한 한자어는 1학년 교과서에는 15어휘, 2학년 교과서에는 34어휘, 3학년 교과서에는 54어휘가 있다. 이들 어휘 가운데 부사어는 31어휘, 생경하거나 난해한 어휘는 55어휘로 언어생활과 타 교과 학습에 도움이 되는지 검토가 필요하며, '殺人'과 같이 그 의미가 교과 내용으로 부적절한 어휘는 17어휘로써, 반드시 이에 대한 검토가 필요하다.

셋째, '同音異議語의 문제'를 살펴보았다. 同音異議語의 지도는 타 교과가 넘볼 수 없는 한문과의 고유 영역으로, 제7차 교육과정에 따라 출간된 8종의 한문교과서에는 53어휘의 同音異議語가 수록되어 있다. 8종의 교과서 가운데 同音異議語에 대한 설명은 A출판사 5어휘, B출판사 5어휘, F출판사 1어휘, G출판사 1어휘, H출판사 8어휘에 대한 설명이 있고, C, D, F출판사는 다루지 않았다. 제8차 교육과정에 따라 출간될 교과서에는 이에 대한 보완과 지도 대책을 수립하여 교과서를 집필하여야 한다.

제7차 교육과정에 따라 출간된 한문교과서는 중학교 교육용 기초한자를 모두 수용하여 집필해야 하는 제약조건에도 불구하고, 과거의 교육과정에 따라 간행된 교과서보다는 교과서의 체제, 내용 등에 비약적인 발전을 한 것은 사실이지만, '한자어의 짜임'의 '명칭과 분류'

에 대한 통일과 '한자어의 내용', '同音異議語'에 대한 지도 대책 등의 문제점을 가지고 있다. 앞으로 시행될 제8차 교육과정의 한문교과서를 집필할 때에는 이를 고려하여야 한다.

참고문헌

1. 기본 자료

교육인적 자원부, 『학교 교육과정 편성·운영의 실제』, 2001.

교육인적 자원부, 『중학교 교육과정 편성·운영자료(IV)』, 2001.

김상홍·최창구·이강렬, 『중학교 한문 교과서』1, 2, 3, (주) 중앙교육연구소, 2002.

민병수·심경호, 『중학교 한문 교과서』1, 2, 3, 민중서림, 2001.

박갑수·김진영·송진섭, 『중학교 한문 교과서』1, 2, 3, (주) 지학사, 2001.

박성규·윤재민, 『중학교 한문 교과서』1, 2, 3, 박영사, 2001.

서울대학교 사범대학 국정도서 편찬위원회, 『중학교 도덕 2』, (주)중앙교육진흥연구
        소, 2003.

오종일·김철수·원윤·염성엽, 『중학교 한문 교과서』1, 2, 3, (주)문원각, 2001.

유성준·송요권·유경순, 『중학교 한문 교과서』1, 2, 3, (주) 청색, 2001.

윤미길·백원철·한성희, 『중학교 한문 교과서』1, 2, 3, (주) 교학사, 2001.

이상진·최상근·박장렬, 『중학교 한문 교과서』1, 2, 3, 동화사, 2001.

이응백·이창득·정성배·오건오, 『중학교 한문 교과서』1, 2, (주) 한국 교육미디어,
        2001.

이화규·박성순·이성권, 『중학교 한문 교과서』1, 한서출판사, 2001.

최상익·허남욱·이천식·권혁진, 『중학교 한문 교과서』1, 2, 3, 도서출판 H, 2001.

YBM/Si-sa 사전편찬실(편), 『대한민국 나라말사전』, YBM/Si-sa, 2003.

李相殷(감수), 『漢韓大字典』, 서울 : 민중서림, 1983.

2. 논문

김길용, 「제 6차 교육과정에 의한 중학교 한문 교과서 분석」, 단국대 교육대학원(석
        사), 1994.

김승호, 「학교 문법을 위한 문장 분류의 문법적 이해」, 『한문교육연구』 제17호,
        2001.

박영호, 「제6차 한문과 교육과정 중 '내용체계'의 문제점과 해결방안」, 『한문교육연구』 제10호, 1996.

송병렬, 「바람직한 문장 구조 및 성분론」, 『한문교육연구』 제17호, 2001.

송병렬, 「한문교육의 한자어 교육 문제」, 『동방한문학 제23호』, 2002.

송병렬, 「한문과 교육과정의 영역과 내용 체계의 문제」, 『새로운 한문교육의 지평』, 문자향, 2002.

안재철, 「학교 한문문법의 품사 분류와 그 내용에 관한 문제」, 『한문교육연구』 제17호, 2001.

이동재, 「제7차 교육과정 중학교 한문교과서의 교육용 기초 한자 900자의 '의미' 통일방안」, 『漢字·漢文 敎育』, 한국 한자·한둔교육학회, 2004.

허정옥, 「중학교 1학년 한문 교과서의 분석연구」, 곤주대 교육대학원(석사), 2002.

이 글은 『漢字漢文敎育』 제14집(韓國漢字漢文敎育學會, 2005)에 수록한 논문을 재수록한 것이다.

漢文科 敎材의 問題

-제7차 교육과정 高等學校 漢文 敎科書를 중심으로

張豪晟

Ⅰ. 序論

문학 작품이나 문헌을 연구함에 있어 原典批評은 대단히 중대한 과제이다. 특히 表意文字인 漢字의 경우, 비록 한 글자가 잘못되었을지라도 전체의 맥락을 왜곡시킬 수 있기에 더욱 주의를 기울여야 한다. 따라서 原典에 대한 충실한 연구가 선행되어야 올바른 이해와 해석을 도출할 수 있는 바, 특히 『漢文』 교과서를 집필함에 있어서 이러한 원전 연구는 대단히 중요하다.

그러나 작금의 우리 현실은 그러하지 못하다. "이거 혹시 글자가 틀린 것 아닌가요?", "어! 이 글의 출전이 맞나요? 아무리 찾아도 안 나오는데……"등의 말을 주변에서 종종 듣게 된다. 그만큼 현행 『漢文』 교과서에 오류가 많다는 반증이다. 이 말을 들으면 대부분의 사람들은 교정의 문제를 떠올리곤 한다. 물론 교정상의 실수도 상당 부분을 차지하고 있지만, 이는 대부분 原典을 확인하지 않고 편의상 選集 내지 譯書, 예전 교과서 등의 내용을 轉載한 데서 기인한 것이다.

이처럼 前人들의 誤記를 그대로 답습해서 생긴 오류 외에 우리들이 간과하기 쉬운 또 다른 문제가 있다. 그것은 바로 한문 과목이 갖고 있는 제약에서 오는 오류이다. 『漢文』 교과서에서의 글감 선택은 타 교과와는 달리 많은 제약이 가해지고 있다. 집필자가 새로운 글을 작문할 수도 없고 오직 옛 전적에서만 교육과정의 목표에 부합하는 글감을 찾아내야 하는데, 더구나 여기에는 이른바 '한문교육용 기초한자'라는 족쇄가 항상 따라다니고 있다. 이런 까닭에 『漢文』 교과서에는 이러한 제약을 피해 가려는 다양한 편법이 동원되고 이로 인해 여러 가지 문제점을 야기하고 있다.

본고에서는 제7차 교육과정에 따라 교육인적자원부의 검정을 통과한 고등학교 『漢文』 교과서 전체를 대상으로 오류와 문제점을 살펴보고자 한다. 2002학년도부터 고등학교에 적용되고 있는 제7차 교육과정에 따른 교육인적자원부 검정(2001년 7월 26일)을 통과한 고등학교 『漢文』 교과서는 ①~⑥까지의 6종이고, 재검정(2001년 11월 22일)을 통과한 교과서는 ⑦~⑩까지의 4종으로, 모두 10종이다. 또 『漢文古典』(2002년 8월 1일 검정) 교과서는 ⑪의 1종뿐이다. 이들 교과서의 목록은 다음 표와 같으며, 본고에서 해당 교과서를 표시할 때는 아래의 번호로 대신하기로 한다(無順). 단, 『漢文古典』은 1종뿐인데다 심화선택과목으로 되어 있어 본고의 검토 대상에서 제외하였다. 또 漢詩에 관한 부분은 기왕의 연구 업적[1]이 있으므로 본고에서는 그 논문에서 간과한 일부만 검토하기로 한다.

---

1) 金相洪(2003a), 29~69면.

① 이명학·장호성·현상곤·임완혁	고등학교『漢文』, (주)두산
② 이희목·진재교·최돈욱·신영주	고등학교『漢文』, (주)천재교육
③ 신표섭·이병주·이윤찬·강경모	
백광호·허시봉·류기영·이태희	고등학교『漢文』, 대학서림
④ 김경수·김성룡·김봉숙·김평호	고등학교『漢文』, (주)교학사
⑤ 최상익·이병혁·허남욱·이영우	고등학교『漢文』, (주)금성출판사
⑥ 유성준·김동환·유형구	고등학교『漢文』, (주)새한교과서
⑦ 김상홍·최창구·이강렬·원창희	고등학교『漢文』, (주)중앙교육진흥연구소
⑧ 박갑수·이상진·최상근	고등학교『漢文』, (주)지학사
⑨ 안재철·원용석·김동규	고등학교『漢文』, (주)대한교과서
⑩ 이수철·곽치영	고등학교『漢文』, 정진출판사
⑪ 최상익·허남욱·이영우	고등학교『漢文古典』, (주)금성출판사

Ⅱ. 오류의 문제

　『한문』교과서의 오류 중에 가장 눈에 띄는 유형은 주로 誤字·脫字·衍字·出典 오류 등으로 나눌 수 있다. 이러한 오류는 물론 교정상의 실수도 상당 부분을 차지하고 있지만 대부분 집필할 때 편의상 1차 자료인 原典을 확인하지 않고 選集 내지 譯書, 활자본이나 電算入力本 혹은 예전 교과서 등의 2·3차 자료에 의거한 데서 기인한 것이다. 選集의 경우 원래 原典과 다른 부분이 종종 발견되고, 譯書 또한 誤譯 여부를 떠나 원문의 오류가 적지 않게 발견되고 있다. 또 근자에 활자본으로 복간된 서책의 경우에는 조판 과정에서의 誤植이, 電算入力本 역시 입력 과정에서의 誤打가 상당한 실정이다. 특히 예전 교과서의 경우에는 대부분 '한문 교육용 기초한자'의 제약 때문에 내용의 축약 또는 글자의 變改가 이루어져 있는 상태이다. 이러한 실정을 고려하지 않은 채 原典 확인 없이 이들 자료의 내용을 그대로 轉載한 탓으로 많은 오류가 발생하고 있다.

1. 중국 글감의 오류

먼저 중국 글감에 나타난 오류를 구체적으로 살펴보기로 한다. 다음은 誤字의 事例이다.

○2) 名與身孰親, 身與貨孰多, 得與亡孰病. 是故, 甚愛必大費, 多藏必厚亡, **知足**不辱, 知止不殆, 可以長久.〈『老子』제44장〉

● 甚愛면 必大費요 多藏이면 必厚亡이니 **知是**면 不辱이요 知止면 不殆니라.〈『老子』〉(⑥-11과)

⑥의 교과서는 '足'자와 '是'자가 유사한 때문인지 '知足'을 '知是'라고 誤記하였고, 따라서 번역도 '이것을 알면'이라고 誤譯하는 우를 범하였다.

○ 孟子之少也, 旣學而歸, 孟母方績, 問日 **學何所至矣**. 孟子日 自若也. 孟母以刀斷其織. 孟子懼而問其故, 孟母日 子之廢學, 若吾斷斯織也. …… **孟子懼**, 旦夕勤學不息, 師事子思, 遂成天下之名儒. 君子謂孟母知爲人母之道矣.〈『列女傳』, 「鄒孟軻母」〉

● 孟子之少也에 旣學而歸러니 孟母方績이라가 問日, "學이 **何所至與**아." 하니 孟子日, "自若也니이다." 孟母以刀로 斷其織이어늘 孟子가 懼而問其故한대 孟母日, "子之廢學은 若吾斷斯織也라." 하다. (中略) **孟子 感奮**하여 旦夕으로 勤學不息하고 師事子思하여 遂成天下之名儒하니 君子謂, "孟母는 知爲人母之道矣라." 하더라.〈『列女傳』〉(⑩-Ⅳ-3과)

⑩의 교과서는 '學何所至矣'를 '學何所至與'로 誤記하였다. 또 '孟子懼'를 '孟子感奮'으로 표기하였는데, 이는 誤記한 것이 아니라 교육용

---

2) 이하 '○' 표시는 原典, '●' 표시는 해당 교과서의 내용을 나타내는 기호로 사용하기로 한다.

기초한자인 '奮'자를 활용하기 위하여 일부러 글자를 變改한 것으로
보인다. 이러한 방식은 바람직하지 못하므로 原典대로 고쳐야 한다.

○ **陽子**之宋, 宿於逆旅. 逆旅人有妾二人, 其一人美, 其一人惡, 惡者貴
而美者賤. **陽子**問其故, 逆旅小子對曰 其美者自美, 吾不知其美也, 其惡
者自惡, 吾不知其惡也. **陽子**曰 弟子記之. 行賢而去自賢之行, 安往而不
愛哉.〈『莊子』外篇「山木」〉
○ **楊朱**過宋, 東之於逆旅, 逆旅人有妾二人, 其一人美, 其一人惡, 惡者
貴而美者賤. **楊子**問其故, 逆旅小子對曰 其美者自美, 吾不知其美也, 其
惡者自惡, 吾不知其惡也. **楊子**曰 弟子記之. 行賢而去自賢之行, 安往而
不愛哉.〈『列子』卷2「黃帝」〉
● **楊子**之宋에 宿於逆旅러라. 逆旅人有妾二人한데 其一人美하고 其一
人惡호대 惡者貴而美者賤이라. **楊子**問其故하니 逆旅小子對曰 : "其美
者自美하니 吾不知其美也요, 其惡者自惡하니 吾不知其惡也라." **楊子**
曰 : "弟子記之하라! 行賢而去自賢之行하면 安往而不愛哉리오!"〈『莊
子』〉(⑥-26과)

⑥의 교과서는 출전을 『莊子』로 표시하고서도 '陽子'를 '楊子'로 誤
記하고 '춘추시대의 사상가 楊朱'라고 注까지 달았다. '陽子'와 '楊朱'
가 동일 인물인지 여부는 논란의 대상이므로 『莊子』의 기록대로 '陽
子'로 고치든지 아니면 出典을 『列子』로 바꾸고 본문도 맞게 고치는
것이 바람직하다.

○ 會稽守通謂梁曰 江西皆反, 此亦天亡秦之時也. 吾聞先**卽**制人, 後則
爲人所制, 吾欲發兵, 使公及桓楚將.〈『史記』卷7「項羽本紀」〉
● 先**則**制人이요 後則爲人所制니라.〈『史記』〉(②-2과)
● 先**則**制人이요 後則爲人所制니라.〈『史記』〉(⑧-10과)

『史記』원문에는 '先卽制人, 後則爲人所制'이라 하여 앞뒤의 '즉'자를 구별하여 썼는데, ②와 ⑧의 교과서는 '先卽制人'의 '卽'자를 '則'으로 誤記하였다. 서로 통용되는 글자라도 原典대로 따르는 것이 옳다.

○ 大凡君子, 與君子, 以同道爲朋, 小人, 與小人, 以同利爲朋, 此自然之理也. 然臣謂小人無朋, 惟君子則有之, 其故何哉. 小人, 所好者**利祿**也, 所貪者, 財貨也. 當其同利之時, 蹔相薰引, 以爲朋者, 僞也. 及其見利而爭先, 或利盡而交疏, **甚者反相賊害**, 雖其兄弟親戚, 不能相保. 故臣謂小人無朋, 其蹔爲朋者, 僞也. 〈『古文眞寶』, 「朋黨論」〉

● 大凡君子與君子는 以同道로 爲朋하고 小人與小人은 以同利로 爲朋하니 此는 自然之理也라. 然이나 臣은 謂小人은 無朋이요 惟君子라야 則有之라 하노이다. 其故는 何哉오. 小人의 所好者는 **祿利**也요, 所貪者는 財貨也라. 當其同利之時에 蹔相薰引하여 以爲朋者는 僞也라. 及其見利而爭先하며 或利盡而交疏면 **則甚者反相賊害**하나니, 雖其兄弟親戚이라도 不能相保라. 故臣은 謂小人은 無朋이요, 其**暫**爲朋者는 僞也라 하노이다.〈『古文眞寶』〉(⑩-XI-1과)

⑩의 교과서는 '蹔'을 교육용 기초한자인 '暫'으로 바꾸었다. 그러나 '利祿'을 '祿利'로 표기한 것은 誤記이고, '甚者反相賊害' 앞에 '則'자를 덧붙인 것 역시 잘못이다.

이어서 脫字의 사례를 살펴보기로 한다.

○ 臣聞智者千慮, **必有一失**, 愚者千慮, **必有一得**.〈『史記』「淮陰侯列傳」〉
● 智者도 千慮一失이요 愚者도 千慮一得이라.〈『史記』〉(②-5과)
● 智者라도 千慮一失이요, 愚者라도 千慮一得이라.〈『史記』〉(⑤-12과)

②와 ⑤ 교과서 모두 '必有一失'과 '必有一得'에서 각각 '必有' 두 글

자를 빠뜨리고 있다.

○ 身體髮膚, 受之父母, 不敢毀傷, 孝之始也, 立身行道, **揚名於後世**, 以顯父母, 孝之終也.〈『孝經』〉
● 身體髮膚는 受之父母니 不敢毀傷이 孝之始也요, 立身行道하고 **揚名後世**하여 以顯父母가 孝之終也라.〈『孝經』〉(⑦-10과)

⑦의 교과서는 '揚名**於**後世'에서 '於'자를 빠뜨린 채 '揚名後世'라고 誤記하였다.

다음은 앞의 경우와 달리 衍字가 있는 사례이다.

○ 子曰 君子**謀道**, 不謀食, 耕也, 餒在其中矣, 學也, 祿在其中矣, 君子憂道, 不憂貧.〈『論語』「衛靈公」〉
● 子曰 君子는 **謀道要**하며 不謀食하나니 耕也에 餒在其中矣요 學也에 祿在其中矣니 君子는 憂道요 不憂貧이니라.〈『論語』「衛靈公」〉(⑨-33과)

⑨의 교과서는 '謀道'를 '謀道**要**'라고 하여 쓸데없는 '要'자를 첨가하였다. 이는 아마도 '謀道요'라고 했던 것을 실수로 '요'마저 한자 '要'로 변환하고는 토가 없으니까 그 뒤에 '하며'라고 토를 단 것으로 보인다.

○ 孔子東遊, 見兩小兒辯鬪, 問其故, 一兒曰 我以日**始**出時去人近, 而日中時遠也. **一兒**以日初出遠, 而日中時近也. 一兒曰 日初出大如車蓋, 及日中, 則如**盤盂**, 此不爲遠者小而近者大乎. 一兒曰 日初出滄滄涼涼, **及其日中**, 如探湯, 此不爲近者熱而遠者涼乎. 孔子不能決也. 兩小兒笑曰 "孰爲汝多知乎.〈『列子』, 「湯問」〉

● 孔子가 東遊에 見兩小兒辯鬪하고 問其故한대 一兒曰, "我以日**初**出時에 去人近하고, 而日中時遠也니라." 一**兒**曰, "以日初出엔 遠하고 而日中時엔 近也니라." 一兒曰, "日初出엔 大如車蓋라가 及日中則如**小盤**하니 此不爲遠者가 小하며 而近者가 大乎아?" 一兒曰, "日初出엔 滄滄涼涼타가 **及其日中則**如探湯하나니 此不爲近者가 熱하며 而遠者가 涼乎아?" 孔子가 不能決也러니 兩小兒가 笑曰, "孰爲汝多知乎아?" 하니라. 〈『列子』〉(⑦-34과)

⑦의 교과서는 '一兒'를 '一兒曰'로, '及其日中'을 '及其日中則'이라 하여 군더더기 글자를 집어넣었다. 또 '盤盂'를 '小盤'으로 바꾼 것은 '盂'자가 교육용 한자가 아니기 때문이나, '始'를 '初'로 표기한 것은 誤記이다.

이상에서 살펴본 誤脫字나 衍字의 문제 등과는 달리 다음의 사례는 글감을 인용할 때 주의를 기울이지 않아 생긴 것이다.

○ 寥落古行宮, 宮花寂寞紅. 白頭宮女在, 閒坐說玄宗.〈元稹, 「行宮」, 『元氏長慶集』 卷15〉
● 寥落古行宮에 宮花寂寞紅이라 白頭宮女在하여 閒坐說玄宗이라.〈**白居易**, 「行宮」, 『元氏長慶集』〉(⑤-17과)

⑤의 교과서는 元稹의 시 「行宮」을 白居易의 시로 잘못 표시하였다. 長慶(821~824)은 唐나라 穆宗의 年號인데, 白居易와 元稹의 詩文集을 이 때에 편찬했기 때문에 이들의 문집을 보통 『長慶集』이라 부른다. 즉 『長慶集』에는 白居易의 『白氏長慶集』과 元稹의 『元氏長慶集』 두 종류가 있는데, 出典은 바르게 밝히고서도 작자의 이름을 착각하는 우를 범하였다.

○ 今有十八分之十二. 問約之得幾何. 答曰 三分之二. 又有九十一分之
四十九. 問約之得幾何. 答曰十三分之七. **(按約分者, 物之數量, 不可悉**
全, 必以分言之, 分之爲數繁則難用. 設有四分之二者, 繁而言之, 亦可
爲八分之四, 約而言之則二分之一也. ……)
術曰 可半者, 半之, 不可半者, 副置分母子之數, 以少減多, 更相減損,
求其等也. 以等數約之.(等數約之, 卽除也. 其所以相減者, 皆等數之重
疊, 故以等數約之.)〈『九章算術』 卷1 方田〉
● 今有十八分之十二라. 問 "約之면 得幾何오." 하니 答曰 "三分之二
라." 하다. **約分者는 物之數量을 不可悉全하야 必以分言之니 分之爲數**
가 繁則難用이라. 設有四分之二者를 繁而言之면 亦可爲八分之四요 約
而言之면 則二分之一也라. 術曰 "可半者는 半之하고 不可半者는 副置
分母子之數하야 以少減多하고 更相減損하야 求其等也하야 以等數로
約之라." 하니라.〈『九章算術』〉(④-23과)

윗글에서 ( )안의 내용은 註釋에 해당한다. 즉 "約分者~二分之一也"
까지는 晉나라 劉徽가 『九章算術』에 注를 단 부분인데, ④의 교과서
는 이 부분 역시 本文으로 착각한 듯 구분을 하지 않았다. 本文과 註
釋을 구분하여 제시하는 것이 바람직하다.

다음은 대다수 교과서들에서 흔히 발견할 수 있는 出典에 관한 문
제이다. 出典의 오류는 특히 短文의 경우에 집중되고 있는데, 너무
많아 몇 가지만 거론하기로 한다.

○ 夫月滿則**虧**, 物盛則衰, 天地之常也.〈『史記』「田叔列傳」〉
● 月滿則**缺**하고 物盛則衰라.〈『周易』〉(⑤-16과)

⑤의 교과서는 '虧'자를 교육용 기초한자인 '缺'자로 바꾸어 인용하
였는데, 이 글은 『周易』이 아니라 『史記』에 나온다.

○ **無道人之短, 無說己之長.** 施人愼勿念. 受施愼勿忘. 世譽不足慕, 唯仁爲紀綱. 隱心而後動, 謗議庸何傷. 無便名過實, 守愚聖所臧. 在涅貴不淄, 曖曖內含光. 柔弱生之徒, 老氏誠剛强. 行行鄙夫志, 悠悠故難量. 愼言節飮食, 知足勝不祥. 行之苟有恒, 久久自芬芳.〈崔瑗, 『座右銘一首』〉

○ 耳不聞人之非, **目不視人之短**, 口不言人之過, 庶幾君子.〈『明心寶鑑』,「正己」〉

● 無道人之短하고 無說己之長하라.〈『明心寶鑑』〉(③-2부 4과)

③의 교과서가 인용한 글은 『明心寶鑑』의 글과는 한 구절만 비슷할 뿐이다. 이 구절은 『文選』에 실려 있는 後漢人 崔瑗의 「座右銘一首」 중의 한 구절이다. 따라서 작자의 이름을 표시하든지 아니면 『文選』 이라고 출전을 수정해야 한다.

○ 君子之言, 寡而實, 小人之言, 多而虛.〈『說苑』 卷16 「談叢」〉

● 君子之言은 寡而實하고 小人之言은 多而虛니라.〈『明心寶鑑』〉(⑥ -10과)

⑥의 교과서가 인용한 글은 『明心寶鑑』에는 실려 있지 않다. 출전을 『說苑』으로 수정해야 한다.

○ 狐乃拾而食之日 … 今有一言謹囑黑先生하노니 嗣後에 如再遇有願聞妙音者면 必其有所圖於先生者也니 請勿墮其術中하라.〈『小學漢文讀本』 第66課 「誘狐」〉

● 有無故而阿君者어든 君其愼之하라.〈『戰國策』〉(⑥-12과)

⑥의 교과서에서 밝힌 『戰國策』에는 위와 유사한 내용조차 나오지 않는다. 이 글은 예전 교과서에 실렸던 것으로, 여우가 까마귀가 물

고 있는 고기를 뺏어 먹는 이야기에 나오는 구절인데, 이와 유사한 내용이 1908년에 元泳義가 편찬한 『小學漢文讀本』에 실려 있다. 이는 아마도 이솝 寓話를 漢譯한 것으로 보이는데 그 典據가 확실하지 않으므로 '未詳'으로 처리하는 것이 바람직하다.

2. 한국 글감의 오류

한국 글감의 경우 교과서에서 차지하는 비중이 중국 글감보다 많기 때문인지 오류도 상대적으로 많다. 다음은 誤字의 사례이다.

> ○ 人子之**職**, 惟孝爲大, 養之以禮, 斯爲孝矣. 瞻彼林鳥, 亦知反哺, 可以人而不如鳥乎.〈『學語集』〉
> ● 人子之**識**은 惟孝爲大이니 養之以禮가 斯爲孝矣라.〈『學語集』〉(⑨-7과)

⑨의 교과서는 '人子之**職**'을 '人子之**識**'이라 誤記하였고, 이에 따라 번역도 '사람의 자식이 알아야 함'이라고 誤譯하였다.

> ○ 世宗十三年, 上曰, 太宗實錄垂成, 子欲觀之. 右相孟思誠曰, 實錄所載, 皆當時之事, 以示後世, 皆**實事**也. 殿下見之, 亦不得爲太宗更改, **今一見之**, 後世人主效之, 史官疑懼, **必失其職, 何以傳信將來**. 上從之.〈『燃藜室記述』別集 卷7「春秋館」〉
> ● 世宗十三年에 上曰, "太宗實錄垂成하니 子欲觀之라." 하시니 右相孟思誠曰, "實錄所載는 皆當時之事로 以示後世하니 皆**實錄**이니이다. 殿下見之라도 亦不得爲太宗更改하고 **今日見之**면 後世人主效之하고 史官疑懼 **心失其職**이리니 **何以傳示將來**리이까?" 하니 上從之하니라.〈『燃藜室記述』〉(⑦-21과)

⑦의 교과서는 '實事'를 '實錄'으로, '今一見之'를 '今日見之'로, '何以傳信將來'를 '何以傳示將來'로 誤記하였다. 또 '史官疑懼, 必失其職'의 '必'을 '心'으로 誤記함에 따라 구두를 띄지 않고 '史官疑懼心失其職'으로 붙여 놓았다. 이에 따라 '사관이 의심하고 두려워하여 반드시그 직분을 잃게 될 것이다'라고 번역해야 되는 것을 '사관이 의구심을 가져 그 직분을 잃을 것이다'라고 誤譯하였다.

○ 夫地體之圓, 可驗者, 非特一二, 而大槩論之, **月爲地影所蔽, 而爲月食.** 影者, 隨形而生矣, 形方者, 影方, **形圓者, 影圓.** 今看月食所蔽之地影常圓, 則可知地體之圓. 且以南北極出入地, 推之, 向北愈深, 而北極愈高, 向南漸遠, 而南極之出地上, 與北極無異, 亦可知地體南北之圓. 又以日出入早晚, 有東西之差, 則亦可知地體東西之圓也.〈『推測錄』卷2「地體蒙氣」〉

● 夫地體之圓은 可驗者가 非特一二니, 而大**槪**論之던 **月爲地影所蔽**를 **以爲月食**이라. 影者는 隨形而生矣니 形方者는 影方하고 **形圓者**는 **形圓**이라. 今看月食한대 所蔽之地影이 常圓이니 則可知地體之圓이라. 且以南北極出入地로 推之라. 向北愈深이면 而北極愈高하고 向南漸遠이면而南極之出地上하여 與北極無異니 亦可知地體南北之圓이라. 又以日出入早晚에 有東西之差하니 則亦可知地體東西之圓也라.〈『推測錄』〉(③－3부 24과)

③의 교과서는 '槩'를 교육용 기초한자인 '槪'로 바꾸었다. 그러나'月爲地影所蔽, 而爲月食'을 '月爲地影所蔽를 以爲月食이라'로 誤記하였고 따라서 번역도 '달이 지구의 그림자에 가리는 것을 월식이라고한다'라고 誤譯하였다. 이는 '月爲地影所蔽**하여 而**爲月食이라'로 고치고 번역도 '달이 지구의 그림자에 가려서 월식이 된다'로 수정하는 것이 옳다. 또 '形圓者, 形圓'은 '形圓者, 影圓'의 誤記이다.

○ 高麗不修渤海史, 知高麗之不振也. 昔者, 高氏居于北, 日高句麗, 扶餘氏居于西南, 日百濟, 朴昔金氏居于東南, 日新羅, 是爲三國, 宜其有三國史, 而高麗修之, 是矣. 及扶餘氏亡, 高氏亡, 金氏有其南, 大氏有其北, 日渤海. **是謂南北國**, 宜其有南北國史, 而高麗不修之, 非矣. 夫大氏者, 何人也. 乃高句麗之人也. 其所有之地, 何地也. **乃高句麗之地也**, 而斥其東斥其西斥其北, 而大之耳.〈『渤海考』〉

● 高麗不修渤海史하니 知高麗之不振也라. 昔者에 高氏가 居于北하니 日高句麗요, 扶餘氏가 居于西南하니 日百濟요, 朴昔金氏가 居于東南하여 日新羅니 是爲三國이라. 宜其有三國史요, 而高麗修之하니 是矣라. 及扶餘氏亡하고 高氏亡하여, 金氏는 有其南하고 大氏는 有其北하여, 日渤海라. **是爲南北國**이니 宜其有南北國史어늘 而高麗不修之하니 非矣라. 夫大氏者는 何人也오? 乃高句麗之人也라. 其所有之地는 何地也오? **及高句麗之地也**로대 而斥其東斥其西斥其北하여 而大之耳라.〈『渤海考』〉(⑩-Ⅶ-4과)

⑩의 교과서는 '是**謂**南北國'을 '是**爲**南北國'으로 誤記하였다. 또 '**乃**高句麗之地也' 역시 '**及**高句麗之地也'로 誤記하였다.[3)]

○ 前有旋遶比丘像千餘軀, 下列紫金**鍾**三簴, 皆有閣有蒲牢, 鯨魚爲撞. 有風而**鍾**鳴, 則旋遶僧皆仆拜頭至地, 隱隱有梵音, 蓋關棙在乎**鍾**也. 雖號萬佛, 其實不可勝記. 旣成, 遣使獻之, 代宗見之, 嘆日 新羅之巧, 天造, 非(人)巧也.〈『三國遺事』 卷3 塔像, 「万佛山」〉

● 前有旋**圜**比丘像千餘軀하고 下列紫金**鐘**三簴한대 皆有閣有蒲牢하며 鯨魚爲撞이라. 有風而**鐘**鳴이면 則旋**圜**僧皆伏拜하여 頭至地요 隱隱有梵音한대 蓋關捩在乎**鐘**也라. 雖號萬佛이나 其實不可勝記라. 旣成에 遣使獻之하니 代宗見之하고 歎日 : "新羅之巧는 天造라 非人巧也라."〈『三國遺事』〉(③-3부 23과)

---

3) 이 부분은 올해 나온 교과서에는 수정되어 있다.

③의 교과서는 '關枳'를 '關挮'로 誤記하였다. 또 '遠'를 '圍'로, '鍾'을 '鐘'으로 바꾼 것은 이 글자들이 교육용 기초한자가 아니기 때문이다.

○ 會月上東山, 花影在地, 清香可愛. 生意謂已入仙境, 心雖竊喜, 而情密事祕, 毛髮盡**竪**. 回**眄**左右, 女已在花**叢**裏, 與香兒, 折花相戴, 鋪罽僻地, 見生微笑, 口占二句, 先唱曰 桃李**枝**間花富貴, 鴛鴦枕上月嬋娟. 生續吟曰 他時漏**洩**春消息, 風雨無情亦可憐. 女變色而言曰 本欲與君, 終奉箕箒, 永結歡娛, 郎何言之若是**遽**也. 妾雖女類, 心意泰然, 丈夫意氣, 肯作此語乎. 他日, 閨中事**洩**, 親庭**譴責**, 妾以身當之.〈『金鰲新話』,「李生窺墻傳」〉

● 會月上東山하여 花影在地하니 清香可愛라 生意謂已入仙境이라. 心雖竊喜나 而情密事祕하여 毛髮盡**立**이라. 回**顧**左右하니 女已在花裏하여 與香兒로 折花相戴하고 見生微笑하며 口占二句하여 先唱曰: "桃李**之間**花富貴요 鴛鴦枕上月嬋娟이라." 生이 續吟曰: "他時漏**泄**春消息이면 風雨無情亦可憐이라." 女變色而言曰: "本欲與君으로 永結歡娛한대 郎은 何言之若是也오? 妾雖女類나 心意泰然한대 丈夫意氣로 肯作此語乎아? 他日에 閨中事**泄**하여 親庭**責問**이라도 妾以身當之하리라." 〈『金鰲新話』,「李生窺墻傳」〉(③-3부 26과)

③의 교과서는 '桃李**枝**間'을 '桃李**之間**'으로 誤記하였다. 또한 '**竪**'를 '**立**'으로, '**眄**'을 '**顧**'로, '**譴責**'을 '**責問**'으로 바꾸고, '花叢裏'에서 '叢'자를 뺀 것은 이들 모두가 교육용 기초한자가 아니기 때문이다. 그러나 아무리 교육용 기초한자가 아니라고 해도 '郎何言之若是**遽**也'에서 '遽'자를 뺀 것은 문맥상 적절치 않다. 또 둘 다 교육용 기초한자가 아닌데 굳이 '**洩**'을 '**泄**'로 바꾼 것 역시 바람직하지 않다.

○ 八仙女答拜曰 妾等, 卽衛夫人**娘娘侍女**也. 承命於夫人, 問候於大師, 歸路, 適**少留**於此矣. 妾等聞之, 禮云 於行路, 男子, 由左而行, **婦女**,

由右而行, 此橋本來偏窄, 妾等且已先坐, 今道人從橋而去, 於禮, 不可, 請別尋他路而行. 性眞曰 溪水旣深, 且無他逕, 欲使貧僧, 從何處而行乎.〈「九雲夢」〉

● 八仙女答拜曰 "妾等은 卽衛夫人娘娘之侍女也라. 承命於夫人하야 問候於大師하고 歸路에 適小留於此矣라. 妾等聞之하니 禮云 '於行路에 男子는 由左而行하고 女子는 由右而行이라.' 하니 此橋는 本來偏窄이요 妾等은 且以先坐하니 今道人이 從橋而行은 於禮에 不可라. 請別尋他路而行하소서." 性眞曰 "溪水旣深하고 且無他徑하니 欲使貧道로 從何處而行乎아."〈「九雲夢」〉(④-19과)

④의 교과서는 '少留'의 '少'자를 '小'로, '婦女'를 '女子'로, '且已先坐'의 '已'자를 '以'로, '從橋而去'의 '去'자를 '行'으로, '貧僧'을 '貧道'로 誤記하였다. 또 '娘娘之侍女'의 '之'자는 衍字이다. 또한 '他逕'의 '逕'자를 교육용 기초한자인 '徑'으로 바꾸었다.

○ 白頭(山), 在女眞朝鮮之界, [而]爲一國華蓋. 上有大澤, 周回八十里. 西流爲鴨綠江, 東流爲豆滿江, 北流爲混同江, 豆滿鴨綠之內, 卽我國也. 自白頭, 至咸興, 山脈中行, 東支行於豆滿之南, 西支行於鴨綠之南. 自咸興, 山脊偏薄東海하니 西支長亘七八百里, 東支未滿百里. 大幹則不斷峽, 橫亘南下數千里, 至慶尙太白山, 通爲一派嶺.〈『擇里志』〉

● 白頭山은 在女眞朝鮮之界하니, 爲一國之華蓋라. 山有大池하니 四方八十里라. 西流爲鴨綠江이요, 東流爲豆滿江이니, 豆滿鴨綠之內가 卽我國也라.〈『擇里志』〉(①-22과)

● 白頭山은 在女眞朝鮮之界하여 爲一國華蓋라. 上有大澤하니 周圍八十里라. 西流爲鴨綠江하고 東流爲豆滿江하고 北流爲混同江하니 豆滿鴨綠之內가 卽我國也라. 自白頭로 至咸興히 山脈中行하니 東枝는 行於豆滿之南하고 西枝는 行於鴨綠之南이라. 自咸興으로 山之主脈이 薄于東海하니 西枝는 長亘七八百里하고 東枝는 未滿百里라. 大幹은 則

南下數千里하여 至慶尙太白山하여 通爲一派嶺이라.〈『擇里志』〉(②
-19과)

● 白頭山은 在女眞朝鮮之界하여 爲一國華蓋라. 山有大澤하니 周圍八
十里요, 西流爲鴨綠江하고 東流爲豆滿江하고 北流爲混同江이라. 豆滿
鴨綠之內가 卽我國也라.〈『擇里志』〉(⑤-26과)

● 白頭山은 在女眞朝鮮之界하여 爲一國華蓋라 上有大澤하니 周圍八十
里요, 西流爲鴨綠江하고 東流爲豆滿江하고 北流爲混同江이라. 豆滿鴨
綠之內는 卽我國也니 自白頭山으로 至咸興에 山脈中行하여 東枝는 行於
豆滿之南하고 西枝는 行於鴨綠之南이라. 自咸興으로 山之主脈이 薄于
東海인데 西枝는 長亘七八百里하고 東枝는 未滿百里라. 大幹則南下數
千里하여 至慶尙太白山하여 通爲一派嶺이다.〈『擇里志』〉(⑩-Ⅵ-1과)

①의 교과서는 ‘爲一國華蓋’를 ‘爲一國之華蓋’라 하여 ‘之’자를 덧붙
였고, 또 ‘上有大澤’을 ‘山有大池’로 誤記하였다. 또 ‘周回八十里’를 ‘四
方八十里’로 고쳤는데, 이는 중학교 교과서를 집필하면서 중학교 교
육용 한자로 고쳤던 것을 轉載한 데서 온 잘못이다. 또 ②의 교과서
는 ‘周回’를 ‘周圍’로, ‘東支’와 ‘西支’를 각각 ‘東枝’와 ‘西枝’로 誤記하
였다. ⑤의 교과서는 ‘上有大澤’을 ‘山有大澤’으로, ‘周回’를 ‘周圍’로
誤記하였다. ⑩의 교과서는 ‘周回’를 ‘周圍’로, ‘自白頭’를 ‘自白頭山’
으로, ‘東支’와 ‘西支’를 각각 ‘東枝’와 ‘西枝’로 誤記하였다.

○ 其曰漢拏者, 以雲漢可拏引也. 一云頭無岳, 以峯峯皆平也, 一云圓
山, 以穹隆而圓也. 其巓有大池, 人喧則雲霧. 咫尺不辨. 五月猶雪在,
八月乃襲裘.〈『新增東國輿地勝覽』卷38「濟州牧」〉

● 其曰漢拏者는 以雲漢可拏引也라. 其頂有大池한대 五月猶有雪이
라.〈『新增東國輿地勝覽』〉(①-23과)

①의 교과서는 '雪在'를 '有雪'로 誤記하였다. 또 '巓'자를 교육용 기초한자인 '頂'자로 바꾸었다.

○ 當正**身心**, 表裏如一, 處幽如顯. 處獨如衆, 使此心, 如靑天白日, 人得而見之.〈『擊蒙要訣』「持身」〉
● 當正**心身**하여 表裏如一이면 處幽라도 如顯하고 處獨이라도 如衆이니라.〈『擊蒙要訣』〉(⑤-12과)

⑤의 교과서는 '身心'을 '心身'으로 誤記하였다. 의미상 차이는 없어도 原典대로 따르는 것이 바람직하다.

○ 居士曰 鏡之明也, 姸者喜之, 醜者忌之. 然姸者少, 醜者多, 若一見, 必破碎後已, 不若爲塵所昏. 塵之昏, 寧蝕其外, 未喪其淸. 萬一遇姸者**而後**, 磨拭之, 亦未晚也. 噫. 古之對鏡, 所以取其淸, 吾之對鏡, 所以取其昏, 子何怪哉.〈李奎報, 「鏡說」, 『東國李相國集』〉
● 居士曰, "鏡之明也는 姸者喜之하고 醜者忌之라. 然이나 姸者少하고 醜者多하니 若一見이면 必破碎後已라. 不若爲塵所昏이로다. 塵之昏은 寧蝕其외언정 未喪其淸이니라. 萬一遇姸者 **以後**에 磨拭之라도 亦未晚也니라. 噫라. 古之對鏡은 所以取其淸이요 吾之對鏡은 所以取其昏이니 子何怪哉아?"〈李奎報, 「鏡說」, 『東國李相國集』〉(⑦-39과)

⑦의 교과서는 '**而後**'를 '**以後**'라 하였다. 이 역시 의미상 차이는 없으나 原典대로 '而後'로 하는 것이 옳다.

○ 一萬二千峯, 高低自不同. 君看日輪上, **高處**最先紅.〈成石璘, 「送僧之楓嶽」, 『獨谷集』 卷下〉
○ 一萬二千峯, 高低自不同. 君看日輪**出**, **高處**最先紅.〈成石璘, 「送僧

之楓岳」, 『東文選』 卷19〉

○ 一萬二千峯, 高低自不同. 君看日輪上, **高處**最先紅.〈成石磷, 「送僧
之楓岳」, 『靑丘風雅』 卷6〉

○ 一萬二千峯, 高低自不同. 君看日輪上, **高處**最先紅.〈成石磷, 「楓岳」,
『國朝詩刪』 卷1〉

● 一萬二千峯이 高低自不同이라. 君看日輪上하라 **何處**最先紅고.〈成
石璘, 「送僧之楓岳」, 『靑丘風雅』〉(①-24과)

● 一萬二千峯이 高低自不同이라. 君看日輪上하라 **何處**最先紅고.〈成
石璘, 「金剛山」, 『靑丘風雅』〉(②-21과)

위 시는 『東文選』에만 '君看日輪上'이 '君看日輪出'로 되어 있을 뿐
나머지 부분은 동일하다. 다만 『靑丘風雅』와 『國朝詩刪』에는 모두
'成石璘'을 '成石磷'으로 誤記하였다. 그런데 ①과 ② 교과서는 모두
人名은 바르게 수정하였으나 '高處'를 '何處'로 誤記하였다. 이는 통행
본 詩選集을 참고한 결과이다. 따라서 '君看日輪上하라 何處最先紅고'
는 '君看日輪上에 高處最先紅이라'로 고치고, 번역도 '그대는 보게나.
해가 솟아오를 때에, 높은 곳이 가장 먼저 붉어지는 걸' 정도의 뜻으
로 수정해야 한다.

다음으로 脫字의 사례를 보기로 한다.

○ 李舜臣爲全羅左水使, 創智造船, 上設板蓋, **形如伏龜, 謂之龜船**.〈『芝
峯類說』 卷3 兵政部〉

● 李舜臣이 爲全羅左水使에 創智造船하여 上設板蓋하니 **形如龜船**이
라.〈『芝峯類說』〉(⑤-34과)

⑤의 교과서는 '形如**伏龜, 謂之龜船**'에서 '伏龜, 謂之'를 누락시킨
채 '形如龜船'으로 誤記하였다.

○ 鼴**鼠**欲爲**雛**, 擇高婚, 初謂惟天最尊, 遂求之於天, 天曰 我雖兼包萬有, 非日月則無以顯吾德. 鼴[**鼠**]求之於日月, 日月曰 我雖普照, 惟雲蔽之, 彼居吾上乎. 鼴[**鼠**]求之於雲, 雲曰 我雖使日月失明, 惟風吹散, 彼居吾上乎. 鼴[**鼠**]求之於風, 風曰 我雖能**撥**雲, 惟田間石佛, 吹之不倒[覆], 彼居吾上乎. 鼴[**鼠**]求之於石佛, 石佛曰 我雖不怕風, 惟鼴鼠穿我足底, 則**不免傾**[顚]覆, 彼居吾上乎. 鼴[**鼠**]於是傲然**自詫**[**說**]曰 天下之尊, 莫我若也. …… 遂婚於鼴.〈『旬五志』〉

● **野鼠**가 欲爲**其子**하여 擇高婚하더니 初謂惟天最尊이라 하여 遂求之於天하니, 天이 曰 "我雖兼包萬有로되 非日月이면 則無以顯吾德이라." **野鼠**가 求之於日月하니, 日月이 曰 "我雖普照로되 惟雲이 蔽之하니 彼居吾上乎인저." (중략) **野鼠**가 求之於石佛하니 石佛이 曰 "我雖不畏風이나 惟野鼠가 穿我足底면 則傾倒라. 彼居吾上乎인저." **野鼠**가 於是에 傲然自說曰 "天下之尊이 莫我若也라."하고 遂婚於**野鼠**하더라.〈『旬五志』〉(④-17과)

● **野鼠**가 欲爲**其子**하여 擇高婚하여 初謂惟天最尊이라 하고 遂求之於天하니 天曰 "我雖兼包萬有나 非日月이면 則無以顯吾德이라."하니 **野鼠**가 求之於日月하니 日月曰 "我雖普照나 惟雲蔽之하니 彼居吾上乎인저!" **野鼠**가 求之於雲하니 雲曰 : "我雖使日月로 失明이나 惟風이 吹散하니 彼居吾上乎인저!" **野鼠**가 求之於風하니 風曰 "我雖能**散**雲이나 惟田間石佛은 吹之不倒니 彼居吾上乎인저!" **野鼠**가 求之於石佛하니 石佛曰 "我雖不畏風이나 惟野鼠가 穿我足底면 則**傾倒**하니 彼居吾上乎인저!" **野鼠**가 於是에 傲然**自得**曰 "天下之尊이 莫我若也라."하고 遂婚於**野鼠**하더라.〈『旬五志』〉(⑨-14과)

④와 ⑨의 교과서는 교육용 기초한자가 아니기 때문에 '鼴鼠'를 '**野鼠**'로, '雛'를 '其子'로, '撥'을 '散'으로, '怕'를 '畏'로, '傾覆'을 '傾倒'로 고쳤다. 그러나 '不免傾覆'에서 '不免'을 누락시킨 것은 잘못이다. '免'은 교육용 기초한자이므로 그대로 넣어야 한다. 또 ⑨의 교과서에서

'自詫'를 '自得'으로 고친 것도 바람직하지 못하다. '詫'는 교육용 기초한자인 '說'로 된 異本도 있으므로 ④의 교과서처럼 '自說'로 하는 것이 낫다.

○ 不愛君憂國, 非詩也, 不傷時憤俗, 非詩也, 非有美刺勸懲之義, 非詩也. 故志不立, **學不醇**, 不聞大道, 不能有致君澤民之心者, 不能作詩, 汝其勉之. …… 然全不用事, 吟風詠月, 譚棋說酒, 苟能押韻者, 此三家村裏村夫子之詩也. 此後所作, 須以用事爲主, **雖然**, 我邦之人, **動用中國之事**, 亦是陋品. 〈『與猶堂全書』 第1集 第21卷 「寄淵兒」戊辰冬〉

● 不愛君憂國이면 非詩也요 不傷時憤俗이면 非詩也요 非有美刺勸懲之義면 非詩也니 故로 志不立하고 **學不純**하며 不聞大道하여 不能有致君澤民之心者는 不能作詩니 汝其勉之하라. (中略) 全不用事하고 吟風詠月하며 譚棋說酒하여 拘能押韻者는 此三家村裏村夫子之詩也니라. 此後所作에 須以用事爲主나 我邦之人은 **勤用中國之事**하니 亦是陋品이니라. 〈『與猶堂全書』〉(③-3부 19과)

③의 교과서는 '雖然'을 누락시켰고, '動用中國之事'의 '動'을 '勤'으로 誤記하였다. 또 '學不醇'의 '醇'자를 교육용 기초한자인 '純'으로 바꾸었다.

○ 鰲城居相位, 有達官來謁, 皆坐而受拜, 一日, 有報申訓導在門, 公徒跣而出, 迎入升堂, 俛受所言, 應對甚恭, 家人怪問之, 是公兒時所受業者也. **翌日, 公往謝所館**, 將綿布十餘端大米數石, 以供**旅次**之用, 其人曰 **行橐**所需, 數斗米, 足矣, 其餘, 謝不受, **可見其人之賢, 必有所可其敬者**, 而**亦見**公尊師好德之誠, 足以爲範於**衰世**矣. 〈『大東奇聞』 卷2〉

● 李恒福이 居相位에 有達官來謁이라도 皆坐而受拜러니, 一日은 有報申訓導在門커늘 公이 徒跣而出하여 迎入升堂하고 俛受所言하며 應對

甚恭이라 家人이 怪問之하니 是는 公이 兒時에 所受業者也라. **明日**에 **往謝所館**하고 將綿布十餘端과 **米**數石하여 以供**旅次之費**한대 其人曰 "**行旅**所需는 數斗米로 足矣라." 하고 其餘는 謝不受하니 **可見其人之賢**이요, 而**亦可見**公尊師好德之誠이니 足以爲範於世矣라.〈『大東奇聞』〉(⑨-25과)

⑨의 교과서는 '公往謝所館'을 '往謝所館'으로, '大米'를 '米'로, '衰世'를 '世'로 옮겨 각각 한 글자씩을 누락시켰으며, '可見其人之賢' 다음에 '必有所可其敬者'의 한 句 전체를 누락시켰다. 또 '亦可見'의 '可'는 衍字이다. 또한 '**翌日**'을 '**明日**'로, '行槖'을 '行**旅**'로 바꾼 것은 교육용 기초한자가 아니기 때문이나, '旅次之**用**'을 '旅次之**費**'로 바꾼 것은 이해할 수 없다.

다음은 필요 없이 잘못 들어간 글자의 사례이다.

○ 中國人有曰 願生高麗國, 親見金剛山, 金剛山之名於天下, **久矣**. 然我國之人, 相去數百里間, 而不果遊者多矣.〈『芝峯類說』卷2 地理部〉
● 中國人이 有曰："願生高麗國하여 親見金剛山이라." 하니, 金剛山之名於天下가 **久矣哉**로다. 然我國之人은 相去數百里間이로되, 而不果遊者가 多矣라.〈『芝峰類說』〉(①-24과)

①의 교과서는 '久矣'를 '久矣哉'라 하였는데, '哉'자는 衍字이므로 삭제해야 한다.

○ 退溪先生, 僑居漢城, **鄰家栗樹**數枝過墙, 子熟落庭, 恐兒童取食, 拾而投之墙外. 暑中, 過河陽, 喝甚, 道有梨, 衆爭**取啖**, 而獨危坐, 或言世亂, 此無主, 曰梨無主, **吾心獨無主乎**.〈『士小節』卷1 士典 一「性行」〉
● 退溪先生이 僑居漢城할새 **隣家有栗樹**러니 數枝過墻하여 子熟落庭

이어늘 恐兒童取食하여 拾而投之墻外러라. **許衡**이 暑中에 過河陽할새 **渴甚**이러니 道有梨하여 衆爭**取食**이나 而獨危坐어늘 或言世亂하여 此無主라하니 日梨無主나 **吾心豈無主乎**아 하더라. 〈士小節〉(①-16과)

①의 교과서가 '許魯齋'를 '許衡'으로, '取啖'을 '取食'으로 바꾼 것은 교육용 기초한자가 아니기 때문이다. 그러나 '鄰家有栗樹'에서 '有'자는 衍字이므로 삭제해야 한다. 또한 '吾心豈無主乎'는 '吾心**獨**無主乎'와 의미가 상통하지만 原典대로 '豈'자를 '獨'자로 바꿔야 한다. 또 교육용 기초한자가 아니기 때문에 '暍甚'을 '渴甚'으로 바꿨으나 '더위 먹다'와 '목마르다'는 의미상 차이가 있다.

○ 我國諸山, 皆發原於白頭山, 自磨天鐵嶺而南, 爲金剛五臺太白, 至智異而盡焉. 南師古常言 白頭山脈, 不應到此而止. 當是隱伏海中, 爲日本諸島云. 其說有理. 今濟州漢挐山, 亦其一也.〈『芝峯類說』卷2 地理部〉
● 我國諸山은 皆發**源**於白頭山하여 自磨天鐵嶺而南하여 爲金剛五臺太白하고 至智異而盡焉이라. 南師古가 **嘗言曰** "白頭山脈이 不應到此而止라. 當是隱伏海中하여 爲日本諸島云이라."하니 其說이 有理라. 今濟州**漢挐**도 亦其一也니라.〈『芝峯類說』〉(④-25과)
● 我國諸山은 皆發**源**於白頭山하여 自磨天鐵嶺而南하여 爲金剛五臺太白하고 至智異而盡焉이라. 南師古가 **嘗言曰** "白頭山脈이 不應到此而止라. 當是隱伏海中하여 爲日本諸島云이라."하니 其說이 有理라. 今濟州**漢挐**도 亦其一也니라.〈『芝峯類說』〉(⑦-23과)

④와 ⑦ 교과서 모두 '常言'을 '嘗言曰'이라 誤記하였는데, '曰'자는 衍字이므로 삭제해야 한다. 또 '漢挐山'을 '漢挐'라 하여 '山'자를 누락시켰다. 또 의미는 상통하지만 '發源'은 原典에는 '發原'으로 되어 있다. 이러한 부분은 "지금은 의미가 전성되어 '發原'이라 쓰지 않고 '發

源'이라 쓴다." 정도로 注를 달아주는 것이 좋을 듯하다.

○ 昔新羅薛聰, 始作吏讀, 官府民間, 至今行之. 然皆假字而用, …… 至
於言語之間, 則不能達其萬一焉. 癸亥冬, 我殿下創制正音二十八字, 略
揭例義以示之名曰訓民正音. …… 以二十八字而轉換無窮, 簡而要, 精而
通, 故智者, **不終朝而會**, 愚者, 可浹旬而學.〈『訓民正音』鄭麟趾序〉
● 昔에 新羅薛聰이 始作吏讀하여 官府民間이 至今行之라. 然이나 皆
假字而用하니 至於言語之間이면 則不能達其萬一焉이라. 癸亥冬에 我
殿下創制正音二十八字하고 略揭例義하여 以示之하시니 **名之曰訓民正**
音이라. 以二十八字로 而轉換無窮하고 簡而要하고 精而通하니 故로
智者는 **不崇朝而通**이요 愚者는 可浹旬而學이라.〈鄭麟趾序〉(⑨-28과)

⑨의 교과서는 '名曰'을 '名之曰'이라 하였는데, '之'자는 衍字이므
로 삭제해야 한다. 또 '**不終朝而會**'를 '**不崇朝而通**'으로 誤記하였다.

○ 昔黃相國喜, 微時行役, 憩于路上, **見田父駕二牛耕者**, 問曰 二牛何
者爲勝. 田父不對, 輟耕而至, 附耳細語曰 此牛勝. 公怪之曰 何以附耳
相語. 田父曰 雖畜物, 其心與人同也. 此勝則彼劣, 使牛聞之, 寧無不平
之心乎. 公大悟, **遂不復言人長短云**.〈『芝峰類說』卷15 性行部〉
● 昔에 黃相國喜가 微時에 行役할새 憩于路上이라가 **見田夫駕二牛而**
耕者하고 問曰 : "二牛何者爲勝고." 하니 **田夫**不對하고 輟耕而至하여
附耳細語曰 此牛勝이라." 公이 怪之曰 : "何以附耳相語오?" 田夫曰 :
"雖畜物이나 其心은 與人同也라. 此勝則彼劣이니 使牛聞之면 寧無不
平之心乎아?" 하니 公이 大悟하여 **遂不復言人之長短云**이러라.〈『芝峰
類說』〉(⑥-20과)

⑥의 교과서는 '見田父駕二牛耕者'를 '見田夫駕二牛而耕者'로, '遂不
復言人長短云'을 '遂不復言人之長短云'으로 옮겨 각각 '而'자와 '之'자

를 잘못 집어넣었다. 또 '田父'를 '田夫'로 誤記하였다.

○ 百結先生, 不知何許人. 居狼山下, 家極貧, 衣百結, 若懸鶉, 時人號 爲**東里**百結先生. 嘗慕榮啓期之爲人, 以琴自隨, 凡喜怒悲歡不平之事, 皆以琴宣之. 歲將暮, 鄰里舂粟, 其妻**聞杵聲**曰 人皆有粟舂之, 我獨無 焉, 何以卒歲. 先生仰天**嘆**曰 夫死生有命, 富貴在天. 其來也不可拒, 其 往也不可追, 汝何傷乎. 吾爲汝, 作杵聲以慰之, 乃鼓琴作杵聲. 世傳之, 名爲碓樂.〈『三國史記』 列傳第八〉

● 百結先生은 不知何許人이라. 居狼山下한대 家極貧하여 衣百結하니 若懸鶉하여 **時人**인 號爲百結先生이라. 嘗慕榮啓期之爲人하여 以琴自 隨하니 凡喜怒悲歡不平之事를 皆以琴宣之라. 歲將暮에 **隣里**舂粟이어 늘 其妻가 **聞其杵聲**하고 曰 "人皆有粟舂之하니 我獨無焉이니 何以卒 歲오?" 先生仰天**歎**曰 "夫死生有命이요 富貴在天이라. 其來也不可拒요 其往也不可追하니 汝何傷乎아? 吾爲汝하여 作杵聲以慰之하리라." 하 고 乃鼓琴作杵聲이라. 〈『三國史記』〉(⑨-32과)

⑨의 교과서는 '聞杵聲'을 '聞其杵聲'이라 하였는데, '其'자를 빼야 한다. 또 '東里百結先生'에서 '東里'를 생략하였는데, 중학교용 기초한 자이므로 굳이 생략할 이유가 없다. 또 '時人인'은 '時人이'로 토를 고 쳐야 한다. 아울러 俗字로 쓴 '隣里'의 '隣'자도 原典대로 正字인 '鄰' 으로 바꾸어야 한다. '嘆'을 '歎'으로 바꾼 것은 교육용 기초한자가 아 니기 때문이다.

다음은 서로 다른 두 글을 구분하지 않고 하나로 合成한 사례이다.

○ 凡讀書者, 必端拱危坐, 敬對方冊, 專心致志. 精思涵泳, 深解義趣, 而每句必求踐履之方. **若口讀, 而心不體, 身不行, 則書自書, 我自我, 何 益之有.**〈『擊蒙要訣』 「讀書」〉

○ 凡讀書, 必熟讀一册, 盡曉義趣, 貫通無疑, 然後, 乃改讀他書, 不可貪多務得, 忙迫涉獵也.〈『擊蒙要訣』 「讀書」〉

● 凡讀書에 必熟讀一册하여 盡曉義趣하여 貫通無疑하고 然後에 乃改讀他書하라. 若口讀而心不體하고 身不行이면 則書自書요 我自我니 何益之有리오?〈『栗谷全書』〉(②-7과)

②의 교과서는 서로 다른 두 글을 마치 하나로 이어진 문장처럼 合成하는 오류를 범하였다. 따로 行을 나누어 구분하여 제시하는 것이 바람직하다. 또 『擊蒙要訣』이 비록 『栗谷全書』안에 수록되어 있으나 출전은 『擊蒙要訣』로 표시해 주는 것이 나은 듯하다.

○ 人有求爲山水, 畵山不畵水, 人怪詰之, 七七擲筆起曰 咦. 紙以外皆水也.〈『里鄕見聞錄』〉

○ 崔北, 字七七, 字亦奇矣. … 遊金剛, 至九龍淵, 忽大叫曰 天下名士, 死於天下名山, 足矣. 墜淵, 幾至不救. 一貴人, 要畵於北, 而不能致, 將脅之, 北怒曰 人不負吾, 吾目負吾, 乃刺一目而眇. … 年四十九而卒. …〈『壺山外記』〉

● 崔北은 字七七이니 字亦奇矣라. 遊金剛할새 至九龍淵하여 忽大叫曰 "天下名士가 死於天下名山이면 足矣라." 하고 墜淵하여 幾至不救하니라.
人有求爲山水한대 畵山不畵水라. 人怪詰之하니 七七이 投筆起曰 "紙以外는 皆水也라." 하니라.
一貴人이 要畵於北이나 而不能致하여 將脅之한대 北이 怒曰 "人不負吾요 吾目負吾라." 하고 乃刺一目而眇라. 年四十九而卒하니라.〈『里鄕見聞錄』〉(②-27과)

● 崔北의 字七七이니 字亦奇矣라. 遊金剛할새 至九龍淵하여 忽大叫曰 "天下名士가 死於天下名山이면 足矣라." 하고 墜淵하여 幾至不救라.
人有求爲山水한대 畵山不畵水라. 人怪詰之하니 七七이 投筆起曰 "紙以外는 皆水也라." 하니라.

一貴人이 要畫於北이나 而不能致하여 將脅之한대 北이 怒曰, "人不
負吾요 吾目負吾라." 하고 乃刺一目而眇라. 年四十九而卒이라.〈『里鄕
見聞錄』外〉(⑦-30과)

②와 ⑦의 교과서에서 '擲'을 '投'로 바꾼 것이나 '唉'를 생략한 것은
교육용 기초한자가 아니기 때문이다. 그런데 ②와 ⑦의 교과서는 『里
鄕見聞錄』의 일화를 『壺山外記』의 일화 사이에 끼워 넣어 하나로 合成
하였다. 전체적인 문맥을 고려할 때 그렇게 배열하는 것이 무난하다.
그러나 이 경우에도 각각의 일화마다 出典을 밝혀주는 것이 바람직하
다. ②의 교과서는 ⑦의 교과서와는 달리 출전을 『里鄕見聞錄』으로만
표시하였는데, 이는 잘못이다.

다음은 出典에 관한 문제이다. 出典의 오류는 중국 글감의 경우와
마찬가지로 주로 短文에 나타나고 있다.

○ 不能舍己從人, 學者之大病. 天下之義理無窮, 豈可是己而非人. (禹
性傳錄)〈『退溪全書』所載『李子粹語』卷2「窮格」〉
● 不能舍己從人은 學者之大病이라 天下之義理無窮이어늘 豈可是己而
非人이리요?〈『退溪集』〉(①-27과)
● 不能舍己從人이 學者之大病이라. 天下之義理가 無窮하니 豈可是己
而非人이리요.〈『退溪集』〉(②-5과)
● 不能舍己從人은 學者之大病이라. 天下之義理가 無窮한데 豈可是己
而非人이리오?〈『退溪集』〉(⑩-Ⅱ-2과)

윗글의 출전을 ①②⑩의 교과서 모두 『退溪集』이라 하였으나 실제
는 『退溪全書』所載 『李子粹語』에 실려 있다. 『李子粹語』는 星湖 李
瀷이 退溪의 저서에서 哲理가 담긴 구절을 뽑아 부문별로 엮어 놓은
것이지만 실제로 『退溪集』에 없는 글들도 간혹 보인다. 위 글은 여기

에 해당하므로 출전을 『退溪全書』로 바꿔야 한다.

　○ **成立**之難如**升天**, **覆墜**之易如**燎毛**.〈『新唐書』卷163「柳玭傳」〉
　● **成功**之難은 如**登天**이요 **失敗**之易는 如**燒毛**라.〈『孔子家語』〉(④-5과)

　위 구절은 ④의 교과서에서 밝힌 『孔子家語』에는 나오지 않는다. 아마도 『新唐書』에 나오는 글을 變改한 것으로 보이는데, '成立'이 '成功'으로, '升天'이 '登天'으로 바뀌어 있다. 또 '覆墜'를 '失敗'로, '燎毛'를 '燒毛'로 바꾼 것은 교육용 기초한자가 아니기 때문인 것으로 보인다.

　● 領相公이 夏日에 午睡러니, 有蛇上公腹上이라. 公이 心欲逐之나 而恐蛇驚傷人하여 木石然不敢動이러라. 子邏이 方六歲러니 適父所라가 見之하고 卽往草澤中하여 取三四蛙하여 投之하니, 蛇舍人從蛙而去어늘 公이 乃得起身이라. 邏은 自幼로 機智如此러니 及長하여 是爲名相하니라.〈『國朝人物考』〉(④-11과)
　● 領相公이 夏日에 午睡러니 有蛇上公腹上이라. 公이 心欲逐之나 而恐蛇驚傷人하여 木石然不敢動이러라. 子退之는 方六歲라. 適父所라가 見之하고 卽往草澤中하여 取三四蛙하여 投之하니, 蛇가 捨人從蛙而去어늘 公이 乃得起身하다. 退之가 自幼로 機智如此러니 及長하여 是爲名相하니라.〈『國朝人物考』〉(⑥-17과)
　● 子退之가 方六歲러니 適父所라가 見之하고 卽往草澤中하여 取三四蛙投之하니, 蛇捨人從蛙而去어늘 公乃得起身하더라.〈『海東名臣錄』〉(⑤-21과)

　위 글은 예전 교과서에 자주 등장했던 地文을 轉載한 것이다. 그런데 ④와 ⑥의 교과서가 밝힌 『國朝人物考』의 己卯黨籍人條에 金貴榮이 撰한 洪邏의 碑銘이 실려 있지만, 이런 내용은 나오지 않는다. 또 ⑤의 교과서가 밝힌『海東名臣錄』의「洪暹」條에도 나오지 않는다. 뿐만 아니라 洪暹의 문집인『忍齋集』을 비롯하여『海東續小學』의「洪暹」條에도 이런 내용이 없다. 더구나 위 글의 마지막 구절인 '是爲名相'은 '果爲名相'의 誤記인 것으로 보이는데, 정확한 出典과 原典의 확인이 필요하다.

다음은 번역상의 오류이다.

> ○ 諺傳, 黃厖村雖位尊宰相, 然食數不足, 長顧頷, 故御批一日南門所入物貨, 盡賜矣. 適大雨, 無所入, 及暮, 有鷄卵一包來, 烹將食之, 皆有骨. 骨, 方言, 壞也, 卽䏨.〈『松南雜識』五 方言類「鷄卵有骨」)
> ● 鷄卵有骨 : 계란에도 뼈가 있다.(②-3과)

②의 교과서는 '骨'자를 '뼈'로 풀이하고 있는데, 이는 잘못이다.『松南雜識』의 注에 나와 있듯 '骨'은 우리말 '골다〈'곯다'의 옛말〉'를 音借한 것이므로 '곯았다'로 번역해야 한다.

> ● 故知今之衣綿布하고 書白紙而不足者가 一通船이면 則被錦絹하고 書竹紙라도 而有餘矣라.〈『北學議』〉
> · 그런 까닭으로 오늘날 무명옷을 입고, 백지에 글을 써서 부족함을 아는 사람이 한 번 배를 통하면, 비단옷을 입고 죽지에 글을 쓰더라도 남음이 있을 것이다. (③-3부 18과)

③의 교과서는 '知'자가 걸리는 부분을 잘못 파악하여 懸吐를 잘못하고 誤譯을 하였다. '知'자는 끝까지 걸린다. 따라서 '그러므로 오늘날에는 면포를 입고 백지에 글을 쓰더라도 부족하지만, 한 번 배로 통상을 하면 비단옷을 입고 죽지에 글을 쓰더라도 남음이 있게 됨을 알 수 있다' 정도로 풀이하고 懸吐도 이에 맞게 수정해야 한다.

● 午到鐵甕東門하니 二士憩其樓하고 數童從焉이라. 持酒待我하니 同遊之尹生明生也라. 敍吾行色하고 謝彼勤意하며 竝轡而入하니 香山之行이 固草草라 不能窮搜極探이라. 然이나 其名菴勝區, 如佛智見佛賓鉢諸寺를 皆一歷之로되 獨恨路廢하야 不得登毘盧香爐하야 一望遼海而來耳라. 凡遊는 以趣爲主하야 行不計日하고 遇佳卽止하며 携知己友하고 尋會心處니라.〈「妙香山小記」〉

· 敍吾行色 : 나의 행색을 차례로 말하다
· 香山之行 固草草 : 묘향산을 가는 일은 본래 거칠다.
· 不能窮搜極探 : 깊은 곳까지 다 찾아다닐 수 없다.
· 獨恨路廢 : 유독 길이 막힌 것을 한탄하다.
· 一望遼海而來耳 : 한 번 발해만 보고 왔을 뿐이다. (④-22과)

이 글은 북한에서 간행된 『기행문선집』에 朴齊家의 「妙香山小記」라고 소개된 자료인데, 우리 쪽에는 이 자료가 전하지 않기 때문에 原典을 확인하지 못하였다. 그러나 ④의 교과서에 제시된 어구 풀이는 여러 부분에 문제점이 있다. 먼저 '敍吾行色'의 풀이는 적절치 못하다. 여기에서의 '行色'은 '겉으로 드러나는 차림이나 태도' 또는 '길을 떠나기 위하여 차리고 나선 모양'을 의미하는 것이 아니라 '行旅'와 같은 뜻으로 쓰인 것이다. 따라서 '나의 여행(내가 명승지를 탐방한 것)에 대해 이야기하다' 정도로 풀이해야 한다. 또 '香山之行, 固草草'와 '不能窮搜極探'의 풀이 역시 잘못이다. '草草'를 '풀이 많아 거친 모양'이라 설명하였는데, 여기서는 '바쁜(총망한) 모양'·'몹시 서둘러 급작스러운 모양'으로 보아야 한다. 따라서 '묘향산 여행은 진실로 총망하여 구석구석 다 찾아볼 수 없었다.' 정도로 이어서 풀이해야 한다. 그리고 '獨恨路廢'와 '一望遼海而來耳'를 따로 떼어 어구 풀이를 하였는데 이 역시 誤譯이다. 이는 "길이 황폐하여 비로봉과 향로봉에 올라 한 번 요해를 바라보고 올 수 없었던 것이 유독 한스러울 뿐이다"
정도로 이어서 풀이해야 한다.

III. 變改의 문제

『한문』 교과서의 문제 중 하나는 原典을 變改하는 문제이다. 이는
'한문 교육용 기초한자'의 제약 때문에 발생한다. 교육용 기초한자가
아닌 한두 글자를 기초한자로 대체하거나 혹은 단락을 통째로 의미만
통하게 재구성하기도 한다. 또는 여러 글을 뒤섞어 하나의 글로 합성
하기도 한다. 여기서는 이로 인해 발생하는 문제를 살펴보기로 한다.

1. 글자의 變改

앞에서 살펴본 바와 같이 교육용 기초한자가 아닌 글자를 기초한자
로 대체한 것은 이루 다 지적할 수가 없다. 여기서는 代替字에 문제가
있는 경우를 검토해 보기로 한다.

> ○ 彼何人斯. **鬐眉晧白**. 頂烏帽, 披野服, 於以見心山林, 而名朝籍. 胸
> 藏二酉, 筆搖五嶽, 人那得知. 我自爲樂. 翁年七十, 翁號露竹. 其眞自
> 寫, 其贊自作.〈姜世晃의 畵題〉
> ● 彼何人斯오 **髮眉晧白**이로다. 頂烏帽하고 披野服하야 於以見心山林
> 하며 而名朝籍이라. 胸藏二酉하고 筆搖五嶽하니 人那得知오 我自爲樂
> 이로다. 翁年七十이요 翁號露竹이라. 其眞自寫하고 其贊自作이라.
> 〈姜世晃의 畵題〉(④-21과)

위 글은 姜世晃이 자신을 직접 그린 초상화의 상단에 쓴 畫題로, '鬚眉晧白'은 실제 그림에 희게 그려 있는 자신의 수염과 눈썹을 묘사한 것이다. 그런데 ④의 교과서는 초상화 사진을 같이 제시하면서 '鬚眉晧白'의 '鬚'자를 교육용 기초한자인 '髮'자로 바꾸었다. 초상화에는 수염과 눈썹만 희게 보일 뿐 머리카락은 烏紗帽 속에 가려 보이지 않는다. 아무리 교육용 기초한자의 제약 때문이라도 이러한 變改는 적절치 않다.

○ 君子終其身, 不可一日而廢者, 其惟讀書乎.
　　故士一日而不讀書, 面目不雅, 語言不雅, 俔俔乎身無所依, 伈伈乎心無所適, 博奕飮酒, 初豈樂爲哉. …
　　幼者讀書而不爲妖, 老者讀書而**不爲耄**. … 使天下之人, 安坐而讀書, 天下無事矣.〈『燕巖集』卷10 雜著, 「原士」〉
● 士가 一日而不讀書면 面目不雅하고 語言不雅라. 身無所依요 心無所適이니 博奕飮酒를 初豈樂爲哉리오? 幼者가 讀書면 而不爲妖요 老者가 讀書면 **而不爲老**라. 使天下之人으로 安坐而讀書면 天下無事矣리라.〈『燕巖集』〉(⑧-25과)

⑧의 교과서는 '不爲耄'의 '耄'자를 교육용 기초한자인 '老'로 바꾸었다. 그러나 여기서의 '耄'자는 '늙다'의 의미가 아니라 '혼몽하다'는 뜻으로 쓰인 것이므로 적절치 않다. 또한 각각 독립된 글을 구분 없이 한 편의 글처럼 합성한 것도 바람직하지 못하다.

○ 江陵俗에 敬老하여 每値良辰이면, 請年七十以上하여 會于勝地하고 以慰之하니, 名曰靑春敬老會라. 雖**僕隷**之賤이라도 登七旬者는 皆許赴會라.〈『東國歲時記』〉
● 江陵俗에 敬老하여 每値良辰이면, 請年七十以上하여 會于勝地하고

以慰之하니, 名曰靑春敬老會라. 雖**奴婢**之賤이라도 登七旬者는 皆許赴會라.〈『東國歲時記』〉(⑩-Ⅵ-3과)

⑩의 교과서는 '僕隸'를 교육용 기초한자인 '奴婢'로 바꾸어 인용하였다. 그러나 '僕隸'는 일반적으로 '사내종'을 지칭하므로, 비록 교육용 기초한자는 아니나 한 字 정도는 초과 한자를 사용하여 '奴僕' 정도로 바꾸는 것이 나을 것이다.

○ 故知今之衣綿布, 書白紙而不足者, 一通**舶**, 則被**綺紈**書竹紙而有餘矣.〈『北學議』進北學議,「通江南浙江商舶議」〉
● 故知今之衣綿布하고 書白紙而不足者가 一通**船**이면 則被**錦絹**하고 書竹紙라도 而有餘矣라.〈『北學議』〉(③-3부 18과)

③의 교과서는 교육용 기초한자가 아니기 때문에 '舶'을 '船'으로, '綺紈'을 '錦絹'으로 바꾸었다. 그러나 '錦絹'이라는 용어는 일반적으로 쓰지 않는 용어이다.

○ **同春堂宋先生**, **書籍借人**,, 人或還之, 而**紙不生毛**, 則必責其不讀, 更與之, 其人不得不讀之.〈『士小節』 卷3 士典 三「敎習」〉
● **宋同春先生**이 **借與人書册**이라가 **人還之**에 而**若紙不生毛**면 則必責其不讀하고 更與之하니 其人이 不得不讀之하니라.〈『士小節』〉(②-7과)

②의 교과서는 '同春堂宋先生'을 '宋同春先生'으로, '書籍借人'을 '借與人書册'으로 變改하였는데, 군이 바꿀 필요가 있었는지 의문이 든다. 더구나 變改한 글 또한 일반적인 書法과는 차이가 있다. 또 '人或還之'에서 '或'자를 누락시키고, '紙不生毛'의 앞에는 군더더기 '若'자를 덧붙였다.

○ 上問衆女子, ⋯⋯ 上又問何花最好. 或言桃花, 或言**牧丹花**, 或言梅棠花, 所對不一, 后**獨言曰** 綿花最好. **上問故**, 對曰 他花不過一時之好, 惟綿花, 衣被天下, 有**溫煖之功**也.〈『大東奇聞』 卷4〉

● 王問衆女子曰 "何花最好오?" 하니, 或言桃花하고 或言**牡丹花**하여 所對不一이어늘 貞純王后가 **獨曰** "綿花最好니이다." 하다. **王問其故**하니 對曰 "他花는 不過一時之好나 唯綿花는 衣被天下하여 有**防寒之功**也니이다." 하다.〈『大東奇聞』〉(⑧-14과)

⑧의 교과서에서 '**溫煖**之功'을 '**防寒**之功'으로 바꾼 것은 '煖'자가 교육용 기초한자가 아니기 때문인 듯하다. 그러나 중학교용 한자인 '溫暖'으로 바꾸면 될 것을 굳이 '防寒'으로 變改할 필요가 있었는지 의문이 생긴다. 또 '**牧丹花**'의 '牧'자를 굳이 교육용 기초한자가 아닌 '牡'자로 바꾼 것 역시 이해가 가지 않는다. 또 '上問故'를 '王問**其故**' 라 하여 '其'자를 더 집어넣었고, '獨言曰'은 '獨曰'이라 하여 '言'자를 누락시켰다. 그러나 '上'을 '王'으로 바꾼 것이나 '后'를 '貞純王后'로 바꾼 것은 독자의 이해를 돕기 위한 배려로 볼 수 있다.

2. 내용의 變改

다음은 의미만 통하게 原典의 내용을 變改한 경우이다.

○ 先生曰 **人患立志不誠**, 何患才不足乎. 有才, 不免爲小人, 無才, 不妨爲君子, 在所學之爲己爲人耳.〈『鶴峯集』 附錄 卷3 「言行錄」〉

○ 鶴峯金誠一先生誨門生曰 人患立志不誠, 何患才不足乎. 無才, 不妨爲君子儒, 有才, 亦**不免小人之歸**, 在所學之爲己爲人耳. (出鶴峯集) 〈崔膺敎, 『訓蒙編』〉

● 學者所患은 **惟在立志不誠**이니 才或不足은 非所患也라.〈『鶴峰集』〉

(①-27과)

● 學者所患은 **惟有立志不誠**이요 才或不足은 非所患也니라. 無才라도 而不妨爲君子요 有才라도 而**不免爲小人之歸**니 只在爲學에 立志如何耳니라.〈『鶴峯集』〉(②-6과)

①과 ② 교과서가 제시한 지문은 예전 교과서에 있던 것을 원전 확인 없이 轉載한 것으로, 실제『鶴峯集』에는 보이지 않는다. 다른 典據가 있는지는 모르겠으나『鶴峯集』의 부록에 실려 있는 글이 이 지문과 의미가 상통한 것으로 보아 혹 이 글을 變改한 것이 아닌가 싶다. 더구나 ②의 교과서에서 '惟有立志不誠'이라 한 부분은 문법상 '惟在立志不誠'이 되어야 하며, '不免爲小人之歸'도 '不免爲小人'이 되어야 앞 句와 對가 된다. 이 구절은『訓蒙編』에서 인용한 글과 유사한 것으로 보아 아마도 사람들 입으로 口傳되는 도중에 變改가 된 것으로 보인다. 따라서 이 지문은 典據가 확실한『鶴峯集』의 글로 교체하는 것이 바람직하다.

○ 公遂亦辭職東還, 忠義聞天下. 出燕京産化門, 令蒼頭吹笛曰: "天下之樂, 復有加於此者乎?" **中途馬困**, 蒼頭以矢買東菽飼之. 公遂曰 何故奪窮民食乎. 截縣布償之. **閭山站無人, 粟積于野**, 從者又取**飼馬**. 公遂問粟一束, 直布幾尺, 如其言, 書布兩端, 置粟積中. 從者曰 人必取去, 何益. 不如不償. 曰 吾固知之, **然必如是**, 吾心得安.〈『高麗史』列傳25「李公遂列傳」〉

● 李公遂가 **還自北京**이라. **中路**에 馬困한데, **粟積于無人之野**하니 從者가 取之而**食馬**라. 公遂가 **以其時價로** 留布粟積中이라. 從者曰 "人必取去리니 何益이리오?" 하니, 公遂가 "吾固知之라. 然이나 **必如是而後**에 吾心得安이니라." 하다.〈『高麗史』〉(⑧-13과)

⑧의 교과서는 원문을 상당 부분 變改하였다. '中途'를 '中路'로, '飼
馬'를 '食馬'로 고친 것은 교육용 기초한자가 아니기 때문이지만 '必如
是**而後**'의 '而後'는 衍字이다. 또 '還自**北京**'이라 축약한 부분은 차라
리 '還自**燕京**'으로 고치는 것이 나을 듯하다. 그러나 '以其時價, 留布
粟積中'이라고 축약한 부분은 原典의 의미를 살려주기에는 부족한 듯
하다. '粟積于無人之野' 역시 마찬가지이다.

다음은 여러 글을 뒤섞어 하나의 글로 합성한 경우이다.

○ **五歲, 通中庸大學**, 人號神童. …… 莊憲大王聞之, 召致承政院, 試以
詩, 果捷而佳. 下教曰 予欲親見, 恐駭俗聽, 宜勖其家, 韜晦教養, 待其學
成, 將大用. 賜帛還家. 於是, 聲振一國, 稱曰五歲而不名.〈『栗谷全書』
卷14 「金時習傳」〉

○ 金時習, …… 人號神童. 世宗召致政院, 試之曰 童子之學, 白鶴舞靑
空之末. 應聲曰 聖主之德, 黃龍飜[翻]碧海之中. …… 卽賜帛五十正
[匹], 使自運, 遂各綴其端, 曳之而出. 於是, 聲振一國, 稱曰五歲而不
名.〈『朝野會通』 卷6〉

○ 五歲, 通大學, 能屬文, 號神童. …… 世宗聞之, 命招于承政院, 知申
事朴以昌試之曰 童子之學, 白鶴舞靑空之末, 對曰 聖主之德, 黃龍翻碧
海之中. …… 傳曰 待年長學業成就, 將大用, 卽賜帛五十匹, 使自運去,
公遂各綴其端, 曳之而出. 由是, 聲震一國.〈『梅月堂集』 附錄 遺蹟搜補
에서 『朝野會通』이라고 출전을 밝힌 부분.〉

● 金時習이 五歲에 通中庸大學하니 世宗이 聞之하고 召致承政院하여
試之曰：“童子之學은 白鶴이 舞靑松之末이로다.”하니, 時習이 對曰
：“聖主之德은 黃龍이 飜碧海之中이니이다.”하다. 上이 教曰：“待年
長學業成就하여 將大用하리라.”하고 卽賜帛五十匹하여 使自運去한대
時習이 遂結其端하여 引之而出하다. 由是로 **名振天下**하여 **稱以五歲神
童而不名**하다.〈『思齋摭言』〉(①-36과)

● 金時習이 五歲에 通中庸大學하니 世宗이 聞之하고 召致承政院하여 試之日'童子之學은 白鶴이 舞靑松之末이로다' 하니 時習이 對日 "聖主之德은 黃龍이 飜碧海之中이니이다." 上이 敎日 "待年長學業成就하여 將大用하리라." 하고 卽賜帛五十匹하여 使自運去한대 時習이 遂結其端하여 引之而出하다. 由是로 名振天下하여 稱以五歲神童而不名하다. 〈『思齋撫言』〉(⑧-26과)

①과 ⑧ 교과서의 내용은 현토까지 동일한데, 이는 모두 예전 교과서의 지문을 轉載했기 때문이다. 그러나 이 글은 문제가 많다. 우선 『思齋撫言』에는 이러한 내용이 나오지 않는다. 위에서 본 바와 같이 이 글은 栗谷의 「金時習傳」과 『朝野會通』 및 『梅月堂集』 附錄의 내용을 뒤섞어 합성한 글이다. 그런데 『梅月堂集』 附錄에서 인용한 것도 『朝野會通』의 내용과 출입이 있다. 글감을 제시할 때 어느 정도의 축약은 허용된다지만 이처럼 여러 글을 합성한 것을 원전 확인도 없이 轉載한 것은 잘못이다. '綴'을 '結'로, '曳'를 '引'으로 바꾼 것은 교육용 기초한자 때문이다. 워낙 뒤죽박죽으로 된 글이지만 적어도 '靑松'은 '靑空'으로, '名振天下'는 '聲振一國'으로, '稱以五歲神童而不名'은 '稱曰五歲而不名'으로 바로잡아야 한다.

Ⅳ. 結論

이상에서 살펴본 바와 같이 일선 현장에 보급된 『한문』 교과서에는 많은 오류와 문제점이 발견되고 있다. 原典을 일일이 확인하지 않고 選集 내지 譯書, 활자본이나 電算入力本 혹은 예전 교과서 등을 轉載한 결과 誤字·脫字·衍字·出典의 오류 등이 발생하였고, 이에 따라 해석상의 문제도 발생하였다. 또한 '한문 교육용 기초한자'의 제약 때문에 글자나 내용을 變改하는 과정에서 발생하는 문제점도 다수 발견되고 있다. 교육 과정에 따라 학생들과 교사들이 주된 교재로 사용하는 교과서에 이처럼 많은 오류가 있다는 것은 부끄러운 일이다. 필자 역시 교과서 저자의 한 사람으로서 自愧를 금할 길이 없다. 내년도에 발행될 교과서에는 그간 발견된 오류가 모두 수정되어 한층 나은 교과서가 되기를 기대해 본다.

끝으로 바람직한『漢文』교과서를 집필하는 데 장애가 되고 있는 문제점과 그 해결 방안에 대해 나름대로의 所懷를 제안해보고자 한다.

原典 확인을 소홀히 한 결과 초래되는 문제점은 집필 과정에서 책임의식을 가지고 좀 더 주의 깊은 노력을 기울이면 해결할 수가 있다. 또한 '한문 교육용 기초한자'에 얽매여 초래되는 문제점을 해결할 방안은 보다 적절한 代替字의 선택에 있을 것이다. 하지만 이는 對症的 처방에 불과할 뿐 본질적 해결 방안이 되지는 못 한다. 부적절한 원문 變改로 인한 문제점을 해결하기 위해서는 '한문 교육용 기초한자'의 규정에서 벗어나야 하는데, 이 문제에 대한 진지한 고민을 해야 될 시점에 와 있다고 생각한다.

여타 외국어 과목에서 교육용 단어를 따로 규정하지 않는데 굳이『한문』과목에서만 이를 강요할 필요가 있는지 깊이 고민해보아야 할 것이다. 사실 고등학교 10종『한문』교과서의 본문에 반영된 고등학교 교육용 기초한자는 각각 200자 내외에 불과하다. 고등학교 교육용 기초한자 900자 중 나머지 700자를 반영하기 위해 '생활 속의 활용'·'생각 키우기'·'심화 학습' 등의 난을 만들어 소화하고 있다. 그러나 이 부분은 본문에 비해 서너 배나 양이 많아 교사나 학생 모두에게 부담으로 작용하여『한문』을 어렵고 고리타분한 과목으로 치부하게 하는 요인이 되고 있다. 따라서 실제 수업현장에서는 다루지 않고 넘어가는 경우가 적지 않다. 또 본문에서는 초과 한자를 억지로 교육용 기초한자로 대체하느라 문제를 야기하기도 한다. 물론 초과 한자를 100자까지 인정하는 규정이 있기는 하다. 이는 외형상 상당한 분량인 것 같지만 보통 40개 소단원으로 구성되는 교과서의 체재상 극히 부족한 실정이다. 또 각 소단원마다 초과 한자의 수를 배분하다 보면 운신의 폭이 자유롭지 못하다. 따라서 이러한 문제점을 감수하면서 글자를 代替하는 것이다. 이처럼 교육용 기초한자는 『한문』 과목의 원활한 구성을 제약하는 독소로 작용하고 있는데, 이 문제를 해결하기 위한 발상의 전환이 필요하다고 생각한다. 어차피 현 교육과정에서는 『한문』은 중학교에서는 재량 활동의 선택교과이고, 고등학교에서도 선택과목의 하나이기 때문에 중학교 『한문1』·『한문2』·『한문3』→고등학교 『한문』→『한문고전』으로의 학습 연계성이 전혀 보장되지 않는 실정이다. 더구나 중학교의 경우 학년별로 교과서 검정이 따로 진행되었기 때문에 같은 집필진의 교과서를 3년 동안 이수하지 못하게 된 경우도 발생하고 있다. 이러한 제반 사정을 고려하면 교육용 기초한자는 학습자에게 이미 존재 의미를 상실한 상태이다. 제반 사정이 이러한데도 여전히 '한문 교육용 기초한자 1,800자'에만 연연해야할 필요가 있는지 돌아봐야 한다. 물론 작금의 사회적 분위기가 입사시험 등에서 한자를 중시하는 방향으로 흘러가고 있기는 하다. 이러한 분위기는 학생들에게 한자를 보다 쉽고 재미있게 가르치기 의해 고민을 하고 있는 일선현장에서는 고무적일 수도 있다. 그러나 이러한 한자 중심 교육은 『한문』을 도구과목으로서의 위상에 안주시키는 바람직스럽지 못한 결과를 초래하게 된다.

『한문』 과목이 자기 위상을 갖기 위해서는 우선 '한문 교육용 기초

한자 1,800자' 규정에서 벗어나는 것이 가장 선결문제인 것 같다. 현
실적으로 그것이 여의치 않으면 '한문 교육용 기초한자 1,800자'라는
가이드라인은 유지하되 "학습 효과와 교과용도서 편찬을 위하여 1할
의 범위(1972년에 제정한 한자 중에서 제외된 44자 포함)에서 추가 지도
할 수 있다."[4]는 제한이라도 푸는 것이 바람직하다. 이 제한을 철폐
하더라도 실제 추가되는 초과 한자는 70자 내외에 불과할 것이다. 이
는 현행 교과서에서 대체한 글자 수를 어림잡아 본 것이다. 그러면
적어도 부자연스러운 원문 變改의 문제는 해결될 수 있다. 또 현실적
으로 교육용 기초한자 처리를 위한 도구에 불과한 '생활 속의 활용'
등 무리한 일부 내용을 과감히 제외해 나가야 한다. 이럴 경우 교육
용 기초한자 2~300자에 초과 한자 1~200자를 포함하여 대략 4~
500자 정도의 한자만 학습하면 무난할 것이다. 이렇게 하면 본문에
대한 다양한 해설 등을 제시하여 학습 효과를 높일 수 있을뿐더러 다
양한 교재 구성이 가능해져 한자 교과서가 아닌 한문 교과서로 진정
한 자리매김을 할 수 있을 것이다. '한문 교육용 기초한자 1,800자'
중에서 본문에 반영하지 못한 한자는 지금처럼 附錄에 제시하여 각자
학습토록 하는 방안을 모색하면 될 것이다.

물론 교과서마다의 편차 해소가 중요한 관건인데, 이는 현실적으로
수학능력시험의 경우에만 해당된다. 현행 교육용 기초한자의 범위 밖
에 있는 한자는 기존의 경우처럼 음과 뜻을 제시해주면 된다. 교육용
기초한자의 범위 안에 있는 한자는 교과서 편수 방침 등에 의거해 소
단원을 구성할 때 일정한 범위로 한정되며, 대다수의 原典에서 자주
쓰이는 글자는 어느 정도 한정되어 있기 때문에 우려할 정도의 지나

---

4) 金相洪(2003b), 232면.

친 편차가 발생하지는 않을 것이다. 또 학계의 衆智를 모으면 충분히 그 해결책을 찾을 수 있을 것이다. 더 이상 '한문 교육용 기초한자'의 규정만을 융통성 없게 고집하여 재미없고 구태의연한 교과서를 양산하지 말고 참신하고 학습 흥미를 유발할 수 있는 교재 개발이 이루어졌으면 한다. 그러기 위해 또 필요한 것은 대단원 설정이나 그 내용 및 분량에 관한 제약도 풀어야 한다는 것이다. 반역사적, 반국가적, 반인륜적 내용이 아닌 한, 집필자의 의도에 따라 자유롭게 집필하게 하면 문학 방면에 주력하는 교과서도 나올 수 있고 역사 방면, 철학 방면, 또는 전통적인 한문 학습 방법을 원용한 교과서, 천자문처럼 얄팍한 교과서, 장서용 사전처럼 묵직한 교과서 등 그야말로 다양한 교과서가 빛을 보게 될 것이다.

참고문헌

王弼·韓康伯 注, 孔穎達 等 正義, 『周易正義』, 『十三經注疏』, 藝文印書館, 1972.

何晏 注, 邢昺 疏, 『論語注疏』, 『十三經注疏』, 藝文印書館, 1972.

李隆基 注, 邢昺 疏, 『孝經注疏』, 『十三經注疏』, 藝文印書館, 1972.

司馬遷, 『史記』, 中華書局, 1959.

歐陽修·宋祁 等, 『新唐書』, 中華書局, 1959.

『諸子集成』, 中華書局, 1954.

王先謙, 『莊子集解』, 三民書局, 1985.

郭慶藩, 『莊子集釋』, 華正書局, 1987.

高誘 注, 『戰國策』, 『景印 文淵閣四庫全書』, 雜史, 406.

劉向, 『古列女傳』, 『景印 文淵閣四庫全書』, 傳記, 448.

劉向, 『說苑』, 『景印 文淵閣四庫全書』, 儒家, 696.

王肅, 『孔子家語』, 『景印 文淵閣四庫全書』, 儒家, 695.

劉徽 注, 李淳風 注釋, 『九章算術』, 『景印 文淵閣四庫全書』, 天算 二, 797.

王弼 注, 『老子道德經』, 『景印 文淵閣四庫全書』, 道家, 1055.

列禦寇, 『列子』, 『景印 文淵閣四庫全書』, 道家, 1055.

郭象, 『莊子注』, 『景印 文淵閣四庫全書』, 道家, 1056.

元稹, 『元氏長慶集』, 『景印 文淵閣四庫全書』, 別集一, 1079.

蕭統 編, 李善 注, 『文選』, 臺北 文化圖書公司, 1977.

范立本, 『明心寶鑑』(『淸州版明心寶鑑』), 亞細亞文化社, 1990.

『明心寶鑑』, 秋溪秋氏 大宗會, 1992.

『明心寶鑑』, 學民文化社, 1999.

『詳說古文眞寶大全』, 景文社, 1981.

姜世晃, 影幀(姜世晃自筆本), 國立中央博物館.

姜斅錫, 『大東奇聞』, 漢陽書院, 1926.

金堉, 『海東名臣錄』, 國立中央圖書館.

金萬重, 「九雲夢」, 國立中央圖書館.

金富軾, 『三國史記』, 國立中央圖書館.

金誠一, 『鶴峰集』, 國立中央圖書館.

金時習, 『金鰲新話』, 國立中央圖書館.

金時習, 『梅月堂全集』, 成均館大 大東文化硏究院, 1973.

金正國, 『思齋摭言』, 國立中央圖書館.

金宗直, 『靑丘風雅』, 奎章閣.

金宗瑞 等, 『高麗史』, 奎章閣.

朴在馨, 『海東續小學』, 國立中央圖書館.

朴齊家, 『北學議』, 國立中央圖書館.

朴趾源, 『燕巖集』, 國立中央圖書館.

朴趾源, 『燕巖集』, 景仁文化社, 1973.

徐居正 等, 『東文選』, 民族文化推進會, 1999.

成石璘, 『獨谷集』(『韓國文集叢刊』6), 民族文化推進會, 1990.

世宗 命編, 『訓民正音』, 國立中央圖書館.

元泳義, 『小學漢文讀本』, 普成社, 1908.

柳得恭, 『渤海考』, 國立中央圖書館.

李珥, 『栗谷全書』, 國立中央圖書館.

李珥, 『栗谷全書』, 成均館大 大東文化硏究院, 1958.

李珥, 『擊蒙要訣』, 國立中央圖書館.

李滉, 『退溪全書』, 國立中央圖書館.

李滉, 『增補退溪全書』, 成均館大 大東文化研究院, 1971.

李奎報, 『東國李相國集』, 國立中央圖書館.

李奎報, 『東國李相國集』(『韓國文集叢刊』1-2), 民族文化推進會, 1990.

李肯翊, 『燃藜室記述』, 國立中央圖書館.

李德懋, 『士小節』, 國立中央圖書館.

李睟光, 『芝峯類說』, 國立中央圖書館.

李瀷, 『李子粹語』, 國立中央圖書館.

李重煥, 『擇里志』, 國立中央圖書館.

李荇 等, 『新增東國輿地勝覽』, 國立中央圖書館.

一然, 『三國遺事』, 國立中央圖書館.

丁若鏞, 『與猶堂全書』, 新朝鮮社, 1934~38(『增補 與猶堂全書』, 景仁文化社, 1970).

趙在三, 『松南雜識』, 奎章閣.

崔贇敎, 『訓蒙編』, 上院洞書堂, 1922.

崔漢綺, 『明南樓叢書』, 成均館大 大東文化研究院, 1871.

許筠, 『國朝詩刪』, 奎章閣.

洪暹, 『忍齋集』, 國立中央圖書館.

洪萬宗, 『旬五志』, 國立中央圖書館.

洪萬宗, 『詩話叢林』, 亞細亞文化社, 1973.

洪錫謨, 『東國歲時記』, 光文會, 1911.

未詳, 『國朝人物考』, 奎章閣.

未詳, 『朝野會通』, 國立中央圖書館.

未詳, 『學語集』.

民族文化推進會 編, 校勘 『三國遺事』(『韓國古典叢書』1), 민족문화문고간행회, 1982.

民族文化推進會 編, 校勘 『三國史記』(『韓國古典叢書』2), 민족문화문고간행회, 1982.

韓國學文獻研究所 編, 『高麗史』, 亞細亞文化社, 1972.

韓國學文獻研究所 編, 『青丘風雅・國朝詩刪』(『韓國漢詩選集』1), 亞細亞文化社, 1980.

韓國學文獻研究所 編, 『里鄉見聞錄・壺山外記』(合本), 亞細亞文化社, 1974.

김찬순 譯, 『기행문선집』, 조선문학예술총동맹출판사, 1964.

이명학・장호성・현상곤・임완혁, 고등학교『漢文』, (주)두산.

이희목·진재교·최돈욱·신영주, 고등학교『漢文』, (주)천재교육.

신표섭·이병주·이윤찬·강경모·백광호·허시봉·류기영·이태희, 고등학교『漢文』, 대학서림.

김경수·김성룡·김봉숙·김평호, 고등학교『漢文』, (주)교학사.

최상익·이병혁·허남욱·이영우, 고등학교『漢文』, (주)금성출판사.

유성준·김동환·유형구, 고등학교『漢文』, 새한교과서(주).

김상홍·최창구·이강렬·원창희, 고등학교『漢文』, (주)중앙교육진흥연구소.

박갑수·이상진·최상근, 고등학교『漢文』, (주)지학사.

안재철·원용석·김동규, 고등학교『漢文』, 대한교과서(주).

이수철·곽치영, 고등학교『漢文』, 정진출판사.

최상익·허남욱·이영우, 고등학교『漢文古典』, (주)금성출판사.

金相洪(2003a), 「제7차 교육과정에 의한 高等學校 漢文 教科書의 문제점 - 漢詩 單元을 중심으로」, 『漢文教育研究』 제20호, 한국한문교육학회, 29~69면.

金相洪(2003b), 「韓國의 漢文教育用 基礎漢字 變遷 攷」, 『漢文教育研究』 제21호, 한국한문교육학회, 187~237면.

이 글은『漢文教育研究』 제22호(韓國漢文教育學會, 2004)에 수록한 논문을 재수록한 것이다.

제7차 중·고등학교 『漢文』 교과서 散文 제재의 類型과 位階에 관한 試論

白光鎬

Ⅰ. 들어가며

『한문』 교과서에 어떤 제재를 수록하고, 수록 작품을 어떻게 가르칠 것인가에 관한 논의는 한문과(漢文科) 교육(教育)의 중핵적(中核的)인 연구 과제 중의 하나이다. 왜냐하면 교과서 제재 선정에 관한 논의는 구체적이고 실천적인 층위인 교수·학습과 곧바로 연결되기 때문이다. 한문 교과서에 수록되는 제재는 교과서 집필자의 자의적(恣意的)인 또는 나름의 체계적(體系的)인 선정 기준에 의해 선택된다. 그러나 집필자가 교과서를 배우는 학생들의 입장을 고려하여 제재를 선정하는 지를 따져 본다면, 고려해 왔다고 확언하기가 쉽지 않다.

한문과는 1972년 독립 교과로 개설된 이후 현재까지 중·고등학교에서 운영 중인 교과이다. 학생들이 쉽게 여기는 교과가 얼마나 있겠는가마는, 특히 한문과는 학생들이 일반적으로 어렵다고 여기는 대표적인 교과 중의 하나이다. 그래서 한문 교사들은 교수·학습의 최전선인 교실에서 어려운 상황에 빠져 있다.

　이 연구는 '학생들이 한문 과목을 어렵게 여기지 않도록 하려면 어
떻게 가르쳐야 할까'라는 필자의 고민에서 출발한다. 고등학교에서 한
문 과목을 담당하고 있는 필자는 이러한 고민을 해결하기 위해 다양한
교수·학습 방법을 시도해 보기도 하고, 교과서에 수록되지 않았지만
학생들의 흥미를 끌 수 있는 제재를 사용해 보기도 하는 등 여러 가지
방안을 모색해 왔다. 이 연구는 필자의 여러 가지 시도 가운데 한문
교과서 제재 선정 시 사용할 만한 기준 설정에 관한 것이다.

　한문 원문 가운데 중·고등학교 한문 교과서에 실을 만한 작품을 어떻
게 선정해야 할까? 여기에는 다양한 기준이 있을 수 있다. 그러나 지금까
지 교과서에 수록된 작품 양상을 살펴보면, 어떤 기준에 의해 제재를
선정했는지 파악하기 힘든 경우가 많다. 이 연구에서는 제7차 중·고등
학교 한문 교과서에 실린 제재 가운데 산문(散文)을 중심으로 어떤 유형
의 제재가 수록되었는지 분석한 후, 〈난이도〉를 중심으로 제재의 학년
별 위계를 설정하기 위한 기준을 시험적으로 논의해 보겠다.[1]

Ⅱ. 용어의 정의 및 선행 연구 검토

　먼저 이 연구에 사용된 용어에 대한 정의를 간략히 내리고자 한다.
〈제재(Subjects)〉는 글의 중심이 되는 재료를 의미한다. 가공을 하지
않은 본디 그대로의 재료를 '소재'라고 할 때, 글에 이용된 재료를 제재
라고 할 수 있다.[2] 교육학 분야에서는 '가르치기 위한 목적으로 제작된

---

1) Ⅱ장의 유형에 관한 내용은 2007년도에 교육인적자원부 전국 단위 교과교육연구
　활동 지원으로 '전국한문교사모임'에서 수행한 〈제7차 교육과정 중·고등학교 한
　문 교과서 소재 글감 분석을 통한 갈래별 지도법 개발〉 연구 가운데 필자가 담당했
　던 영역으로, 기본적인 유형 분류 과정은 당시 교과서 분석팀과의 공동 논의를 통
　해 진행된 것임을 밝힌다.

교재의 재료'를 〈제재〉라 한다. 이러한 교재관을 〈제재(Subjects)로서의 교재〉라고 부를 수 있다. 제재로서의 교재는 시간·조건·절차·방법 등의 측면에서 교육과정의 통제 아래 체계적으로 마련된 교재를 의미한다. 제재로서의 교재는 교사·학생과의 상관관계 속에 놓이는데, 제재 차원의 교재 가운데 가장 일반적이고 전형적인 형태를 띠는 것이 교과서이다.[3] 교과서는 교육과정의 목표 및 내용에 중점을 두어 그것을 체계적으로 구현한 교재이기 때문이다. 이 연구에서 다룰 〈제재〉는 바로 이러한 교재관을 기반으로 한다. 즉 한문 교재는 한문 교과의 목표와 관련된 제반 자료이며, 한문 교과서는 한문과 교육과정의 목표와 내용을 상세화한 기본 교재이다.

〈난이도(The degree of difficulty)〉는 어려움과 쉬움의 정도이다. 제재의 난이도는 제재를 배울 때 느끼는 어려움의 정도이다. 가르친 경험을 통해 쉽고 어려운 정도를 예상하여 파악할 수도 있지만, 학생들의 학습 경험을 통해 파악할 수도 있다.[4] 하지만 교과서에 수록될 제재를 선정할 때, 학생들의 학습 후 반응을 살피는 것이 현실적으로 쉽지 않다. 그렇기 때문에 가르치는 사람이 배우는 사람의 반응을 어

---

2) 서울대학교 국어교육연구소, 『국어교육학사전』, 대교출판, 1999, 682면.

3) 최현섭 외, 『국어교육학개론』, 삼지원, 2002, 101면.

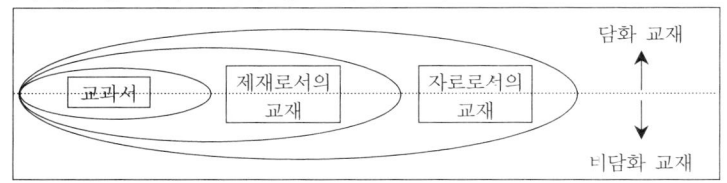

4) 교과서의 난이도에 대한 자세한 연구는 아래 논문 참조.

박경미 외, 「학교 교육과정과 교과서 내용의 과다 정도 및 난이도 수준 분석 연구」, 『교육학연구』 제38권 제4호, 한국교육학회, 2000, 203~224면; 김봉순 외, 「제7차 초등학교 국어과 교과서 제재의 난이도 적정성 검사」, 『독서연구』 제14권, 한국독서학회, 2005, 151~172면.

림짐작하여 제재를 선정하는 경우가 대부분이다. 이 연구에서는 교과
서에 수록된 제재가 배우기에 쉬운지 어려운지 파악하기 위한 방법의
하나로 난이도를 중심으로 제재별 점수를 부여하는 방법을 제안한다.

한국교육과정평가원은 2004년에 각 교과별로 '교육 내용의 적정화'
에 관한 연구를 수행했다. 이때의 〈적정화〉는 "교과 특성에 맞게 교
육 내용을 조정하는 것인 동시에 학습자에 맞게, 교사가 이용할 수
있는 방법적 원리의 적용이 가능하게, 그리고 교육의 여건에 적합하
게 조정하는 교육과정의 정상화"를 의미하며, 결국 "개념적인 차원에
서는 교과 특성이라는 변수, 현실적인 차원에서는 학습자·교사·교
육 여건이라는 변수에 따라 교육 내용을 조정하는 것"을 의미한다.[5]

이 연구에서 다루고자 하는 제재의 〈난이도〉는 제재의 〈적절성〉에
관한 것이다. 〈적절성(relevance)〉은 언어 표현이 의사소통 상황에 알
맞게 쓰이는 정도를 말한다.[6] 이 연구에서는 특히 한문 교과서에 사
용된 산문 제재가 학생들의 학습 상황에 알맞은가를 살피고자 하며,
이를 위해 특히 난이도를 중심으로 한 제재별 위계를 따져 보고자 한
다. 즉, 각 제재가 교과서에 수록되기에 적절한 것인지, 학년별 위계
에 맞게 수록된 것인지를 밝히는 것을 목적으로 한다.

다음으로 선행 연구 성과를 간략히 살피고자 한다. 한문 교과서를
대상으로 한 연구는 한문 교과 교육 분야의 타 영역에 비해 연구 성과
가 풍부하다.[7] 크게 한문 교과서의 내용을 분석한 연구와 한문 교과

---

5) 송현정 외, 『국어과 교육 내용 적정성 분석 및 평가(RRC-2004-1-2)』, 한국교
   육과정평가원, 2004, 7면.
6) 서울대학교 국어교육연구소, 『국어교육학사전』, 대교출판, 1999, 660면.
7) 김상홍, 「제7차 교육과정에 의한 고등학교 한문 교과서의 문제점-한시 단원을
   중심으로」, 『한문교육연구』제20호, 한국한문교육학회, 2003; 김연수, 「고등학교
   『漢文』교과서 漢詩 단원 구성 체제의 비판적 고찰」, 『한자한문교육』제19집, 한

서의 체계·구성을 분석한 연구로 양분할 수 있다. 한문 교과서와 관련된 선행 연구 성과 중에 황선휘의 연구와 김희정의 연구물을 살피겠다. 황선휘의 연구는 서설류(書說類), 비지류(碑誌類), 애제류(哀祭類)를 중심으로 산문 제재의 교재화를 다룬 연구라는 점에서, 김희정의 연구는 한문 교과서의 제재 선정에 관한 기준과 원리를 체계적으로 밝힌 연구라는 점에서 의의가 있다.

황선휘는 한문 산문에 대한 학계의 축적된 연구 성과에 비해 한문 산문의 교육적 활용도가 매우 낮은 점을 지적하면서, 제7차 교육과정기의 교과서가 제6차 교과서의 산문을 대부분 그대로 사용하고 있는 점, 교과서에 실려 있는 산문의 문장 유형 가운데 전체 한문 산문의 90%를 경자류(經子類), 사전류(史傳類), 잡기류(雜記類), 논변류(論辨類) 등이 차지하고 있는 점, 각각의 산문 문장 유형들이 한 시대에 편중되어서 수록되어 있는 점, 『한문고전』이 『한문』의 상위 교재임에도 불구하고 같은 내용의 산문들이 수록되어 있는 점 등을 지적한다. 특히 황선휘는 한문 산문의 여러 유형 가운데 서설류, 비지류, 애제류의 문예미(文藝美)에 주목하고, 세 유형 가운데 고등학교 한문 교과서에 실을만한 문장을 선정하여 교재화하고 이에 따른 수업 모형까지 함께 제시한다.[8] 다만 이 연구는 산문 문장을 선정하는 기준이 모호하다는 점을 지적할

국한자한문교육학회, 2007; 노인숙, 「고등학교 한문과 한문 소설 교수 학습 모형 연구」, 『한자한문교육』 제10집, 한국한자한문교육학회, 2003; 송병렬, 「漢文科 教科書의 諸問題와 바람직한 方案」, 『漢文學報』 제14집, 우리한문학회, 461~496면, 2006; 오혜진, 『한·중·일 교과서의 한시 단원 비교』, 한국교원대 석사논문, 2007; 우성월, 『고등학교 한문 교과서의 분석적 연구』, 대구가톨릭대 석사논문, 2003; 최미숙, 『고등학교 한문 교과서에 수록된 한국 역사 산문 지도방안 연구』, 한국교원대 석사논문, 2002.

8) 황선휘, 『한문 산문의 教材化에 관한 연구—서설류, 비지류, 애제류를 중심으로』, 부산대 석사논문, 2004, 89면.

뿐, 제재를 선정하는 기준을 구체적으로 제시하지 못했다.

김희정은 교육과정의 올바른 운영을 위해 교과서의 제재를 선정하는 작업이 매우 중요함에도 불구하고 지금까지 한문과 제재를 선정하기 위한 기준이 제시된 것이 없음을 지적하면서, 교과서에 실릴 제재를 선정하는 기준과 선정된 제재가 한문과 교육과정에서 추구하는 목표에 타당한가를 탐구하고 그 결과를 바탕으로 한문과 제재 선정의 문제점과 개선 방향을 모색한다.9) 특히 김희정은 한문과 제재 선정의 원리를 추출하고 이를 바탕으로 제재 선정의 기준과 고려해야 할 요소를 제시한다. 구체적으로 소개하면, 선정 기준으로 교육과정 적합성, 학습목표 구현성, 학습자 연관성, 문학성, 가치성의 다섯 항목을 세운 뒤 각각의 항목에서 고려해야 할 요소를 자세히 밝히고 있다. 다만 이 연구는 선정 기준에 따른 구체적인 제재에 관한 분석이 없다는 점이 다소 아쉽다.

Ⅲ. 제7차 중·고등학교 『한문』 교과서 산문 제재의 유형 분석

이 연구에서 분석 대상으로 삼은 한문 산문 제재는 교과서에 실린 제재 가운데 한문 단문이나 한시를 제외한 것이다.10) '한문 산문'은 자수나 운율 등의 외형적 규범에 얽매이지 않고 자유롭게 쓴 글로, 한시와 상대되는 글을 말한다.11) 〈표 2〉는 이 글의 분석대상인 교과서에

---

9) 김희정, 『한문과 제재 선정에 관한 연구』, 한국교원대 석사논문, 2007, 20면.
10) 이러한 용어는 2007년 개정된 한문과 교육과정에 따른다. 이에 따르면 '한문 短文'은 예로부터 널리 전해지거나 알려진 격언, 속담, 명언·명구, 기타 한문 교육에 활용하기 위하여 만든, 하나의 문장으로 이루어진 짧은 글 등을 지칭하는 것이다. 개정된 한문과 교육과정은 『중·고등학교 한문 선택과목 교육과정 개정 시안 연구 개발』(연구보고 CRC2006-31, 한국교육과정평가원, 2006)을 참조.
11) 이에 대한 자세한 내용은 『중학교 교과재량활동 I (한문, 정보, 환경) 교육과정

실린 산문 제재 목록이다. 제재의 제목만을 가나다순으로 정리했다.[12]

〈표 2〉교과서에 수록된 산문 제재 목록

嘉俳, 刻舟求劍, 姜邯贊, 거북선, 劍女, 見危致命, 鏡說, 京城, 高潔, 고구려의
榮光, 공당으로 문답함, 科擧論, 九雲夢, 國是, 宮城, 勸學文, 그래야 내 마음이
편하니, 그림자, 金炳淵, 琴師 金聖器, 錦繡江山, 金時習, 金堤上, 騎牛翁, 金
剛山, 꿈풀이, 老子, 論介, 論語, 農者, 茶山, 檀君, 斷機之教, 大東輿地圖, 大
學, 도로 네 눈을 감아라, 讀書, 돌싸움을 한 까닭, 東盟, 東明王篇, 동아시아의
수학, 동학4강령, 登龍門, 樂書孤存, 만덕, 孟子, 矛盾, 목숨과 바꾼 사랑, 목숨
을 구한 지혜, 猫項懸鈴, 妙香山, 無窮花, 墨子, 物之數量, 尾生之信, 民生, 민
영환의 우국충정, 渤海考序, 背水之陣, 백결선생, 白頭山, 백성을 위한 정치,
伯俞之孝, 卜居, 父母怒之, 不言長短, 朋黨論, 빛의 굴절현상, 射琴匣, 師說,
捨人從蛙, 相得, 上元, 새야 새야 파랑새야, 石戰, 善德女王, 설날, 成功, 歲寒
圖, 솔거, 送僧之楓岳, 宋人得玉, 首揷石枏, 守株待兔, 荀子, 僧換押吏, 시를
짓는 아들에게, 新羅의 科學技術, 信義, 實錄, 我國諸山, 眼鏡, 安重根, 愛惡箴
竝序, 野鼠婚, 養竹記, 漁父辭, 言路, 여왕을 사랑한 남자, 闇田論, 燕巖, 延烏
郎 細烏女, 列子, 迎鼓, 영조의 간택, 오리, 五十步百步, 溫達, 王祥之孝, 元日,
惟政, 六友堂記, 栗谷, 의로운 여종, 醫山問答, 醫貟 趙光一, 이생규장전, 李
澄, 이항복의 스승 공경, 人心最深, 忍辱而待, 仁義, 日月, 임금님 귀는 당나귀
귀, 刺客列傳, 自警文, 自畫像贊, 雜說, 張保皐, 莊子, 猪喫瀑布, 赤壁賦, 錢論,
正直, 齊家, 종달새, 周鄭交惡, 中庸, 지구는 둥글다, 指鹿爲馬, 智異山, 智異
山, 知恩, 知音, 지리산가, 盡買腐肉, 짝 잃은 앵무새, 借鷄騎還, 車戰, 創造精
神, 崔茂宣, 崔北傳, 崔瑩, 崔興孝, 春夜宴桃李園序, 春香傳, 忠武公, 忠節, 針
隱 趙光一, 토끼의 간, 通商惠工, 退溪, 佩鈴自戒, 平等의 꿈, 風俗畫, 學問, 한
가위, 漢拏, 韓半島, 韓非子, 咸興差使, 向得, 鄕約, 鄕約, 許生傳, 玄琴, 兄弟
投金, 狐假虎威, 好好先生傳, 婚禮, 弘益人間, 花郎, 黃眞伊, 淮南子, 孝, 효녀
지은, 孝親, 後赤壁賦, 訓民正音, 흩어진 가족을 찾아서

해설 연구 개발』(연구보고 CRC2007-24, 한국교육과정평가원, 2007)을 참조.
12) 전국한문교사모임, 「문장수업 그 세 번째 이야기」, 『2007 여름자주연수 자료집』,
2007, 8면.
"분석 작업에 사용한 중학교 한문 교과서는 동화사, 새한교과서, 중앙교육진흥연
구소, 지학사, 문원각, 민중서림의 1, 2, 3학년 교과서이고, 고등학교 한문 교과서
는 현재 사용 중인 10종 교과서를 통합한 『고등학교 한문 통합교재』이다. 중복된
것은 다음의 기준에 따라 정리하여 하나의 파일로 완성했다. i) 동일한 문장일 경
우 중략이 많은 것을 삭제, ii) 중학교, 고등학교 교과서에 모두 사용된 제재의 경
우 고등학교 것을 삭제, iii) 중학교, 고등학교 교과서에 모두 사용되었으나 크게
중략되어 의미나 흐름에 변화가 생겼다면 모두 입력."

이들 작품을 분석하기 위해 어떤 기준으로 분류할 수 있을까? 우선
『고등학교 교육과정 해설서』(이하『해설서』)의 한문 산문 문체에 따른
분류를 고려할 수 있다.13) 그런데 예비 분석 결과, 여러 전적에 수록
된 다양한 문체를 제시한『해설서』의 분류는 이 연구의 제재 분류 기
준으로 적절하지 않다. 왜냐하면 이 연구에서는 '학생들이 배우기에
적절한가?'를 최우선의 기준으로 삼는데,『해설서』의 분류는 학생들
에게 가르치기 위한 지식으로 변형되어 소개된 것이 아니라, 교과내
용학 지식이 교수학적(敎授學的) 변환(變換) 없이 그대로 실려 있어 학
생들이 배우기에 다소 어렵기 때문이다. 물론 2007년에 개정된 한문
과 교육과정에 따르면 산문의 유형을 크게 '說理文, 史傳文, 雜記文,
實用文'으로 분류하고 있어 이전 교육과정의 분류에 비해 학생들의
학습 용이함을 매우 높였다고 할 수 있다. 이 연구에서는 교과서에
수록된 제재를 개별적으로 분석한 후, 이러한 기준을 참고하여 다시
다음과 같은 몇 개의 유형으로 분류하고자 한다.

우선 설화, 소설, 한 개인의 일화로 구분할 수 있다. 이것은 이야기
를 통해 인물의 언행이나 사건의 경과를 서술한다는 공통된 특징을
내세워 〈서사(敍事) 제재〉로 묶을 수 있다. 다음으로 비교·대조를 통
해 제시하거나 분류·분석 등을 통해 설명하는 글로 구분할 수 있다.
이것은 사물의 이치를 따지거나 무엇인가를 주장하여 독자를 설득하
다는 공통된 특징을 내세워 〈논설(論說) 제재〉로 묶을 수 있다. 다음
으로 유래를 밝히거나 풍속이나 지리 도성의 형세를 서술한 글이나
문예 비평을 위한 글로 구분할 수 있다. 이것은 〈잡기(雜記) 제재〉로

---

13) 교육부,『고등학교 교육과정 해설-한문-』, 1997, 73면 참조. "論辨類, 奏議類,
    書牘類, 序跋類, 詔令類, 贈序類, 傳狀類, 碑誌類, 雜記類, 箴銘類, 頌讚類, 哀祭
    類, 辭賦類, 小說類"

묶을 수 있다.

물론 제재에 따라 이상과 같은 세 유형에 전혀 해당되지 않거나 한 제재에 두 개 이상의 유형이 혼재된 제재도 있을 수 있다. 그래서 각각의 제재들이 칼로 자르듯이 명확히 유형별로 구분되진 않는다. 또한 이 연구에서 다루는 유형별 분석이 현재 학계에서 통용되는 분류 체계를 따르거나 개정된 『해설서』에 제시된 분류를 전적으로 따르고 있진 않다. 물론 공적(公的) 문서(文書)인 『해설서』에 따라 유형을 분석하는 것이 매우 유용하고 설득력이 있겠지만, 이 연구에서는 전술(前述)했듯이 '학생들이 배우기에 적절한가?'를 중심으로 학생들의 이해력을 높이기 위해 필요한 학습 요소들을 고려하여 유형별 분류를 시도하고자 한다. 이제 세 가지 유형의 제재들이 가진 특징과 시사점, 문제점, 유형별 지도 방법, 제재별 위계 설정에 대해서 간단히 분석해 보고, 특히 〈서사 제재〉에 속하는 작품들을 예로 들어 제재의 난이도 설정을 위한 논의를 시험적으로 의론해 보겠다.

1. 각 유형별 분석

먼저 〈서사 제재〉이다. '서사'는 기본적으로 이야기이다. 하지만 서사를 '이야기'로 곧바로 바꿔 말하기에는 곤란한 점이 있다. 서사 제재라는 용어에서 '서사'는 한문 교과서에 실린 제재 가운데 '사건을 구체적인 시간의 흐름 속에서 언어로 풀어 놓은' 서술 방식의 제재를 분류하기 위해 세운 것이다. 즉 교과서에 수록된 제재 가운데 비슷한 유형의 제재를 묶기 위한 용어이지, 학문적으로 개념 정의되는 '서사'와는 다소 다르다.

서사에 해당하는 제재는 대개 사실 세계를 대상으로 하는 글과 허구적인 상상의 세계를 대상으로 하는 글로 양분할 수 있다.14) 허구적인 상상의 세계를 대상으로 하는 제재는 다시 '상징'이나 '신화적 상상력'이 담긴 글과 재미있거나 특이한 이야기를 채록한 글로 세분할수 있다.15)

서사 제재의 경우 작품의 일부분만을 제재로 삼은 것을 문제점으로지적할 수 있다. 서사 제재는 한시나 단문 등의 다른 영역에 비해 글의 길이가 길다. 그래서 대부분의 경우 작품에서 필요한 부분을 떼어내서 교과서에 수록한다. 글의 온전한 감상을 위해서는 작품 전체를수록하는 방법이 바람직하겠지만 현실적으로 어렵다. 따라서 글의 내용을 요약해서 제공하거나 나머지 부분을 번역문으로 제시하는 방안을 고려할 수 있다.

또 다른 문제점은 다양한 제재의 부재이다. 한문교육용 기초한자의제한 때문인지, 적당한 제재의 빈곤 때문인지는 알 수 없으나, 다양한 제재가 소개되지 않았다. 한국고전번역원이나 한국학중앙연구원에서 일반인이나 학생들이 읽을 만한 산뜻한 번역서들이 많이 나오고있다. 이러한 학계의 연구 성과를 적극 수용, 학생들이 학습하기에재미있고 흥미진진한 이야기 자료를 많이 찾아내어 교과서 제재로 활

---

14) 우한용 외, 『서사교육론』, 동아시아, 1998, 6면.

15) 사실 세계를 대상으로 하는 글은 실제 존재했던 인물의 성격이나 활동, 인물의 능력을 드러낸 글이다. 즉 실존 인물을 소재로 하여 그와 관련된 사건을 다룬 逸話이다. 교과서 제재 가운데 '針隱 趙光一'을 예로 들 수 있다. 상상의 세계를 다룬 글가운데 '상징'이나 '신화적 상상력'이 담긴 글은 한 민족 사이에 口傳되어 오는 이야기 가운데, '상징적 요소'가 담긴 글이다. 이러한 글은 겉에 드러난 의미를 파악하는 1차적인 독해 외에 裏面에 함축되어 있는 '상징적 요소'를 이해하는 단계가 필요하므로, '서사 제재' 가운데 난이도가 가장 높다고 할 수 있다. 교과서 제재 가운데 '弘益人間'을 예로 들 수 있다. 상상의 세계를 다룬 글 가운데 재미있거나 특이한 이야기를 채록한 글은 작가가 구성하여 기록한 이야기 가운데 특히 재미있거나 특이한부분이 담긴 글이다. 교과서 제재 가운데 '借鷄騎還'을 예로 들 수 있다.

용하는 것도 하나의 대안이라 할 수 있다.

분석 작업을 계기로, 서사 제재의 위계를 고민해 보고, 적당한 지도 방법을 모색할 수 있다. 예를 들어 '서사 제재' 가운데 인물의 성격이나 능력이 소개된 글을 가르친다면, 글에 나온 인물에 대한 기초적인 정보를 학생들에게 제공하고, 글을 배운 후 인물의 면모(面貌)에 대해 서로 이야기해 보는 시간을 갖도록 지도하는 방법을 모색할 수 있다. '상징'이나 '신화적 상상력'이 담긴 글을 가르친다면, 글 속의 '상징적 요소'가 글을 이해하는 데 중요한 의미를 가진다는 점에 주목할 수 있다. 교사는 그 글에 해당되는 지역이나 소재의 특성, 해당 민족과의 관련성 등을 간단히 소개하는 자료 등 제재의 '상징적 요소'와 관련된 자료를 학생들에게 제시해 주고, 이를 통해 학생들의 학습 참여를 이끌어 낼 수 있다.

서사 제재에 해당하는 글에 대한 위계를 설정하는 일은 쉽지 않다. 다만 다음 몇 가지를 시도할 수 있다. 첫째, 제재 가운데 비교적 평이한 서술 형태를 가지고 있어서 글의 외면에 드러난 정보만으로 의미 파악이 가능한 글은 비교적 접근하기 쉬우므로 가장 낮은 수준으로 배치한다. 둘째, 글을 이해하기 위한 배경 지식이 필요한 제재를 그 다음 위계에 배치한다. 셋째, 상징이나 신화적 상상력이 포함되어 있어 자료 조사와 더불어 보다 심화된 사고 과정이 필요한 글을 위계의 높은 곳에 배치한다.

다음은 〈논설 제재〉이다. 〈논설 제재〉는 주장과 설명을 위해 쓰인 글을 분류한 것이다. 여기에 해당하는 제재들은 대개 '교훈', '분류와 분석', '비교와 대조', '예시', '유추', '인과', '정의'의 성격을 가진 글이다.[16)

〈논설 제재〉를 분류하면서 발견한 문제점 가운데 가장 큰 것은 절록(節錄)이다. 서사 제재와 마찬가지로 전체 글을 다 실을 수 없기 때문에 절록은 어쩔 수 없는 것이기도 하지만, 절록이 심하여 글의 본의를 해치는 경우도 발생하고, 글의 논리가 흩어져 이상한 글이 되기도 한다. 또 다른 문제점은 한문교육용 기초한자의 소화에 초점을 맞춰서인지 학생들의 수준에 맞지 않거나 지나치게 추상적인 제재가 수록된 것이다. 예를 들어 『老子』 1장은 그 의미가 은미하여 학자들도 해석과 이해를 두고 주장을 달리하는 부분이므로 중학교 교과서에 싣기엔 다소 무리라고 할 수 있다. 제목이 글의 주제를 흐리는 경우도 있다. 모 교과서의 「通商惠工」이 대표적인 예이다. 그 원제는 「通江南浙江商舶議」로 '중국으로 상선을 운항하자'는 주장임을 알 수 있는데 「通商惠工」을 제목으로 하면 '상공업의 육성'을 글의 주된 논지로 착각할 가능성이 있다.

　논설 제재에 대한 개별 작품 분석은 한문 교과서 제재의 난이도나 위계 설정에 어느 정도 기여할 수 있다. 물론 학생들의 학교 급별이

---

16) '교훈'은 주장이 담겨 있기는 하지만 논리적 주장이나 설득을 위한 과정이 나타나기보다, 교훈이나 경계의 전달을 목표로 하는 제재이다. 대체로 해석이 평이하고 내용 이해를 위해 보다 깊은 사고가 필요하지 않는 경우가 대부분이라 위계의 하위 부분에 올 수 있다. 단, '잡기'보다는 위계의 상위 부분에 올 수 있다. 잡기에 비해 교훈의 경우 학문하는 자세나 마음가짐 등에 대한 충고가 많기 때문이다. 교과서 제재 가운데 '學問'을 예로 들 수 있다. '분류·분석'은 어떤 대상을 나누거나 비슷한 것을 묶는 전개 방식으로 자신의 생각을 전달하는 방법이다. 교과서 제재 가운데 '卜居'를 예로 들 수 있다. '비교·대조'는 대상의 특성을 서로 견주거나 맞대어 유사성이나 차이점을 설명하는 방식이다. 교과서 제재 가운데 '朋黨論'을 예로 들 수 있다. '예시'는 주장을 구체화하기 위해 예를 들어 설명하는 방식이다. 교과서 제재 가운데 '지구는 둥글다'를 예로 들 수 있다. '유추'는 독자에게 낯선 개념이나 상황을 친숙한 다른 것에 비유하여 설명하는 방식이다. '人性之善也 猶水之就下也'와 같은 글을 예로 들 수 있다. '인과'는 어떤 원인에서 초래되는 결과를 서술하는 전개 방식이다. 교과서 제재 가운데 '墨子'를 예로 들 수 있다. '정의'는 개념의 정의를 중심으로 자신의 주장을 전개하는 방식이다. 교과서 제재 가운데 '國是'를 예로 들 수 있다.

나 학년별 인지 발달에 대한 연구를 바탕으로 해야 하겠지만, 적어도 제재의 이해를 위해 어떤 사고 활동이 요구되는지에 대한 기초적인 분석이 가능하다. '교훈', '인과' 등 글의 주제가 글의 표면에 잘 드러나 있는 제재는 위계의 낮은 쪽에 위치하고, '분류와 분석' '비교와 대조' 등 비교적 단순한 정신 활동을 통해 이해할 수 있는 제재나 '유추' 등과 같이 유비 추리 등의 정신 활동을 필요로 하는 제재는 위계의 높은 쪽에 위치하는 것이 좋겠다. '정의'는 위계의 낮은 쪽에 위치하는 것이 좋겠으나 지나치게 어렵고 추상적인 개념이 나온다면 보다 높은 쪽에 위치시키는 것이 좋겠다. '예시' 역시 위계의 낮은 쪽에 위치하는 것이 좋겠으나, 다른 교과 지식을 바탕으로 해야 한다면 위계의 높은 쪽에 위치시키되 해당 지식의 습득 시기 등을 고려하여 결정하는 것이 좋겠다.

다음은 〈잡기 제재〉이다. 〈잡기 제재〉는 교과서에 실린 제재 가운데 지리, 풍속, 기행문, 시화 또는 사물과 명칭을 서술한 글을 분류한 것이다. 여기에 해당하는 제재들은 대개 어떤 것의 유래를 밝힌 글, 또는 어떤 양태나 형세를 서술한 글이다.[17)]

현행 한문 교과서에서 〈잡기 제재〉의 유형으로 분류할 수 있는 제재를 분석하면서 발견된 문제점은 제재 선택의 기준이 명확하지 않다는 점이다. 대부분의 제재가 단순한 서술 구조를 가지고 있거나, 해석 이후 더 이상의 학습 요소를 추출하기 힘들다. 교육과정 내에서

---

17) '관련 일화 등을 들어 유래를 설명하는 글'은 특정 대상이 가진 유래 등을 설명하는 글이다. 교과서 제재 가운데 '꿈 풀이'를 예로 들 수 있다. 이 글은 釋王寺의 명칭 유래를 다룬 글이다. '시의 유래를 밝힌 글'은 특히 '詩話'라고 하는데, 채수와 무일의 이야기를 예로 들 수 있다. '풍속에 관한 기록'은 교과서 제재 가운데 '嘉俳'를 예로 들 수 있고, 지리나 도성 따위의 형세를 설명한 것은 교과서 제재 가운데 '智異山'이나 '宮城'을 예로 들 수 있다.

텍스트의 문제는 학습 활동 이외에 평가와도 맞물려 있는데, 잡기 제재는 수업 시간에 본문 풀이 외에 마땅히 학습할 요소가 없다. 교사의 입장에서는 이런 제재를 다루기가 매우 어렵다. 특별한 학습 요소와 평가 요소를 찾기 어렵기 때문이다. 이러한 사정으로 인해 평가 문항 제작에 있어서 제재의 본질적인 내용에 관한 문항보다는 지문의 내용을 단순히 묻거나 교육과정상의 다른 영역을 평가하는 제재로 이용하는 등 많은 어려움이 따른다.

　개정된 한문과 교육과정은 크게 한문, 한문 지식으로 나뉜다. 이중 한문 영역은 다시 읽기, 이해, 문화로 나뉘는데, 기존의 한자·한자어·한문 영역에서 벗어나 한문 문화 교육의 길을 열어 놓았다. 〈잡기 제재〉로 분류된 글들은 한문과 영역의 '문화'에서 중요한 역할을 담당할 수 있다. 우선, 소재가 친숙하고 흥미로우며 해석도 평이하여 처음 한문을 접하는 학생들에게 적합하다. 또한 전통 문화에 관한 기록이 많기 때문에, 전통 문화를 이해하고 평가하여 비판적으로 계승한다는 개정 교육과정의 목표와도 잘 들어맞는다. 다만, 앞에서 지적한 것처럼 학습 요소와 평가 요소와 관련된 문제점을 해결할 수 있는 방안이 필요하다.

2. 〈서사 제재〉의 세부 유형 분석

　〈서사 제재〉는 기본적으로 플롯을 가지고 있기 때문에 사건의 전후를 알 수 있도록 가급적 글의 전문(全文)을 실어 주는 것이 교수·학습에 도움이 된다. 그러나 교과서의 서사 관련 제재를 분석한 결과 글의 전문이 실린 경우보다 절록하여 실린 경우가 많았다. 차후 교과서 집필할 때 개선될 필요가 있다. 이와 같은 성격의 글을 지도할 때는 제재에서 말하고자 하는 중심 내용이 무엇인지 학생들에게 먼저 질문하여 능동적인 학습이 이뤄지도록 해야겠다. '서사 제재'는 다른 유형의 제재와 구분되는 특징에 따라 크게 i) 인물의 성격이나 능력을 드러내기 위해 서술된 것(일화), ii) 상징이나 신화적 상상력을 통해 이해할 만한 것(전설, 신화), iii) 재미있거나 특이한 이야기를 채록한 것(설화 가운데 전설과 신화를 제외한 글, 소설)으로 나눌 수 있다.

먼저 '인물의 성격이나 능력을 드러내기 위해 서술된 것'은 실제 존재했던 인물의 성격이나 활동, 인물의 능력을 드러낸 제재를 의미한다. 즉 실존 인물을 소재로 하여 그와 관련된 사건을 다룬 逸話이다. 특별한 典故를 요하지 않고 평이하게 풀이되므로, '서사 제재'의 가장 쉬운 단계로 설정할 수 있다. 이 유형의 예로 들 수 있는 제재는 〈표 2〉의 제재 가운데 「相得」이다.

〈표 3〉 교과서에 수록된 「相得」

ⓐ 熊川州 有向得舍知者
ⓑ 年凶 其父幾於餓死, 向得 割股以給養.
ⓒ 州人 具事奏聞.
ⓓ 景德王 賞賜租五百石.

「相得」의 출전은 『三國遺事』이다. ⓐ에서 이야기의 주인공을 소개하고 있다. ⓑ, ⓒ에서 이 일화의 중심 사건을 간략히 소개하고 있다. 마지막으로 ⓓ에서 이 일화의 교훈적인 측면을 다루고 있다. 따라서 교사는 '일화'를 지도할 때 먼저 실존하는 인물인 주인공에 대해 파악할 수 있도록 지도하고, 그 뒤에 주된 사건이 무엇이고 어떻게 전개되는지 함께 알아보고, 해당 제재가 교과서에 왜 실렸을지 학생들이 스스로 알 수 있도록 안내해야 하겠다.

서사의 다음 유형은 '상징이나 신화적 상상력을 통해 이해할 만한

것'이다. 이것은 한 민족 사이에 구전되어 오는 이야기를 다룬 제재
가운데 한 고을이나 한 마을의 역사적인 얘기인 '傳說'과 우주의 기
원, 신이나 영웅의 사적, 민족의 태고 때의 역사 등 어떤 神格을 중심
으로 창조나 기원에 관한 전승 설화인 '神話'로 구분할 수 있다. 이
유형의 예로 들 수 있는 제재는 〈표 2〉의 제재 가운데 「弘益人間」이
나 「임금님 귀는 당나귀 귀」이다.

〈표 4〉 교과서에 수록된 「弘益人間」

> ⓐ 昔 有桓因庶子桓雄.
> ⓑ 數意天下, 貪求人世, 父知子意, 下視三危太伯, 可以弘益人間.
> ⓒ 乃授天符印三箇, 遣往理之.
> ⓓ 雄率徒三千, 降於太伯山頂神壇樹下, 謂之神市, 是謂桓雄天王也.

설화는 말로 전승된 옛 이야기로, 우리 민족의 정서와 문화가 고스
란히 녹아 있다. 이러한 특징으로 인해 이야기가 일반 언중이 쉽게
기억할 수 있는 흥미롭고 재미있는 구조를 갖추었음을 알 수 있다.
특히 '전설'이나 '신화'는 갈래별 특성을 학생들에게 적절하게 지도해
야 한다. 전설의 경우, 그 전설에 해당하는 지역의 특성을 소개하는
것이 필요하고, 신화의 경우 민족의 정체성과도 긴밀하게 연관된 것
이므로 민족의 문제와 연관하여 소개하도록 한다. 〈표 4〉에 제시된
제재는 '신화'에 해당한다. ⓐ를 통해 신화의 주인공을 알 수 있다.
ⓑ~ⓓ에서 상징적인 대상들을 제시한다. 이러한 상징물은 신화에서
매우 중요하므로, 학생들이 명확하게 파악하고 상징물의 의미까지 이
해할 수 있도록 지도해야 한다.

특히 학생들에게 이와 같은 설화를 지도할 때는 이야기의 흥미로운
구조를 파악할 수 있도록 지도한다. 물론 처음 구연되던 이야기가 오
랜 세월 많은 사람들의 입에서 입으로 전해지는 과정에서 견고한 구

조를 갖추게 되어 나름의 전승력을 갖추었음을 학생들에게 알게 하는 것도 필요하다.

〈표 5〉 교과서에 수록된 「임금님 귀는 당나귀 귀」

> ⓐ 新羅第四十八代.
> ⓑ 景文大王, 登位, 王耳忽長如驢耳.
> ⓒ 王后及宮人, 皆未知, 唯幞頭匠一人知之, 然生平不向人說.
> ⓓ 其人將死, 入道林寺竹林中無人處, 向竹唱云, "吾君耳如驢耳".
> ⓔ 其後, 風吹則竹聲云, "吾君耳如驢耳".
> ⓕ 王惡之, 乃伐竹而植山茱萸, 風吹則但聲云, "吾君耳長".

〈표 5〉의 제재가 소설로 구분될 수는 없지만, '이야기'가 가지는 특성에 따라 인물 · 배경 · 사건의 세 가지 요소를 갖추고 있다. 먼저 ⓐ에서 시대적 배경을 알 수 있고, ⓑ에서 주인공 인물을 파악할 수 있으며, 그 뒤에 나오는 ⓒ~ⓕ는 사건에 해당한다. 따라서 '설화'를 지도할 때는 먼저 학습자가 인물 · 배경 · 사건을 파악할 수 있도록 안내하고, 그 뒤에 이 이야기의 주제가 무엇인지 알 수 있도록 지도해야 한다. 특히 주제를 파악할 때는 학생들의 발언을 적극적으로 끌어내어 다양한 주제 의식을 잡아내고 토론을 통해 보편타당한 주제를 잡아내는 교수 · 학습 방법을 사용해도 좋다. 학생들은 이와 같은 제재를 통해 선조들의 삶의 지혜, 자연과 목숨을 소중히 하는 마음, 세상을 바로 보는 법 등을 학습할 수 있으며, 교사는 학생들로 하여금 설화를 통해 배운 것을 재창조할 수 있도록 지도할 수 있다.

서사의 마지막 유형은 '재미있거나 특이한 이야기를 채록한 것'이다. 이것은 말로 전승된 이야기 가운데 '전설'과 '신화'를 제외한 제재(민담 등)이며, 또한 작가가 의도적으로 일정한 구조를 갖추어 허구적으로 기록한 제재(소설)를 의미한다. 이 유형의 예로 들 수 있는 제재는 〈표 2〉의 제재 가운데 「許生傳(그래도 양반)」이다.

〈표 6〉 교과서에 수록된 「許生傳」

ⓐ 一日 妻甚飢 泣曰 "子平生 不赴擧 讀書何爲". 許生 笑曰 "吾讀書未熟".
ⓑ 妻曰 "不有工乎", 生曰 "工未素學 奈何".
ⓒ 妻曰 "不有商乎", 生曰 "商無本錢 奈何".
ⓓ 其妻 忿且罵曰, "晝夜讀書 只學奈何 不工不商 何不盜賊".
ⓔ 許生 掩卷起曰, "惜乎 吾讀書 本期十年 今七年矣" 出門而去 無相識者.
ⓕ 直之雲從街 問市中人曰, "漢陽中誰最富", 有道卜氏者

　'서사 제재'의 하위 유형인 '소설'과 '민담'은 서로 구분될 수 있지만 공통점 또한 많기 때문에 하나의 유형으로 분류한다. '민담'은 일반 언중들 사이에서 구전되는 이야기이다. 그러한 이야기의 기록이 오늘날까지 전수된다. 여기에서는 '소설'에 대해서만 언급하겠다.

　소설의 특징을 고려해 볼 때, 주장을 피력한 논설과도 구별되며, 사실을 기록한 일화와도 구별된다. 소설을 지도할 때는 소설 구성의 3요소에 맞춰 제재의 줄거리나 내용뿐만 아니라 등장인물의 상황이나 갈등, 작품의 배경 등을 파악할 수 있도록 안내해야 한다. 〈표 6〉을 예로 들 때 「허생전」의 원문 전체가 소개되지 않았기 때문에 내용 파악이 어렵고, 작품 전체의 구성 단계를 파악할 수 없어서 교사의 설명에 의존할 수밖에 없다. ⓐ~ⓕ는 해당 작품의 줄거리가 전개되는 부분으로, 등장인물, 갈등 상황, 작품의 배경 등이 소개되어 있다. 한문 소설은 특히 다른 한문 작품에 비해 길이가 길다. 따라서 교사는 학생들이 작품 전체의 줄거리를 파악하고 본문 내용을 이해할 수 있도록 다양한 방법으로 작품을 제시해야 한다. 예를 들어, 작품의 일부를 요약하여 제시하거나, 핵심 부분을 한문 원전으로 제공하되 그 외의 부분은 번역하여 제시하는 등의 방법을 통해 학생들이 작품 내용을 파악할 수 있도록 안내한다. 이러한 점은 차기 교육과정의 교과서를 집필할 때 참고가 될 만하다.

'서사 제재'를 분석하면서 도출된 가장 큰 문제점은 이 유형의 공통된 학습 요소나 학습 활동에 대한 내용이 교육과정에 구체적으로 제시되지 않은 점이다. 물론 이 점은 산문 제재의 다른 유형인 '논설 제재'나 '잡기 제재'에도 마찬가지로 적용될 것이다. 하지만 세 유형 가운데 가장 많은 비중을 차지하는 것이 '서사'라는 점을 고려할 때, 최소한 '서사' 유형에 관해서는 구체적인 학습 목표, 학습 요소, 교수 · 학습 활동에 대한 것이 자세히 안내되어야 하겠다. 또한 '서사 제재'의 하위 유형을 다룰 때 다른 하위 유형과 구별되는 특징과 대표적인 제재를 가급적 명확히 제시하는 방안도 차기 교육과정을 개발하기 전에 심도 있게 연구될 필요가 있다.

Ⅳ. 제7차 중 · 고등학교 『한문』 교과서 산문 제재의 학년별 위계 설정

한문 교과서에 들어갈 제재의 학년별 위계는 어떻게 설정할 수 있을까? 다양한 방법을 생각해 볼 수 있지만, 제재의 난이도에 따라 학년별 위계를 설정하는 방법을 생각할 수 있다. 제재의 난이도는 어떻게 정할 수 있을까? 다양한 방법을 생각해 볼 수 있지만, 이 연구에서는 한문교사들이 현장에서의 경험을 공유하며 귀납적으로 도출한 '기준'에 따라 점수를 부여하고, 이에 따라 난이도를 정하는 방법을 시도하고자 한다.[18] 이때의 점수 부여 방식은 학생들이 한문 원문을 풀이

---

18) 이러한 기준은 중 · 고등학교 현장에서 한문을 가르치면서 경험적으로 도출된 것으로, 이론에 바탕을 둔 것이라기보다 현장 교사들의 경험에 바탕을 둔 것이기에 다분히 주관적임을 밝힌다. 다만 이러한 난이도 설정 방식은 학생들의 '학습 중 어려움'을 무엇보다 중요한 기준으로 삼았다는 점에서 의의를 찾을 수 있다.

할 때 특정한 학습 요소가 포함되어 있을 경우 그렇지 않은 제재보다 더 어렵게 여긴다는 점에 착안하여, 특정한 학습 요소에 따라 점수를 다르게 부여하는 방식이다.

우선 교육과정 내에서 난이도의 기준을 찾을 수 있다. 2007년 개정된 교육과정에 따르면, 영역을 '한문'과 '한문 지식'으로 대분(大分)한 후, '한문'은 '읽기', '이해', '문화'로, '한문 지식'은 '한자', '어휘', '문장'으로 구분하고 있다.[19] 난이도 설정 기준은 각 내용 영역의 하위 요소에서 도출될 수 있다. 예를 들어, '읽기' 영역에서 '산문의 읽기와 풀이'는 '한문 산문을 소리 내어 읽을 수 있다', '한문 산문을 끊어 읽을 수 있다', '한문 산문을 바르게 풀이할 수 있다'로 위계가 나뉘는데, 이러한 위계는 그대로 '난이도'의 기준으로 활용될 수 있다. 즉, 소리 내어 읽기 쉽거나, 끊어 읽기 쉽거나, 바르게 풀이하기 쉬운 글일수록 난이도의 아래쪽에 위치하고, 어려운 글일수록 난이도의 위쪽에 위치한다.

다음으로 제재가 가진 특징에 따라 난이도의 기준을 설정할 수도 있다. 난이도의 기준으로 우선 제재의 일차적인 풀이를 위해 알아야 할 요소를 구분하고, 제재의 내용을 이해하고 감상하기 위해 필요한 요소를 구분한 뒤, 이러한 기준에 따라 난이도를 정할 수 있다. 일차적인 풀이를 위한 요소는 주로 '한문 지식'[20]에 관련된 것으로, 원문에 사용된 허사, 한자의 음훈(뜻), 문법적인 구조, 제재의 분량 등을 추출할 수 있다. 내용 이해를 위한 요소로는 주제, 소재, 친숙도, 배경지식, 글의 맥락 등을 추출할 수 있다.

학생들이 제재를 접할 때 가지게 되는 어려움이 이들 요소들과 어

---

19) 한국교육과정평가원, 『중·고등학교 한문 선택과목 교육과정 개정 시안 연구 개발』, 연구보고 CRC2006-31, 2006, 175~176면.
20) '한문 지식'에 대한 자세한 내용은 2007년 개정된 교육과정을 참조.

떤 상관관계가 있는지 따져 보면, 이를 통해 제재의 난이도를 설정할
수 있다. 즉 허사의 종류가 많을수록, 글의 분량이 많을수록, 제재가
가진 주제가 심오할수록, 제재가 다루는 내용이 현재 학생들이 경험
하는 생활과 관련이 적을수록 난이도의 어려운 쪽에 위치한다.[21] 제
재별 난이도 설정 방법은 난이도 설정을 위한 세부 기준에 따라 각각
의 제재에 점수를 부여하는 방법이다. 이때 점수를 부여하는 주체는
교과서를 집필하거나 교과서를 가르치는 한문 교육 전문가들일 수도
있고, 한문을 배우는 학생들일 수도 있다.[22]

이 연구에서는 제재별 난이도를 설정하는 기준을 '일차적 풀이'와
'내용 이해'로 분류한다.

'일차적 풀이'와 관련된 기준은 다음과 같다. 첫 번째 기준은 '허사
(虛辭)'이다. 실사(實辭)는 옥편 등을 통해 뜻을 찾아가면서 일정 수준
의 풀이를 수행하지만, 허사는 그 종류가 많을수록 학생들이 풀이를
어려워한다는 점에 착안하여, 전체 원문 양의 5% 이내인 경우 1점,
6~10%의 경우 2점, 11~15%의 경우 3점, 16~20%의 경우 4점, 21%
이상인 경우 5점을 부여한다. 두 번째 기준은 '자의(字義)'이다. 다의자

---

21) 교과서 집필자들이 제재를 선정할 때 신습 한자의 소화에 초점을 맞출 뿐, 제재
   를 선정하는 객관적인 기준을 갖지 않고 집필자의 경험이나 주관에 의해 작품을
   고르는 경우가 많다. 또한 중학교 한문교육용 기초한자, 고등학교 한문교육용 기
   초한자라는 기준 또한 교과서 제재를 선정하는 주요한 기준이 될 수 있다. 다만
   이 글에서는 이 두 가지 경우가 학생의 학습 중 겪는 어려움과는 크게 관련이 없다
   고 판단하여, 난이도 설정 기준으로 삼지 않는다.
22) 특히 학생들이 점수를 부여하는 방식의 경우, 학생 스스로 제재를 학습하면서
   갖게 되는 어려움의 정도를 일정한 기준에 따라 체크하는 방식이다. 이때의 학습
   자는 중·고등학생보다 대학에서 한문을 전공하는 대학생이 낫다. 왜냐하면 한문
   은 모국어와 달리 따로 학습하지 않으면 제재에 대한 접근 자체가 매우 어렵기
   때문에 어느 정도 한문 능력을 갖춘 학습자여야만 어려운 정도의 차이를 구분하여
   답할 수 있기 때문이다.

의 경우처럼 교과서에 제시된 대표 훈 외에 한자가 가진 뜻이 다양할수록 학생들이 문장 풀이를 어려워한다는 점에 착안하여, '허사'와 마찬가지로, 전체 원문 양의 5% 이내인 경우 1점, 6~10%의 경우 2점, 11~15%의 경우 3점, 16~20%의 경우 4점, 21% 이상인 경우 5점을 부여한다. 세 번째 기준은 '제재 분량'이다. 제재의 분량이 많을수록 학생들이 풀이를 어려워한다는 점에 착안하여, 20자 이내 1점, 21~40자 2점, 41~60자 3점, 61~80자 4점, 81자 이상 5점을 부여한다.

'내용 이해'와 관련된 기준은 다음과 같다. 첫 번째 기준은 '글의 맥락'이다. 일차적인 풀이 과정에서 곧바로 문맥을 파악할 수 있는 제재일수록 학생들이 쉽게 이해한다는 점에 착안하여, 일차적 풀이와 동시에 내용 이해 및 감상에 들어갈 수 있으면 0점, 그렇지 않고 추론 등의 보다 깊이 있는 이차적인 사고 활동을 거쳐야 문맥이 파악되면 5점을 부여한다. 두 번째 기준은 '친숙도'이다. 배운 내용이 현재 학생들이 경험하는 생활과 관련이 깊을수록 학생들이 쉽게 이해한다는 점에 착안하여, 현재의 생활과 친숙하게 연결될수록 0점, 그렇지 않을수록 5점을 부여한다. 세 번째 기준은 '주제'이다. 제재가 가진 주제를 쉽게 이해할 수 있냐 없냐를 따져 보는 것이므로, 학생들에게 한문을 가르치면서 경험적으로 파악한 것인데, 주제가 구체적일수록 학생들이 쉽게 이해한다는 점에 착안한다. 구체적이고 명시적인 주제일수록 0점, 그렇지 않을수록 5점을 부여한다. 다만 한문 제재의 경우 주제가 문면에 드러난 경우가 그다지 많지 않기 때문에 크게 좌우되지는 않는다.[23) 이를 정리하면 〈표 7〉과 같다.

---

23) 이와 관련하여 『중학교 교육과정 해설(V)-외국어(영어), 재량 활동, 한문, 정보, 환경, 생활 외국어』(교육과학기술부, 2008) 171면에 나온 다음과 같은 진술을 참조할 수 있다.

〈표 7〉 점수 부여 기준

일차적 풀이 관련	1) 虛辭　2) 字義　　3) 題材 分量
내용 이해 관련	1) 脈絡　2) 親熟度　3) 主題

위와 같은 기준에 따라 한문 교과서에 수록된 몇 편의 산문 제재를 대상으로 분석을 시도해 보았다. 분석 결과는 〈표 8〉과 같다. 연구 참여자 8명을 대상으로 분석을 의뢰한 후, 8명이 부여한 제재별 점수 가운데 가장 높은 점수와 가장 낮은 점수를 버리고 나머지 6명의 점수를 합산한 후 6으로 나눈 것이다.

〈표 8〉 난이도 설정을 위한 점수 부여 결과

번호	원문	합
1	宋同春先生借與人書册, 人還之, 而若紙不生毛 則必責其不讀, 更與之, 其人不得不讀之. 『士小節』	9
2	今有圓材, 徑二尺五寸, 欲爲方版, 令厚七寸. 間廣幾何? 答曰. 二尺四寸. 術曰. 令徑二尺五寸. 自乘以七寸. 自乘減之, 其餘開方除之, 卽廣. 『九章算術』	10
3	夫地體之圓 可驗者 非特一二, 而大槩論之 月爲地影所蔽 而爲月食. 影者 隨形而生矣, 形方者影方, 形圓者影圓. 今看月食, 所蔽之地影 常圓, 則可知地體之圓. 且以南北極出入地推之, 向北愈深 而北極愈高, 向南漸遠 而南極之出地上, 與北極無異, 亦可知地體南北之圓. 又以日出入早晚, 有東西之差, 則亦可知地體東西之圓也. 『氣測體義』	13

"한문 산문은 글에 따라 주제가 글에 명시적으로 드러나 있는 경우도 있고 잘 드러나 있지 않거나 숨겨져 있는 경우도 있다. 대체로 교훈적인 내용이나 도리를 설파하는 글, 사회의 풍속이나 인정을 기술하는 글 등은 주제가 글의 표면에 드러나 있는 경우가 많다. 이처럼 글의 주제가 글의 표면에 명시적으로 드러나 있는 경우에는 글의 내용 중에서 주제를 드러내는 중심 내용을 합리적으로 추측하여 파악하고 그 의미를 이해할 수 있어야 한다. 그러나 생동하는 인물 형상을 빌려서 모종의 도리를 나타내는 우언이나 특징적인 인물의 언행 묘사를 통해 그 인물의 풍모를 드러내는 일화와 같은 글들은 주제가 잘 드러나 있지 않거나 숨겨져 있는 경우가 많다. 이처럼 글의 주제가 글의 표면에 잘 드러나 있지 않거나 숨겨져 있는 경우에는 글의 내용으로부터 그 이면에 함축되어 있는 주제를 합리적으로 추측하여 파악하고 그 의미를 이해할 수 있어야 한다."

4	八仙女答拜曰, "妾等 卽衛夫人娘娘之侍女也. 承命於夫人, 問候於大師, 歸路適少留於此矣. 妾等聞之, 禮云, '於行路, 男子由左而行, 女子由右而行.' 此橋本來偏窄, 妾等 且已先坐, 今道人從橋而行, 於禮不可. 請從他路而行." 性眞曰, "溪水旣深, 且無他徑, 欲使貧道, 從何處而行乎?" 『九雲夢』	20
5	溫達高句麗平岡王時人也. 容貌龍鍾可笑, 中心則晬然. 家甚貧, 常乞食以養母, 破衫弊履, 往來於市井間, 時人目之爲愚溫達. 平岡王少女兒好啼, 王戲曰, "汝常啼聒我耳, 長必不得爲士大夫妻, 當歸之愚溫達." 王每言之, 及女年二八, 欲下嫁於上部高氏, 公主對曰, "大王常語, 汝必爲溫達之婦, 今何故改前言乎? 匹夫猶不欲食言, 況至尊乎? 故曰, '王者無戲言', 今大王之命謬矣. 妾不敢祗承." 王怒曰, "汝不從我敎, 則固不得爲吾女也, 安用同居. 宜從汝所適矣." 『三國史記』	13
6	王見畵花曰 "此花定無香." 仍命種於庭 待其開落 果如其言. 當是君臣啓於王曰 "何知花之然乎?", 王曰 "畵花而無蝶 知其無香."	15
7	許生好讀書. 妻爲人縫刺而糊口. 一日妻甚飢, 泣曰, "子平生不赴擧, 讀書何爲." 許生笑曰, "吾讀書未熟." 妻曰, "不有工乎?" 生曰, "工未素學, 奈何?" 妻曰, "不有商乎?" 生曰, "商本無錢, 奈何?" 妻曰, "晝夜讀書, 只學奈何. 不工不商, 何不盜賊?" 『燕巖集』	12
8	豫讓者, 晉人也. 故嘗事范氏及中行氏而無所知名. 去而事智伯, 智伯甚尊寵之. 及智伯伐趙襄子, 趙襄子與韓魏合謀滅智伯, 滅智伯之後而三分其地. 趙襄子最怨智伯, 漆其頭 以爲飮器. 豫讓遁逃山中, 曰, "嗟乎! 士爲知己者死, 女爲說己者容. 今智伯知我, 我必爲報讐而死, 以報智伯則吾魂魄不愧矣." 『史記』	20
9	楚人有涉江者, 其劍自舟中墜於水, 遽刻其舟曰, "是吾劍之所從墜." 舟止, 從其所刻者, 入水求之. 舟已行矣, 而劍不行, 求劍若此, 不亦惑乎? 以古法, 爲其國, 與此同. 時已徙矣, 而法不徙, 以此爲治, 豈不難哉? 『呂氏春秋』	14
10	有一士人, 下往嶺南奴僕家, 見其女奴, 年少才色俱絶, 而已屬村漢士人, 勒令從行. 行到洛東江, 其夫亦隨到, 其女題詩贈之, 仍投死. 詩曰, '威如霜雪重如山, 欲去爲難不去難, 回首洛東江水碧, 此身危處此心安.' 『海東奇談』	16
11	世宗二十八年, 上以爲諸國, 各製文字, 以記其國之方言, 獨我國無之, 遂親製子母二十八字, 開局禁中, 命成三問崔恒等, 詳加解釋, 名曰訓民正音. 『四千年文獻通考』	7
12	白頭山, 中國之人, 謂之長白, 我國之人, 謂之白頭, 蓋山極高, 四時常雪, 故名白頭.	3

현재 한문 교과서에 수록된 산문들은 어떤 원칙을 따르기보다 대체적으로 한문교육용 기초한자를 소화하거나 단원별로 15자 내외의 신습 한자를 배치하라는 지침에 어긋나지 않는 수준에서 예로부터 名文

이라 전해지는 제재 위주로 선정된 것이다. 하지만 산문 제재는 저마다의 제재별 특징을 가지고 있는 만큼 개정 교육과정에 의한 교과서 개발 시에는 학생들이 배우기에 적절하다고 판단되는 작품을 유형에 따라 구분하여 소개할 필요가 있다. 이러한 기초 작업에 위와 같은 난이도 분석표가 활용될 수 있다.

위의 분석표를 기준으로 난이도 분석의 예를 든다면, 10점 이하의 점수를 받은 제재는 중학교 교과서의 제재로 수록하고, 10점 이상의 점수를 받은 제재는 고등학교 교과서의 제재로 수록될 수 있다. 학년별로 세분하자면, 1~3점을 받은 제재는 중학교 1학년 교과서에, 4~7점을 받은 제재는 중학교 2학년 교과서에, 9~10점을 받은 제재는 중학교 3학년 교과서에 수록될 수 있겠다. 나머지 제재도 이와 같은 방식으로 학년별 위계를 구분하여 교과서에 수록될 수 있다. 개정 교육과정에 따른 교과서 개발 시, 최소한 동일 교과서 개발 집필진이라도 난이도 분석 등의 작업을 함께 수행한 뒤, 교과서 제재를 선정하길 기대한다.

Ⅴ. 맺으며

이상으로 현행 한문 교과서 산문 제재의 유형을 검토하고, 학년별 위계를 설정하기 위한 하나의 방식을 시험적으로 논의해 보았다. 이 연구는 학생들을 가르칠 때 주로 사용하는 교과서 제재를 일정한 선정 기준과 위계에 따라 적절히 구성한다면, 학생들이 비교적 어렵지 않게 『한문』을 대할 수 있지 않을까 하는 소박한 동기로부터 시작되었다.

이 연구는 『한문』 교과서의 산문 제재를 검토함에 있어 학생들에게 가르칠 학습 요소에 따른 분류에 주목하기 때문에 분류 방식이나 진술 내용이 다소 치밀하지 못한 점이 있다. 또한 교사들이 교실 현장에서 가르치면서 경험적으로 찾은 난이도 설정 기준에 의해 시도되었기 때문에 기준으로 삼을 만한 여타 요소들을 소홀하게 다룬 한계점이 있다. 하지만 교과서 개발에 필요한 제재를 선정하기 위해 제재별 난이도 설정 방식을 시도한 이 연구는 2007년 개정된 한문과 교육과정에 따라 교과서를 개발하는 작업에 일정 부분 참고가 될 수 있다는 점에서 연구 의의가 있다.

2007년 개정된 한문과 교육과정에 의거, 2010학년도부터 연차적으로 사용될 중학교, 고등학교 교과서 개발이 현재 진행 중이다. 중학교 교과서의 경우 2009년도에 검정을 실시하고, 고등학교 교과서의 경우 2011년도에 검정을 실시한다. 개정된 교육과정에 따른 교과서 집필상의 유의점은 제7차 교육과정에 따른 교과서 집필상의 유의점에 비해 주목할 만한 변화가 있다. 예를 들면, "신습한자는 가능한 한 시간당 15자 이내로 제시"하라는 지침이 삭제되었기 때문에, 그동안 학생들에게 가르칠 만한 제재임에도 글자 수 한정 때문에 제재로 사용하지 못했던 글감에 대한 선택의 폭이 넓어진다.[24]

이 연구가 교과서를 집필하는 연구자들에게 제재 선정의 실제적 어려움을 줄일 수 있는 방안을 마련하는 데 참고가 될 수 있기를 기대한다. 다만 지면의 한정으로 인해 산문 제재에 한정하여 연구를 진행하였다. 향후 모든 한문 원전을 대상으로 다음과 같은 연구가 필요함을

---

24) 윤재민, 「漢文 텍스트의 중학교 교과서 수용 범위와 수준-短文, 散文, 漢詩를 중심으로」, 『한국한문교육학회 2008년 하계학술대회 자료집-2007년 개정 漢文科 교육과정과 중학교 한문 교과서 적용 방안』, 한국한문교육학회, 2008, 3~5면 참조.

제언하며 이 글을 마치겠다.

제언 1) 한문 제재의 학년별 구분을 위한 위계 기준을 설정해야 한다.

제언 2) 한문 원전의 난이도를 정할 수 있는 세부 기준을 설정해야 한다.

제언 3) 제재의 수록 가능성을 판단할 수 있는 적절성 기준을 설정해야 한다.

참고문헌

교육부, 『고등학교 교육과정 해설-한문-』, 1997.

교육과학기술부, 『중학교 교육과정 해설(V)-외국어(영어), 재량 활동, 한문, 정보, 환경, 생활 외국어』, 2008.

교육인적자원부, 『2007년 개정 교육과정(교육인적자원부 고시 제2007-79호)에 따른 중학교 검정 도서 편찬상의 유의점 및 검정기준』, 2007.

김봉순 외, 「제7차 초등학교 국어과 교과서 제재의 난이도 적정성 검사」, 『독서연구』 제14권, 한국독서학회, 2005.

김연수, 「고등학교 『漢文』 교과서 漢詩 단원 구성 체제의 비판적 고찰」, 『한자한문교육』 제19집, 한국한자한문교육학회, 2007.

김왕규, 「중학교 한문 교과서 단원 구성의 원리와 방안」, 『한국한문교육학회 2008년 하계학술대회 자료집-2007년 개정 漢文科 교육과정과 중학교 한문 교과서 적용 방안』, 한국한문교육학회, 2008.

김희정, 『한문과 제재 선정에 관한 연구』, 한국교원대 석사논문, 2007.

박경미 외, 「학교 교육과정과 교과서 내용의 과다 정도 및 난이도 수준 분석 연구」, 『교육학연구』 제38권 제4호, 한국교육학회, 2000.

서울대학교 국어교육연구소, 『국어교육학사전』, 대교출판, 1999.

송병렬, 「漢文科 敎科書의 諸問題와 바람직한 方案」, 『漢文學報』 14집, 우리한문학회, 2006.

송현정 외, 『국어과 교육 내용 적정성 분석 및 평가(연구보고 RRC-2004-1-2)』, 한국교육과정평가원, 2004.

오혜진, 『한·중·일 교과서의 한시 단원 비교』, 한국교원대 석사논문, 2007.

우성월,『고등학교 한문 교과서의 분석적 연구』, 대구가톨릭대 석사논문, 2003.

우한용 외,『서사교육론』, 동아시아, 1998.

윤재민,「漢文 텍스트의 중학교 교과서 수용 범위와 수준-短文, 散文, 漢詩를 중심으로」,『한국한문교육학회 2008년 하계학술대회 자료집-2007년 개정 漢文科 교육과정과 중학교 한문 교과서 적용 방안』, 한국한문교육학회, 2008.

윤채근,「7차 교육과정에 따른 한문 교과서 활용 방안」,『한문교육연구』제19호, 한국한문교육학회, 2002.

윤보라,『제7차 교육과정에 의거한 한문 교과서 분석 연구-수록 산문을 중심으로』, 조선대 석사논문.

장호성,「한문과 교재의 문제-제7차 교육과정 고등학교 한문 교과서를 중심으로」,『한문교육연구』제22호, 한국한문교육학회, 2004.

전국한문교사모임,「문장수업 그 세 번째 이야기」,『2007 여름자주연수 자료집』, 2007.

최현섭 외,『국어교육학개론』, 삼지원, 2002.

한국교육과정평가원,『중·고등학교 한문 선택과목 교육과정 개정 시안 연구 개발』, 연구보고 CRC2006-31, 2006.

한국교육과정평가원,『중학교 교과재량활동Ⅰ(한문, 정보, 환경) 교육과정 해설 연구 개발』, 연구보고 CRC 2007-24, 2007.

한예원,「2007년 교육과정 개정안에 따른 고등학교 한문 교과서의 방향」,『한문교육연구』제29호, 한국한문교육학회, 2007.

황선휘,『한문 산문의 敎材化에 관한 연구-서설류, 비지류, 애제류를 중심으로』, 부산대 석사논문, 2004.

이 글은『우리어문연구』제34집(우리어문학회, 2009)에 수록한 논문을 재수록한 것이다.

고등학교 『漢文』교과서 漢詩 단원 구성 체제의 비판적 고찰

Ⅰ. 머리말

2007년 개정 한문과 교육과정이 2007년 2월 28일자로 고시되었다. 개정 한문과 교육과정이 고시되었으므로 앞으로 개정 한문과 교육과정 해설서가 편찬되고 이어서 개정 한문과 교육과정을 구현할 수 있는 교과서 개발 방향이 수립될 것이다. 2007년 개정 한문과 교육과정을 2009년부터 단계적으로 적용하기 위한 교과서 개발을 앞두고 있는 현 시점에서 기존의 『漢文』교과서가 안고 있는 문제점과 그 원인을 지적하고 개선 방안을 모색해보는 것은 바람직한 개발 방향 수립을 위해 선행되어야 할 중요한 과제 중의 하나다. 이에 따라 본고는 제7차 한문과 교육과정에 의거한 고등학교 『漢文』교과서 중 漢詩 단원 구성 체제를 비판적 관점에서 분석하고 개선 방안을 모색해보고자 한다.

교과서는 크게 '내용'과 '형식'으로 나눌 수 있다. 교과서의 '내용'은 교과서가 담고 있는 각 교과의 학습 내용으로 단원 학습 내용과 글

제재로 구성된다. 교과서의 '형식'은 '체제'로 표현하는데 이 '체제'는 다시 '외적 체제'와 '내적 체제'로 구분할 수 있다. '외적 체제'는 판형, 글자 크기, 자간 간격이나 줄간 간격, 여백 처리, 삽화, 지질 등을 의미하며, '내적 체제'는 어떤 학습 내용을 선정하고 어떻게 조직하였는가에 대한 것으로 교과서 각 단원의 체제를 말한다. 교과서가 교육 현장에서 중요한 위치를 차지하는 만큼 교과서 연구도 체계적이면서도 다각적으로 이루어져야 할 것이다. 그렇지만 지금까지 한문 교과서에 관한 연구는 주로 교과서의 '내용' 측면에 편중되어 왔다고 할 수 있다.[1] 한문 교과서의 '형식' 관련 연구는 제6차 고등학교 『漢文』 교과서의 한자・한자어 영역 단원을 분석한 것[2]과 제7차 교육과정에 의거한 한문과 교과서의 여러 문제 중 하나로 대단원 구성이 소단원의 학습 내용을 규제한다는 것을 지적한 연구가 있을 뿐이다.[3] 교과

---

1) 제6차 교육 과정 이후 한문 교과서 '내용'에 관한 선행 연구를 정리하면 다음과 같다. 윤채근, 「7차 교육과정에 따른 한문 교과서 활용 방안」, 『漢文敎育硏究』 제19호, 韓國漢文敎育學會, 2002. 김상홍, 「제7차 교육과정에 의한 고등학교 한문 교과서의 문제점-한시 단원을 중심으로-」, 『漢文敎育硏究』 제20호, 韓國漢文敎育學會, 2003. 박기수, 「제7차 교육과정에 의한 고등학교 한문교과서에 나타난 개사 연구」, 『漢字漢文敎育』 제10호, 韓國漢字漢文敎育學會, 2003. 원용석, 「고등학교 한문 교과서의 내용 및 수준 문제 고찰」, 『漢字漢文敎育』 제13호, 韓國漢字漢文敎育學會, 2004. 장호성, 「한문과 교재의 문제-제7차 교육과정 고등학교 한문 교과서를 중심으로-」, 『漢文敎育硏究』 제22호, 韓國漢文敎育學會, 2004. 이동재, 「제7차 교육과정 중학교 한문교과서에 수록된 한자어 문제 연구」, 『漢字漢文敎育』 제14호, 韓國漢字漢文敎育學會, 2005. 정만호, 「고등학교 한문 교과서 현토의 문제점」, 『漢字漢文敎育』 제15호, 韓國漢字漢文敎育學會, 2005. 심정흠, 「제7차 교육과정 중학교 한문교과서에 나타난 한문문법에 관한 내용 실태 연구」, 『漢字漢文敎育』 제16호, 韓國漢字漢文敎育學會, 2005. 허연구, 「현행 고등학교 한문교과서에 나타난 "한문 문법"에 관한 제 실태 연구」, 『漢字漢文敎育』 제16호, 韓國漢字漢文敎育學會, 2006.

2) 안재철, 「제6차 교육과정에 따른 고등학교 한문교과서의 〈한자・한자어〉영역 단원 분석」, 『漢文敎育硏究』 제16호, 韓國漢文敎育學會, 2001, 87~121면.

3) 송병렬, 「漢文科 敎科書의 諸問題와 바람직한 方案」, 『漢文學報』 14집, 2006,

서의 형식 중 내적 체제인 단원 구성 체제는 단원을 구성하는 요소와 그 요소들의 배열 순서로, 교수·학습 내용을 전개하는 구조를 의미한다. 동일한 내용을 다루더라도 교과서 단원 구성 체제가 어떻게 이루어져 있느냐에 따라 학습 방법이 달라지고 학습 효과도 달라진다. 단원을 구성하는 요소가 무엇인지, 그 요소들이 제 기능을 다하고 있는지, 그 요소들을 어떤 원리에 의해 배열하고 있는지에 따라 의도한 학습 내용의 실행 정도와 양상이 달라지기[4] 때문에 교과서 연구에서 단원 구성 체제에 대한 연구는 매우 중요하다 할 수 있다.

　본고의 연구 대상은 고등학교 『漢文』 교과서 10종의 漢詩 단원이다.[5] 연구 대상을 漢詩 단원으로 한정한 것은 한 단원 내의 단원 구성 요소와 요소들의 배열 및 관계를 세밀하게 분석하는 한편, 10종의 고등학교 『漢文』 교과서가 漢詩 단원을 각기 어떻게 구성하고 단원 구성 요소를 어떻게 안배했는지 살펴보기 위해서이다. 그리고 짧은 지면 안에서 일관된 논의를 전개하고 새로운 『漢文』 교과서 개발에 실질적인 도움을 주기 위해 비판적 관점으로 접근하여 문제점을 파악하는 데 주력하였다. 따라서 제7차 교육과정에 의거한 고등학교 『漢文』 교과서가 가지고 있는 장점과 미덕은 의도적으로 배제하고 전개한 논의임을 밝혀두는 바이다.

　461~496면.

4) 정혜승. 「국어 교과서 연구의 현황과 반성」, 『국어교육학연구』 16호. 국어교육학회, 2003, 433~469면.

5) 고등학교 『한문고전』은 1종뿐인데다 심화 선택 과정으로 되어 있어 제외하였다. 중학교 『漢文』 교과서는 주로 중학교 『漢文』2부터 漢詩 단원이 있다. 하지만 중학교 『漢文』 교과서 11종 중 『漢文』1, 『漢文』2, 『漢文』3이 모두 검정에 통과한 것은 8종뿐이다. 따라서 출판사에 따라 漢詩 단원이 아예 없는 경우도 있고, 본문에 수록한 漢詩 중 원문 전체가 아닌 일부 詩句만 제시되어 있는 경우도 있는 등 편차가 심해 중학교 『漢文』 교과서는 본 연구 대상에 포함하지 않았다.

Ⅱ. 漢詩 단원 구성 체제의 문제점

현행 제7차 교육과정에 의거한 고등학교 『漢文』 교과서 漢詩 단원은 대부분 단원의 안내, 소단원, 단원의 마무리로 구성되어 있다. 그렇지만 단원 구성 요소의 명칭과 소단원 구성은 각 출판사마다 조금씩 다르다. 고등학교 『漢文』 교과서 10종의 漢詩 단원 구성 체제를 정리해보면 다음과 같다.

〈표 1〉 고등학교 『漢文』 교과서 漢詩 영역의 단원 구성 체제

교과서명	단원 구성 체제
① 교학사	단원 표지[대단원명]- 단원 안내[소단원 안내-삽화/알고 있나요?]-소단원[들어가기 / 학습 목표-본문-기본 학습-**보충 학습**-심화 학습-이야기 마당-확인과 평가]-탐구 학습- 발전 학습-단원의 마무리
② 중앙교육	단원 표지[대단원명/ 삽화/ 소단원명]-단원의 길잡이/단원의 학습 목표-소단원[생각 열기/학습 주안점/본문 이해의 길잡이-본문-**탐구 활동**-읽으며 생각하는 한자어 여행]-단원의 마무리-단원 종합 평가(보충)-단원 종합 평가(심화)-쉼터(부수 알아 맞추기)
③ 지학사	단원 표지[대단원명/ 단원의 길잡이]-단원 학습 목표/들어가기 전에-소단원[학습 목표/미리 보기/본문/본문 들여다보기(실력 다지기)/깊이 보기/孟先生의 漢文 世上/본문 들여다보기(실력 다지기)/함께 해보기]-단원의 마무리
④ 대학서림	단원 표지[현대시/대단원명/시와 한시에 대한 설명]-소단원[소단원 안내/본문-어구 해설-작품 감상의 길잡이-더 알아보기-**한자야 놀자**-어휘력 기르기-평가]-단원 마무리
⑤ 대한교과서	단원 표지[대단원명/소단원명/삽화]-단원 안내[단원의 길잡이/단원 학습 목표/단원 간의 연관성]-소단원[소단원 안내/학습 목표/본문/디딤 학습/**돋음 학습**/펼침 학습/연습 문제]-보충 자료-단원 정리-단원 종합 평가
⑥ 새한교과서	단원 표지[대단원명/소단원명/삽화]-단원의 길잡이[학습 목표/미리 보기]-소단원[학습 목표/본문/도움마당/**생활마당**/풀이마당]-他과목 한자어-쓰기마당-어울마당-단원 종합 정리
⑦ 두산	단원 표지[대단원명/소단원명/단원 설명]-단원 학습 목표/준비 학습- 소단원[학습 목표/소단원 안내/본문/**생활 속의 활용**/쉬엄쉬엄/보충 학습/자기 점검]-단원 정리-단원 평가

⑧ 정진출판사	단원 표지[대단원명/ 소단원명]-단원 학습 목표/준비 학습/만화/학습 방향-소단원[단원 요점/소단원 안내/본문/본문 연구/**보충 학습**/확인 학습]-학습 도우미-마무리 학습
⑨ 천재교육	단원 표지[대단원명/ 소단원명]-단원 학습 목표-소단원[길잡이/학습 목표/본문/이해하기/**활용하기**/읽고 생각하기/학습 평가]-단원 종합 정리와 자기 진단-단원 종합 평가
⑩ 금성출판사	단원 표지[대단원명/ 소단원명]-대단원 열기/학습 목표학습 방향·방법/들머리 학습]-소단원[소단원명/소단원 안내/학습 목표/본문/ **이해와 활용/깊이보기**/정리와 탐구]-단원 마무리

제7차 고등학교『漢文』교과서 10종의 漢詩 단원 구성 체제를 비판적 시각에서 비교 검토한 결과 한시 영역과 관련 없는 단원 학습 목표의 제시, 단원 구성 요소 간의 비연계성, 형식적인 학습 활동 내용과 같은 문제점을 발견할 수 있었다. 각 문제점을 구체적으로 살펴보기로 한다.

1. 漢詩 영역과 관련 없는 단원 학습 목표의 제시

대단원의 학습 목표는 교과서가 한문과 교육과정 한시 영역의 내용을 어떤 방식으로 반영하였는지를 파악할 수 있는 지표이다. 교육과정 내용이 교과서에 반영되는 양상은 두 가지로 나누어 볼 수 있다. 교과서 단원 학습 목표가 교육과정 내용과 유사하게 설정되어 교육과정 내용이 교과서 단원 학습 목표로 온전하게 반영되는 경우와 '변형'된 형태로 반영되는 경우이다. 교육과정 내용을 '변형'하여 교과서 단원 학습 목표로 반영한다 하더라도 한시 단원에는 한시 학습과 관련된 내용을 학습 목표로 제시해야 한다는 기본 전제는 지켜져야 한다.

그런데 고등학교『漢文』교과서 10종의 한시 영역 대단원 학습 목표를 비교·고찰해 보면 한시 영역 관련 단원 학습 목표가 제시된 교과서는 5종, 즉 절반뿐이다. 단원 학습 목표가 분명하게 제시되지 않은 교과서가 2종이며, 한시 단원과 관련 없는 목표가 섞여 있는 교과서는 3종에 이른다. 정도의 차이는 있지만 세 가지 경우 모두 각기 일정한 한계점을 가지고 있다.

먼저 세 경우 중 가장 바람직하다고 할 수 있는 한시 영역 관련 단원 학습 목표가 제시된 한 교과서[6]를 살펴보기로 한다.

■ **단원 학습 목표**

1. 한시의 시체(詩體)와 그 특징을 이해할 수 있다.
2. 절구와 율시의 시상 전개 방식을 이해할 수 있다.
3. 압운법, 평측법 등의 특징을 알 수 있다.
4. 표현상의 다양한 수사법을 이해할 수 있다.
5. 한시 감상의 묘법을 익혀 깊이 있는 한시의 세계를 이해할 수 있다.

위 교과서의 단원 학습 목표를 보면 5개의 목표 중 4개는 한시의 형식과 특징 이해에 관한 것이다. 제7차 한문과 교육과정에서 명시한 한시 영역에서 학습되어야 할 내용은 '한시를 풀이하고 감상하기' '한시의 기초적인 형식과 특징 이해하기'이다. 한문과 교육과정 해설서에는 '한시의 기초적인 형식과 특징을 이해한다.'란 한시의 시체(詩體) 및 압운법과 평측법과 같은 특징에 대해 이해하고, 이를 한시의 풀이와 감상에 활용하는 것[7]이라고 되어 있다. 결국 한시를 풀이하고 감

---

6) 본고에서는 교과서의 내용을 인용할 경우 해당 교과서의 저자 및 출판사를 밝히지 않는 것을 원칙으로 한다. 논의의 진행에서 다른 교과서와의 구별이 필요할 때는 (가)(나)(다)…로 표기할 것이다. 그 이유는 본고의 목적이 제7차 한문과 교육과정에 의거한 한문 교과서 비판에 있는 것이 아니라 한시 영역 단원 구성 체제의 검토 결과 밝혀진 문제점을 통해 바람직한 한시 영역 단원 구성 체제를 위한 방안을 모색해 보는 데 있기 때문이다.

상할 수 있게 하기 위하여 한시의 형식과 특징을 이해하는 것이 필요하다는 의미이다. 그럼에도 위의 단원 학습 목표는 한시 영역 학습에서 궁극적으로 도달해야 할 목표인 한시의 풀이와 감상은 상대적으로 제외하고 한시의 형식 및 특징 이해에 주요 목표로 선정하였다.

그런데 이처럼 단원 학습 목표의 대부분을 차지했던 한시의 형식 및 특징 이해는 위 교과서의 실제 소단원 구성에서는 오히려 매우 적은 지면과 비중을 차지한다. 본문의 한시 작품뿐만 아니라 보충학습과 학습 평가의 내용과도 유리된 채 일반적인 용어 설명 위주로 매우 간략하게 제시되어 있을 뿐이다. 사실 이런 경우는 단원 안내에서 단원 학습 목표를 제시하지 않은 경우와 실제적으로 별 차이가 없다고 할 수 있다.

목표란 진술된 설명에서 원하는바 변화가 피교육자에게 전달되기를 바라는 하나의 의도, 즉 학습 경험을 성공적으로 마쳤을 때 피교육자가 어떻게 되기는 바라는 가에 대한 설명이다. 다시 말하면, 목표란 피교육자가 시위할 수 있게 되리라고 바라는 행등의 양식을 서술하는 것이다.[8] 따라서 단원 학습 목표가 분명하게 진술되어 있어야 교수·학습의 방향이 뚜렷해지고 교수·학습할 분량이 분명해져서 교수와 학습이 효율적으로 진행될 수 있다.

한시 단원에 단원 학습 목표가 제시되어 있는 않은 경우도 문제지만 더욱 심각한 경우는 일부 교과서에 한시 영역과 관련이 없는 단원 학습 목표가 제시되어 있다는 것이다. 즉 한시 단원의 학습 목표로 '학습한 한자·한자어를 언어생활에 활용한다.' '성어의 속뜻을 알고, 일상생활에서 활용한다.' '한자의 음과 뜻을 익힌다.'라는 목표를 한시 영역과 관련된 학습 목표와 함께 제시하고 있다. 그러한 예에 해

---

7) 교육부, 고등학교 교육과정 해설-13 한문-, 1997, 45-46면.
8) Robert F. Mager, 정우현 역, 『행동적 수업목표』, 교육과학사, 1972, 17면.

당하는 교과서의 한시 단원 학습 목표를 인용해보면 다음과 같다.

학습 목표

　1. 한자 · 한자어의 활용
　　1) 한자 · 한자어의 음과 뜻을 스스로 알고, 바르게 읽고 쓴다.
　　2) 학습한 한자 · 한자어를 언어생활과 문장 독해에 활용한다.
　　3) 학습한 한자 · 한자어를 한시 풀이에 활용한다.
　2. 한시의 이해와 감상
　　1) 한시의 기초적인 형식과 특징을 이해한다.
　　2) 한시를 풀이하고 감상하는 가운데, 지은이의 사상과 정서를
　　　이해한다.

　위의 단원 학습 목표만 보면 漢詩의 이해와 감상보다는 한자와 한
자어의 익힘과 활용이 우선시되어 있어 漢詩 단원에 漢字 · 漢字語의
활용이 첨가된 것인지 漢字 · 漢字語 단원에 漢詩가 끼어든 것인지 분
간하기 힘들 정도다. 위 교과서는 이와 같은 단원 학습 목표에 따라
소단원 구성에서도 한자와 한자어의 뜻풀이와 활용에 50%가 넘는 훨
씬 넘는 지면을 할애하였다. 게다가 '새로 배울 한자'로 총 25字가 소
개된 경우 그 중에서 漢詩 원문에 있는 것은 6字뿐이고, 나머지 19字
는 漢詩 원문과 상관없이 이 소단원에서 '새로' 학습할 한자와 한자어
에 대한 뜻풀이와 활용에 나오는 漢字이다. 만일 위 학습목표의 세
번째 "학습한 한자 · 한자어를 한시 풀이에 활용한다."가 가능하다면
일정한 의미를 가질 수도 있겠지만 전체 단원 어디에도 이와 연관된
설명이나 학습 활동은 찾을 수가 없다. 결국 위 단원 학습 목표에 유
념하여 소단원 구성 체제를 충실히 따라 수업을 진행하게 되면 漢詩
와 漢字 · 漢字語 학습이 뒤섞인 혼란스러운 상황이 될 수밖에 없다.

그런데 이러한 문제점은 단원 학습 목표에 한시 영역과 관련 없는 목표를 제시한 일부 교과서들에만 한정된 것은 아니다. 비중은 각기 다르지만 고등학교『漢文』10종 교과서 漢詩 단원 모두 이 문제점을 안고 있다. 이에 관해서는 다음 장에서 상세히 다루기로 한다.

2. 단원 구성 요소 간의 비연계성

1) 소단원

앞 장에서 10종 고등학교『漢文』교과서 중 3종이 漢詩 영역 단원 학습 목표에 漢字 및 漢字語 학습을 목표로 제시하고 있음을 살펴본 바 있다. 그런데 소단원 구성 체제를 검토해 보면 단원 학습 목표에 한자 및 한자어 관련 학습 목표를 제시하지 않은 나머지 7종의 교과서 모두 소단원에 漢字와 漢字語 학습 내용을 수록하고 있다. 앞의 〈표 1〉에서 각 교과서의 단원 구성 요소 중 굵은 글씨로 표시한 것, 즉 '보충학습' '탐구 활동' '한자야 놀자' '돋음 학습' 등이 모두 한자 및 한자어 학습을 내용으로 하고 있는 것이다. 즉 단원 학습 목표에 한자 및 한자어 학습 목표의 有無와 상관없이 10종 교과서 모두 소단 원에 한자 및 한자어를 학습 내용으로 수록하고 있다는 것이다. 따라 서 단원 구성 요소 간의 연계성 차원에서만 본다면 漢詩 영역의 학습 목표만을 제시한 5종의 교과서는 단원 구성 요소인 단원 안내와 소단 원 간의 연계성을 고려하지 않은 것이라 할 수 있다.

한편 소단원 본문의 漢詩와 한시 단원의 학습 내용으로 제시된 漢字와 漢字語 사이의 관련성은 10종 교과서마다 조금씩 다르다. 漢字 는 漢詩 원문에 있는 것이지만 漢字語는 漢詩와 관련 없는 경우, 漢詩 원문 내용과 연관된 漢字語만을 제시한 경우, 漢詩 원문과 거의 관련 없는 漢字 및 漢字語를 제시한 세 가지 경우로 나누어 볼 수 있다. 소단원 구성에서 漢字·漢字語의 비중과 본문 漢詩와의 관련성이 교과서마다 차이가 있기는 하지만 본문 漢詩와 관련 없는 漢字와 漢字語를 제시한 경우는 물론, 설령 본문의 漢詩에 나오는 漢字를 제시하고 있다하더라도 단원 구성 요소 간의 연계성이 떨어지며 교수·학습 과정에서도 일관성과 통일성을 유지하기가 어렵다. 다음 두 교과서의 소단원 구성을 실례로 들어 살펴보기로 한다.

(가) 교과서

1면: '18. 계절의 서정'이라는 소단원명 아래 杜甫의 〈絕句〉와 權韠의
　　〈途中〉 원문

2면: [본문 들여다보기-실력 다지기]
　　1. 시구의 풀이/ 2. 한시의 이해/ 3. 한시의 감상/
　　◎ 깊이보기: 한시의 분류

3면: [孟先生의 漢文世上]
　　▶ 한자어 여행 : 옛부터 드문 나이 古稀
　　▶ 한자의 활용 : 靑이 들어간 한자와 한자어
　　　　　　　　　　 白이 들어간 한자와 한자어
　　▶ 한시의 활용 : 5언 절구 도잠의 〈雜詩 18수〉의 두 구와
　　　　　　　　　　 〈四時〉의 두 구
　　▶ 읽고 생각하기 : 한시의 제목

4면: [본문 들여다보기-실력 다지기]
　　1. 본문의 「絕句」를 읽고 물음에 답해 보자
　　2. 다음은 영화 지붕위의 바이올린의 삽입곡인 sunrise, sunset
　　　의 일부이다. 이 노래의 밑줄 친 부분과 같은 의미를 지닌 시
　　　구를 〈途中〉에서 찾아보자.

(나) 교과서

1면: '十九. 님이시여'라는 소단원명 아래 申師任堂의 〈泣別慈母〉,
　　　李玉峯의 〈自述〉 원문

2면: [이해와 활용]

　　　1. 詩句 풀이/ 2. 한자의 비교와 활용 3. 뜻이 같은 한자/
　　　4. 뜻이 비슷한 한자어

3면: [깊이 보기]

　　　1. 해설과 감상/ 2. 한자의 변화와 발전/
　　　3. 명시 감상: 林悌의 〈閨怨〉

4면: [정리와 탐구]

　　　1. '칠언 절구'에 대하여 설명해 보자
　　　2. 본문의 시 '泣別慈母'에 대하여, 다음의 물음에 답하여 보자.
　　　3. 본문의 시 '自述'에 대하여, 다음의 물음에 답하여 보자.
　　　4. '閨怨'의 주인공 越溪女의 주스를 E-mail로 만들어 위로와
　　　　　반론의 글을 써 보자.
　　　5. 조선 시대의 우리나라 여성 시인 이름을 아는 대로 말하여 보
　　　　　고, 그들의 대표 작품 한 편씩을 별도로 정리하여 보자.

　(가)교과서의 경우 '▶ 한자어 여행'에서 제시한 '古稀'와 이에 대한
유래 설명에 들어있는 한자어는 본문의 漢詩와는 전혀 관련이 없는
것이다. 반면 '▶ 한자의 활용'에서 제시한 '靑'과 '白'은 杜甫의 〈絕
句〉의 1, 2구 "江碧鳥逾白, 山靑花欲然."에 있는 한자다. 비록 본문인
漢詩 원문에 있는 한자를 제시하고는 있지만 그 내용을 보면 "靑이 들
어간 한자 •淸(맑다 청)淸晨 •請(청할 청)懇請 •晴(개다 청)快晴 •精
(자세하다 정)精密 •情(뜻 정)情緖 •靜(고요하다 정)靜肅"처럼 일상생활
의 활용에 중점을 둔 한자와 한자어로 이것 역시 본문의 漢詩와는 관
련성이 없다.

(가)교과서의 소단원은 본문→[본문 들여다보기 | 실력 다지기]→ [孟先生의 漢文世上]→[본문 들여다보기 | 실력 다지기]] 순서로 구성 되어 있다. [孟先生의 漢文世上]은 한시 단원 구성 요소로 필수적인 내용이 아니며 위치 배열에 있어서도 '본문 들여다보기'와 '실력 다지 기' 사이에 있어 소단원 구성 요소 간의 연계성을 떨어뜨리고 있다. 소단원 구성요소에서 제외시키거나, 만일 그럴 수 없다면 [본문 들여 다보기]→[실력 다지기]다음에 배열하는 것이 편이 나을 것이다.

(나)교과서는 (가)교과서보다 실제 교수·학습 과정에서 혼란을 초 래할 가능성이 좀 더 높다고 할 수 있다. 소단원 2면의 [이해와 활용] 과 3면의 [깊이 보기]의 학습 내용구성에 일관성과 연계성이 떨어지 기 때문이다. 만일 (나)교과서의 소단원 구성 순서대로 한시 수업이 진행된다면 학습자는 본문 漢詩의 '1. 詩句 풀이'를 한 뒤에 바로 이어 서 '2. 한자의 비교와 활용/ 3. 뜻이 같은 한자/ 4. 뜻이 비슷한 한자 어'를 학습해야 한다. 그런 뒤 다음 면의 본문 한시에 대한 '1. 해설과 감상'을 보고나서 또다시 '2. 한자의 변화와 발전'을 학습하게 된다. '3. 명시 감상'에서 본문과 다른 漢詩 작품을 감상한 뒤 다음 면의 [정 리와 탐구]에 있는 문제를 풀기 위해 다시 漢詩 원문이 있는 1면으로 되돌아가야 한다. 교사가 아무리 교과서를 탄력적으로 운용하여 본문 의 漢詩의 풀이와 감상을 주로 가르친다고 해도 소단원 구성에서 절 반이 넘는 지면을 차지하고 있는 漢字·漢字語 학습 내용을 무조건 배제시키기는 쉽지 않다. 소단원의 단원 요소를 구성하고 배열할 때 실제 교수·학습 상황을 염두에 두고 효과적인 교수와 학습이 진행될 수 있도록 단원 요소 간의 연계성을 고려하여 구성할 필요가 있다.

2) 단원의 마무리

단원의 마무리는 주로 내용 정리와 문제 정리로 나누어 단원에서 학습한 내용을 총 정리하고 최종 점검하기 위한 단원 구성 요소이다. 단원 안내에 제시된 단원 학습 목표는 소단원의 본문과 학습 활동을 통해 체계적이며 일관성 있게 실현될 수 있어야 하며 단원의 마무리에서 종합적으로 정리되고 평가될 수 있어야 한다.

고등학교『漢文』교과서 10종의 단원의 마무리를 비교하면 각 교과서마다 단원의 마무리 구성이 조금씩 다름을 알 수 있다. 유형별로 분류하면 소단원이 끝난 뒤 바로 단원의 마무리로 이어지는 경우와 소단원과 단원의 마무리 사이에 몇 가지 단원 구성 요소가 추가되어 있는 경우다. 앞에 제시된 〈표 1〉에서 ③ ④ ⑦ ⑨ ⑩ 교과서가 소단원이 끝난 뒤 바로 단원의 마무리로 이어지는 경우에 해당한다.

③ 교과서: 단원의 마무리
④ 교과서: 단원 마무리
⑦ 교과서: 단원 정리-단원 평가
⑨ 교과서: 단원 종합 정리와 자기 진단-단원 종합 평가
⑩ 교과서: 단원 마무리

같은 단원의 마무리라고 해도 단원의 내용을 요점적으로 정리할 수도 있고 평가 문제를 통해 마무리할 수도 있다. ⑦ ⑨교과서는 단원 정리와 단원 종합 평가가 모두 있다. ③ ④ 교과서는 단원의 정리만을, ⑩ 교과서는 단원 종합 평가 문제만을 두고 있다. 단원 정리 내용이 대부분 한시의 형식에 대한 것에 편중되어 있기는 하지만 각 소단원 별로 흩어져 있던 내용을 정리하여 일목요연하게 제시한다는 측면

에 의미를 둘 수 있다.

한편, 소단원과 단원의 마무리 사이에 몇 가지 단원 구성 요소가 추가되어 있는 경우는 ① ② ⑤ ⑥ ⑧ 교과서다. 각 교과서별로 살펴보면 다음과 같다.

> ① 교과서: 탐구 학습-발전 학습-단원의 마무리
> ② 교과서: 단원의 마무리-단원 종합 평가(보충)-단원 종합 평가(심화)-쉼터
> ⑤ 교과서: 보충 자료-단원 정리-단원 종합 평가
> ⑥ 교과서: 他과목 한자어-쓰기 마당-어울 마당-단원 종합 정리
> ⑧ 교과서: 학습 도우미-마무리 학습

이처럼 단원의 마무리 바로 전 단계에 '탐구 학습' '보충 자료'등 단원 구성 요소를 추가한 것은 교육부가 『제7차 교육과정에 따른 2종 교과용 도서 집필상의 유의점(고등학교)』에서 제시한 요건을 충실히 따르기 위한 것이라 할 수 있다. 『집필상의 유의점』을 보면 "단원의 마무리에서는 학습한 원리의 일반화와 실생활에서의 적용 가능성을 높일 수 있도록 보충·심화 자료 등을 제시하며, 교육과정의 '5. 평가' 항을 참고하여 평가 활동이 효과적으로 이뤄질 수 있도록 창의적으로 구성한다."[9]고 되어 있다.

10종 교과서의 단원의 마무리를 비교 검토했을 때 전반적으로 소단원의 학습 내용을 잘 정리하고 평가할 수 있도록 되어 있다. 하지만 일부 교과서에서 두 가지 문제점이 발견되었다. 첫 번째는 단원의 마무리가 본래 기능과 다른 내용으로 구성된 경우다. 단원의 마무리에서는

---

9) 교육부, 『제7차 교육과정에 따른 2종 교과용 도서 집필상의 유의점(고등학교)』, 1999, 237면.

단원에서 배운 내용을 총 정리하는 것이 일반적인데, (다)교과서의 단원의 마무리는 이와 다른 내용으로 채워져 있다. (다)교과서의 단원의 마무리는 漢詩 단원의 학습 내용과 별 관련이 없는 '문장의 형식: 가정문(假定文)'과 '허사의 쓰임:自'에 대한 설명과 예문으로 구성되어 있다. 가정문을 설명하기 위한 6개의 예문 중 1개와 허사인 '自'를 설명하기 위한 예문 4개 중 1개는 본문에 수록된 漢詩의 詩句에서 가져온 것이다. 하지만 漢詩 단원의 단원 마무리에 갑자기 소단원 본문의 내용 및 주제와 상관없는 '문장의 형식'과 '허사의 쓰임'을 설명하는 것은 단원 안내-소단원-단원의 마무리가 유기적이며 일관성 있게 구성되어야 하는 기본 전제가 지켜지지 않은 것이다. (다)교과서가 이렇게 단원의 마무리를 구성한 이유는 이 교과서의 '일러두기'를 통해 짐작할 수 있다. (다)교과서는 교과서 맨 앞부분 '일러두기'에서 "대단원이 끝날 때마다 허사의 쓰임, 또는 문장의 구성에 관한 문법 사항을 정리해 놓음으로써 독해능력을 신장할 수 있도록 하였다."고 되어 있다. 그래서 (다)교과서의 모든 대단원의 단원의 마무리는 '문장의 형식'과 '허사의 쓰임'으로 구성되어 있다. 결국 (다)교과서는 대단원 전체 형식의 통일성을 유지하기 위해 한 단원 구성 체제의 일관성과 연계성을 포기한 것이며 이로 인해 단원 마무리도 제 기능을 할 수 없게 된 것이다.

　두 번째는 단원 마무리에서 제시한 보충·심화 자료가 별 실효성이 없는 경우다. (라)교과서의 경우 단원 마무리에서 '만화로 배우는 한시'라는 보충 자료를 제시하고 있다. 만화를 통해 漢詩에 대한 학습자의 흥미를 유발시키려는 학습 내용은 漢詩 단원이 시작되는 도입 부분에나 적합한 것이지 단원의 마무리 단계에서는 큰 효과를 거두기 어렵다. 그리고 단원의 내용을 정리해야 할 단원의 마무리 단계에서 '한시와 그림'이라는 제목 아래『한시미학 산책』의 한 부분을 발췌하여 싣고는 '한시의 회화성에 대해 토론해 보자'는 활동을 제안하였다. 하지만 고등학교 학습자 수준에서 갑자기 한시의 회화성에 대해 토론하라고 하면 너무 막연하고 어려워 현실적으로 토론 활동 자체가 이루어지기 어렵다. 또 한시의 회화성에 대한 내용이 소단원에서 학습한 내용도 아니므로 단원의 마무리에 제시하기에 적합한 내용라고 할 수 없다.

단원 마무리에서 제시한 보충·심화 자료의 실효성이 떨어지는 다른 예로 (마)교과서를 들 수 있다. (마)교과서는 단원 종합 정리 바로 앞에 '他과목 한자어' '쓰기 마당' '어울 마당'과 같은 보충 학습 자료와 활동을 싣고 있다. '他과목 한자어'는 음악·미술과 관련된 한자어의 풀 가 수록되어 있고, '쓰기 마당'에선 앞의 소단원 본문의 漢詩와 관련 없는 漢字 3字를 제시한 뒤 직접 써 볼 수 있도록 한자 노트처럼 빈 공간을 마련해 놓았다. '어울 마당'에서는 '한시 낭송 제작 보고서Ⅱ'라는 제목 하에 제작 순서를 간단하게 제시하였다. 문제는 이러한 일련의 설명과 활동이 앞서 배운 소단원과 아무런 연계성도 없다는 데 있다. 게다가 '한시 낭송 제작 보고서Ⅱ'는 이미 소단원 '풀이 마당'에서 제시한 '한시 낭송 테이프 제작 활동'과 중복되는 내용이다. 단원에서 배운 내용을 마무리하고 총정리해야 하는 단원의 마무리 활동이 효과적으로 진행될 수 있도록 불필요하거나 형식적인 단원 구성 요소는 과감히 제외시키는 것이 바람직할 것이다.

3. 형식적인 학습 활동 내용

제7차 교육과정이 지향하는 교과용도서 편찬의 기본 방향은 "학생의 자기 주도적 학습 능력과 창의성 신장에 적합한 질 높은 교과서

개발"이다. 학습자 중심의 다양하고 질 높은 교과서를 편찬하기 위해
1. 창의력과 사고력, 탐구력을 기를 수 있는 내용 구성 2. 교수·학습
과정의 개선에 기여할 수 있는 내용 구성 3. 쉽고, 재미있고, 친절하
며, 활용하기에 편리한 교과서 편찬을 제안하고 있다. 이를 위해 세
부적으로 단원 전개 체제의 창의적 구안, 학습 과정 중심의 단원 전
개와 실용성·유용성의 중시, 학습과정·탐구과정의 중시, 자율 학
습·자기주도 학습에 도움을 줄 수 있는 내용 구성이 될 수 있도록
해야 한다고 하였다.10) 이와 같은 학습자 위주의 교과서를 편찬하기
위해서는 무엇보다도 '학습 활동'의 영역이 매우 중요하다. 주로 제재
의 내용을 학습목표에 맞게 질의하는 형식으로 되어 있는 학습 활동
은 학습자 스스로 풀고 답해야 하므로 학습자의 자기주도 학습 능력
을 신장시킬 수 있는 가장 효과적인 방법이기 때문이다.

그런데 고등학교『漢文』교과서 10종의 漢詩 단원을 살펴보면, 소
단원 구성에서 학습 활동의 비중이 매우 적다. 그뿐만 아니라 학습
활동 내용 중에는 실제 학습자의 학습 활동을 위해서라기 보다는 형
식적으로 제시한 것이 아닌가 하는 느낌을 갖게 하는 것이 있다. 이
것은 단지 漢詩 단원에만 국한된 문제는 아니다.『漢文』교과서 모든
단원에서 본문 제재의 풀이와 설명 및 한자·한자어의 익힘에 치중되
어 있고 상대적으로 학습 활동은 구색 맞추기에 그치는 측면이 없지
않다는 것이다.

한시 단원 학습 활동의 문제점은 크게 세 가지 경우로 나누어 볼
수 있다. 첫째, 학습 활동 내용이 본문에 수록된 내용이나 설명을 그
대로 묻는 문제로 구성되어 있다는 것이다. 예를 들면 다음과 같다.

10) 교육부, 앞의 책, 1~2면.

【학습 평가】

　1. 다음 시어들의 의미를 설명해 보자.
　　① 謝時　　　　　② 隔水　　　　　③ 蓮子

　2. 다음 시구들을 밑줄 친 부분에 유의하여 우리말로 옮겨 보자.
　　① 虛畵鏡中眉　　　② 恐被人知半日羞

　위 교과서에서는 학습 활동을 '학습 평가'로 지칭하고 있다. 시어 '謝時', '隔水', '蓮子'의 의미 설명과 詩句의 풀이는 교과서 한 장만 앞으로 넘기면 풀이는 물론 그 의미까지 상세하게 서술되어 있다. 위 교과서의 경우 본문에 수록된 漢詩 원문을 모두 한글로 풀이하여 제시해 놓았고 그 의미까지 부연 설명해 놓았으므로 위와 같은 문제는 학습 내용을 평가하는 의미를 가지기가 어렵다.

　물론 고등학교 『漢文』 교과서 漢詩 단원의 학습 활동 내용이 모두 이와 같은 것은 아니다. 그렇지만 위의 예처럼 본문의 풀이 내용이나 한시 형식에 관한 내용을 묻고 그치는 문제를 학습 활동으로 제시한 경우가 상당수를 차지하고 있어 개선이 필요하다.

　둘째, 드물기는 하지만 학습 활동 내용이 너무 어렵거나 애매한 경우도 있다. 구체적인 예를 들면 다음과 같다.

　　4. 다음을 읽고 물음에 답해 보자.

> 　한시에서는 압운과 평측의 제약으로 인해 어순이 도치되는 경우가 많다. 따라서 한시를 해석할 때는 이러한 점에 유의해야 한다. 반면에 압운과 평측의 제약 때문에 오히려 시적인 표현을 얻게 되는 긍정적인 효과를 가져 오기도 한다. 〈送人〉의 제1구 '雨歇長堤草色多'와 〈送元二使安西〉의 제2구 '客舍靑靑柳色新'의 마지막 글자는 압운을 고려하여 선택된 글자들로서 모두 비 온 뒤 초목의 싱싱함을 표현하고 있다. 그런데 오히려 압운의 구속으로 인해 더욱 시적인 표현이 가능하였다.

압운의 제약이 없었을 경우와 비교하여 그 미적 효과에 대해 간략히 서술해 보자.

위 학습 활동 내용은 소단원 학습 목표인 '압운의 효과 이해'라는 학습 내용을 확인하기 위해 제시된 것이라 할 수 있다. 하지만 소단원의 '탐구학습'에서 압운의 개념에 대한 설명만 되어 있을 뿐 압운의 효과에 대한 설명은 없다. 그런 상황에서 "압운의 제약이 없었을 경우와 비교하여 그 미적 효과에 대해 간략히 서술"한다는 것은 학습자에게는 너무 무리한 요구다. 그리고 '압운의 제약이 없었을 경우'가 구체적으로 어떤 경우를 의미하는지도 분명치 않다. '미적 효과'를 서술하는 활동 역시 한시 초학자인 학습자에게는 매우 어렵고 막연하게 느껴질 수 있다. 학습자의 수준에 너무 단순하고 쉬운 학습 활동과 너무 어려운 학습 활동은 오히려 학습 의욕을 꺾을 수 있으므로 주의해야 한다. 위 학습 활동 내용이 학습자의 실제 활동으로 구현되려면 학습 활동 내용을 좀 더 명확하게 설명하고 활동 방법의 구체적인 설명과 예시를 들어주어야 할 것이다.

셋째, 소단원 구성에서 학습 활동이 차지하는 비중이 너무 적고, 단원 구성 전개에서 학습 활동이 배열된 위치가 적절치 않은 경우다. 한 교과서의 소단원 구성 체제를 예로 들어 살펴보기로 한다.

소단원 명	春 雨
생각 열기　학습 주안점 본문 이해의 길잡이 시사 한자어 신출한자 −1면−	春興 　　정몽주 　春曉 　　　맹호연 어구 풀이 −2면−
→탐구 활동 　1. 한자의 연구 　2. 5언 절구의 특징 　3. 한시의 시상 전개 더 알아보기 季節 신출한자 −3면−	읽으며 생각하는 한자어 **여행** ‘한시(漢詩)의 세계’ 설명 살펴 익히기 −4면−

위 교과서의 소단원 구성에서 학습 활동에 해당하는 것은 ‘살펴 익히기’이다. 위의 소단원 구성 체제를 보면 알 수 있듯이 학습 활동인 ‘살펴 익히기’는 소단원 네 번째 면 하단에 매우 적은 지면을 차지하고 있다. ‘본문 이해의 길잡이’, ‘어구 풀이’, ‘5언 절구의 특징’, ‘한시의 시상 전개’, ‘한시의 세계’등 漢詩의 형식, 풀이, 감상, 이론 등 설명과 해설의 형태로 소단원 구성의 대부분을 차지하고 있다. 이러한 단원 구성 체제에서 학습자가 학습 과정에 참여할 수 있는 기회는 ‘살펴 익히기’의 학습 활동뿐이다. 그런데 ‘살펴 익히기’의 문항 내용과 위치를 보면 학습자의 자기주도적 학습 활동을 이끌어내기가 쉽지 않은 것이라 예상된다. 4면 하단에 제시된 ‘살펴 익히기’의 내용은 다음과 같다.

※ 다음 한시를 읽고, 아래 활동을 하 보자.

春眠不覺曉	處處聞啼鳥.
夜來風雨聲	花落知多少.

1. 이 시를 소리 내어 읽어 보고, 각 구(句)에 띄움 표시(∨)를 해 보자.
2. 이 시를 우리말로 풀이하고, 시상의 전개 과정을 설명해보자.

위에 제시된 漢詩는 본문에 수록된 두 번째 제재인 맹호연의 〈春曉〉이다. '1. 이 시를 소리 내어 읽어 보고, 각 구에 띄움 표시를 해 보자.'라고 하였는데 바로 앞면 '5언 절구의 특징'에서 〈春雨〉시의 원문에 띄움 표시를 해 놓았으므로 별 의미가 없는 학습 활동이다. 그리고 '2. 이 시를 우리말로 풀이하고, 시상의 전개 과정을 설명해보자'라고 한 것 역시 이미 교사의 풀이와 해설이 끝난 후이므로 그 풀이를 한 번 읽어보는 의미 이상은 없다. '시상의 전개 과정' 역시 바로 옆 페이지에 자세한 설명과 함께 실례까지 제시되어 있어 학습자 스스로 깊이 생각해 볼 여지가 없는 학습 활동이다.

그런데 이 학습 활동을 소단원의 끝부분인 4면 하단이 아니라 2면 맹호연의 〈春曉〉원문 바로 아래 배치하게 되면 같은 내용이라고 해도 학습 활동의 의미는 달라질 수 있다. 본문에 제시된 두 편의 漢詩 중 〈春雨〉는 교사가 풀이하고 설명하고 〈春曉〉는 학습자 스스로 풀이하고 설명하는 방법으로 수업을 진행할 수 있으며 학습자의 자기주도적 학습 활동을 이끌어낼 수 있기 때문이다.

사실 이 문제는 위 교과서에만 한정된 것이 아니다. 다른 교과서의 경우에도 본문에 수록된 한시의 이해에 도움이 될 만한 문항으로 구성된 학습 활동이 제시된 경우도 있지만 학습 활동의 위치가 본문과 너무 멀리 떨어져 그 효과가 반감되는 예가 많다. 따라서 학습 활동을 본문 풀이와 감상이 모두 끝난 뒤에 하도록 배치하지 말고 학습 활동을 통해 한시의 풀이와 감상을 할 수 있도록 단원 구성 요소의 하나인 학습 활동의 내용과 배열을 새롭게 구안하는 노력이 필요하다.

Ⅲ. 바람직한 漢詩 단원 구성 체제를 위한 몇 가지 제언

지금까지 제7차 한문과 교육과정에 따른 고등학교 『漢文』 교과서 한시 단원의 단원 구성 체제를 비판적 시각에서 검토한 결과 단원 구성 체제의 연계성과 일관성을 고려하지 않은 여러 양상을 파악할 수 있었다. 2007년 개정 한문과 교육과정에 따른 새로운 한문 교과서를 개발하고 집필할 때 바람직한 漢詩 단원 구성 체제를 구성하기 위해서는 현행 『漢文』 교과서에서 노정된 문제점을 인식하고 그 문제점들이 도출된 원인 요소를 제거함으로써 바람직한 방향과 방안이 마련될 수 있을 것이다. 현행 『漢文』 교과서 한시 영역 단원 구성 체제의 문제점을 낳게 한 원인을 진단하고 이를 기반으로 교과서 개발과 집필에서 바람직한 漢詩 단원 체제를 구성하기 위한 몇 가지 방안을 다음과 같이 제안한다.

첫째, 『漢文』 교과서 집필 지침 중 한문교육용 기초한자 1,800자 규정을 완화하여 교과서 집필 과정에 구속으로 작용하지 않도록 해야 한다. 제7차 교육과정은 한문 교과에서 중학교 900자 고등학교 900자의 한자를 반드시 가르치도록 규정하고 있다. 제7차 교육과정에 따른 2종 교과용 도서 『집필상의 유의점』(고등학교)에서도 "한자의 지도 범위는 고등학교 한문교육용 기초 한자를 원칙으로 한다. 부득이하여 추가 지도할 있는 한자는 100자 이내로 하되 인명, 지명 등의 고유명사는 제한을 받지 않으며, 초과하는 한자는 효과적인 방법으로 구

분하여 제시한다."고 명시해놓았다. 이 규정에 따라『漢文』교과서를
집필하기 위해 1,800자 범위 내의 한자가 사용된 한문 텍스트를 선별
해내는 일은 여간 어려운 일이 아니다. 왜냐하면 한문교육용 기초한
자 1,800자가 현대 일상생활에서 가장 많이 사용되는 한자의 빈도수
를 가지고 선정된 것이기 때문이다. 기초한자 1,800자 안에 있는 한
자로만 이루어진 한문 텍스트는 많지 않을 수밖에 없으므로 결국 소
단원 본문 제재를 통해 제시하지 못한 고등학교 한문교육용 기초한자
900자를 소화하기 위해 '보충 학습' '탐구 활동' '생활마당'과 같은 항
목을 마련하여 漢詩 단원에까지 漢字 및 漢字語 학습 내용을 무리하
게 끼워 넣은 것이다. 결국 한문 교육용 기초한자 1,800자의 규정이
교과서 집필 과정에서 구속으로 작용하여 고등학교『漢文』교과서의
한시 단원에서 한시 영역과 상관없는 한자·한자어 학습을 단원 학습
목표로 제시하고, 소단원 구성에서도 역시 한자·한자어 학습 내용을
단원 구성 요소로 할애하여 단원 구성 체제의 일관성과 연계성을 떨
어지게 된 것이라 할 수 있다. 한문 교육용 기초한자 1,800자 선정
이유와 중요성에 관해서 새삼 문제제기를 하려는 것이 아니라 교과서
개발 방향과 집필 지침에서 1,800자의 규정을 완화하게 된다면 漢詩
단원에 한자·한자어 학습 내용이 혼재되어 단원의 일관성과 통일성
을 해치는 사태를 막을 수 있을 것이라 생각한다.

둘째, 교과서 내 모든 대단원에 동일한 단원 구성 체제를 무리하게
적용하기보다는 단원, 주제의 성격 및 내용의 특성에 따라 다양한 단
원 구성 체제를 적용해야 한다. 漢詩 영역의 단원 구성은 漢詩 영역의
특성과 소단원 주제의 성격에 맞게 구성되어야 한다. 제7차 한문과
교육과정에 의거한 한문 교과서는 대단원 구성에서 모두 동일한 단원
구성 체제를 적용하고 있다. 한자·한자어·한문 영역마다 학습 목표

와 학습 내용은 다를 수밖에 없다. 그럼에도 교과서 전체의 단원 구성 체제가 모두 같다 보니 각 영역 간의 특성이 분명히 구분되지 않는 측면이 있다. 그렇다면 교과서의 모든 대단원은 반드시 동일한 단원 구성 체제를 적용해야 하는가? 답은 '그렇지 않다'이다. 물론 교과서 내 대단원의 단원 전개 방식과 단원 구성 체제가 같으면 전체적으로 통일성과 안정적인 느낌을 갖게 한다. 하지만 그것보다 단원의 성격에 맞도록 단원 전개 체제를 구성하는 것이 더 중요하다.

제7차 교육과정에서 기대하는 바람직한 교과서는 단원 전개 체제에 있어 "모든 교과서에 하나의 전개 체제를 적용"하는 것이 아니라 "단원, 주제의 성격에 따른 다양한 전개 체제를 적용"[11]하는 것이다. 漢文 교과의 집필상의 유의점에서도 단원의 구성 체제는 "대단원은 단원의 안내, 소단원(제재 또는 본문), 단원의 마무리 등 세 부분으로 나누는 것을 원칙으로 하고, 한문교육이 효과적으로 달성될 수 있도록 학습 목표나 내용의 특성에 따라 다양한 체제로 구성"[12]하는 것을 기본 지침으로 제시하였다. 漢文 영역의 하나인 漢詩 영역의 단원 구성 체제는 한자·한자어 영역과 구분하여 문학 교육적 측면을 고려하여 구상할 필요가 있다. 즉 한자와 한자어 영역 단원 구성 체제의 소단원 구성에서 고등학교 한문교육용 기초한자 900자 한자와 일상생활에서 쓰이는 한자어 학습을 위한 단원 구성 요소를 안배했다고 해서 漢詩 영역에까지 일률적으로 적용시킬 필요가 없다는 것이다. 대신 漢詩 영역의 핵심적인 학습 내용인 '한시의 풀이와 감상'을 효과적으로 교수·학습할 수 있도록 漢詩 영역만의 단원 구성 체제를 고안해내는 노력이 필요하다.

---

11) 교육부, 『제7차 교육과정에 따른 2종 교과용 도서 집필상의 유의점(고등학교)』, 4면.
12) 교육부, 위의 책, 237면.

셋째, 소단원 구성에서 학습 활동을 위한 지면을 늘이고 학습자 중심의 한시 학습이 이루어질 수 있는 다양한 학습 활동 방안을 고안해야 한다. 앞에서 살펴보았듯이 현행 제7차 『漢文』 교과서 漢詩 영역의 소단원의 학습할 내용은 학습 활동 중심이 아니라 풀이와 해설 위주로 제시되어 있다. 한시 영역 학습에서 궁극적인 도달점이 한시 풀이와 감상이라고 한다면 漢詩 교수·학습 과정에서 학습자가 자기 주도적으로 한시를 풀이하고 감상해볼 수 있어야 한다. 하지만 현행 『漢文』 교과서는 이미 본문에 '어구풀이'뿐만 아니라 漢詩 原文에 대한 전체 풀이는 물론 주제와 감상까지 서술되어 있는 상태이므로 학습자 스스로 한시를 풀이하고 감상할 수 있는 기회 자체를 가질 수 없다. 게다가 학습 활동은 너무 단순하거나 너무 어려우며, 형식적으로 제시되어 현실성이 없는 경우도 간혹 있다.

학습 활동 내용을 단순하게 본문 학습 내용의 확인 및 평가하는 차원에서 구성하기는 것은 바람직하지 않다. 그보다는 학습 활동을 통해 학습자가 직접적으로 한시의 풀이와 감상에 참여할 수 있도록 하는 등 학습자의 자기주도 학습을 유도하는 내용으로 구성한다면 학습자의 수업 집중도를 높일 수 있는 한 방법이 될 수 있을 것이다. 결국 학습자 중심의 한시 수업이 이루어지도록 하기 위해서는 학습자의 학습 활동 비중을 높이고 학습자의 흥미가 우발되고 성취감을 느낄 수 있도록 다양한 방법의 학습 활동 방안이 강구되어야 할 것이다.

Ⅳ. 맺음말

교과서는 교육과정을 근거로 하여 교육 내용을 선정하고 조직하여 교실 현장에서 교수·학습이 이루어질 수 있도록 체계화하여 제시한 학습 자료이다. 교과서는 교육 과정의 의도를 실현하기 위해 마련된 교육 자료 중의 하나일 뿐이라는 인식이 최근 확산되고 있기는 하지만 여전히 수업과 평가에서 교과서의 역할은 절대적이다. 본고는 2007년 개정 한문과 교육과정을 따르는 교재 개발을 앞둔 현 시점에서 교재 개발 계획 수립에 참고가 될 수 있기를 기대하며 제7차 교육과정에 의거한 고등학교 『漢文』 교과서의 漢詩 영역 단원 구성 체제의 문제점을 분석하고 바람직한 방향을 제시해 보았다. 그러면 본고에서 10종 고등학교 『漢文』 교과서의 漢詩 영역 단원 구성 체제를 고찰해 본 결과 밝혀진 문제점과 개선안을 단원 구성 요소 별로 정리해 보기로 한다.

먼저 漢詩 영역 단원 안내의 단원 학습 목표를 비교 고찰해 보았을 때 단원 학습 목표가 아예 없는 교과서도 있고 한시 단원과 관련 없는 한자 및 한자어 학습 내용이 목표로 제시된 교과서도 있었다. 대단원 도입부에서 단원 전체의 학습 목표를 제시하는 것은 교사와 학습자에게 교수와 학습의 방향을 제시한다는 측면에서 중요한 의미가 있다. 단원 학습 목표를 제시하되 반드시 한시 단원에는 한시 학습과 관련된 내용만을 학습 목표로 제시해야 할 것이다.

소단원 구성에서 가장 큰 문제점은 漢詩 학습과 관련이 없는 한자 및 한자어 학습 요소를 제시하여 단원 자체의 정체성과 단원 구성의 연계성을 떨어뜨린다는 것이다. 이러한 결과가 도출된 원인이 집필 과정에서 한문교육용 기초한자 1,800자의 규정이 구속으로 작용하고 교과서 전체 단원을 일률적인 체제로 적용하고자 했기 때문임을 밝혔다. 『漢文』 교과서 집필 지침에 한문교육용 기초한자 1,800자 규정을 완화할 것과 漢詩 영역의 단원 구성은 문학 교육적 측면에서 접근하여 漢詩 영역 학습 내용의 특성에 맞게 단원 체제를 구성할 것을 제안하였다.

한시 단원의 학습 활동에 있어서 학습 활동 내용이 본문에 수록된 내용이나 설명을 그대로 되물어 의미가 없는 경우와 학습 활동 내용이 너무 어렵거나 애매한 경우가 있음을 지적하였다. 또한 소단원 구성에서 학습 활동이 차지하는 비중이 상대적으로 너무 적고 단원 구성 전개에서 학습 활동의 배열 위치가 적절하지 않음도 언급하였다. 소단원 구성에서 학습 활동을 위한 지면을 늘이고 학습자 중심의 한시 학습이 이루어질 수 있는 다양한 학습 활동 방안을 고안하는 데 많은 노력을 기울일 것을 제안하였다.

단원의 마무리에서는 단원 학습 내용과 전혀 관련 없는 내용으로 정리한 것과 보충 및 심화 자료를 제시한 것이 오히려 단원 전개의 연계성을 떨어뜨리게 된 것을 문제점으로 지적하였다. 단원의 마무리는 단원에서 학습한 내용을 총 정리하고 최종 점검하기 위한 단원 구성 요소라는 제 기능에 충실해야 할 것이다.

본고는 고등학교『漢文』교과서를 분석함에 漢詩 단원 구성 체제의 문제점을 진단하는 것에 주력했기 때문에 비판적 시각으로 접근하여 각 교과서 漢詩 단원마다 가지고 있는 장점은 부각시키지 못한 한계점을 가진다. 그렇지만 처음으로『漢文』교과서 漢詩 영역의 단원 구성 체제 분석을 시도하여 각 단원 구성 요소에 내재한 문제점을 도출해내고 그 문제점을 낳게 된 원인을 진단함으로써 바람직한 漢詩 단원 체제 구성 방안을 제안해 낼 수 있었다. 부족하나마 본 연구의 논의가 새로운『漢文』교과서 개발에 작은 보탬이 될 수 있게 되기를 간절히 기대한다.

참고문헌

김경수·김성룡·김봉숙·김평호. 고등학교 『漢文』, (주)교학사.

김상홍·최창구·이강렬·원창희. 고등학교 『漢文』, (주)중앙교육진흥연구소.

박갑수·이상진·최상근. 고등학교 『漢文』, (주)지학사.

신표섭·이병주·이윤찬·강경모·백광호·허시봉·류기영·이태희, 고등학교 『漢文』, 대학서림.

안재철·원용석·김동규. 고등학교 『漢文』, 대한교과서(주).

유성준·김동환·유형구. 고등학교 『漢文』, 새한교과서(주).

이명학·장호성·현상곤·임완혁. 고등학교 『漢文』, (주)두산.

이수철·곽치영. 고등학교 『漢文』, 정진출판사.

이희목·진제교·최돈욱·신영주. 고등학교 『漢文』, (주)천재교육.

최상익·이병혁·허남욱·이영우. 고등학교 『漢文』, (주)금성출판사.

교육부. 고등학교 교육과정 해설-13 한문-, 1997.

교육부. 『제7차 교육과정에 따른 2종 교과용 도서 집필상의 유의점(고등학교)』, 1999.

김상홍. 「제7차 교육과정에 의한 고등학교 한문 교과서의 문제점-한시 단원을 중심으로-」, 『漢文敎育硏究』 제20호, 韓國漢文敎育學會, 2003.

박기수. 「제7차 교육과정에 의한 고등학교 한문교과서에 나타난 개사 연구」, 『漢字漢文敎育』 제10호, 韓國漢字漢文敎育學會, 2003.

송병렬. 「漢文科 敎科書의 諸問題와 바람직한 方案」, 『漢文學報』 14집, 2006.

심정흠. 「제7차 교육과정 중학교 한문교과서에 나타난 한문문법에 관한 내용 실태 연구」, 『漢字漢文敎育』 제16호, 韓國漢字漢文敎育學會, 2005.

안재철. 「제6차 교육과정에 따른 고등학교 한문교과서의 〈한자·한자어〉영역 단원 분석」, 『漢文敎育硏究』 제16호, 韓國漢文敎育學會, 2001.

원용석. 「고등학교 한문 교과서의 내용 및 수준 문제 고찰」, 『漢字漢文敎育』 제13호, 韓國漢字漢文敎育學會, 2004.

윤채근. 「7차 교육과정에 따른 한문 교과서 활용 방안」, 『漢文敎育硏究』 제19호, 韓國漢文敎育學會, 2002.

이동재. 「제7차 교육과정 중학교 한문교과서에 수록된 한자어 문제 연구」, 『漢字漢文敎育』 제14호, 韓國漢字漢文敎育學會, 2005.

장호성. 「한문과 교재의 문제-제7차 교육과정 고등학교 한문 교과서를 중심으로-」,

『漢文教育研究』 제22호, 韓國漢文教育學會, 2004.

정만호, 「고등학교 한문 교과서 현토의 문제점」, 『漢字漢文教育』 제15호, 韓國漢字
漢文教育學會, 2005.

정혜승, 「국어 교과서 연구의 현황과 반성」, 『국어교육학연구』 16호, 국어교육학회,
2003.

허연구, 「현행 고등학교 한문교과서에 나타난 "한문 문법"에 관한 제 실태 연구」,
『漢字漢文教育』 제16호, 韓國漢字漢文教育學會, 2006.

Robert F. Mager, 정우현 역, 『행동적 수업목표』, 교육과학사, 1972.

이 글은 『漢字漢文教育』 제19집(韓國漢字漢文教育學會, 2007)에 수록한 논문을 재수록한 것이다.

高等學校 漢文 教科書에 나타나는 性 正體性에 관한 연구

―성적 자아 형성의 교육적 의미와 연관하여

尹采根

Ⅰ. 서론

초·중등 교육 과정에서 남성과 여성의 성 역할 분배에 대해 고민해온 것은 어제오늘의 일이 아니다. 문제는 이를 검인정 교과서에 어떻게 적실히 반영할 것인가 하는 것일 터, 최근의 경우 7차 교육 과정에서는 '집필상의 유의점'을 통해 이 문제에 대하여 집필진들에게 적절하게 주의를 환기한 바도 있다.[1] 그런데 그 용어 표현이 '유의점'인데서도 발견할 수 있듯이 이는 다분히 수세적이고 방어적인 차원에 머물러 있다. 달리 표현하면 문제될 소지가 있는 내용을 피하고 교과서의 중립적·객관적 균형감을 유지하라는 의미로 해석된다는 것이다. 결국 성(gender)[2] 정체성의 균형적인 형성과 피교육자의 인성 발

---

1) 1999년 교육인적자원부에서 제시한 『집필상의 유의점』에 나타난다. 논자는 이 사실을 간과했었는데 논문의 초고 발표(2003년도 한국한문교육학회 동아시아 국제학술대회)에 대해 질의를 해주신 영남대 임완혁 교수님을 통해 새삼 깨닫게 되었다. 이 자리를 빌어 감사드린다. 위의 내용 가운데 '남녀의 역할에 대한 편견이 없도록 하여야 한다.'는 부분이 보인다.

2) 섹슈얼리티(sexuality)가 생물학적 개념인 반면, 젠더(gender)는 문화적인 개념

달 과정에 대한 성 의식 지평에서의 깊이 있는 熟察의 흔적이 보이지 않는다고 할 수 있다.

혹자들은 성 정체성 문제를 단순한 성교육 문제로 이해하여 그 의미를 축소시키기도 한다.3) 하지만 정체성 측면에서의 심중한 사색 없는 성교육은 실용 교육적 효과 면에서만 국한시켜 보더라도 실효성이 크지 않아 보인다. 사실 과도하리 만치 노골적인 성 개방에 처해 있는 21세기 문화 환경과 그 환경에 무방비로 노출되어 있는 피교육자들의 실태를 진지하게 고려해 본다면 死後藥方文 식의 성교육이 피교육자들의 성 의식에 역동적 영향을 미치리라는 생각 자체가 얼마나 순진한 발상에서 비롯된 것인가 새삼 자각하게 된다.4)

문제는 더 근본적인 곳에 자리하고 있다. 성은 자아의 정체성 구성의 심리적 초기 동인이며 어찌 보면 최초의 퍼스낼러티 형성 기제라고도 할 수 있다.5) 때문에 성적 담론은 인성에 관련한 문제 의식 속에서 이해되어야 하며 한 인격이 온전한 개체로 형성되어 가는 정체성 실현 과정에서 고려되어야만 한다. 따라서 인간에 대한 이해 과정이 성에 대한 이해 과정과 곧바로 맞물려 있다고 해도 과언이 아니다. 그렇다면 그것이 교육이 담당해야 할 매우 큰 몫이라는 자명한 사실을 어떤 논리로도 부정할 수 없게 된다.

이다. 이 문제는 후술된다.

3) 예컨대 한국 성과학연구소에서 실시하는 對症的인 상담이나 보고서, 또는 리서치는 성을 일종의 기능적 대상으로 환치시키고 있다는 생각을 들게도 한다. http:// www.sexacademy.org 참고.

4) 발랄한 신세대식 성교육 담론이 오히려 청소년들에게 성에 대한 가벼운 경시를 불러일으키고, 때로 그것이 교훈적으로 귀결되었을 때는 조소적인 반발만 불러일으킬 수 있다는 점을 일선 교육 주체들은 너무나 잘 알고 있을 것이다.

5) 이는 프로이트의 유명한 小兒性慾論으로부터 기원하는 바, 이미 널리 공인된 이론이다.

현행 검인정 교과서 가운데에는 성 정체성 수립을 위한 별도 교재가 없다. 물론 생물과나 사회과 등에서 성교육을 부분적으로 나누어 맡고는 있다. 하지만 앞에서 언급했듯이 성 정체성 개념은 단순한 성교육 차원의 문제로 해소될 것이 아니었다. 그 이유는 아래에서 차츰 선명히 밝혀지게 될 것이다. 그런데 기실 전 세계적으로도 성 정체성 훈련을 위한 별도 교과를 개설한 사례는 보이지 않는다. 그 이유는 성 정체성과 관련한 교육적 진행이 특정 과목으로 안배될 수 있는 국부적인 범위의 것이 아니기 때문이다. 즉, 이 문제는 모든 교과에 광범위하게 적용되는 속성을 지니는 것이며 모든 일상생활의 전면에 개입되는 보편성을 지니는 것이다. 유아기 감각 자극이나 동화책 내용에서부터 정규 교육에 들어가자마자 접하는 일체의 교육적 반응을 유발할 내용들이 다 이 문제에 포함된다. 이 이유로 성 정체성 문제는 넓은 의미에서 정치적인 전략이나 정책과 결부되기 마련이다.6)

교육 정책의 최종 실현 審級이 바로 교과서다. 교과서를 바꿔 인격을 교정할 수 있다는 보장은 없지만 적어도 교과서를 통해 그 현상과 실태를 개선하려고 노력할 수는 있다. 따라서 성 정체성의 관점에서 우리는 다양한 교과를 검토하고 분석할 수 있을 것이다. 그 가운데에서 한문과는 현재 한국 교육의 성 정체성 인식의 수위를 가늠하는 바로미터가 될 수 있으며, 나아가 그 진보적 개선안을 찾아내는 실마리가 될 수 있을 것이다. 특히 한문 교과가 다른 교과와 달리 중세 담론들을 텍스트로 삼는 탓에, 성 정체성 인식을 파행적으로 이끄는 근본 사유 기제인 전통적 가부장제 이념이 무의식적으로 포함될 가능성이 매우 높기 때문이다. 문제가 선명히 노출되어야 치유책도 마련되는 법이다.

---

6) 이를테면 우리나라 행정부에는 〈여성부〉가 존재한다.

그런데 가부장제 이념, 또는 남성 중심적인 가치관이 정당한 것이냐 하는 문제는 우리의 주요 논의 사안이 아니다. 다만 이 이념이 사회의 보편 이념이나 통념으로 용인될 경우 가부장적 의식이 자연스러운 현상으로 묻혀지거나 희석될 수 있었을 것이나, 성 정체성 개념이 획기적으로 轉變되는 와중인 현금에 있어서는 아무래도 신중한 검증과 반성이 필요하다는 사실이 중요할 뿐이다.[7] 때문에 이 논문이 가부장 권력을 비판하는 페미니즘적 시각에서만 읽히지 않았으면 하는 소망을 갖고 있다.

무엇보다 강조하고 싶은 것은 교과서가 어린 학생들이 삶에 대한 다양한 관점을 수립하게 되는, 그 권위가 국가에 의해 공인된 준거틀이라는 점이다. 따라서 한 인간으로서 자신의 젠더를 자각해 가는 학생들에게 성적 편견을 불러일으키거나, 집필자들의 의도와 무관하게 오해를 살 소지를 안고 있는 교과서 내용들은 적극적으로 재검토해 보아야 한다.

Ⅱ. 젠더(Gender), 섹스(Sex), 아이덴티티(Identity)

건강한 성 정체성 수립을 소극적 차원에서 고찰할 때 우선 고려해야 할 것은 성 평등이다. 어느 한 성이 다른 성을 열등하거나 부족한

---

7) 예를 들어 2003년 8월에 호적제 폐지를 원칙으로 하고, 특별한 경우 자녀가 부모의 성 가운데 하나를 자기 성으로 선택할 수 있으며, 나아가 재혼 가정의 경우 성을 바꿀 수 있는 획기적인 법제안이 마련되어 국회통과를 기다리고 있다. 유림 단체의 반발에도 불구하고 호적제를 골간으로 하는 부계 전통에 커다란 변화가 불가피한 것이 현금의 상황이다. "호적제 폐지 대안으로 1인1적제 유력"〈오마이뉴스〉 8월 20일 지은희 여성부 장관과의 인터뷰 기사.

속성으로 규정짓지 않도록 배려하는 것이 그 핵심 내용이다. 이를 보다 적극적으로 이해하면 남성과 여성이 자신이 구유한 성의 특성과 장단점을 숙지하고 이를 다른 성에 대한 이해를 통해 서로 조화롭게 발전·육성시키는 것이 될 것이다. 사실 전자의 소극적 성 평등 운동은 상당한 개선 단계에 진입해 있어 새삼스러울 것도 없어 보인다. 남은 것이라면 제도적 보완과 여기에서 파생될 문제에 대한 법제적 해결이라고도 할 수 있다.

그러나 성적 '차별'을 의식의 차원에서 근원적으로 제거하고 그것이 다원적 생명 진화의 '차이' 현상임을 이해시키는 일은 이제 시작 단계라고 할 수 있다.[8] 조금 쉽게 설명해 보자. 칼 구스타프 융(C. G. Jung)은 개체의 성적 특성은 생리적으로만 결정되는 것이 아니라 인격 내부에 혼융되어 있는 남성성과 여성성, 즉 아니무스(animus)와 아니마(anima)의 조합과 융화를 통해 발현된다고 했다. 남성에겐 여성성이, 여성에겐 남성성이 근원적으로 내재해 있다는 논리다. 한 성이 다른 성을 이해한다는 것은 결국 자기 내부에 있는 어떤 본원적 차이의 운동을 이해한다는 것이 된다. 이리가레이(L. Irigaray)가 세상에는 두 개의 성이 있는 것이 아니라 n개의 성이 있다고 주장하는 것도 이와 다르지 않은 논리다.

사실 성적 이질성이 차별성이 아니라 일종의 밀도적 차이에 불과하다는 이상의 관점은 성을 생리학적 현상이나 그 종속 변수로 보려는 뿌리깊은 가부장적 남성중심의 사유와는 커다란 갭을 갖는다. 남성을 성의 주체로, 여성을 그 결손이나 未備함을 상징하는 타자로 나누는 이분법적 사고는 성을 선천적인 생리적 숙명으로 고착해서 바라보려

---

8) Luce Irigaray, Ce sexe qui n'en est pas un[하나이지 않은 성], 이은민 역, 동문선, 2000, 참고.

는 경향이 있다. 이런 관점에서 성은 아무리 멋진 수사적 어휘를 동원한다 할지라도 결국은 섹스(sex) 그 이상도 이하도 아니다. 요컨대 음양의 이치라거나 천명의 논리가 그런 경우다.

성을 섹스의 관점에서만 고찰하려드는 한, 남성과 여성은 그저 다를 뿐이고 다르기에 다른 삶의 운명에 순응해야 한다는 대립 논리로 손쉽게 귀착될 우려가 있다. 이 단계에 머무는 이상 성적 차별이 다원적 차이의 논리로 발전해 갈 가능성은 전무해진다. 반면, 성을 숙명적인 선천 조건이라 보지 않고 그저 다원적인 생명 분화 현상이 빚은 '차이'라고 본다면 이 차이는 문화적으로 얼마든지 가변적일 수 있는 '생명 운동'의 한 현상으로 바라볼 수 있다. 결국 생리적 조건의 차이가 중요한 것이 아니라 그것을 문화적으로 배치하고 관리해 온 문화의 시스템이 중요해지는 것이다. 문화는 인류 생존 조건과 발전 정도에 따라 가없이 변경되어야 하는 것이므로 성적 역할 역시 자꾸 변해가야만 함은 물론이다. 이것이 섹스와 구별될 젠더(gender) 개념의 특징을 구성한다.

성(gender)이 문화적으로 조직된 것이라면 이분법적인 생물학적 성(sex) 개념으로 자꾸 회귀하여 그것에 집착하는 태도는 필연적으로 성적 불평등이나 차별을 초래하고야 말 것이다. 때문에 젠더 형성 과정이 문화적으로 변화하는 일종의 운동임을 새삼 깊이 자각해야 한다. 이는 결국 문화적 정체성 구성 문제와 밀접히 연관된다. 아이덴티티(identity) 개념이 여기서 중요해진다. 유아심리학자 에릭 에릭슨(E. Erickson)이 창조한 이 개념은 심리적 불안과 병증의 원인이 자기를 스스로 규정할 수 있는 자아의 자기규정능력 부족에 있다는 전제를 깔고 있다.[9] 에릭슨은 자기가 누구이고 어떻게 존재하고 있는가가 불투명한 상태는 일종의 정신적 아노미(anomie) 상황으로 전이하게 되고 급기야 착란에까지 이르게 된다고 본다. 결국 사회 속에서 자기가 차지하는 입지점과 존재 의의를 적극적으로 구성할 수 있는 능력이 자기동일성, 즉 아이덴티티 확인 과정인 셈이다.

그런데 전통적인 성 의식에서는 남성만이 독보적인 성적 아이덴티티를 점유할 수 있었고 여성들은 그것의 결손 상태, 또는 남성을 기준으로 한 그 반대 상태만을 고유 성질로 할당받아야만 했다. 전자가 주체고 후자는 타자다. 이는 남성과 여성 모두에게 공히 불행한 일이다. 남성은 과도하게 고착된 남성성의 자의식 때문에 자기 내부에 존재하는 여성성을 발견함으로써 획득할 수 있는 인격의 풍요함을 상실하게 되고 여성은 자기 존재 근거를 스스로의 내부에서 확립할 수 없게 됨으로써 깊은 자아상실감 속에 빠지게 된다. 이런 과정이 아이덴티티 구성의 초기 단계인 청소년기에 발생한다는 것은 문화적으로 비극이 아닐 수 없다. 이에 대한 전 세계적인 반성이 일고 있는 것이 현금의 문화적 대세다.

Ⅲ. 성 정체성(Gender Identity)과 관련한 교과서의 역할

논의의 전제로서 우선 교과서 집필자들과 심사자들이 유념해야 할 몇 가지 핵심 사항들을 열거해 보고자 한다. 물론 여기에서 제외된 사항들 가운데에도 향후 중요한 문제로 재부상할 것들도 있을 것이다. 이와 같은 문제의식을 개진하는 초기 상황임을 전제하고 설정한 사안들은 아래와 같다.10)

---

9) Erick H. Erickson, Identity[아이덴티티], 삼성세계사상 19, 삼성출판사, 1997.
10) 이하 필자가 전개할 내용들이 그 논의 추출 과정을 생략한 결과제 시형이라는

ⅰ) 남성과 여성의 성 역할을 일방적으로 규정지으려 해서는 안 된다.

ⅱ) 남성과 여성이 지닌 각자의 고유한 성적 개성을 우열의 시각으로 다뤄선 안 된다.

ⅲ) 전근대적 남성상을 현대적 재해석 없이 노출해서는 안 된다.

ⅳ) 희생과 봉사의 미덕을 여성에게만 강조해서는 안 된다.

ⅴ) 남성과 여성의 등장 빈도와 중요도를 가급적 균등하게 배분해야 한다.

ⅵ) 성 정체성에 혼란을 일으킬 소지가 있는 내용에는 반드시 추가 설명을 해야 한다.

남성과 여성은 하나의 성적 존재이기 이전에 이미 자의식을 소유한 엄연한 '인간'일 따름이다. 동일한 인간이지만 자신이 타고난 개성에 따라 스스로를 세계에 실현하는 방식이 다를 뿐이다. 남녀의 차이란 그런 다양한 개성 차이 가운데 중요한 한 부분일 따름이다. 예전에는 여성이 재판관이 된다는 것은 상상할 수 없었다. 여성은 이성적이지 못하고 감정에 휘둘리는 동물이라고 믿었기 때문이다. 이러한 여성의 취약성을 과학적으로 증명하려고까지 했던 시대도 있었다. 그러나 지금은 여성 판관이나 관료의 등장이 너무나 당연한 일상사가 되었다. 성 정체성의 내용 범위와 종류는 이렇듯 시대를 따라 변모하고 있다. 이 문제에 대해 넓은 개방성을 유지해야 할 의무가 교육자들에게 있다(ⅰ).

남성과 여성은 다르고, 또한 다르다는 사실을 적극적으로 받아들여야 건전한 문화가 유지된다고 믿는 사람들이 있다. 이런 사람들은 남성 중심으로 짜여진 사회 체제에 여성이 부적합하다는 사례를 들어

점에 대해 먼저 양해를 구한다. 분석 규범과 구체적 형식을 마련한 뒤 보완하도록 하겠다. 다만 분석 과정의 합리성을 내세우기 위한 번잡한 형식 논리를 가급적 배제하려고 한 의도를 고려해 줄 것을 기대한다. 때문에 많은 주요 사안들을 사례적으로 고립시켜 각주 처리했다.

남녀 역할의 차이를 주장한다. 이는 불공평한 게임의 룰을 만들어 놓고 그 룰 속에서 약자일 수밖에 없는 대상을 선천적 약자로 규정하는 행위에 지나지 않는다. 그 양상은 선진국이 자신들에게 유리한 경제 구조를 창출해 놓고서는 후진국을 타고난 열등국가로 규정하는 것과 동일하다. 따라서 육체적 다름을 근거로 역할의 우열을 도출하려는 타성적 발상으로부터 자유로워져야 한다. 예컨대 육체적으로 동양인보다 강한 서양인이 더 남성적이라 할 수는 없을 것이다(ii).

전근대적 남성상을 남학생들이 모델링해야 할 바람직한 남성상으로 인지시켜서는 안 된다. 이를테면 가족을 책임지는 작은 왕으로서의 부권형 인물이나 삶을 경쟁 관계로 받아들이고 그 속에서 승리해야만 하는 존재로서 남성을 각인시키지 않는 것이 좋다. 전쟁 문화는 남성 문화의 주요 산물이다. 그런데 체력과 용기가 지배하는 사투의 장이 인류가 걸어야 할 미래의 비전일 수 없다. 게다가 더 이상 육체적 힘과 도발적인 공격력만이 전쟁의 수단은 아니다. 공생과 평화의 비전 아래 각 성의 장점을 아우르는 인격체가 미래 교육의 목표여야 한다(iii).

현대 사회는 전통적 부성을 유지하기 힘들어진 것과 마찬가지로 전통적 모성을 요구하기 힘든 상황이 되었다. 가사 일을 하는 남성이 자연스러워졌고 사회 활동을 하는 여성 인구가 폭발적으로 늘고 있다. 여성은 더 이상 희생하고 봉사하며 은인자중하는 그런 존재가 아니다. 또 여성을 수동적이고 나약한 위치에 한정시키는 것은 국가경쟁력 면에서도 낭비다. 나아가 여성을 헌신하는 존재로만 이해하는 사회는 현실과 명분의 괴리감을 조장함으로써 오히려 가족 해체의 빌미를 더 많이 제공하는 사회일 수 있음을 숙지해야 한다(iv).

무엇보다 교과서에 등장하는 주인공이나 그림 컷의 인물 구성에서 비율의 균등한 안배가 필요하다. 이를테면 선진국의 경우 사회적 약자인 인종의 참여율을 일정 부분 인정해 주는 쿼터제를 시행하고 있다. 영화나 드라마가 대표적이다. 한국영화 상영일수를 보장하는 수입 영화 쿼터제에 동감하는 사람이라면 이 부분의 필요성은 자명하게 이해될 것이다(ⅴ).

교과서 내용의 속성상 어쩔 수 없이 양성의 차별적 위상을 노출시킬 수밖에 없는 경우라면 이에 대한 적절한 해석 지침을 별도로 부기해야만 한다. 예컨대 현모양처나 남편을 따라 죽은 열부, 자식을 위해 일생을 희생한 어머니, 남성의 성공을 위해 자기를 포기한 열녀 등을 다룰 경우에는 그 숭고한 희생정신을 선양하되 달라진 현대적 상황을 숙지시켜 논리적 혼란을 예방해야 한다. 사실 성 정체성에 있어 장애를 겪는 학생들 대부분은 이러한 사소한 사례를 통해 학습한 남성다움과 여성다움의 편견에 희생당했다고 해도 과언이 아니다(ⅵ).

아래에서는 이상의 기준점을 토대로 6차 교육과정의 고등학교 한문 교과서를 일별해 봄으로써 문제의 소재를 명확히 할 것이다.

Ⅳ. 6차 교육과정의 선례

7차 교육과정을 통해 한문 교과서의 성 정체성 구현 양상을 이해하려면 6차 교육과정의 선례를 시금석으로 삼는 것보다 더 좋은 방법이 없다. 총 9종의 교과서를 분석한 결과를 요점만 간략히 제시하면 다음과 같다.[11] 번다한 추가 설명은, 앞장의 선행 논의를 이미 충분히

---

11)『한문Ⅰ』과『한문Ⅱ』모두를 대상으로 했으며 분석한 텍스트를 출판사와 저자만 밝히면 다음과 같다. 을유문화사(이명학·박희병·장호성), 보진재(유풍연·이종

거쳤으므로, 가급적 주석으로 처리하도록 한다.

　　ⅰ) 적극적이고 도전적인 인격은 대부분 남자로 그 비율이 압도적
이다.12)

　　ⅱ) 여성은 남성 성공의 보조자, 또는 조력자(어머니)로 주로 등장
한다.13)

　　ⅲ) 시적 화자와 작가 대부분이 남성이다.14)

　　ⅳ) 군자를 강조하면서 이를 설명해주지 않고 있다.15)

　　ⅴ) 여성은 등장한다 해도 희생자 역할을 하거나 동정을 유발시키는
존재에 머무는 경우가 흔하다.16) 반면 남성들은 매우 정력적이고 공
격적인 속성을 소유하는 경우가 많다.

　이상에서처럼 교과서를 주도하는 능동적 인격은 태반이 남성들이
다. 게다가 역사적 인물이나 위대한 인물(偉人)로 등장하는 사람들 역
시 대부분 남성들이다.17) 여성은 수동적 존재로 멈춰 성장을 정지하

　복), 중앙교육진흥연구소(김상홍·최창구·이강렬), 한샘출판(이지형·송재소·이
　상진·최상근), 천재교육(이희목·김시업·박준원), 금성출판사(최상익·이병혁·
　허남욱·김형룡), 두산(정우상·정달영·배원룡), 재능교육(정요일·박성규), 교
　학연구사(김도련·이현식·김영봉) 이상 9종.

12) 이 점에선 을유문화사의 교과서가 가장 모범적이다. 『한문Ⅱ』에 'Ⅶ. 전통시대의
　여성들'이라는 별도 장이 마련되어 있을 뿐 아니라 모든 내용에서 여성을 배려하고
　있다.

13) 베틀의 실을 자른 맹자의 어머니, 썩은 고기를 버린 주부 등이 그런 여성상들이다.

14) 허난설헌·신사임당·이옥봉 등 여성시인들이 일부 출현하는 교과서도 있다.

15) 두산 『한문Ⅱ』 34면 〈단원평가학습〉 5번 문제에 '君子는 어떤 사람인지 말하여
　보자.'라는 표현이 보인다. 군자가 성이 아니라 덕에 의해 결정되는 자질임을 주목
　시킬 수 있는 거의 유일한 사례다.

16) 이별에 가슴아파하거나 님을 그리워하는 등 가녀린 女心을 표출하는 주인공들이
　다. 물론 논개나 만덕, 친일파를 위협한 여장부 등을 등장시킨 예외도 있다.

17) 이를테면 신사임당은 등장한다 해도 역사적 인물의 항목에는 참여시키지 않고
　있다. 여성은 무조건 좋은 어머니거나 좋은 아내여야 하며 그 이상의 존재이기 힘

고 있다.18)

다른 하나의 문제점은 다양하게 구사된 그림 컷들이다. 교과서들이 남성 영웅을 많이 다루다보니 필연적으로 발생한 문제점이긴 하나 많은 그림 컷들이 용맹한 남성의 이미지를 빈번히 사용하고 있다. 이는 전통 시대 남성들이 독점한 영역, 즉 정치·외교·안보의 분야를 가장 존경할만한 직종으로 부각시키는 결과를 초래한다. 당연히 여성들의 지위는 초라해 보이기 그지없다.

이상의 문제를 가장 간명히 이해하기 위해서는 20세기 초 학계에 불었던 연구 동향을 반성적으로 검토해 보는 것으로 족하다. 즉, 그 이전까지 가치 없는 것으로 매도된 하층 문화가 상층 사대부 문화 이상의 전통성을 담보했다고 믿은 연구자들이 평민문화를 열렬히 탐구하고 강조했던 기억이 그것이다. 남성 중심적 시각으로 과거를 바라보았을 때, 여성들의 역할이나 지위란 형편없어 보이게 마련이다. 기껏해야 남성 세계의 조역에 불과할 수도 있다. 문제는 그 한계 안에서나마 여성 존재의 의미와 역할을 적극적으로 인정하고 부각시키려는 해석적 노력의 부재라 하겠다. 6차 교육 과정에서 발간된 일부 한문 교과서들은 그러한 진지한 문제의식으로부터 상당 부분 후퇴해 있다.

Ⅴ. 7차 교육과정의 경우

7차 교육과정에 맞추어 발간된 6종의 교과서를 분석하였다.19) 전

들다는 편견의 소산이다.

18) 예컨대 재능교육의 『한문Ⅰ』의 20면은 〈童蒙先習〉의 다음과 같은 구절을 인용하고 있다. '男子는 居外而不言內하고 婦人은 居內而不言外하니라.'

19) 이 6종이 가장 먼저 발간되었기에 선택했을 뿐 다른 교과서를 배제하려는 의도는

반적으로 6차 교육과정에 비해 성적 편견이 덜하며 문제의 소지가 될 지문들이 많이 배제되어 있다. 하지만 이는 성 정체성 문제에 적극적으로 대처하며 이루어진 현상이라기보다 일면으로는 이 문제에 대한 논리적 무관심과 다른 일면으로는 새로운 정보 환경에 적응하려는 또 다른 편집 의도가 관철되면서 관심이 다른 쪽으로 확대됨으로써 초래된 半意圖的, 또는 비의도적 결과일 가능성이 높다.[20] 아래에 그 분석 결과를 교과서별로 간략하게 제시한다.

1. 교학사의 경우

- 이미지 컷 : 남성과 여성을 모두 등장시켰고 동등한 위상을 부여하였다. 여성을 무지하여 가르쳐야 할 대상이나 실수를 연발하는 부족한 존재로 보고 있지 않다.[21]
- 과잉된 남성성 숭배 : 여성 인격을 의도적으로 배치하여 균형을 이루려는 적극적 태도는 보이지 않으나 남성성을 강조하여 이를 영웅시하려는 경향이 현저히 적다.[22]

전혀 없다. 일종의 샘플링이다. 텍스트로 채택한 교과서들은 다음과 같다. 금성출판사(최상익·이병혁·허남욱·이영우), 천재교육(이희목·진재교·최돈욱·신영주), 청색(유성준·김동환·유형구), 두산(이명학·장호성·현상곤·임완혁), 대학서림(신표섭·이병주·이윤찬·강경모·백광호·허시봉·류기영·이태희), 교학사(김경수·김성룡·김봉숙·김평호) 이상 6종.

20) 이를테면 고도로 발달된 인터넷 환경을 교과서에 흡수하기 위해 모든 집필진과 편집진들이 노력한 흔적이 역력하다. 이는 컴퓨터 환경을 모방한 편집 구성을 통해 여실히 확인된다.

21) 35면의 1번 만화 컷, 49면의 '1. 격언 익히기'의 만화 컷, 57면의 3번 만화 컷이 그 증거다.

22) 역사적 인물을 다루면서 주로 전통시대 남성들의 전유물인 전투적 영웅성이나 냉철한 이성(판단력)만을 강조하려는 의도가 표면화되지 않고 있다. 다만 영웅성

- 여성의 능동적 역할 : 특별한 배려는 없다. 여성 작가를 배치하지 않았다. 여성의 정체성을 사랑 받기 위해 기다리는 존재로 묘사했다.[23] 사랑의 감정을 남성 편에서만 느끼도록 강요하고 있다.[24]
- 여성의 자아에 대한 관심 : 존재하지만 시대에 낙후된 이미지이다.[25]
- 성 역할 배분의 차별 : 과학자 이미지에 유독 남성을 강조했다.[26]

2. 대학서림의 경우

- 이미지 컷 : 남성 위주다.[27]
- 과잉된 남성성 숭배 : 남성적 공격력을 유난히 강조하지는 않았다.
- 여성의 능동적 역할 : 'Ⅴ. 여인 列傳'을 통해 충분히 강조되었다.[28]

이나 이성적 사고 능력이 여성적 특질이기도 하다는 적극적 사고가 실현되지 못한 점이 아쉽다.

23) 128면 14단원 「人情」의 〈이야기 마당〉에 등장하는 여성 韋臺枝가 그런 경우다. 그녀는 떠난 남성을 그리워하다 병들어 죽게 되는데, 어머니에게 사랑했던 남성이 지나갈 길에 자기 시신을 묻어달라고 간청한다.

24) 173면 19단원 「九雲夢」의 〈발전학습〉이 그러하다. 추사 김정희가 아내를 잃고 쓴 시와 〈李生窺墻傳〉을 예로 들며 다음과 같은 사고를 유도하고 있다. '1. 아내를 여읜 이생의 마음과 김정희의 마음을 비교해 봅시다.' '2. 유골을 수습하는 이생이 이 시를 읊었다고 생각해 봅시다.' '3. 우리는 이루어질 수 없는 사랑 때문에 괴로워하는 경우가 있습니다. 다시는 만나지 못한다는 그리움을 표현한 김정희의 시와 이생의 모습을 보면서, 요즘 유행하는 노래 중에 그런 사랑의 슬픔을 노래한 것을 찾아봅시다.'

25) 188면 21단원 「自畫像贊」의 〈이야기 마당〉에 노천명 씨의 〈산호림〉을 인용했다.

26) 남녀간 균형을 이루던 그림 컷이 'Ⅹ. 탐구하는 생활' 단원에 이르면서 남성들만을 배치하고 있다.

27) 19면, 31면, 131면, 195면. 여성은 등장하지 않거나 구경꾼으로 등장한다. 유일한 예외가 8단원 86면 「사랑과 이별」의 그림 컷이다. 정지상의 〈送人〉 시를 설명하며 사용되었다. 바다를 바라보다 나무를 부둥켜안고 울고 있고 끝내 강에 눈물을 날리고 있다.

28) 황진이 · 劍女 · 칠실녀 · 원수를 살해하려 했던 이종화의 딸이 등장하고 있다.

■ 여성의 자아에 대한 관심 : 특별한 관심이 보이지 않는다.
■ 성 역할 배분의 차별 : 차별이 보이지 않는다.29) 하지만 여성의
　정체성을 삶의 보편적 국면에서 이해시키려는 적극적 관점이 나
　타나지는 않았다.

3. 두산의 경우

■ 이미지 컷 : 컷 사용이 절제되어 있다. 비교적 남성 위주다.30)
■ 과잉된 남성성 숭배 : 거의 없다. 다만 'Ⅹ. 역사 속의 인물' 가운
　데 두 명(崔瑩·惟政)이 전쟁 영웅이다.
■ 여성의 능동적 역할 : 비교적 미약한 편이다.31)
■ 여성의 자아에 대한 관심 : 거의 없다. 어머니 역할을 강조하고
　있고32) 긍정적인 여성의 역할을 孝婦로 설정한 부분이 있다.33)
■ 성 역할 배분의 차별 : 2)와 동일.

4. 청색의 경우

■ 이미지 컷 : 전체적으로 남성 중심이다.34)
■ 과잉된 남성성 숭배 : 없다.

---

29) 52면에서는 선덕여왕의 지혜를 제시하고 있기도 하다.
30) 여성은 어머니 역할(61면, 79면, 147면)이나 村婦(103면)로 등장한다.
31) 200면 '39. 의로운 여종'이 유일한 사례다.
32) 79, 147면.
33) 69면. 〈생각 키우기〉의 '딸을 효부로 만든 어머니' 부분.
34) 10면, 15면, 29면, 69면이 그렇다. 특히 15면 그림을 심리적으로 분석해 보면
　　남아중심주의의 흔적이 나타난다. 손자는 노래하고 손녀는 맨 마지막 줄에서 음식
　　을 먹고 있다. 어머니의 위치도 딸처럼 맨 바깥쪽이다. 일종의 소외 구조다.

■ 여성의 능동적 역할 : 없다. 연약한 이미지가 강조되고 있다.[35]

■ 여성의 자아에 대한 관심 : 3)과 흡사하다.

■ 성 역할 배분의 차별 : 차별은 없지만 관심도 없다.

5. 천재교육의 경우

■ 이미지 컷 : 교학사와 마찬가지로 이상적인 균형을 이루고 있다.

■ 과잉된 남성성 숭배 : 없다.

■ 여성의 능동적 역할 : 부족하지만 부분적으로는 존재한다.[36]

■ 여성의 자아에 대한 관심 : 거의 없으나 여성 시인에 대한 관심은
존재한다.[37]

■ 성 역할 배분의 차별 : 4)와 동일.

6. 금성출판사의 경우

■ 이미지 컷 : 5)와 동일.

■ 과잉된 남성성 숭배 : 거의 없다.[38]

■ 여성의 능동적 역할 : 거의 없다.[39]

---

35) 131면 〈送人〉 시의 그림 컷, 181면 〈孝女知恩〉의 그림 컷, 191면 〈許生傳〉의 그
림 컷. 그림 컷이 교과서 내용의 성적 메타포의 불균형을 상징하고 있다. 따라서
그림 컷만의 실수가 아니다. 이는 나머지 교과서 그림 컷들의 경우에도 동일함.

36) 84면 'Ⅴ. 더불어 사는 삶'의 〈착한 부자 만덕〉, 180면 'Ⅹ. 나라를 위하여'의 〈대한
독립만세〉.

37) 주로 한시를 통해('22. 이별의 정회', '23. 여성의 정감과 애환') 이루어지고 있다.

38) 150, 162면 'Ⅷ. 위대한 사람들'에서 김유신, 안중근을 강조하고 있다.

39) '위대한 사람들'에 여성은 존재하지 않으며 여성은 고작해야 님을 그리거나(98면
〈19. 님이시여〉) 아들을 성공시키는 어머니(122면 〈24. 어머니의 참사랑〉)일 뿐이다.

■ 여성의 자아에 대한 관심 : 없다.
■ 성 역할 배분의 차별 : 5)와 동일

　이상의 사례 분석을 총체적으로 평가한다면 7차 교육과정에 의거해 출간된 고등학교 한문 교과서의 성 정체성에 관련한 배려 수준은 아주 낮은 편은 아니다. 그러나 위의 분석 과정에서 드러났듯이 이는 결과만을 대상으로 하는 정량적인 차원에서 그럴 뿐이고 우리가 요구해봄직한 의도적 차원에서의 정성적인 수준에서까지 그런 것은 아니다. 이는 매우 중요하고 또 경계해야 할 결과다.

　우선 비교적 긍정적인 이상의 결론은 6차 교육과정 속에 출간된 교과서들과 비교했을 때 나타나는 것이고, 게다가 6차 교육과정 당시의 교과서들이 지녔던, 상대적으로 큰 결함 상태들을 시금석 삼아 고안된 다섯 가지의 분석 기준이 대단히 약한 기대감 하에 짜여진 관계로 유발된 것이다. 즉, '과잉된 남성성 숭배'·'이미지 컷'·'성 역할 배분의 차별'이라는 세 기준은 집필진의 의도와 무관하게 교과서에 관철된 결과를 필자가 적극적으로 가치화한 것일 수도 있다. 따라서 이 문제에 대한 보다 냉엄한 기준이라 할 수 있는 나머지 두 기준, 즉 '여성의 능동적 역할'·'여성의 자아에 대한 관심'을 보다 중요한 잣대로 들이댄다면 평가의 결과는 더 하향 조정될 가능성이 높다.

　이상의 결과는 결국 교과서 집필진들이 성 정체성 문제에 대한 적극적, 능동적 관심과 배려를 적어도 의식적으로 내용 속에 실현시키지 않았음을 의미한다. 또 이는 8차 교육과정 때 교과서 제작 환경이 변화한다면 얼마든지 6차 수준으로 퇴보하거나 7차 수준에 멈출 수도 있음을 의미하는 것이다. 따라서 성 정체성에 대한 논의는 이제 막 우리 앞에 주어진, 아주 최신의 과제임을 새삼 확인하게 된다.

Ⅵ. 결론

이상의 분석을 통해 다음과 같은 결론을 내릴 수 있다.

① 6차 교육과정에 비해 7차 교육과정에 입각한 교과서들이 성 편
  견을 덜 지니고 있다.
② 이는 과잉된 남성적 이미지의 위축으로 인한 현상이다.
③ 하지만 이는 정보를 다양화하려는 편집 기획의 소산이기도 해서
  반드시 의도된 배려의 결과는 아니라고 볼 수 있다.
④ 그 증거가 여성의 능동적 역할에 대한 인식에 근본적 변화가 없
  고, 특히 여성의 자아 정체성 국면에 대한 고민 의식이 보이지
  않는다는 사실이다. 이는 6차의 을유문화사 교과서가 지녔던 높
  은 수준의 자각에 못 미치고 있는 현실이다.
⑤ 성 정체성을 바라보는 근본적 시선의 전환이 필요하고 21세기를
  살 후손들의 삶의 양식을 염두에 둔 개혁적 마인드가 요구된다.

참고문헌

Luce Irigaray, Ce sexe qui n'en est pas un[하나이지 않은 성], 이은민·역, 동문
    선, 2000.
Erick H. Erickson, Identity[아이덴티티], 삼성세계사상 19, 삼성출판사, 1997.
『한문Ⅰ·Ⅱ』, 이명학·박희병·장호성, 을유문화사, 1995.
『한문Ⅰ·Ⅱ』, 유풍연·이종복, 보진재, 1995.
『한문Ⅰ·Ⅱ』, 김상홍·최창구·이강렬, 중앙교육진흥연구소, 1995.
『한문Ⅰ·Ⅱ』, 이지형·송재소·이상진·최상근, 한섬출판, 1995.
『한문Ⅰ·Ⅱ』, 이희목·김시업·박준원, 천재교육, 1995.
『한문Ⅰ·Ⅱ』, 최상익·이병혁·허남욱·김형룡, 금성출판사, 1995.
『한문Ⅰ·Ⅱ』, 정우상·정달영·배원룡, 두산, 1995.
『한문Ⅰ·Ⅱ』, 정요일·박성규, 재능교육, 1995.

『한문Ⅰ·Ⅱ』, 김도련·이현식·김영봉, 교학연구사, 1995.

『한문』, 최상익·이병혁·허남욱·이영우, 금성출판사, 2002.

『한문』, 이희목·진재교·최돈욱·신영주, 천재교육, 2002.

『한문』, 유성준·김동환·유형구, 청색, 2002.

『한문』, 이명학·장호성·현상곤·임완혁, 두산, 2002.

『한문』, 신표섭·이병주·이윤찬·강경모·백광호·허시봉·류기영·이태희, 대학
　　서림, 2002.

『한문』, 김경수·김성룡·김봉숙·김평호, 교학사, 2002.

이 글은『漢文敎育硏究』제21호(韓國漢文敎育學會, 2003)에 수록한 논문을 재수록한 것이다.

現行 高等學校 漢文敎科書에 나타난 '漢文 文法'에 관한 諸 實態 硏究

許連球

I. 서론

중등학교 한문과 교육과정은 크게 형식과 내용을 다루고 있다고 볼 수 있다. 형식은 한자를 알아 문장을 풀이할 수 있는 것이고, 내용은 그 풀이된 문장을 이해하고 현실에 적용할 수 있는 것이다. 문법은 형식과 관련이 있으며 이 논문에서 관심을 갖는 분야이다. 그러나 최근 한문교육계는 전반적으로 형식면보다는 내용면의 전달을 중요시하고 있다. 교수학습방법에서도 내용의 전달에 초점을 맞출 뿐 문장을 적절하게 해석하기 위한 기본 도구가 되는 문법에 대한 것은 소홀히 다루고 있다. 학교 교육과정의 궁극적 목표는 교과학습을 통한 인간의 변화라는 대명제로 볼 때 내용의 중시는 당연한 귀결일 것이다. 그러나 학문의 일 분야를 이루는 한문교과에서 형식 없는 내용은 상상할 수도 없으므로, 문법을 소홀히 할 수는 없는 것이다.

한문과는 최초 영어권의 문법이론을 한문과에 적용하여 한문법의 틀을 만들었고, 국어문법의 용어를 대체적으로 차용하여 한문과 학교

문법의 체계를 세워 왔으나, 시간이 흐르면서 여러 문법학자들의 견해가 다양한 형태로 제시만 되었지, 학교문법이라는 틀 속에서 통일성을 이루지는 못하고 있다.

7차 고등학교 한문 교과서[1]에서는 똑같은 문법 상황에 대해 서로 다른 문법 용어를 사용하기도 하며, 문법을 잘못 분석한 예도 심심찮게 볼 수 있다. 이 때문에 교사와 학생은 혼란을 겪고 있으며, 문법내용이 나오면 간단하게 정리만 해주고 넘어가는 경우가 대부분이다.

본 논문은 고등학교 한문교과서에 나온 한문과 학교문법의 전반적인 검토를 통해 새로운 한문과 교육과정 편성 시 한문과 학교문법의 제반 사항에 대한 통일을 전제로 한 기초연구이다. 이를 위해 우선 한문과 학교문법의 개념과 필요성을 알아보고, 7차 고등학교 한문교과서에 포함된 문법의 제반 실태를 확인하는 과정을 거쳐, 문법용어의 혼동 실태에 대하여 알아보고자 한다.

Ⅱ. 漢文科 學校文法의 槪念과 必要性

1. 한문과 학교문법의 개념과 범위

文法은 말의 구성 및 운용상의 규칙이다.[2] 모든 언어는 문장을 구성하기 위한 기본적이고 전문적인 문법을 지니고 있다. 언어에 따라 분류하자면 영어문화권에서는 영문법이, 불어문화권에서는 불문법이

---

1) 7차 교육과정에 따라 제작된 고등학교 한문 교과서는 총 10종이며, 한문고전 교과서는 1종이다. 본 논문에서는 논의의 편의상 A(교학사), B(금성), C(대학서림), D(대한교과서), E(두산동아), F(새한), G(정진), H(중앙교육), I(지학사), J(천재교육), K(한문고전)로 표기한다.

2) 국립국어연구원, 『표준국어대사전』, 두산동아, 1999. 2283면.

존재하며, 한자문화권에서는 한문법이 존재하고 있다. 한문법3)은 한자로 된 문장의 법칙이며 문장을 만들고 풀이하는 법칙이다.

學校文法은 학교에서 교수·학습되는 문법이다.4) 다시 말하면 정규 교육기관에서 교육하는 문법을 말한다. 학교문법은 우리나라에서 정식교과로 채택된 언어분야 諸科의 문법이다. 학교문법은 해당 분야의 전문적인 문법의 성과를 바탕으로 공통적인 의견을 모아 교육과정에 반영하는 문법이다. 주로 기초적인 내용을 담고 있으며 교육용으로 쓰이므로 통일성이 요구된다는 특징이 있다.

漢文科 學校文法은 한문과 교육과정에 의하여 중·고등학교에서 한문문장을 만들고 풀이하는 규칙이다. 한문교과는 의사소통이 가능한 언어로서의 역할을 하고 있으며 학교문법에 있어서도 독립적인 문법을 지니고 있다.5) 다만 다른 언어의 학교문법과 다른 점이 있다면 국어생활에 있어 큰 부분을 차지하다보니 여전히 국어문법과 불가분의 관계를 맺고 있다는 점이다. 그러나 한문이 한글이 아닌 한자로 이루어진 문장이며, 국어와는 일정부분에서 다른 언어적 체계를 갖추고 있으므로 국어과 학교문법과는 다른 한문과 학교문법이 있어야 한다.

한문과 학교문법의 범위는 문법의 내용과 관련이 있다. 한문과 교육과정 내에서 가르치는 학교문법에는 어떠한 내용을 포함하는가의 문제이다. 그동안 한문법과 관련한 저서에서 다양한 형태로 문법의

---

3) 여기에서 말하는 한문법은 한문문장을 풀이하는 전문적인 문법을 말하며, 한문과 학교문법보다 상위의 개념이다. '6차 교육과정 해설(186면)'에서는 '한문문장이 언어로서 지니고 있는 일정한 규칙의 체계'를 '한문문법'이라고 규정하고 있다.

4) 이관규, 『학교문법론』, 도서출판 月印, 2003. 15면.

5) 고등학교 과정에서 국어과의 '문법'과 같은 독립적인 과목체계는 갖추지 못하고 있으나, 교육과정 해설서에 문법의 일반적인 내용이 서술되어 있으며, 한문의 이론 분야로서 한문법이 존재하고 있다.

범위를 설정하였는데 주로 형태론과 통사론으로 귀결된다. 형태론과 통사론적 입장에서 볼 때 한문과 학교문법의 범위는 다음과 같이 설정할 수 있다.

〈표 1〉 독해력 신장을 위한 한문과 학교문법의 범위

한자	1. 한자의 짜임
한자어	2. 한자어의 짜임
한문	3. 문장의 구조
한문	4. 문장의 형식
한문	5. 허자의 쓰임

이 표는 독해력 신장 측면에서 작성한 한문과 학교문법의 범위표이다. 한문 문법의 내용영역이 명확하게 정립되지 않은 상태에서 일부 분만을 학교문법에 꿰어 맞춘 것으로 볼 수도 있으나, 한문과 학교문법에서 다루어야 할 내용체계를 갖는다는 것에 의의를 삼고자 한다.

2. 독해력 신장을 위한 한문과 학교문법의 필요성

근래 들어 한문과 학교문법교육에 대한 회의적인 시각이 제기되면서 중고등학교 한문과에서의 문법교육 비중이 많이 줄어들었다. 교육과정해설서와 한문교과서의 문법사항이 이전에 비하여 대폭적으로 축소되어 기술되었으며, 실제 학교 현장에서도 문법과 관련된 사항을 비중있게 다루지 않고 있다. 가장 큰 원인은 학생들이 쉽고 재미있게 학습할 수 있도록 문법적 설명을 지양해야 한다는 7차 교육과정의 제한사항 때문으로 여겨진다.

그럼에도 불구하고 한문과 학교문법은 여전히 필요하며 최소한의 형태로라도 교육과정 해설서에 포함하여야 한다. 이에 대한 필요성은 다음과 같다.

1) 학생들이 문장 독해를 하는 과정에서 필수 학습요소이기 때문이다.

한문 문장을 풀이하는 과정은 다음과 같다.[6]

〈표 2〉 문장 풀이 과정

(가) 한자의 뜻으로 유추하기
(나) 주어와 서술어 찾기
(다) 수식성분을 찾기
(라) 수식성분을 포함하여 완전한 문장 풀이하기

(가)는 訓을 알아야 할 수 있는 내용이며, (나)와 (다)과정은 핵심 성분을 파악하는 것으로 문장의 구조를 알아야 되는 내용이다. 한문교과서에 현토가 한글로 나와 있으므로 (나)과정은 좀 더 쉽게 찾을 수 있을 것이다. 이렇게 문장구조분석이 끝나면 전체문장의 흐름에 따라 문장의 형식을 고려하면서 국어 문법의 어순에 맞도록 풀이를 한다. 문법을 알아야 의미를 파악하는 것은 아니다. 문법을 몰라도 의미는 통할 수 있다. 그러나 교육적인 관점에서 보다 명확하고 완벽한 문장으로 풀이하기 위해서 문법이 필요한 것이다. 학생들의 흥미를 떨어뜨리기 때문에 문법을 가르치지 않는 것은 한문독해를 포기하는 것과 같다.

2) 교육과정 운영상 짧은 시간 내에 문장풀이 능력을 극대화할 수 있기 때문이다.

한문에 대한 체계적인 지식이 미비한 학생들을 대상으로 고등학교

---

6) K출판사(148면)에는 문장풀이의 요령을 두 가지로 서술하였다. ① 문장의 구조를 통해 핵심성분을 파악한다. ② 다시 수식성분을 첨가한다.

에서 극히 한정된 시간만으로 한문 문장을 지도하는 데는 교수 학습 상 무리가 따를 수 있다.[7] 과거 서당식 교육이 이루어질 때 문장 풀이의 관건은 文理였다. 문리의 관건은 문장의 암기였고, 많은 문장의 암기는 새로운 문장을 풀이하는 과정에서 손쉽게 풀이할 수 있는 능력을 길러 주었다. 그러나 문리의 시대는 끝났다. 교육과정상 중요도 순에서 주요교과에 밀려나 실제 수업 시 한문문장의 완벽한 독해를 하는 데는 시간적인 한계가 생기게 되었다. 이를 극복할 수 있는 방법이 제한된 문장을 구조적으로 분석하여 새로운 문장에 활용하는 것이다. 문장을 구조적으로 분석할 줄 알고 이를 풀이에 활용하는 것은 공식을 알고 대입하여 문제를 풀이하는 것과 같다.

3) 교과서에서 문법내용의 통일성을 기하기 위해서이다.

교과서별로 다르게 표현된 문법용어와 구조분석은 혼란을 초래하고 있다. 이것은 교육과정이나 해설서에 문법관련 내용을 최소로 하다보니 생겨난 병폐라고 할 수 있다. 별도로 한문법과목이 개설되지 않은 한문과 학교교육과정의 상황에서, 만약 교육과정해설서에 좀더 규범적이고 통일적인 문법사항을 포함한다면 교과서 저자들이 쉽게 참고하고 통일을 기할 수 있지 않을까 생각된다. 학생과 교사에게도 통일적인 내용으로 학습과 교수가 이루어질 것이라 기대된다.

---

7) 『7차 고등학교 교육과정 해설(한문)』, 교육부, 2001. 15면.

Ⅲ. 敎科書 文法의 諸 實態 分析

1. 6,7차 교육과정 해설서에 포함된 문법내용 비교

교육과정 해설서는 한문과 학교문법의 준거가 된다. 교육과정 해설서에 포함된 문법사항의 기술범위에 따라 교과서 문법의 범위와 수준이 결정된다.

6차 한문과 교육과정에서 문법관련 내용은 '(4) 한문과의 성격 및 특징, (5) 한문과의 목표, (6) 한문과의 내용, (7) 한문과의 방법, (8) 한문과의 평가'순으로 이루어져 있다. 한문과 세부과목인 '한문Ⅰ, 한문Ⅱ'는 각 영역의 하위로 분류되어 있다. 이에 반해 7차 한문과 교육과정은 '한문, 한문고전'이 분리되었으며, 하위 항목으로 '1. 성격, 2. 목표, 3. 내용, 4. 방법, 5. 평가'로 이루어져 있다.[8]

6차 교육과정 해설서[9]에는 (4) 한문과의 성격 및 특징부분에서 '나. 특징'에 '(가) 한문의 독해기능 신장'을 두어 '1) 한자의 짜임, 2) 한자어의 짜임, 3) 문장의 구조와 형식, 4) 허자의 쓰임'을 비교적 자세히 서술하고 있으며, '다. 기대하는 학습 성과'에서는 '(1) 한자의 학습, (2) 한자어의 학습, (3) 문장 및 허자의 학습'이 제시되어 있다. 7차 교육과정 해설서에는 위 내용 중 '나. 특징' 부분이 총론부분인 '4. 한문과 교육의 특징'으로 옮겨져 있으며, '다. 기대하는 학습효과'는 '내용'에 복합적으로 서술하고 있다. 그러나 6차에 비해 축소 및 요약적으로 서술되고 있다.

서술 순서도 6차에는 '문장의 구조', '문장의 형식', '허자의 쓰임'순으로 문법이 설명되어 있으나, 7차에서는 '문장의 구조', '허자의 쓰임', '문장의 형식'순으로 서술되어 있다.

---

8) 문법관련사항을 설명하기 위하여 일부분만 제시하였다.

9) 『6차 고등학교 한문과 교육과정해설(한문Ⅰ, 한문Ⅱ)』, 교육부, 1995. 63~66면.

다음 표는 6차의 '한문과의 내용'과 7차의 '내용'에 포함된 문법요
소를 비교한 것이다.

〈표 3〉 6, 7차 한문과 교육과정 해설 문법항목 비교

범위	6차	7차
한자의 짜임	상형, 지사, 형성, 회의, 전주, 가차	상형, 지사, 형성, 회의, 전주, 가차
한자어의 짜임	(가) 주술관계 (나) 술목관계 (다) 술보관계 (라) 수식관계 (①관형어+체언 ②부사어+용언), (마)병렬관계(①대립관계 ②대등관계 ③유사관계 ④첩어관계)	(가) 주술관계 (나) 술목관계 (다) 술보관계 (라) 수식관계 (마) 병렬관계
문장의 구조	〈문장의 기본구조와 확장구조〉 (나) 문장의 기본구조 ①주술구조 ②주술목구조 ③주술보구조 가) 주어를 돕는 경우(①존재의 뜻을 나타내는 '有, 無, 在'등이 주어를 돕는 경우 ②결정의 뜻을 나타내는 '爲, 非'등이 사용되어 주어를 돕는 경우 ③비교의 뜻을 나타내는 '使, 如, 若, 同, 猶'등이 사용되어 주어를 돕는 경우 ④'化, 成'등이 사용되어 주어를 돕는 경우 나) 목적어를 보충하는 경우 ①서술어가 변경이나 칭위(稱謂)의 뜻을 나타내는 경우 ②서술어가 인정의 뜻을 나타내는 경우 다) 서술어를 보충·한정하는 경우 ①보어가 장소나 출발점이 되는 경우 ②형용사 '難, 易, 多'등이 서술어로 쓰이는 경우 ③목적어의 앞이나 뒤에서 서술어를 보충, 한정하는 경우 ④주술목보구조 (다) 문장의 확장구조 ①주술확장구조 ②주술목 확장구조 ③주술보 확장구조 ④주술목보 확장구조 (라) 활용하기 ①다른 구조와 비교하기 ②같은 구조의 문장 반복하기 ③문장성분 대체하기	〈문장의 기본구조〉 (가) 주술구조 (나) 주술목구조 (다) 주술보구조 (라) 주술목보구조 〈문장의 확장구조〉 (가) 주술확장구조 (나) 주술목확장구조 (다) 주술보확장구조

범위	6차	7차
	(마) 복합문으로의 활용 〈복합문의 구조〉 (가) 병렬복합문 (나) 주종복합문 (다) 포유복합문 (라) 혼합복합문	
문장의 형식	(가) 평서형 (나) 부정형 ①기본부정형 ②이중부정형 ③부분부정형 ④전체부정형 (다) 의문형 ①의문사만 쓰인 경우 ②의문어기사만 쓰인 경우 ③의문사와 종결사가 호응된 경우 (라) 반어형 ①어기사만 문말에 쓰인 경우 ②의문사만 쓰인 경우 ③의문사와 호응된 경우 ④'不亦~乎' (마) 비교형 ①'若, 如, 猶, 不如(不若), 莫如(莫若)' 등이 서술어로 쓰인 경우 ②전치사 '於, 乎' 등이 형용사 뒤에서 비교의 뜻으로 쓰인 경우 ③호응구가 쓰여 비교·선택의 뜻을 나타낸 경우 (바) 가정형 ①문두에 접속사가 쓰인 경우 ②문장 가운데 '則'이 쓰인 경우 ③접속사가 호응된 경우 ④부정어가 거듭 쓰인 경우 (사) 한정형 ①한정부사만 쓰인 경우 ②한정어기사만 쓰인 경우 ③한정부사와 한정어기사가 호응되어 쓰인 경우 (아) 사동형 (자) 피동형 (차) 금지형 (카) 감탄형 (타) 억양형	(가) 평서형 (ㄴ) 부정형 (ㄷ) 의문형 (ㄹ) 반어형 (ㅁ) 비교형 (ㅂ) 가정형 (ㅅ) 한정형 (ㅇ) 사동형 (ㅈ) 피동형 (ㅊ) 금지형 (ㅋ) 감탄형
허자의 쓰임	(가) 전치사 ①於, 于, 乎 ② 以 (㉮'以+명사류'가 부사어로 쓰일 경우 ㉯以 A 爲 B ㉰以爲 B) ③自, 由, 從 ④與 ⑤爲 (나) 접속사 ①병렬접속사(㉮대등 병렬 접속사 ㉯점층 병렬 접속사) ②선택접속사 ③승접접속사 ④역접접속사 ⑤인과접속사 ⑥가설접속사 ⑦양보접속사 (다) 어기사 ①어두어기사 ②어중어기사 ③어말어기사(㉮단정어기사 ㉯한정어기사 ㉰의문반어어기사 ㉱감탄어기사 ㉲제돈어기사 ㉳기타의 어기사)	(가) 전치사 1) 於, 于, 乎 2) 以 3) 自, 由, 從 (나) 접속사 1) 且, 與, 及 2) 而 3) 則

범위	6차	7차
	(라) 감탄사	(다) 종결어기사 　1) 也·矣·也已 (단정) 　2) 已·而已·而已 矣·耳(한정) 　3) 也·乎·與·哉 (의문, 반어) 　4) 哉·乎·夫 ·矣·也(감탄) (라) 기타의 허자 　1)之 2)其 3)所 4)者

위 표를 간단히 요약하면 다음과 같다.

한자의 짜임 : 6차에서는 육서를 기본형태[창조원리], 복합형태[결합원리], 응용형태[전용원리]로 나누어 설명한 후 세부 내용을 서술하였고, 형성을 설명하면서 意符, 形符, 聲符[音符]로 나누었으며, 형성자의 결합방식을 서술하였다. 그러나 7차에서는 육서의 분류를 피하고 육서의 세부내용만을 서술하였으며, 형성에 대한 결합방식을 제외하였다. 전주를 설명하면서 3가지 학설을 제시하여 전주의 논란에 대하여 어느 정도 융통성을 두었다.

한자어의 짜임 : 6차에서는 짜임을 도식으로 설명하였으며, 병렬관계를 4개(대등, 대립, 유사, 첩어)로 하위분류하였다. 그러나 7차에서는 짜임을 도식으로 설명하지 않았으며, 술보관계의 '지도상의 유의점'으로 '보어'라는 용어가 한국어나 영어와 다르다는 점을 주지시키고 있으며, 병렬관계의 하위분류가 없다.

문장의 구조 : 6차에서는 문장의 구조에 대한 세부적인 내용이 서

술되었고, 각 항목마다 2~5개 정도의 다양한 예문을 제시하였으며, '활용하기'와 '복합문으로의 활용'에서는 문장의 구조를 익히기 위해 비교, 반복, 대체의 방법을 활용하여 다양하게 문장을 활용하고 있다. 복합문의 구조를 4개(병렬, 주종, 포유, 혼합)의 하위항목으로 구성하여 자세히 설명하였다. 그러나 7차에서는 기본구조와 확장구조에 대하여 매우 간단하게 서술하였으며 복합문의 구조는 빠져 있다.

문장의 형식 : 6차에는 12개 문형을 제시하였으며, 문형에 해당하는 세부적인 문장이 상당히 많이 소개되었다. 그러나 7차에서는 6차의 억양형이 제외되고 11개 문형이 제시되었다.

허자의 쓰임 : 6차에서는 허자의 쓰임을 세분화하여 기술하였다. 또 접속사를 7가지로 세분화하여 자세히 설명하였다. 그러나 7차에서는 쓰임을 간단 명료화하였으며, 6차의 '어기사'에 포함되었던 부분 중 '종결어기사'만 남기고 나머지는 삭제하였다.

2. 학습목표로 본 문법 비중

7차 한문 교과서의 문법 비중을 알아보기 위해 학습목표에 문법제재를 얼마나 포함하였는지를 살펴보고자 한다. 대단원, 소단원 별 학습목표 중 문법관련 사항의 비중[10]을 출판사 별로 살펴보면 다음 표와 같다.

---

10) '대단원 a, 소단원 a'는 앞에서 제시한 문법의 범위에 해당하는 것이고, '대단원 b, 소단원 b'는 '허자의 쓰임'을 제외한 통계이다.

〈표 4〉 문법관련 학습목표의 비중

	A	B	C[11]	D	E	F	G[12]	H	I	J	K
대단원 a	2/40 5%	13/44 30%	0/0 0%	21/60 35%	21/53 40%	14/58 24%	6/51 12%	26/67 39%	11/44 25%	37/65 57%	10/46 22%
대단원 b	2/40 5%	9/44 20%	0/0 0%	12/60 20%	16/53 30%	11/58 19%	6/51 12%	26/67 39%	7/44 16%	21/65 32%	7/46 15%
소단원 a	41/80 51%	23/80 29%	0/32 0%	55/117 47%	32/78 41%	28/102 27%	18/84 21%	11/80 14%	18/76 24%	65/138 47%	28/72 39%
소단원 b	17/80 21%	18/80 23%	0/32 0%	26/117 22%	20/78 26%	21/102 21%	13/84 15%	9/80 11%	4/76 5%	31/138 22%	18/72 25%

※문법관련 학습목표의 수/전체 학습목표의 수

위 표는 학습목표 중 문법의 범위에 들어가는 것을 추출하여 통계를 낸 것이다. 학습목표는 학생이 교과과정을 공부하는데 있어서 중점을 두고 학습하는 핵심과제이다. 교과서에 제시된 학습목표의 비중은 교과내용 전달의 비중이라 보아도 과언이 아닐 것이다. 교육과정에 제시된 한문과의 목표에서 문장 독해와 관련된 문법의 비중이 20% 정도라고 본다면[13], 문법 전 범위를 통계한 '대단원a'와 '소단원 a'의 비율이 30%~50% 정도로 높은 비율을 나타내고 있다. 또, 한문문법에서 항상 문제가 되고 있는 '한자의 짜임, 한자어의 짜임, 문장의 구조, 문장의 형식'에 대한 비율을 나타내는 '대단원 b', '소단원 b'의 비율이 대부분 20%를 상회하여 상당히 높은 편이다. 문법사항에 대한 목표를 전혀 제시하지 않은 C출판사를 제외한 나머지 교과서

---

11) C출판사에는 도입부분에 학습목표가 제시되지 않아 부록편에 나온 '교수학습계획'을 참고하였다. 교수학습계획의 대단원 부분은 '문장의 형식'과 '허자의 쓰임'만 나와 있어서 통계에서 제외하였으며, 소단원 부분은 다른 교과서와 동일하게 집계하였다. 입문편은 통계에 포함시키지 않았다.
12) G출판사의 대단원 Ⅰ은 학습목표가 제시되지 않아 통계에서 제외하였다.
13) 7차 교육과정 한문과의 목표 5가지 중 '다. 한문을 독해할 수 있는 기초적인 능력'을 문법과 관련된 목표로 보았다.

들은 여전히 문법 사항을 중점적으로 다룬다고 볼 수 있다. 6, 7차 교육과정해설서를 통해 문법사항이 상당히 줄어들었던 내용에 비하면, 학습목표에 있어서는 문법관련사항의 비중이 높다고 하겠다.

3. 문법 내용별 실태 분석

10종 한문교과서와 1종의 한문고전교과서에서는 앞서 제시한 문법의 범위에 해당하는 내용을 다양한 형태로 구성하고 있다. 이중에 문법에 관한 기본 사항을 대단원으로 둔 교과서는 A, G, H, J출판사이며, B, D, E, F, I출판사는 단원 앞에 문법에 관한 기본 사항은 없으나 소단원을 통해 문법을 다루고 있다. C출판사는 문장의 형식을 제외하고는 문법사항이 거의 나오지 않으며, K출판사는 문장의 구조부터 나온다.

1) 한자의 짜임

六書에 근거하여 한자의 짜임을 설명한 교과서는 8종이었다. A, D, H, I, J출판사는 육서에 대하여 간단히 설명하였으며, 주로 앞단원에서 본문내용 해설부분에 해당 소단원의 신출한자에 대하여 한자의 짜임을 자세히 설명하고 있다. G출판사는 6차 교육과정 해설서 수준 정도로 육서를 매우 자세히 설명하였으며, B출판사와 F출판사는 전주와 가차를 설명하지 않았다. C출판사와 E출판사는 한자의 짜임에 대한 언급이 전혀 없다. B출판사는 파자를 이용하여 한자의 짜임을 설명하기도 하였다.

한자의 짜임은 고등학교 교육과정의 내용영역 중 한자영역의 소영역에 포함되어 있다. 현재의 교육과정 하에서는 중학교과정에서 한문을 배우지 않는 학생들이 있으며, 고등학교에서도 선택과목은 주로 2학년 때부터 배우기 시작한다. 이처럼 한자의 짜임(육서)은 교육과정의 내용영역에 포함이 되어 있고, 고등학교에서 처음 한문을 배우는 학생들이 있으므로 한자의 생성과정을 통해 한자를 보다 쉽게 이해할 수 있도록 교과서에 언급하는 것이 바람직할 것이다.

2) 한자어의 짜임

7차 한문교과서에 포함된 한자어의 짜임에 관한 내용은 아래 표로 요약할 수 있다.

〈표 5〉 한자어의 짜임 포함 비교

		6차 교육과정 해설	7차 교육과정 해설	A	B	C	D	E	F	G	H	I	J	K
수식		○	○	○	○		○	○	○	○	○	○	○	
주술		○	○	○	○		○	○	○	○				
술목		○	○	○	○		○	○	○	○				
술보		○	○	○	○		○	○	○	○				
병렬			○	○	○		○					○	○	
병렬	대립	○					○		○	○	○	○		
	대등	○					○							
	유사	○			○		○		○	○	○			
	첩어	○					○			○				
기타					○					○				

이 표를 통해 보면 대체적으로 6차와 7차 교육과정 해설서에 기술된 한자어의 짜임을 기술한 교과서가 동일한 비율임을 알 수 있다. 7차 교육과정 해설서와 같이 병렬을 세분화하지 않은 교과서는 A출판사와 E, J출판사이며, B출판사와 I출판사는 병렬을 별도로 하위분류하지 않고 유사와 대립을 넣고 있다. 또, B출판사는 접사의 사용을

포함하였고, G출판사는 결합관계와 융합관계로 나누어 설명하였으며, 기타로 첩어관계와 허실관계를 제시하였다. C출판사에서는 학습평가문항에 단 한차례 한자어의 구조를 묻고 있으나, 본문에서는 짜임에 관한 내용을 전혀 언급하지 않고 있다. K출판사는 문장의 구조부터 기술이 되어 한자어의 짜임은 빠져있다. 국어식 한자어의 짜임을 설명한 교과서는 B, F, I, D, H, I출판사 등이다.

다음은 한자의 짜임을 기술하면서 혼동이나 오류가 있었던 부분을 살펴보고자 한다.

짜임을 분석할 때 교과서마다 짜임분석은 보통 '――관계'로 표현한다. 이러한 관계가 반복(문장이 이어지는 형식)되면 대체적으로 '주술+주술(天崩地壞: I 21쪽)', '술목+술보(轉禍爲福: E 19쪽)' 등으로 표현하였다. 그러나 '錦衣還鄕(B 36쪽)'을 분석하면서 '술보확장구조'로 분석하였고, '大器晩成(F 30쪽, A 29쪽, I 37쪽, E 18쪽, B 40쪽)'은 수식관계의 도식을 포함하고 있으나 '주술관계'로 파악하였다. 아마도 수식을 포함했으나 전체적으로는 주술관계라는 의미로 파악되며 짜임을 설명하기가 모호해서 나온 설명이라고 생각된다. 교육과정해설서에 한자어의 짜임을 주로 2자에 국한하여 설명하다 보니 4자이상이 되었을 때는 혼동된 것으로 판단된다.

A출판사(23쪽)에는 한자어의 짜임에서 '墨∥守'로 도식을 하고 있다. 墨子守城의 개념을 갖고서 분석을 한 듯하다. 그런데 바로 아래 '杞憂'는 수식관계로 보고 있다. 이것도 杞人之憂의 개념으로 수식으로 본 듯하다. 그러나 오른쪽 설명에는 杞人憂天의 준말이라고 하여 잘못 설명하고 있다. 이러한 설명이라면 '墨守'도 '墨翟之守'로 수식으로 볼 수도 있다. 또, B출판사(32쪽)에는 국어식 한자어의 짜임을 설명하면서 '汚染∣防止, 環境∣保存'으로 파악하여 술목관계로 보고 있다. 그러나

수식관계로 보아도 무방하다. 술목이나 주술로도 설명되면 수식보다 우선하는 경우가 있으나 반드시 그렇게 해야 되는 것은 아니다. 물론 국어식 한자어를 굳이 분석해야 하는 것인지에 대해서는 회의적이다.

이상을 종합하면 2자이상의 문장의 구조가 형성되는 성어에 대한 짜임을 분석할 때와 조어가 된 성어의 짜임을 분석할 때 혼동과 오류가 남을 알 수 있다. 어느 정도 수준으로 분석할 것인지에 대하여는 새로운 논의가 있어야 할 것으로 보인다.

3) 문장의 구조

문장의 구조에 대한 기술범위는 대체적으로 7차교육과정 해설서 수준정도로 기본구조와 확장구조만 기술한 교과서가 J, B, D, E, F 출판사 등 이었으며, 6차 수준으로 기술한 교과서는 G, A, I, H출판사 등이었다. K출판사는 상당히 심층적인 구조를 다루고 있다. F, J 출판사는 소단원에서는 거의 다루지 않고 있는 반면에, B, D, G, H, K출판사는 매 단원 문장의 구조를 기술하고 있다. C출판사는 문장의 구조를 전혀 다루지 않고 있다. 또, B출판사는 확장구조를 기본구조로만 설명하기도 하였다.

대체로 기본구조와 확장구조를 기본적인 문장을 예로 들어 설명하였고, 복합문에 대하여는 A출판사에 복합문을 대신하여 '이어진 문장'의 개념을, G출판사에서는 '포유복합문'을, H출판사에는 '복합문(병렬, 주종, 포유)'을, I출판사에는 '혼합복합문'을, K출판사에는 '병렬문, 인과문, 포유문'이 기술되고 있다. 6차에서 4종의 복합문으로 나누어 비교적 자세히 설명한 것에 비하면 상당히 많은 부분이 제외되었다.

B출판사와 G출판사는 그동안 논란의 대상이 되었던 보어의 개념에 대해 기술을 해 놓았다. B출판사(184쪽)에는 보어의 개념을 '서술어

다음에 나타난 명사가 우리말로 풀이하여 '을, 를'이 붙는 목적어가 아니라면 모두 보어로 처리한다.'고 기술하고 있다. G출판사(38쪽)에는 보어로 보는 경우의 예가 나오는데, 1) 有, 無 서술어 뒤의 말 : 有口無言 2) 於(=于, 乎)+명사 : 良藥苦於口 3) 기타 서술어 뒤에서 서술어의 상태를 보충해 주는 말로 설명을 하고 있다.

다음은 문장의 구조를 기술하면서 혼동된 부분을 살펴보고자 한다.

> ① 群臣 ‖ 不聽　　　　　 (A 65쪽)　　　주술구조
> ② 重根 ‖ 立 / 露軍之背後　 (B 164쪽)　　주술보구조
> ③ 金正浩 ‖ 自號 / 古山子　 (B 184쪽)　　주술보구조

①~③ 문장은 수식을 포함하고 있으나 기본구조로 보는 오류를 범하고 있다.

> ④ 孔子 ‖ 問 ｜ 禮 / 於老子　 (B 160쪽)　주술목보확장구조
> ⑤ 百結先生 ‖ 不知 ｜ 何許人　 (D 185쪽)　주술목확장구조
> ⑥ 諸山 ‖ 皆發源 / 於白頭山　 (H 140쪽)　주술보확장구조

④~⑥은 다소 혼동을 주는 구조 분석이다. 우선 ④는 孔子와 老子를 수식어가 포함된 확장구조로 파악하고 있다. ⑤는 百結이 先生을 꾸미는 수식으로 설명을 하고 있다.[14] ⑥에서도 '發源'의 도식에서 發이 源을 수식하는 것으로 되어있다. 인명이나 지명의 경우에는 주로 하나의 고유명사로 보지만 위의 경우는 교과서마다 상당히 혼란스럽게 표현되어 있다.

---

14) A출판사(95면)에는 '金先生 ‖ 訪 ｜ 家'로 주술목구조로 보고 있다. H출판사(194면)에도 '金先生 ‖ 善 ｜ 談笑'를 주술목구조로 분석하고 있다.

⑦ 智者 ‖ 成 ｜ 之 / 於順時　　　(H 32쪽)　　주술목보구조

⑧ 夫虎之所以能服狗者 ‖ 爪牙也　　(B 204쪽)　　주술구조

⑨ 讀書 ‖ 起家之本　　　　　　　　(H 68쪽)　　주술확장구조

⑩ 一日之狗+不知+畏虎　　　　　　(I 56쪽)　　주술목구조

⑪ 志 / 淸 ｜ 禍難　　　　　　　　(B 152쪽)　　술보구조

⑫ 恐 ｜ [群臣 ‖ 不聽]　　　　　　(A 65쪽)　　주술확장구조15)

　⑦～⑫는 6차에서 포유복합문으로 파악하였던 내용을 기본구조나 확장구조로 보는 혼동사례이다. 7차 교육과정에서 복합문의 개념을 설정하지 않음으로 인한 혼동사례이다.

⑬ 後人之戒輕薄子弟者 必擧李公 以爲則云(G 77쪽)　포유복합문

⑭ '非/(以變化神異) 眩惑 ｜ 衆目'(A 233쪽)　　　　이어진 문장

　⑬～⑭는 6차 복합문에 의해 분석한다면, ⑬은 주어가 절이 되었고 뒤 문장은 이어져 있으므로 혼합복합문이 되어야 하며, ⑭는 복합문의 형식을 국어의 '이어진 문장'을 차용하였으나, 이어진 문장이 아니며, 오히려 6차의 포유복합문이 더 적절하다.

　이처럼 문장의 구조에서 혼동사항은 먼저 기본구조와 확장구조를 구분할 때 수식어를 어느 수준까지 볼 것 인지였다. 이것은 한문문장 풀이를 할 때 자주 혼동되는 내용인데, 문장을 풀이할 때 한자어를 하나의 명사로 보느냐 아니면 다시 세부적으로 분석하느냐의 문제이다. 적절한 논의로 통일을 해야 할 것이다.

　다음은 복합문을 포함하느냐 안하느냐의 문제이다. 6차 교육과정 해설서에는 복합문을 자세히 설명하였으나, 7차에서는 한문수업의

---

15) 술목확장구조의 오류이다.

저해요소라는 이유로 복합문을 모두 삭제했다. 이 때문에 교과서의 기술이 혼란스럽게 되었으며, 이왕 포함할 것이라면 통일된 형태로 기술하는 것이 좋을 것이다. 한문 문장은 다른 언어의 문장과 다른 독특한 구조가 있으므로 적절한 용어를 선택하여 교육과정 해설서에 포함시키는 것이 혼란스러운 문법분석을 바로 잡을 수 있는 방법이 될 것이다. 즉, 복합문과 겹문장, 포유문장과 안은문장, 병렬복합문과 대등하게 이어진 문장, 주종복합문과 종속적으로 이어진 문장에 대한 적절한 연구와 논의를 거쳐 정립된 이론이 교육과정 해설서에 최소한의 형태로라도 포함되어야 한다.

4) 문장의 형식

교과서에서 사용된 문장의 형식을 살펴보면 다음과 같다.

〈표 6〉 문장의 형식 포함 비교

	6차 교육과정 해설	7차 교육과정 해설	A	B	C	D	E	F	G	H	I	J	K
평서형	○	○	○	○	○16)		○	○	○	○	○	○	○
부정형	○	○	○	○	○	○	○	○	○	○	○	○	○
의문형	○	○	○	○	○	○	○	○	○	○	○	○	○
반어형	○	○	○	○	○	○	○	○	○	○	○	○	○
비교형	○	○	○	○	○	○	○	○	○	○	○	○	○
가정형	○	○	○	○						○	○	○	○
한정형	○	○	○				○		○	○		○	○
사동형	○	○	○	○	○	○	○	○		○	○	○	○
피동형	○	○	○	○	○	○	○	○		○	○	○	○
금지형	○	○	○	○	○	○			○	○	○	○	○
감탄형	○	○			○	○		○		○	○	○	
명령형				○									○
추측형				○									
긍정형						○							
억양형	○					○							
원망형												○	

위 표에서 보면 대체적으로 교육과정에 포함된 문장의 형식을 기술하고 있음을 알 수 있다. 다만 11개 유형 외에 K출판사에는 명령형(160쪽), B출판사에는 추측형(196쪽), D출판사에는 긍정형(145쪽), E출판사에는 억양형(155쪽), J출판사에는 원망형(52쪽, 184쪽) 등을 문장의 형식에 포함하고 있으며, F출판사의 경우는 8가지의 형식만 교과서에 기술하고 있다.

문장의 형식을 기술하면서 나타난 오류로는 두 가지 형식이 공존할수 있으나 한가지만을 기술한 경우를 들 수 있겠다.

예를 들어 부정형이면서 가정형이거나, 비교형이면서 반어형인 경우가 있을 수 있으나 대부분의 교과서에서는 한 가지 형식만을 제시하는 경우가 많았다. 이는 문장을 분류함에 있어서 1개의 형식만을 기술함으로 발생하는 문제점으로 파악되며, 문장은 어떻게 분류하느냐[17]에 따라 여러 가지 문장의 형식이 공존할 수 있다는 점을 고려하여, 파악할 수 있는 문장의 형식을 모두 제시하는 것이 옳을 것이다.[18]

5) 허자의 쓰임

한문을 정확하고 빠르게 독해하기 위해서는 허자의 용법을 잘 알아야 한다. 허자는 말과 말과의 문법적 관계를 주로 나타내는 글자로,

---

16) '평서문(29면)을 부정문과 구별하여 '긍정문'이라고도 한다.'고 하여 같은 개념으로 보았다.

17) 金崇浩는 ''「학교문법을 위한 문장 분류의 문법적 이해」(한문교육연구, 제17호)'에서 서술어의 성질에 따라 判斷文, 敍述文, 描寫文으로, 행위의 주체에 따라 使動文, 被動文, 主動文으로, 화자의 청자에 대한 의향에 따라 平敍文, 疑問文, 命令文, 感歎文으로, 화자의 심리적 태도에 따라 推測文, 假定文, 怨望文으로 분류하였다. 기타사항으로 명제 또는 동작의 진위에 따라 肯定文, 否定文으로, 서술의 범위에 따라 限定文, 수사법에 따라 反語文, 比較文, 漸層文 등으로 나누고 있다.

18) G출판사(60면)에는 '두 가지 유형이 섞여 있을 수도 있다'라고 기술하였다.

대체적으로 '접속사, 개사, 어조사, 감탄사' 등이 이에 포함된다. 다양하게 쓰이는 허자의 용법을 잘 알고 문장 독해를 한다면 시간과 노력의 소모를 줄일 수가 있을 것이다.

한문교서 10종과 한문고전 1종 교과서 모두가 다양한 형태로 허자의 용법을 비중 있게 다루고 있다. A출판사와 B, F, G출판사는 '허자의 쓰임'을 통해, C출판사는 '허사의 쓰임'을 통해, D, H, J, I, E, K출판사는 '한자의 쓰임'이나 "○'의 쓰임'으로 허자를 표현하였다.

B출판사는 허자를 광의적으로 해석하여 실사를 허자에 포함하는 오류가 있었으며 이에 대하여는 다음 장에 언급하도록 하겠다. 허자라는 용어를 전혀 쓰지 않은 교과서는 J출판사이며, 대단원의 목표에만 허자라는 용어가 쓰인 교과서는 D출판사[19]와 E, H, I출판사 등이었다. 아마도 '허자'의 개념에서 오는 광의의 뜻을 고려한 듯하다. 또 부록에 허자의 쓰임을 별도로 기술하고 있는 교과서는 B, G, K출판사 등이었다.

4. 교과서 문법 평가문항의 실태

6차 교과서는 각 단원별 학습평가 문항에서 문법문항의 비중이 상당히 높았다. 그러나 7차에는 문항의 유형을 다양하게 전개하여 문법문항 비중이 많이 줄었다. 문법문항의 대부분은 문장의 형식과 허자의 쓰임을 묻는 문항이 많았으며, 짜임분석이나 구조분석은 극히 드물었다. 문법문항이 많은 교과서로는 B, D, G출판사 등 이었으며, 특히 문법용어가 많이 사용된 교과서는 G출판사이었다. C출판사는 학습목표에서뿐만 아니라, 문법용어와 문법문항이 가장 적게 포함되어 있었다.

---

19) 대단원 단원정리 부분(47면)에 단 한번 '한자(허자)의 쓰임'이라고 표현하여 허자를 한번 들어내었다.

출판사별 평가문항의 문법제재를 단원별로 살펴보면 표와 같이 정리할 수 있다.

〈표 7〉 출판사별 문법문항에 포함된 문법제재

출판사	문법제재
A[20]	한자의 짜임(소단원 1, 2) 문장의 형식(소단원 4, 10) 한문의 짜임(소단원 18) 허자의 쓰임(소단원 5, 9, 11, 15, 16, 17)
B	한자어의 짜임(대단원[21] I, II, 소단원2) 문장의 구조(대단원 III, VII, VIII, IX, X 　　　　　소단원 10, 12, 26, 31, 32, 33, 34, 36, 39) 문장의 형식(대단원IV, V, VII, VIII, IX, X 　　　　　소단원 13, 14, 15, 16, 23, 24, 25, 29, 38, 40) 허자의 쓰임(대단원 II, III, IV, VI, VII, VIII, IX, X 　　　　　소단원 11, 23, 24, 26, 27, 30, 31, 33, 34, 35, 37, 39, 40)
C	한자어의 구조(소단원 12) 문장의 형식(소단원 3, 4, 17, 24) 허자의 쓰임(소단원 2, 9, 10)
D	한자어의 짜임(대단원I, 소단원 2) 문장의 구조(대단원II, III, VI, VII 소단원 5, 8, 9, 11, 17, 21, 28) 문장의 형식(대단원II, IV, VI, VII, IX 　　　　　소단원 7, 9, 10, 12, 13, 14, 15, 24, 26, 31, 33, 38) 허자의 쓰임(대단원 V, VI, VII, VIII, XI 　　　　　소단원 5, 8, 10, 11, 13, 14, 21, 22, 24, 25, 27, 28, 30, 31, 　　　　　32, 33, 34, 35, 36, 38)
E	문장의 형식(대단원 III, IV, VII, IX, X 소단원 10, 30, 32, 36) 허자의 쓰임(대단원 IV, IX 　　　　　소단원 7, 9, 12, 13, 14, 16, 21, 22, 26, 27, 31, 33)
F	한자의 짜임(소단원 2, 3) 한자어의 짜임(소단원 6) 문장의 구조(소단원 10) 문장의 형식(소단원 13, 28, 31) 허자의 쓰임(소단원 12, 14, 15, 27, 33, 34, 35)
G	문장의 구조(II-1, 3 III-2 IV-2, 3, 4 VI-2 VII-2, 3 VIII-3) 문장의 형식(III-3, 4, IV-1, 2 VII-3) 허자의 쓰임(II-1, 2 III-1, 3, 4 IV-3 VI-2 VIII-2, XI-2)

H	한자어의 짜임(대단원 I, II, IV 소단원 3, 4, 29) 문장의 구조(대단원 II, IV, VI, VII, IX, X, XI, XII 　　　　소단원 5, 10, 11, 32) 문장의 형식(대단원 II, VI, VII, VIII, IX, X, XI, XII 　　　　소단원 6, 7, 8, 9, 12, 16, 17, 19, 21, 24, 26, 29, 34, 37, 39, 40) 허자의 쓰임(대단원 III, VII, IX, XI, XII 　　　　소단원 6, 18, 20, 25, 28, 33)
I	성어의 짜임(소단원 4) 문장의 구조(소단원 17, 27) 문장의 형식(소단원 15, 17, 23, 30, 31, 34) 허자의 쓰임(소단원 10, 13, 14, 16, 22, 24, 26, 29, 31, 34, 35, 37)
J	문장의 형식(대단원 I, III, V, VII, X, XI, XII 　　　　소단원 2, 7, 12, 13, 15, 18, 37) 허자의 쓰임(대단원 IV, VI, IX, X 　　　　소단원 8, 9, 14, 15, 16, 17, 19, 29, 30, 31, 33, 34, 36, 40)
K	문장의 구조(대단원 III, IV, V 　　　　소단원 1, 2, 4, 5, 6, 7, 9, 10, 12, 13, 15, 16, 17, 18, 26, 27, 　　　　32, 34, 36) 문장의 형식(대단원 II, IV, V, VII, VIII 　　　　소단원 5, 7, 8, 14, 19, 24, 25, 28, 31, 33, 35, 36) 허자의 쓰임(대단원 I, II, III, IV, V, VII, VIII 　　　　소단원 2, 7, 10, 11, 14, 15, 16, 17, 18, 26, 27, 29, 30, 32, 35)

　다음 표는 좀 더 구체적으로 교과서별로 문법관련 문항유형 중 지나치게 도식화하거나 문법만을 위한 문항유형을 추출하여 모아 놓았다.

---

20) 심화학습에서 문법적인 요소를 연습할 수 있도록 구성되었다.
21) 대단원은 대단원의 학습평가문항을 말한다.

〈표 8〉문법분야 평가유형

○ 문장의 구조를 도식화하기(B 대단원Ⅲ, 소단원 12, 34, 36, D 소단원17
　(시구에 문장구조 표시), G Ⅲ-2, K-소단원 2, 16, 36)
○ 문장의 기본 구조를 확장구조로 배열하기(D 소단원 5, F 소단원 10)
○ 문장의 주어, 서술어, 보어 찾기(D 대단원 Ⅵ, Ⅶ, 소단원 5, 9, F 소단원 29,
　G Ⅱ-3, Ⅶ-2, Ⅷ-3, H 대단원 Ⅱ, K 소단원12, 15)
○ 문장의 형식을 결정하는 글자 찾기(G Ⅲ-4, H 소단원 15, 30)
○ 다양한 문장형식으로 바꾸어 보기(J 소단원 2)
○ 다양한 구조의 문장으로 바꾸어 보기(K 소단원 9, 26, 32)
○ 문장 속에 포함된 품사 찾기(G Ⅳ-2, Ⅷ-3)
○ 한글 문장을 한문 문장으로 바꾸기(J 대단원 Ⅰ, Ⅱ 소단원 10, K 대단원 Ⅴ,
　소단원 4, 7, 12, 13)

위 표에 나타난 문항의 유형들을 보면 구조를 알고 있는지, 품사를
알고 있는지, 문장의 형식을 알고 있는지, 문장을 다양한 구조와 형
식으로 바꿀 수 있는 지를 묻고 있다. 그러나 이러한 문항 유형은 한
문 문법의 회의론을 불러일으키게 할 소지가 많다. 단순한 구조의 도
식이나 문장의 형식을 유도하는 문항, 품사를 알아내는 문항 등은 좀
더 쉽게 문장의 구조와 형식을 알아 낼 수 있는 새로운 형태로 개발되
어야 할 것이다.

Ⅳ. 文法 用語의 混亂

1. 품사용어

한문과 학교문법에서 품사문제는 그동안 여러 번 논의를 해왔다.
아직까지 몇 가지 점에서 통일이 되지 않다 보니, 여전히 한문교과서
에는 다양한 형태의 품사관련 용어를 사용하고 있다. 비슷한 문장 속
에 쓰인 똑같은 한자를 서로 다르게 명명하는 것으로 인해 가르치는
교사와 배우는 학생 모두가 혼란을 겪지 않을 수 없다.

7차 고등학교 교과서에 제시된 품사용어 사용에 관한 내용을 전반적으로 제시하면 다음과 같다.

〈표 9〉 출판사별 품사용어 총괄표

출판사	품사 사용의 예 *( )는 쪽수를 나타냄
A	也, 矣, 焉-어조사(45), 也, 耶-종결 어조사(65), 以-어조사(81), 及-접속어(143), 則-어조사(143), 我-1인칭 대명사(149), 矣, 乎, 哉, 兮-어조사(153), 且-발어사(167), 斯-종결 어조사(185), 焉-종결 어조사(191), 인칭대명사의 분류(211), 夫-발어사(227), 也已-종결 어조사(245),
B	多樣化에서 化-접사(24), 於, 而, 之-허자(40), 爲, 是, 如-허자(44), 也, 於, 而, 之-허자(52), 莫~於~-허자(56), 以, 之-허자(60), 以, 者-허자(64), 之-개사(67), 以-개사, 접속사(67), 用, 得, 旣, 不-허자(72), 欲, 豈~乎, 厥, 寧-허자(76), 焉, 不, 若-허자(80), 可以, 則, 乎, 於, 爲~所, 令-허자(84), 以爲, 而-허자(112), 者, 其, 自, 矣, 所, 而-허자(116), 以, 與, 乃, 不若, 諸-허자(120), 方, 何所, 以, 而-허자(124) 可以, 乃, 遣, 謂之-허자(132), 曰-허자(136), 謂之, 以, 爲-허자(140), 爲, 自, 以-허자(144), 於, 寧, 以, 乃-허자(152), 諸, 於, 而已, 不可, 當-허자(156), 可爲, 而, 猶, 焉, 乃-허자(160), 也, 大抵, 直, 還-허자(164), 乎, 與, 所, 不得, 耳, 以爲-허자(172), 自, 便, 未, 以-허자(176), 其, 以, 或, 因此-허자(180), 自, 於, 能, 大抵, 爲, 卽-허자(184), 也者, 焉-허자(192), 矣, 所-허자(196), 猶, 其~者-허자(200), 所以~者, (以)~也, 於, 矣-허자(204)
C	矣, 已, 也-종결사(29), 而-허사(29), 時-부사(37), 不, 非, 未, 無, 莫-부정사(40), 之-허사(40), 遣-사역동사(45), 乃-허사(62), 自-허사(90), 以-허사(110), 則-허사(125), 焉, 於-허사(155), 者-허사(168), 之-주격조사(181), 且-허사(184), 誰, 何, 安-의문대명사, 의문부사(184), 與-허사(198)
D	단원목표에 허자라는 용어사용함. 茫茫大海-첩어(26), 子, 所, 矣-허자(47), 曰-보어(53), 焉-어조사(75), 乎-의문형 종결사(97), 群-관형어(136), 也-강세 어조사(185), 也-정지어조사, 강세어조사-(195)
E	단원목표에 허자라는 용어사용함. 不, 莫-부정사(35), 가정형-若, 如, 苟-부사(43), 則-접속사(43), 也, 矣-종결사(51), 使, 令, 遣-동사(59), 之-동사, 대명사(71), 誰, 何-의문사(75), 乎, 也, 與-의문종결사(75), 爾-2인칭대명사(79), 勿, 無, 莫-부정사(79), 子-접미사(83), 활음조현상(119), 而-접속사, 대명사(123), 唯, 但, 獨, 特, 直-부사(139), 耳, 而已-종결사(139), 見, 被-조동사(147)
F	단원목표에 허자라는 용어사용함. 子-1인칭대명사(52), 與-명사와 명사를 연결(87), 吾-1인칭대명사(87), 而-시간부사어와 동사연결(113), 焉-어조사(146), 而-대명사(154), 之-허자, 주격, 관형격, 목적격(164), 但-한정 부사(165), 使, 令, 敎, 命, 遣-사역 보조사(168), 何, 安, 誰, 孰, 奚, 奈-의문사(192), 耶, 乎, 與(歟), 諸-종결사(192), 與-허자, 전치사, 접속사, 의문종결사(206)

G	之-동사, 대명사, 어조사(주격, 관형격, 목적격)(25), 之-대명사(27), 子-접미사(27), 於于乎-전치사(29), 以-전치사(33), 無+동사:~하지마라.(43), 者-의존명사, 어조사(주격, 시간)(47), 슈-사역조동사(49), 等-접미사(49), 乎-부사부정어(51), 使-조동사(53), 子-인칭대명사(55), 已-동사, 부사, 종결사(55), 인칭대명사의 분류(55), 然-접속사(57), 矣-종결사(57), (비교형)如, 不如-형용사(60), (가정형)若, 如-부사(60), 嗚呼, 噫-감탄사(60), 60쪽 내용은 일부 생략. 而-접속사(65), 當-부사(69), 但, 只, 直, 惟(=維, 唯)-한정부사(69), 耳, 已, 而已, 而已矣-한정종결사(69), 絶-부사(71), 旣, 已, 嘗, 曾, 方, 始, 適, 將, 且-부사(73), 爲-동사(99), 無-형용사. 금지사(113), 以, 於-전치사(113), 自+명사+서술어(117), 所-의존명사, 피동보조사(121), 遣, 命, 召-사역암시동사(131), 與-동사, 접속사, 전치사, 종결사(139), 者-어조사(143), 是-형용사, 지시대명사(145), 於, 以, 與-전치사(148), 焉-단정종결사. 반어부사(157), 哉-어조사(157), 王-명사, 동사(157), 處-동사(161), 之-대명사(179), 此, 是, 玆, 其, 厥, 彼-지시대명사(183), 可(193), 何-의문대명사(199), 誰, 孰, 何-의문대명사(201), 何-의문부사(201), 以, 與, 爲, 自, 從, 由-부사구전치사(221), 故-접속어(229), 無-형용사(229), 也-의문종결사(230), 於-전치사(230), 與-동사, 접속사, 전치사, 의문종결사(230), 如-형용사, 부사, 동사(230), 爲-동사(231), 以-전치사, 접속사, 명사(231), 已-동사, 부사, 종결사(230), 而-접속사, 이인칭대명사, 한정종결사(232), 之-동사, 대명사, 어기사(232), 旣, 已, 嘗, 曾, 方, 始, 適, 將, 且-시간부사(233)
H	단원목표에만 허자라는 용어 사용함. 부사, 부정사-(126), 見, 被-보조사(166)
I	上-동사(29), 之-목적대명사(61), 爾-2인칭대명사(65), 何, 安, 豈, 焉, 寧-의문사(69), 乎, 哉-종결사(69), 誰, 孰, 何, 安, 邪, 奚-의문사(73), 乎, 與, 耶-종결사(73), 乎-비교 조사(81), 也, 矣, 焉-종결사(89), 之-목적격 조사(117), 勿, 無, 莫, 不-금지사(121), 耶-의문종결사(125), 而-접속사(125), 而-접속사(127), 之-관형격조사, 주격조사, 대명사, 목적격조사(137), 若, 如, 雖, 縱-부사(141), 則-접속사(141), 첩어에 대한 설명-(145), 之-대명사(157), 嗚呼, 噫-감탄사(161), 子 -2인칭대명사(161), 以-어조사(173), 奚-의문부사(185), 也, 矣, 乎, 焉, 哉-종결사(185), 嗚呼-감탄사(189), 耶-의문종결사(189), 於, 乎-허자(189), 與-동사, 접속사, 전치사, 의문 종결사(193),
J	不, 無-부정사(13), 何, 誰-의문부사, 의문대명사(13), 不, 非, 無, 未-부정사(26), 但, 惟, 獨, 只-한정부사(39), 耳, 而已-종결사(39), 則-접속사(44), 而-접속사(49), 之-대명사(57), 子-2인칭 대명사(67), 使-사역동사(70), 寧-의문부사(80), 而-접속사(98), 將-부사, 동사(106), 爾-2인칭 대명사(111), 能, 得, 可-가능조동사(151), 然-부사(166), 之-관형격 조사, 대명사(166), 君-인칭대명사(171), 實-부사(181), 君-2인칭대명사(189), 耶-종결사(189), 凡-발어사(194), 那, 奈, 奚, 胡-의문사(194), 特-부사(212), 王-동사(235), 焉-종결사(235)
K	貴-동사(12), 동사의 판별법-(22), 誰, 何, 安-의문사(36), 한문의 인칭대명사 분류-(36), 於, 以, 之-개사(62), 則, 而-접속사(62), 重-형용사, 부사(68), 家家戶戶-첩어(71), 주로 어기라는 표현을 씀. 之-대명사(152), 奚, 何-의문사(159), 허자일람표-(198~201)

위 표는 10종 한문교과서와 한문고전교과서에 나오는 품사관련 용어를 총망라한 것이다. A, C, D, H출판사 등이 관련용어를 최소화하여 기술하였고, B, I, J출판사 등은 다소 많이 기술하였고, G출판사는 다른 교과서에 비해 대단히 많이 기술하였다.

위 내용을 통해 혼동되는 몇 가지를 정리해 보면 다음과 같다.

첫째, 품사의 명칭과 품사의 성격을 나타내는 말이 혼동되고 있다.

誰, 何, 安	(K 36쪽)	: 의문사
也, 矣	(E 51쪽)	: 종결사
乎	(D 97쪽)	: 의문형 종결사
斯	(A 185쪽)	: 종결 어조사
不, 非, 未, 無, 莫	(C 40쪽)	: 부정사

주로 영문법에서 쓰는 용어들이 혼용하여 쓰인 경우로 의문사, 종결사, 부정사 등이 마치 품사의 일부분처럼 쓰이고 있다. 품사와의 혼동을 피하기 위해 의문형식의 말, 종결하는 말, 부정하는 말 등으로 풀어서 쓰거나 아예 '사'를 빼는 것이 나을 것 같다. 또, 품사의 성격을 나타내는 종결, 강세, 의문, 부정 등과 품사를 함께 쓸 때는 혼동을 피하기 위해 한 칸을 띄어서 표시를 해주는 것이 바람직할 것이다.

둘째, 동일한 한자의 품사를 지칭하는 용어가 다양하다.

'之'의 경우

孝之始也	(B 67쪽)	: 개사
學者乃世之珍	(G 25쪽)	: 어조사
民之多於隣國	(G 232쪽)	: 어기사
同心之言 其臭如蘭	(I 137쪽)	: 관형격조사
向南漸遠而 南極之出地上	(C 181쪽)	: 주격조사

鳥之將死, 其鳴也哀　　　　(7차교육과정해설 37쪽) : 주격어기사

'以'의 경우

以羊易之　　　　　　　　(A 81쪽) : 어조사

以責人之心 責己　　　　　(B 67쪽) : 개사

以子之矛 陷子之盾　　　　(C 110쪽) : 허사

以子之矛 陷子之盾　　　　(G 33쪽) : 전치사

'使, 令, 遣'의 경우

天帝使我長百獸　　　　　　(E 59쪽) : 동사

賢婦金夫貴 惡婦令夫賤　　(F 168쪽) : 사역 보조사

天帝使我長百獸　　　　　　(G 53쪽) : 조동사

遣王理之　　　　　　　　　(G 131쪽) : 사역암시동사

令夫貴　　　　　　　　　　(B 84쪽) : 허자

　'之'의 경우 실사로 쓰일 때는 '대명사, 동사' 등으로 쓰는 것이 일반화되어 있으나, 허자로 쓰일 때는 똑같은 문법적 상황에서 '주격(목적격, 관형격)조사'라고도 하며, '어조사', '어기사', '개사' 등으로 쓰이기도 한다. '어기사', '어조사', '조사', '개사'의 개념이 혼용되고 있는 것이다. '以'도 '어조사, 개사, 전치사'가 혼용되고 있다. 심지어는 교육과정 해설서에서도 허자를 '전치사, 접속사, 종결어기사'로 기술하였으나, '之'를 '주격 어기사'로 분류하며 기타 허자에 포함시키고 있다.

　'使, 令, 遣'을 '동사, 사역 보조사, 조동사, 사역동사, 허자, 사역조동사, 사역암시동사' 등으로 쓰고 있다. 여기서 '허자'로 쓰인 것은 논외로 하고, 사역의 의미를 나타내는 한자들에 대해서는 '동사, 보조사, 조동사' 등으로 다양하게 쓰고 있다.

　이 외에도 '者'를 '허사, 의존명사, 어조사' 등으로 기술하고 있다.

셋째, 허자의 개념이 지나치게 광범위하게 쓰이고 있다.

교육과정 해설서에는 허자(=허사)를 문법적인 역할만을 하면서 글자와 글자, 어구와 어구, 글자와 어구를 이어주거나 관계를 명료하게 하고, 文의 어기를 적절히 표현하여 그 뜻을 돕는 한자로 기술하고 있다. 이에 해당하는 품사로는 '전치사, 접속사, 종결 어기사' 등을 들고 있다. 6차에서는 '語頭, 語中, 語末 어기사'를 다 포함하였는데, 語頭와 語中은 대명사 부사 등과 연관성이 높아 語末의 종결 어기사만 허자로 분류하고 있다. 어쨌든 허자는 이 세부분으로 나뉘는데 일부 교과서는 실사부분까지도 허자로 잘못 표현한 곳이 많다.

A출판사에는 '且(171쪽)'와 '夫(231쪽)'가 실사로 쓰이는 데도 허자의 용법이라고 설명하였으며, C출판사에서는 '乃(62쪽)'와 '與(198쪽)'를 허사의 쓰임으로 설명하면서 '너, 너희들'의 2인칭으로 쓰이는 것과 '주다'는 의미로 쓰이는 것까지 허사로 취급하고 있다. B출판사에서는 허자에 대한 개념 정의22)를 하고 있으나 본문내용의 풀이 부분에 '허자의 쓰임'부분에서 실사까지 허자로 보는 오류를 범하고 있다.

이처럼 용어가 다양하게 쓰이기도 하지만 용어를 극도로 제한하여 사용하지 않은 교과서도 다수가 있다. H출판사에는 '허자'라는 용어를 대단원의 목표에 제시만 했을 뿐, 본문 내에는 허자를 포함한 문법용어를 거의 쓰지 않았다. D출판사와 E출판사도 마찬가지로 문법용어를 최대한 줄이고자 하였다.

---

22) 虛字는 혼자서는 구체적인 의미를 나타내지 못하고, 문장 속에 쓰여서 문법적인 기능을 하는 글자로서, '虛詞'라고도 한다.'(56면)

2. 형식용어

문장의 형식과 관련된 용어도 혼란스럽기는 마찬가지이다.

먼저 '문장의 형식'이라는 용어 자체가 매우 혼란스럽게 표현되고 있다.

F출판사에서는 '문장의 형식'이라는 용어를 여러 가지로 표현하고 있다. '한문의 문형(100쪽)', '한문의 형식(80쪽)', '문장의 형식(122쪽)', '문장의 문형(193쪽)' 등 4가지를 쓰고 있어 혼란스럽다. 이것은 교육과정 해설서에 명칭이 나온 대로 '문장의 형식'으로 통일을 하는 것이 바람직하다.

다음으로 문장의 형식 분류의 명칭에 대한 혼란스러움을 살펴보면 다음과 같다.

첫째, 문장의 형식을 논할 때 '――형'으로 서술하느냐, 아니면 '――문'으로 서술하느냐의 문제이다. C출판사에서는 '――문'으로 제시하였고, 나머지 교과서는 모두 '――형'으로 제시하였다. 심지어 F출판사에는 처음에 '――문'으로 쓰다가 소단원 28부터는 다시 '――형'으로 쓰고 있고, J출판사에는 부정문(26쪽)과 부정형을 혼용하여 쓰고 있으며, 의문문(202쪽)과 반어형, 비교형이 함께 기술되기도 하였다. 교육과정 해설서에는 '――형'으로 제시가 되어 있고, 국어 문법 교과서에는 '――문'으로 되어 있다. 적절한 합의를 거쳐 통일하여야 할 문제이다.

둘째, '사동'과 '사역'이 혼재한다는 것이다. 교육과정 해설서와 대부분의 교과서에는 '사동'이라고 나와 있으나, C출판사와 E, F, G출판사의 4종교과서는 '사역'이라고 되어 있다. 또 J출판사는 '사동'(13쪽)과 '사역'(66, 67, 220쪽)이 혼용되어 사용되고 있다. 국어문법에서도 보편적으로 사용하는 '사동'이란 용어가 바람직하다고 본다.[23]

3. 짜임과 구조 용어

먼저 한자어의 짜임에 대하여 살펴보자.

E출판사 대단원 Ⅰ의 단원정리(22쪽)에는 '한자어의 짜임'을 '한자어의 구조'로 표현하고 있다. G출판사(17쪽)와 C출판사(115쪽)에도 한자어의 짜임을 '한자어의 구조'로 기술하고 있다. 이는 교육과정해설서에 기술된 대로 '한자어의 짜임'으로 기술하는 것이 바람직하다.

또 B출판사(36쪽)에서는 한자어의 짜임에서 '一家和睦'을 '주술확장구조'로 파악하고 있다. 한자어의 짜임의 하위 분류는 '――관계'라는 표현을 쓰는데 여기서는 '――구조'라고 파악하여 한자어가 아닌 문장의 구조를 분석하는 용어를 사용하고 있다. 일단 한자어로 파악하였으면 '――짜임'으로 분석하고, 문장으로 파악하였으면 '――구조'로 명명하는 것이 혼란을 피하는 것이 아닌가 싶다.

다음으로 문장의 구조에 대하여 살펴보자.

I출판사 소단원 26, 27에서 문장의 구조를 기존의 주술보, 주술목의 형태로 보지 않고 倒置나 對句의 형태를 '문장의 구조'라고 기술하고 있다. 일반적으로 '주술목, 주술보, …' 등을 '문장의 구조'라고 표현하였다. A출판사(190쪽)에도 對句의 형태를 '문장의 구조'로 기술하고 있다. 이런 경우는 차라리 '문장의 修辭' 등으로 표현 하는 것이 좋을 것이다.

4. 기타 용어

문법용어를 논하기 이전에 '한자어', '한자성어', '성어' 등에 대한 개념도 혼란스럽다. B출판사에는 위 내용을 간단히 요약하여 표로 제

---

23) 김승호, 「학교문법을 위한 문장 분류의 문법적 이해」, 『한문교육연구』, 제17호, 114면.

시하였다. 그리고 성어의 개념을 두 자 이상의 한자가 모여서 숙어처럼 굳어진 뜻을 나타내는 한자어로 규정하고 있으며, 성어는 2, 3, 4, 5자로 짜여지거나 4자로 짜여진 성어가 가장 많으며, 4자로 짜여진 성어를 특히 '4자성어'라 한다고 기술하고 있다. 이에 대하여는 B출판사(36쪽)에서 자세하게 정리를 하고 있다.

한자어 ┬ 일반한자어
　　　　├ 성어 ┬ 일반성어
　　　　└ 첩어 └ 고사성어

　다음으로 '짜임'과 '구조'라는 말의 사용이다. A출판사 소단원 1에서는 '한자어의 짜임'이라고 하고, 소단원 2에서는 '성어의 짜임'이라고 기술하였다. 소단원 1에도 2자의 고사성어들이 나오는데 서로 다르게 표현하고 있다. 또 '문장의 구조'로 쓰다가 '문장의 짜임(77쪽)'으로 쓰기도 하였다. G출판사 소단원 3(16쪽)에서는 '한자어의 구조'로 쓰고 있으며, 이 단원의 마무리학습에서는 '한문의 구조'로 기술하고 있다. 구조라는 용어는 변화를 주고 있지 않다. C출판사(115쪽)에서는 '한자어의 구조'라고 기술하고 있다.

　'짜임'이나 '구조'라는 말은 국어사전적 의미로는 별 차이가 없다.24) 그러나 언제부터인가 한문교과에서는 짜임과 구조가 하나의 새로운 틀로 정착되어 한자의 짜임(=六書), 한자어의 짜임(=병렬관계, 주술관계, …), 문장의 구조(=주술구조, 술목구조, …) 등으로 굳어 졌

---

24) 국립국어연구원의 앞의 사전에 '짜임(5870면)'은 조직이나 구성이라고 되어 있으며, 다시 '조직(5551면)'은 짜서 이루거나 얽어서 만듦이라고 되어 있고, '구성(659면)'은 몇 가지 부분이나 요소들을 모아서 일정한 전체를 짜 이룸. 또는 그 이룬 결과를 뜻한다. '구조(672면)'는 부분이나 요소가 어떤 전체를 짜 이룸. 또는 그렇게 얽어진 얼개라고 되어 있다.

다. 작은 얼개는 '짜임'으로 짜임과 짜임이 모여 '구조'를 이루는 형태로 설명을 하고 있다.

문법의 범위에 해당하는 문법요소의 용어는 교육과정해설서에 자세히 정의하였다. 이 개념을 다시 변형하는 것은 다종의 한문교과서가 있다고 볼 때 혼란스럽지 않을 수 없다. 학교문법이 지닌 통일성이라는 대명제 속에 동일한 용어로 통일하는 것이 바람직할 것이다.

V. 결론 및 제언

지금까지 고등학교 한문과 학교문법의 내용에 대한 실태를 살펴보았다.

한자의 짜임, 문장의 구조 분석에 대한 회의적인 시각으로 인해 여러 장면에서 학교문법교육이 축소되는 것을 살필 수 있었다. 6, 7차 교육과정 해설서의 비교분석은 이를 확연히 알 수 있게 하였으며, 각 교과서의 문법내용도 이전에 비해 없어지거나 간단하게 기술됨을 알 수 있었다. 그러나 여전히 학습목표에 문법관련내용이 주를 이루고 있었으며, 평가문항에서도 기본적인 내용이 아닌 문법을 위한 평가문항이 눈에 띄었다.

그럼에도 불구하고, 한문과 학교문법은 한문 문장의 독해라는 한문과의 목표를 위해 반드시 교육되어야 하는 필수학습요소이다. 비록 문법위주의 평가는 지양해야 하나, 문장을 해석하기 위한 기본적인 사항은 학습이 되도록 해야 한다.

한문교과는 교육과정 편제단위와 학생들의 학습비중에 비추어 볼 때, 과거식 문리의 터득방법에서 전형이 되는 문장을 구조적으로 분석하여 학생들이 조직적으로 배울 수 있는 뼈대를 마련하여, 짧은 시간에 배울 수 있는 효율적인 문법 교육이 어느 때보다도 절실히 필요하다. 적어도 중등학교 한문과 해석의 원리에서 多讀에 의한 문리의 시대는 끝났다. 다양한 형태의 문장을 다양하게 보여 줄 수 있는 시간이 부족하다. 이러한 부족한 시간을 보완할 수 있는 방법이 구조화된 문법의 적절한 교육이다.

이를 위해 몇 가지 제안하는 것으로 결론을 삼고자 한다.

1. 독립과목으로써 한문문법이 없는 현실에서 교육과정 해설서에 통일된 문법사항을 적절하게 포함시키는 것이다. 7차 교육과정 해설서는 6차 교육과정 해설서의 일부분을 삭제하여 완전한 내용을 담지 못하는 문제점이 있었다. 한문교육 관련학회 등에 발표된 공인된 내용이 교육과정에 포함되어야 한다. 간단하게 기술하더라도 통일성과 체계성 있는 용어와 내용을 담고 있어야 하겠다.

2. 교과서 편찬자들은 용어의 사용에 신중을 기하여야 하며, 무분별하게 사용하여 오히려 혼란을 가중시켜서는 안 된다. 그렇다고 이런 논란을 피하기 위해 전혀 사용하지 않는 것도 문제가 있다. 보다 쉽게 설명하고 쉽게 이해할 수 있도록 적절하게 사용하여야 한다.

3. 중학교에서 한문과목을 배우지 않은 학생들에 대한 배려가 있어야 한다. 예를 들어 대단원 1에서는 중학교 수준의 간단한 한자의 짜임을 편성하는 것이 좋을 듯하다.

4. 한자어의 짜임이나 문장의 구조에 대한 교수학습방법도 다양하게 개발되어야 한다. 고등학교 문법교과서를 보면 문법을 가르치기 위한 다양한 방법이 모색되고 있다. J출판사 15쪽에는 한자카드를 이용하여 문장 만드는 방법을 제시하여 학습자에게 흥미를 이끌어 내고

있다. 이러한 것들은 좋은 시사점이 된다고 하겠다.

참고문헌

7차 고등학교 『한문』교과서 10종.

7차 고등학교 『한문고전』교과서 1종.

7차 고등학교 『문법』, 교육인적자원부, 2002.

7차 『고등학교 한문과 교육과정 해설-한문Ⅰ. 한문Ⅱ』, 교육부, 1995.

7차 『고등학교 교육과정 해설-13한문-』, 교육부, 2001.

김숭호, 「학교 문법을 위한 문장 분류의 문법적 이해」, 『한문교육연구』 제17호. 한국
　　　한문교육학회, 2001.

김숭호, 「한문 문형에 대한 연구」, 『한문교육연구』 제9호, 한국한문교육학회, 1995.

김용한, 「한문문법서의 연구」, 『한문교육연구』 제17호, 한국한문교육학회, 2001.

송병렬, 『새로운 한문 교육의 지평』, 문자향, 2002.

안재철, 『한문과 교재연구 방법론』, 박이정, 2004.

안재철, 「학교 한문문법의 품사 분류와 그 내용에 관한 문제」, 『한문교육연구』 제17
　　　호, 한국한문교육학회, 2001.

안재철, 「한문교육에 있어서의 문법용어의 제문제」, 『한문교육연구』 제9호, 한국한
　　　문교육학회, 1995.

이관규, 『학교문법론』, 도서출판 月印, 1999.

임종혜, 「한문교과서 문법용어의 실제」, 『한문교육연구』 제9호, 한국한문교육학회,
　　　1995.

한국한자한문교육학회 編, 『新漢文科敎育論』, (사단법인)전통문화-연구회, 2000.

이 글은 『漢字漢文敎育』 제16집(韓國漢字漢文敎育學會, 2006)에 수록한 논문을 재수록한 것이다.

現行 初等學校 漢字 認定 教科書 內容 分析

韓殷洙

Ⅰ. 머리말

초등학교 현장에서의 漢字 敎育은 교육적 효과를 논의하거나 측정하기에 앞서 오랜 동안 그 당위성 문제로 논란이 되어 왔다. 言語敎育 政策으로서 國漢 混用을 주장하는 사람들은 한자의 造語力과 縮約力, 傳統文化의 繼承, 東洋文化圈의 媒介體 역할 등의 이유를 들어 초등학교 학습자에게 한자를 가르쳐야 한다고 말한다. 반면 한글 專用을 주장하는 사람들은 한자의 사용으로 인한 漢字語의 固有語 侵奪, 어린이의 과다한 學習量, 言語生活의 主體性 문제 등을 들어 초등학교 학습자에게 한자를 가르쳐서는 안 된다고 말한다.

이러한 문제에 대하여 이미 오래 전에 이루어진 연구들은 한글 專用論과 國漢 混用論 어느 쪽에게도 명확한 답을 주지 못하고 있다. 박영목·권경안(1989), 박영목·손영애(1990), 노명완·이차숙·정혜승·윤준채(2003) 등의 연구에서는 單語의 正確하고 빠른 認識, 文章의 읽기 速度는 한글 표기가 유리하지만 문장의 內容 記憶 및 單語의 記憶에는 한자 표기가 유리함을 밝혔다. 그리고 텍스트의 내용을 이해·요약하는 데에는 한글 전용 표기와 한자 혼용 표기 사이에 차이가 없다고 하였다.

또한 최협섭·박영목·노명완·최영환·정혜승(2002), 박영목·이성영·신권식·이수인(2003)의 연구에서는 한자 교육 프로그램이 읽기 능력과 쓰기 능력의 향상에는 영향을 끼치지 못하나 漢字 知識과 語彙力의 伸張에는 영향을 끼친다고 하였다. 따라서 한글 전용 표기, 한자 혼용 표기와 관련된 어문 교육 정책을 수립할 때에는 理念的 측면, 社會的 측면, 敎育的 측면 등과 관련된 여러 가지 變因들을 綜合的이고 體系的으로 분석한 뒤에 실행해야 한다고 하였다.

지나온 우리의 교육과정을 검토하여 보아도 초등학교 학습자에 대한 한자 교육 정책은 오락가락 하였다. 1951년 2월에 제정한 '戰時學習指導要領'에는 초등학교 과정에 1,000자의 한자를 배정하고 이 중 744자의 한자를 敎科書에 倂記하여 가르치도록 하였다. 제1차 교육과정기인 1957년에는 국무회의에서 '한글 전용 적극 추진에 관한 건'을 의결하고, 1961년에는 '정부문서규정'을 발표하여 모든 간행물을 한글로 표기하도록 하였다. 제2차 교육과정기인 1964년에는 초등학교 교과서에 600자의 한자를 사용하도록 復活하였다가, 1965년에는 한자를 露出시켜 編纂하기도 하였다. 그러나 1968년에는 '한글 전용 5개년 계획안'이 공포되면서 초·중등학교의 한자교육이 완전히 廢止되었다. 이후 1971년 초등학교에서 한자교육을 다시 실시하기로 정책을 번복하였고, 제3차 교육과정기인 1976년에는 "국민학교에서 한자교육을 않기로 한다."고 하여 오늘에 이르기까지 교육과정 편제상에 한자 교육을 할 수 없도록 하였다.

그러나 지난 제6차 교육과정기에 '學校裁量時間'을 설정하면서 한자 교육을 할 수 있는 토대를 마련하였고, 제7차 교육과정이 시행 중인 지금도 '裁量 活動'을 통하여 한자 교육이 이루어지고 있다. 이 기간 각 시·도 교육청에서는 교육청 수준의 '初等學校 漢字(漢文) 敎育課程'을 제정하기도 하였고, 인정 교과서 심의제도를 통해 50여 종 이상의 교과서를 발행할 수 있도록 하여 학교 현장에서 한자교육을 할 수 있도록 하였다. 제7차 교육과정의 개정이 이루어지면서 초등학교에서의 '재량활동'이 敎科的 性格보다는 非敎科的 活動 中心의 學習이나 創意的 裁量活動에 중점을 두고 이루어지고 있어서 한자 교육을 할 수 있는 여건은 많이 위축되었으나 그렇다고 하여 한자교육에 대한 필요성이나 당위성이 사라진 것은 아니다.

오히려 서울특별시강남교육청에서는 한자 교과서를 제작하고 관내의 모든 초등학교에 보급하여 한자 교육을 하고 있고, 타 교육청이나 지방 자치 단체에서도 한자 교육에 관심을 갖고 이를 모델로 삼으려 한다.[1] 또한 각 시·도 교육청에서 인정하는 한자 인정 교과서도 계속하여 적지 않게 발간되는 것으로 보아 한자 교육에 대한 수요는 여전하다고 볼 수 있다. 본고는 현재 각 市·道 敎育廳에서 認定한 初等學校 漢字 敎科書의 內容을 檢討하여 어떻게 構成되어 있는지 分析해 보고자 한다. 또한 이를 토대로 현재 사용하고 있는 한자 교과서의 問題點을 살펴보고, 초등학교 현장에서 한자 교육을 위한 敎科書의 內容은 어떻게 구성되어야 하는지 논의해 보기로 한다.

---

1) 2009년 9월 현재 서울특별시동작교육청에서는 강남교육청의 협력을 받아서 강남교육청에서 개발한 교과서의 내용을 그대로 하고 명칭만 '名品 漢字'에서 '共感 漢字'로 바꿔 교재를 출판하여 관내 초등학교에 보급하였다. 또한 강남교육청의 경우에는 서초구청과 강남구청에서, 동작교육청의 경우에는 관악구청과 동작구청에서 교재 출판 경비를 지원받아 교재를 출간·보급하고 있다.

Ⅱ. 한자 교과서의 인정 현황

1. 초등학교 한자 교과서의 인정 현황

우리나라에서 교과용도서 편찬은 국가의 관여 방식 또는 관여 정도에 따라 國定制, 檢定制, 認定制로 구분할 수 있다. 이 중 초등학교 재량 활동 시간의 한자 교육 교재로 사용할 수 있는 교과서는 認定制 敎科書로 제작되고 있다.

우리나라에서 認定制는 檢定制와 유사한 편찬제도로서 인정심사는 검정심사의 규정을 준용하여 시행되며, 다부분의 인정 관련 업무는 시·도 교육감에게 위임되었다. 비록 인정심사가 검정심사의 규정을 준용하여 실시되고 있지만 국가의 관여 정도는 실질적으로 검정제에 비하여 훨씬 미약한 것으로 간주된다.[2]

이와 같은 제도 아래서 교과서를 발행하고 있으므로 인정 교과서는 著作者의 自律性이 다른 편찬 제도의 교과서보다 최대한 존중받고 있다고 볼 수 있다. 초등학교의 경우 인정 교과서가 활발하게 발행된 것은 제6차 교육과정기 이후이다.[3] 제6차 교육과정의 '학교재량시간'의 편성 이후 각 학교에서는 학교의 敎育的 必要, 學父母나 學生의 要求에 따라 개별 학교의 사정에 알맞은 수업 내용을 운영하게 되었으며, 이 때 초등학교에서는 한자, 영어, 환경, 컴퓨터 등의 교육에 필

---

2) 노희방(2005), 27~29면.

3) 물론 '우리들은 1학년', '사회과탐구' 등의 교과서도 「교과용 도서에 관한 규정」 제14조 제1항 및 제16조 2항에 의거하여 시·도 교육청 인정도서심의회를 거쳐 사용하는 교과용 도서(교육청 심의 인정 도서)로 분류된다. 따라서 인정도서의 발행은 이전 교육과정에서 이미 시작되었다. 하지만 위의 교과서는 각 시·도 교육청이나 그 아래의 지역교육청에서 인정 심사를 출원하여 사용하고 있다. 단위 학교 또는 개별 저자가 본격적으로 인정을 출원하여 심사를 받은 경우는 제6차 교육과정기 이후라고 할 수 있다.

요한 교과서를 인정 심사를 받아 사용하게 되었다.

'한자'의 경우 제6차 교육과정기에는 4종의 교과서가 인정 심사를 통과하여 사용되었으며, 그 이후 각 시·도 교육청별로 다양한 한자 교과서가 인정 교과서로 승인을 받아 각 학교에서 한자 교육의 교재로 활용하고 있다. 현재까지 사용하고 있는 초등학교 한자 인정 교과서를 정리하면 다음과 같다.

〈표 1〉 각 시·도별 한자 교과서 인정 현황4)

순서	인정 시도	교과서 명	권수	인정년월일	집필자
1	서울	초등학교 漢字	4	1996.07.16	전한준·김윤숙·진철용
2	서울	초등학교 漢字	4	1996.12.19	정우상·안재철·정우인·한은수
3	서울	초등학교 漢字	4	1998.12.19	홍광식·김일환
4	서울	초등학교 漢字	6	2002.08.19	홍진복·이동태·홍경희·양복실이영희
5	서울	한자와 생활	5	2003.02.10	홍성식·장희구·임금래·김종욱
6	서울	어린이 漢字	4	2003.02.10	방인태·한은수·김창호·김봉섭·남수극·원효재·임동화
7	서울	아하! 漢字	4	2003.07.16	오덕진·구남욱·김영조
8	서울	술술 풀리는 한자	4	2004.01.15	김철수
9	서울	재미 솔솔 漢字	5	2004.01.15	이상진·최상근·장윤혁
10	서울	어린이 漢字 기초	1	2004.01.15	방인태 외(6과 동일)
11	서울	초등 한자 과정	4	2004.01.15	차광성
12	서울	술술 풀리는 한자	2	2004.01.15	김철수

---

4) 교육과학기술부 고시 제2009-4호(2009.1.21) 「초·중등학교 교과용 도서 국·검·인정 구분 수정 고시」 - 이 고시에는 〈표〉의 1, 2, 3, 42, 51, 52, 53, 54가 제외되어 있다. 1, 2, 3, 42, 51, 53의 교과서는 인정교과서의 초기 모형으로 타 교과서 개발에 영향을 미치고 있는 점, 52의 교과서는 web상으로 제공되어 학교 현장에서 많이 사용하고 있는 점, 54의 교과서는 지역교육청 주도하에 개발하여 교육청 내의 전 학교에서 사용하고 있는 점을 고려하여 함께 검토하였다.

13	서울	초등학교 어린이 한자	6	2005.01.29	백형윤·김명자·정춘자· 김효연·이성희·이혜원·이천희
14	서울	한자랑 이야기랑 놀자	5	2005.01.29	양혜순·김봉곤
15	서울	한자 통통	4	2005.01.29	추성범 외
16	서울	초등학교 한자	4	2005.01.29	조래채 외
17	서울	즐거운 한자	6	2005.01.29	장재영·문태식·윤옥순· 박성해·오미경
18	서울	매직파워 컴 한자교실	6	2005.08.01 2007.08.31	유원일·김정서·천병조· 박성순·김재승
19	서울	생각이 열리는 漢字	6	2006.02.02	이명학·유영봉·송병렬· 장호성·김경옥·한혜진
20	서울	놀이로 배우는 쑥쑥 한자	6	2006.02.02	임명자·김연옥·김희정· 이상철·이선희·조현숙· 주선홍·진철용
21	서울	생각의 나이테 초등 한자	6	2006.02.02	양혜순·양복실·박원길
22	서울	초등학교 漢字	2	2006.06.02	홍진복 외(4와 동일)
23	서울	맛있는 한자공부	5	2006.08.18	오시형·황현자·김상진· 강유선·문종국
24	서울	한자야 놀자 배움	5	2007.02.28	이용재·홍진복·송신욱· 이문규·윤덕진
25	서울	好好 漢字	6	2007.02.28	황규선·정운필·신옥주· 강세창·김희정·김연옥
26	서울	초등학교한자	5	2007.02.28	김종욱 외
27	서울	똑똑한 국제 한자	1	2008.07.30	박보연
28	서울	쉽고 재미있게 익히는 한자공부	3	2008.07.30	백형윤·기정순·김정미· 이지연
29	부산	단계별 한자교재	1	2002.07.18	강종출
30	부산	신나는 漢字	5	2003.01.06	이병혁·이향우·문태식· 서광하·김정숙·김홍기
31	부산	재미있는 漢字 마당	6	2003.01.06	조갑래·강재인·배성달· 김규성·최용진·이재돈
32	부산	한자 공부	4	2003.06.30	강종출
33	부산	쉽게 배우고 오래 기억 되는 초등 漢字	6	2006.12.06	전상호·이성규
34	대구	재미 天地 초등 漢字	6	2004.12.06	김인서·정주환·이재구· 조천현·김경운·김희준
35	대구	창의력 한자	6	2006.01.03	김성문·김창호·차유홍· 김영희·백광순·최윤성

36	인천	초등학교 이야기 漢字	6	2004.12.14	정원화·최달진·지명자·홍사숙·강미순
37	인천	술술 이야기 한자	6	2005.12.21	공숙자·진영서·이병욱·정학수·김리선·이진숙
38	인천	초등한자	6	2006.12.18	송을남·서승택·이정옥·이경석·방진원·오영숙
39	인천	신나는 컴 한자	6	2008.02.04	신현길
40	경기	초등학교 한자	6	2002.11.19	김봉영·김영모·김종철·김진수·신보림·심충현·윤성출·이용한·정경동·조애귀·한갑수·홍성순
41	전북	초등학교 漢字 공부	6	2005.11.28	안동호·최웅식·조현순·차기종·강정애·최윤정·양효진·유수미·정은선·황수경
42	전남	한자공부	6	1994.10.21	
43	전남	재미있는 한자 학습	6	2005.01.19	장희구
44	전남	알기 쉬운 초등학교 한자	4	2007.01.24	이학균
45	전남	새 알기 쉬운 초등학교 한자	6	2008.01.28	이학균
46	경남	초등 한자	5	2002.05.27	박기용
47	경남	한자 쑥쑥 지능 쑥쑥	6	2004.07.27	이만영·박영선·정혜숙·황영화·박수영·김명실·박경주·송희진·조은영·전소화
48	경남	초등학교 어린이 한자	6	2004.08.27	이상복·이우기·이경옥·심광보·하종명·황두자
49	경남	초등학교 한자(수정)	5	2008.02.08	박기용
50	경남	사자소학 공부	1	2007.02.02	
51	경북	어린이 한자	4	1995.04.30	학교법인 제철학원
52	경북	재량 한자	8	2003.12.15	김명동·김영숙·김정란·김종득·박순연·이지연
53	광주	재미있는 한자 공부	2	1994.12.26	
54	서울	명품한자 150. 450. 900	3	2008.10.	김윤숙·추성범·서희순·김연옥·남수극·진철용·이금순·이대해

　위의 〈표 1〉에서 보듯이 초등학교 한자 인정 교과서는 현재까지 53종의 교과서가 개발되었으며5), 인정기간이 지난 교과서 및 동종 교과서의

보조 교재로 발행한 교과서를 제외하더라도 41종 이상의 교과서가 초등학교 현장에서 한자 교육 교재로 사용하고 있다고 볼 수 있다.[6] 학교 현장에서의 사용 여부와 관계없이 지금까지 발행된 한자 교과서를 발행연도 및 인정시도로 구분하여 정리하면 다음의 〈표 2〉와 같다.

〈표 2〉 연도별·시도별 한자 인정교과서 현황

발행 년도	1994년	1995년	1996년	1998년	2002년	2003년	2004년
인정 종수	2종	1종	2종	1종	4종	7종	9종
인정 시도	전남1 광주1	경북1	서울2	서울1	서울1 부산1 경기1 경남1	서울3 부산3 경북1	서울5 대구1 인천1 경남2

발행 년도	2005년	2006년	2007년	2008년			
인정 종수	9종	8종	5종	5종			
인정 시도	서울6 인천1 전북1 전남1	서울5 부산1 대구1 인천1	서울3 전남1 경남1	서울2 인천1 전남1 경남1			

---

5) 54의 교과서는 인정 교과서로 심의를 통과한 교과서는 아니지만 지역교육청 차원에서 개발하여 관내의 모든 학교에 보급하였으므로 실제적인 활용도는 인정교과서보다 높다 할 수 있다.

6) 1·2·3·42·51·52의 교과서는 인정에서 제외되어 있고(2007년 인정도서에는 포함되어 있음), 15·16·26의 교과서는 출판사에 문의한 결과 품절되었거나 취급 중단하였다고 하였다. 11·27·44·45의 교과서는 교육과학기술부의 고시 자료에 기록된 연락처로 문의하였으나 부정확한 자료이어서 통화가 불가능하였다. 10은 6, 12는 8, 22는 4, 29는 32의 보조 자료이거나 동종 자료의 부분을 재승인한 것이다. 49는 경남거창교육청, 경상남도교육청에 문의하여 취급자를 연락받았으나 연락한 결과 다루지 않는다고 하여 구입하지 못하였다. 50·53은 해당교육청에서 승인을 취소하였다.

위의 〈표 2〉에서 보듯이 인정 초기에는 전남, 경북, 광주, 서울 등
의 지역에서만 한자 인정 교과서를 승인받아 사용하였는데, 지금은
서울, 부산, 경기, 경남, 경북, 대구, 인천, 전북, 전남 등의 지역으로
확대되어 인정 심사를 받고 있다. 아직까지 대전, 울산, 강원, 충북,
충남, 제주 지역에서의 한자 인정 교과서는 발행하지 않은 것으로 보
이며, 서울특별시교육청에서 인정한 한자 교과서가 28종이나 되어
한자 인정 교과서의 牽引車 역할을 하고 있다.

2. 인정 교과서에 나타난 학습량 현황

초등학교 한자 교과서는 인정 제도에 의한 인정 교과서이므로 교과
서의 제작이 자유롭고 제한이 적다고 할 수 있다. 검정제로 발행하는
중등학교 한문 교과서의 경우에는 교과서 編纂 指針이 마련되어 있어
한문교육용 중학교용 한자 900자, 고등학교용 한자 900자를 사용하
여 교과서를 구성하게 되어 있으나 초등학교의 경우에는 일률적인 편
찬지침이 마련되어 있지 않다. 더욱이 漢字·漢文 敎育課程이 마련되
어 있지 않은 상황에서 교과서를 심의하여 인정하므로 각 시·도 교
육청별로 審議 基準이 일정치 않고, 같은 교육청이라 하더라도 심의
할 때마다 審議委員들이 任意로 구성되므로 審議의 一貫性을 유지하
기 어렵다.

이러한 교과서 인정 제도의 특성을 감안할 때, 현재 인정된 한자
교과서는 교과서에 따라 그 내용이 천차만별일 것으로 보인다. 이에
따라 각 교과서를 통하여 학습자들이 한자를 배운다고 할 때, 교과서
를 통해 배울 수 있는 학습의 양도 相異할 수밖에 없다. 비록 재량
활동의 한 분야로 한자 학습을 할지라도 학습을 통하여 얻게 되는 학

습의 양은 일정 정도 균형을 이루어야 한다. 국민공통교육과정에 설정된 공통 교과가 아니라고 하여 교과서에 따라 학습의 양이 달라진다면 공교육으로서의 교과 학습적 의미는 없게 된다.

그러므로 학교에서 이루어지는 漢字 敎育에서 學習量은 學習者의 發達 課業을 고려하여 적절하게 이루어져야 한다. 학습자의 발달에 비추어 너무 많은 양의 내용을 학습하게 되면 학습자는 내용을 제대로 이해하거나 소화하여 자신의 지식으로 體得할 수 없다. 또한 학습자의 발달 수준에 비추어 너무 적은 양의 내용을 학습하도록 하면 학습자는 곧 수업에 興味를 잃고 다른 것에 관심을 두게 된다. 따라서 한자 교과서를 통해 습득되는 한자 학습은 학습자의 발달 정도를 고려하여 적절하게 이루어져야 한다. 다음의 〈표〉는 필자가 구입한 한자 교과서의 내용을 조사하여 학습량을 나타낸 것이다.[7]

〈표 3〉인정 교과서별 한자, 한자어, 한자 성어, 한문 학습량

순서	인정 시도	교과서 명	권수	한자	한자어 (어휘)	한자 성어	한문	비고
1	서울	초등학교 漢字	4	589	346	12	5	◉ 전권
2	서울	초등학교 漢字	4	608	315	24	·	◉
3	서울	초등학교 漢字	4	600	404	13	2	◉
4	서울	초등학교 漢字	6	581	367	7	·	◉
5	서울	한자와 생활	5	338	147	19	·	◉
6	서울	어린이 漢字	4	584	333	5	·	◉
7	서울	아하! 漢字	4	202	458	19	·	3단계

---

7) 이 연구에서 한자의 학습량은 新習漢字 또는 標題字로 명확히 나타난 경우로 제한하였다. 한자의 수는 각 교과서의 부록에 신습한자를 제시한 경우에는 이를 자료로 계산하였으며, 그렇지 못한 경우에는 교과서 본문에 제시된 신습한자를 조사하여 수록하였으나 중복된 한자를 배제하지는 못하였다. 따라서 실제로 교과서에 사용된 한자의 수와는 다소 차이가 날 수 있다.

8	서울	술술 풀리는 한자	4	600	227	4	·	◉
9	서울	재미솔솔 漢字	5	520	308	2	·	◉
10	서울	초등학교 어린이 한자	6	576	819	24	·	◉
11	서울	한자라이야기랑 놀자	5	600	1800	40	·	◉
12	서울	즐거운 한자	6	628	1019	76	·	◉
13	서울	매직파워 컴 한자교실	6	600	864	8	8	◉
14	서울	생각이 열리는 漢字	6	468	410	23	3	◉
15	서울	놀이로 배우는 쑥쑥 한자	6	600	375	13	·	◉
16	서울	생각의 나이테 초등 한자	6	600	1200	35	·	◉
17	서울	맛있는 한자공부	5	868	2419	13	·	◉
18	서울	한자야 놀자 배움	5	400	1049	73	·	◉
19	서울	好好 漢字	6	609	791	36	·	◉
20	서울	쉽고 재미있게 익히는 한자공부	3	343	297	39	·	◉
21	부산	신나는 漢字	5	565	240	71	·	◉
22	부산	재미있는 漢字 마당	6	587	284	19	6	◉
23	부산	한자 공부	4	468	219	·	·	◉
24	부산	쉽게 배우고 오래 기억되는 초등 漢字	6	600	940	30	·	◉
25	대구	재미 天地 초등 漢字	6	660	483	19	·	◉
26	대구	창의력 한자	6	555	442	60	·	◉
27	인천	초등학교 한자	6	318	340	61	6	◉
28	인천	술술 이야기 한자	6	555	442	60	·	◉
29	인천	초등한자	6	592	188	36	22	◉
30	인천	신나는 컴 한자	6	600	864	8	8	◉
31	경기	초등학교 한자	6	627	381	7	5	◉
32	전북	한자공부	6	430	187	·	·	◉
33	전남	재미있는 한자 학습	6	600	1200	54	36	◉
34	경남	한자 쑥쑥 지능 쑥쑥	6	537	128	2	·	◉
35	경남	초등학교 어린이 한자	6	576	819	24	·	◉
36	경북	어린이 한자	4	528	288	78	·	◉
37	경북	재량 한자	8	498	249	64	·	◉
38	서울	명품한자	3	900	2536	48	·	◉

위의 〈표 3〉에 나타난 결과를 토대로 한자·한자어·한자성어·한문의 학습량을 계량화하면 다음의 〈표 4·5·6〉과 같다.

〈표 4〉 인정 교과서의 한자 학습량

구분	한자				
학습량	300~400자	401~500자	501~600자	601~700자	900자 이하
	5종	4종	22종	5종	2종

국가적인 수준에서 초등학교의 한자 교육과정이 제정되어 있지 않으므로 초등학교 과정에서 다루어야 할 한자가 몇 자인지 명확하게 나타나 있지 않다. 다만 서울특별시교육청과 전라남도교육청에서는 나름대로 600자의 한자를 기준 한자로 제정한 바 있다. 그래서인지 501~600자의 한자를 수록한 교과서가 22종으로 가장 많게 나타나고 있다. 그리고 500자 以下의 한자를 싣고 있는 교과서가 9종이고, 600자를 超過하는 한자를 싣고 있는 교과서가 7종이다. 韓國漢文敎育學會에서 '한문교육용 한자 1,800자'를 검토하여 조정하면서, 초등학교 교육용 한자로 500자 案과 600자 案을 제시한 바 있다.[8] 여기에 비추어 볼 때에도 초등학교 학습자의 한자 학습량은 600자 정도가 적절해 보이므로 중학교 교육용 한자 900자를 모두 학습하는 것은 무리가 따른다고 할 수 있다.

〈표 5〉 인정 교과서의 한자어(어휘) 학습량

구분	한자어(어휘)					
학습량	100~200	201~300	301~400	401~500	501~1000	1001~2000	2001 이상
	4종	8종	7종	6종	5종	6종	2종

---

8) 金相洪 외(1999), 40면.

한자어 학습량의 경우에는 100~200어휘 정도를 학습할 수 있도록 구성되어 있는 교과서가 있는가 하면, 2,000개 以上의 語彙를 학습할 수 있도록 구성되어 있는 교과서도 있었다. 인정 초기에 개발한 교과서의 경우에는 新習 漢字로 배운 낱자의 한자를 결합하여 한자어로 제시하고 있기 때문에 학습자가 배우는 語彙의 수가 新習 漢字로 제시된 한자의 수보다 적게 나타나고 있다. 그러나 〈표 3〉의 10 · 11 · 12 · 13 · 16 · 17 · 18 · 19 · 24 · 30 · 33 · 35 · 38 등 13종의 교과서를 통해 알 수 있듯이 요즈음 발행하여 사용하고 있는 인정 교과서의 경우에는 낱자의 학습 여부에 관계없이 관련 한자어를 싣고 있다. 교과서가 하나의 자료로서 학습자에게 많은 情報를 提供하여야 한다는 측면에서 보면 신습 한자와 관계된 많은 어휘를 교과서에 밝히는 것도 학습의 한 방법일 것이다. 그러나 學習者의 學習量을 考慮하지 않은 채 단지 많은 정보만을 제공하는 것은 오히려 학습에 방해가 되고 학습자에게 負擔만 가중시키게 되므로 적절한 제시방법이라고 보기 어렵다.

〈표 6〉 인정 교과서의 한자 성어 및 한문 학습량

구분	한자 성어			한문	
학습량	30개 이하	31~60개	61~100개	10문장 이하	11~50문장
	23종	8종	6종	8종	2종

漢字成語의 學習量은 23 · 32의 교과서처럼 하나도 싣지 않는 경우도 있었으나 대다수의 교과서들이 한자성어를 싣고 있었다. 다만 한자성어의 학습을 본문의 내용으로 구성하기 보다는 단원 마무리의 쉬어가기 학습으로 이야기나 만화를 통하여 익힐 수 있도록 제시하는 경우가 많았다.

漢文 學習量의 경우에는 38종의 교과서 중 30종의 교과서가 내용

을 다루지 않고 있었다. 한문을 학습의 내용으로 다룬 8종의 교과서 에는 '家和萬事成', '百聞不如一見', '農者天下之大本', '事君以忠', '事 親以孝', '殺生有擇', '交友以信', '臨戰無退' 등의 簡易한 문장을 싣고 있는 경우가 대부분이었다.9) 29·32의 교과서 경우에는 대단원이 끝 날 때마다 『四字小學』의 내용을 두 구절씩 싣고 있었다.

Ⅲ. 한자 인정 교과서의 내용 분석

1. 단원 구성 방식

초등학교 한자 교과서의 내용을 분석하기에 앞서서 각 교과서의 단 원 구성 방식을 검토하여 보는 것은 유의미한 일이다. 교과서의 單元 構成 方式과 배열, 각 領域別 構成 方式과 배열에 관한 틀 등이 교과 서의 內的 體制이며, 이의 구성 방식에 따라 敎授·學習 方法과 이에 따른 學習 效果가 다르게 나타나기 때문이다.10) 그러므로 각 교과서 의 단원 구성 방식을 살펴봄으로써 교과서 집필자가 어떠한 의도를 가지고 교과서의 체제를 구성하였는지를 추단할 수 있다.

초등학교 한자 교과서의 단원 구성 방식을 살펴보면 크게 大單元 구성 체제와 小單元 구성 체제로 나눌 수 있다. 〈표 1〉의 교과서를

---

9) '한문'은 한자로 이루어진 文言體의 글을 통칭하는 말이다. '한문 단문'은 예로부 터 널리 전해지거나 알려진 格言, 俗談, 名言·名句, 기타 한문 교육에 활용하기 위하여 만든, 하나의 문장으로 이루어진 짧은 글을 말한다. '成語'란 옛사람들이 만든 숙어로 오늘날에도 일상의 언어 생활에서 많이 사용되고 있는 것으로, 대체 로 2~4자로 이루어진 慣用句이다.(교육과학기술부, 2008) 본고에서는 이러한 기 준에 따라 '한문 성어'와 '한문'을 구분하였다.

10) 안재철(2001), 348면.

두 체제로 구분하여 분류해 보면 다음과 같다.

〈표 7〉 초등학교 한자 교과서의 단원 구성 방식

단원 구성	해당 교과서
소단원 구성	1・3・4・7・23・24・31・32・36・38・40・41・42・51・53・54 16종
대단원 구성	2・5・6・8・9・13・14・17・18・19・20・21・25・28・30・34・3 5・37・39・45・46・47　　　　　　　　　　　　　　　　　22종

일찍이 김왕규는 서울시교육청에서 인정한 초등학교 한자 교과서의 3종의 내용을 분석하면서 대단원 구성의 이점을 밝힌 바 있다.[11] 그는 茶山 丁若鏞이 〈千文評〉에서 밝힌 비평 내용을 토대로 文字 敎育에서 '類別分類體系'의 중요성을 강조한 것으로 보았다. 곧 "文字를 類別하여 가르치고 이를 通하여 具體的 事物을 認知한다."는 다산의 문자교육관은 經驗을 중시한 다산 철학체계의 반영이라고 보았는데, 이는 조선시대의 문자교육용 교재인 〈類合〉, 〈訓蒙字會〉, 〈新增類合〉, 〈兒學編〉 등에 공통적으로 적용되었던 文字 敎育 原理이다.

〈표 7〉에서 알 수 있듯이 초등학교 한자 교과서의 단원 구성 방식은 소단원 체제보다는 대단원 체제가 조금 우세해 보인다. 교과서의 구성 방식이 대단원 구성이라고 하여 모두 '유별 분류'의식을 지니고 편찬되었다고 보기는 어렵다. 그러나 소단원으로 자유롭게 구성하는 것보다는 대단원으로 묶어서 구성하기가 쉽지 않으며, 대단원 방식으로 구성할 때 의미상 관계있는 한자를 集約하여 학습 효과를 주는 것도 사실이다. 그러므로 교과서를 편찬할 때에는 이러한 文字 敎育의 原理를 反映하여 구성하는 것이 敎授・學習의 效果 측면에서 信賴를

---

11) 김왕규(2000), 208~209면.

받을 수 있을 것이다.

2. 문장 표기 유형

초등학교 한자 교과서의 특징적 내용으로 主題文(바탕글, 본문)을 들 수 있다. 主題文은 교과서 집필자가 구성한 小單元의 주제에 적합한 내용으로 구성하게 된다. 교과서에 따라서 주제문을 단원의 처음 부분에 제시한 후 그에 따른 신습 한자와 한자어를 익히도록 구성하기도 하고, 신습 한자와 한자어를 익히는 과정을 거친 후에 단원의 끝부분에 深化學習의 형태로 주제문을 제시하기도 한다.

주제문의 구성은 執筆者의 文章 表記 意識과 밀접한 관련을 갖는다. 교육 당국에서 한글 전용 표기 원칙을 천명한 이후 초등학교 교과서에서 한자 표기가 사라진 것은 누구나 다 알고 있는 사실이다. 그런데 한자 교육이라는 특성상 문장을 표기하면서 한자를 쓰지 않을 수는 없다. 다만 문장을 표기할 때 어떤 방법으로 표기하는 것이 학습자에게 더 효과적인가에 대해서는 실증적인 연구가 드물어서 교과서의 집필자마다 恣意的인 기준으로 문장의 내용을 표기하였다. 비록 집필자에 의해 표기 방법이 정해졌다 하더라도 이는 문장 표기에 대한 집필자의 집필 의식을 엿볼 수 있는 기준이 될 수 있으므로 교과서의 내용을 분석하는데 아주 중요한 요소라 할 수 있다.

초등학교 한자 교과서의 주제문을 분석한 결과 대략 다음과 같은 9가지 표기 유형으로 분류할 수 있었다.

〈표 8〉 초등 한자 교과서의 문장 표기 유형

문장 표기 유형	해당 교과서	예시문
1) 국한 혼용문 (國漢混用文)	1, 3, 4, 9, 13, 17, 18, 24, 25, 30, 40, 47, 48, 53	朝鮮 시대에 한 兒童이 있었습니다.〈9〉
2) 한글 병기문 (倂記文)	5, 6, 13, 19, 21, 31, 33, 34, 46, 47, 52	우리나라의 말이 중국과 달라 漢字(한자)로 된 글은 쓰기가 不便(불편)하다.〈6〉
3) 국한 혼용 + 한글 병기	2	獨立을 갈망하는 萬歲 소리는 三千里(삼천리) 방방곡곡으로 퍼져나갔다.〈2〉
4) 한자 병기문 (倂記文)	28, 32	조선(朝鮮)의 청년(靑年)들은 징병과 징용으로 끌려갔다.〈32〉
5) 한글 전용문 (專用文)	8	우리나라의 말이 중국과 달라 한자와는 서로 통하지 아니하여,〈8〉
6) 한글 첨자문 (籤子文)	41, 46	전교 어린이회 任員 전교생의 직접 投票로 선출하였습니다.〈46〉
7) 한글 뜻에 따른 한자 병기문	14, 17, 19, 30, 33, 36	우두머리(首)를 정하는데(定) 모두 참여하여(參) 방법을 찾고(訪),〈14〉
8) 한글 병기, 한글 뜻에 따른 한자 병기 혼성문(混成文)	35, 37, 38	愚公우공이라는 노인이 집 앞[前전]을 가로막고 있는 山산을〈37〉
9) 한자, 한글 혼성문 (混成文)	13	日기 예보에서 내日은 비가 온다고 합니다.〈13〉

위의 〈표 7〉에 나타난 主題文의 文章 表記 類型은 같은 종류의 교과서 내에서 一貫되게 표기하고 있는 방법이다. 교과서에 따라서는 혹 1단계(제일 하위 단계) 교과서의 표기 방법과 그 위 단계 교과서의 표기 방법이 다른 경우도 있으나, 대개의 교과서는 始終如一한 방법으로 표기하고 있다. 간혹 주제문과 같은 긴 문장의 표기 방법과 짧은 문장의 표기 방법을 달리 하는 경우도 있다. 예를 들어 주제문에서는 학습할 어휘를 한자로 표기한 뒤에 괄호 안에 한글을 병기하는 방법으로 표기하다가 한자어의 활용이나 언어생활의 활용 부분에서

는 국한 혼용의 방법으로 표기하는 경우도 더러 있다.

교과서에 나타난 여러 가지 표기 방법은 교과서의 집필자들이 학습자들에게 效果的이라고 판단한 表記 方法을 통하여 한자 학습의 효과를 꾀하고자 한 노력의 산물로 보인다. 주제문을 어떻게 표기하는 것이 효과적일 것인가에 대해서는 일정 기간의 실험을 통하여 比較 檢證하는 것이 妥當할 것이다. 다만 필자의 경험으로는 한글이나 한자를 倂記하거나 籤子 문장을 통하여 가르치는 것보다는 國漢 混用의 文章 表記 형태로 가르치는 경우에 학습자들이 오랫동안 記憶하고 回想하는 경우가 많았다.

그리고 한글 뜻에 따라 한자를 괄호 안에 倂記하는 표기 방법은 表音 文字인 한글과 表意 文字인 한자의 언어적 특징을 고려하지 못한 것으로 보인다. 한자의 字形과 字音, 字義를 다 알고 있는 사람들이 볼 때에는 한글로 표현한 문장의 의미에 해당하는 부분에 괄호를 치고 한자를 병기하는 것이 자연스러워보일지 모른다. 그러나 한자를 전혀 공부하지 않은 학습자에게는 하나의 이상한 記號일 뿐 한자의 학습에는 전혀 도움을 주지 못한다고 할 수 있다. 더욱이 각 단원의 제일 첫 문장으로 이와 같은 표기 방법에 의한 한자를 만난다면 학습자는 혼란스러울 뿐이다.

위의 〈표 7〉에 정리한 교과서의 표기 유형을 실례로 보이면 다음과 같다.

1) 국한 혼용문

2) 한글 병기문 ①

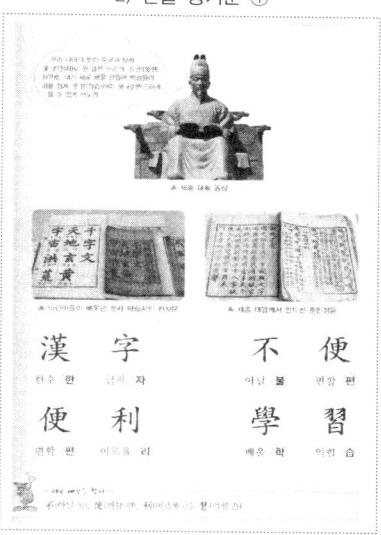

2) 한글 병기문 ②

3) 국한 혼용 + 한글 병기

4) 한자 병기문

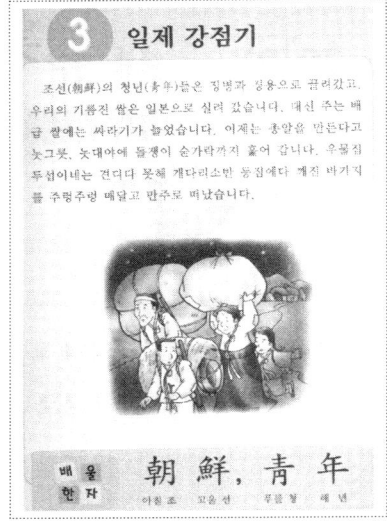

③ **일제 강점기**

조선(朝鮮)의 청년(靑年)들은 징병과 징용으로 끌려갔고, 우리의 기름진 쌀은 일본으로 실려 갔습니다. 대신 주는 배급 쌀에는 싸라기가 늘었습니다. 이제는 총알을 만든다고 놋그릇, 놋대야에 돌쟁이 숟가락까지 훑어 갑니다. 우물집 두섭이네는 견디다 못해 개다리소반 동집에다 깨진 바가지를 주렁주렁 매달고 만주로 떠났습니다.

배울 한자 **朝 鮮, 靑 年**

5) 한글 전용문

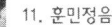

11. 훈민정음

국어 시간에 사용되는 한자어의 쓰임에 대해 알아봅시다

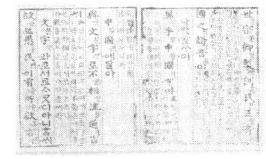

6) 한글 첨자문

二. 어린이 회장 선거

7) 한글 뜻에 따른 한자 병기문 ①

9. 집 앞의 대나무

'까마귀'와 '대나무', '문'과 '집'을 뜻하는 한자를 익혀 봅시다.

7) 한글 뜻에 따른 한자 병기문 ②

③

홍길동전 두번째 이야기

8) 한글 병기, 한글 뜻에 따른 한자 병기 혼성문

9) 한자, 한글 혼성문

3. 단원 전개 유형

초등학교 한자 교과서의 단원 전개에 대해서는 부분적으로 金王奎 (2000), 池載歡(2004)이 검토한 바 있고, 韓殷洙(2004)의 의해 진전된 논의를 보였다. 김왕규는 초등학교 한문교육의 현황을 검토하면서 당 시에 서울특별시교육청에서 승인을 받아 사용하던 3종 교과서의 單 元 構成 方式의 特徵을 파악하며 개선점을 도모하고자 하였다. 지재 환은 서울특별시교육청에서 승인한 4종 교과서의 單元 構成 體制의 特徵을 비교 검토하였다. 한은수는 초등학교 漢文 敎材의 內容 水準 을 檢討하기 위해 당시 전국의 시·도 교육청에서 인정한 19종의 교 과서 가운데 15종의 교과서에 대해 構成 要素 및 特徵을 검토하고 이 를 토대로 몇 가지 問題點을 제기하기도 했다.

이후 초등학교 한자 교과서는 50여 종 이상 인정 승인을 받아 사용 하고 있으나 각 교과서의 단원 구성 요소에 대한 전반적인 논의는 없 었다. 단원의 구성 요소 및 전개 방식은 교과서의 내적 구성 체제로 서 이에 따라 교수·학습의 방법이 달라질 수 있으며, 학습자의 학습 효과도 다르게 나타난다. 따라서 각 교과서의 구성 요소를 살펴보는 것은 각 교과서의 특징에 따른 敎授·學習 方法을 設計하는 것이며, 학습의 성취 효과를 올리기 위한 지름길이라고 할 수 있다.

각 교과서의 구성 요소를 살펴보기 위해서는 교과서별 특징을 세세 히 비교·검토하여야 하나 제한된 지면으로 논의하기는 어려우므로 대략적인 내용만 언급하기로 한다. 필자가 구입한 각 교과서의 단원 을 전개하는 구성 요소는 다음과 같다. 편의상 〈표 1〉의 목록에 따라 기술하였다.

1) 한자교실-한자활용교실-한자탐구교실(언어생활, 한자의 짜임, 한자어 풀이)-평가-쓰기-재미있는 한자

2) 도입삽화-한자의 음과 뜻 알기-한자어의 음과 뜻 알기-생각해 보기(자원설명)-한자어의 쓰임 알아보기-응용과정(국한 혼용문, 병기문)-단원 평가

3) 바탕글-한자의 뜻과 음 알아보기-한자어의 뜻 알아보기-한자의 쓰임 알아보기-한자어의 쓰임 알아보기-익히기-쓰기-연습-읽을거리

4) 기본학습-탐구학습-읽기 · 쓰기학습-활용학습-연습문제-놀이학습

5) 새로 배울 단어-글자 원리 알아보기-글자 쓰임 알아보기-배운 글자 익히기-쓰기-고사성어

6) 활동제시-새로 배우는 한자-한자 마당-한자 익히기-쓰기-한자어 익히기-활동마당-쉬어가기-확인하기

7) 학습공부방 안내-공부할 한자-부수 알아보기-관련한자 읽고 음 쓰기-이미 배운 한자 읽고 쓰기-평가문제

8) 준비학습-본문-알아봅시다-한자를 찾아서-한 걸음 더-한자 익히기-다지기-단원의 마무리-사고력 기르기

9) 바탕글-한자의 뜻과 음 알아보기-한자어 풀이-한자어 엮어가기-단원활동-단원평가

13) 단원열기-새로 배울 한자-어디에 쓰일까요-필순알기-활동문제-확인문제-쉬어가기

14) 이야기로 배우는 한자-새로 배울 한자-한자 쓰기-한자 기본 익히기-한자 어원-한자용례-활용문장-활용학습-심화학습

17) 바탕글-새로 배울 한자-기본 한자와 그림-실생활에서의 활용-한자의 활용-한자 쓰기-놀며 익히기-실력다지기-한자성어-신나는 활동-단원 마무리-한 걸음 더-생각의 샘

18) 만화로 쉽게 익히기-한자의 뜻과 유래-한자의 활용-중 · 영어 알아보기-쓰면서 익히기-낱말 해석-문제 풀면서 익히기-쉬어 가면

서 익히기-단원 종합 문제

19) 본문-한자어 익히기-한자어 더 알기-생각 넓히기-새로 배운 한자-한자 바르게 쓰기-평가와 활동-단원평가·마무리

20) 한자 알기-카드로 배우기-한자와 같이 놀기-한자와 친구 되기 -한자와 어울리기-무엇을 배웠을까?

21) 이야기로 배우는 한자-새로 배우는 한자-이미 배운 한자-한자 쓰기-한자 기본 익히기-한자 어원-한자 용례-활용문장-수행평가-단원평가

23) 한자어 알아보기-한자의 뜻과 음 익히기-한자어 독음 쓰기-한자의 쓰임 알기-한자어 읽기-실력키우기-실력다지기-읽을 거리

24) 바탕글-한자어 풀이-공부할 한자-한자 쓰기-한자어 쓰기-한자어 쓰기 연습-확인학습-사자성어 익히기

25) 바탕글-새로 배울 한자-다시 나온 한자-한자의 활용-한자어의 짜임-한자어의 활용-한자 쓰기-확인학습-만화로 익히는 한자성어

28) 새로 익힐 한자-교과서 용례 알아보기-한자 쓰기-한자어 의미 알기-한자어 활용-익힘문제-단원정리-쉬어가기

30) 바탕글-새로 배울 한자-기본 한자와 그림-한자어의 활용-한자의 활용-한자 쓰기-풀면서 익히기-쉼터-읽고 생각하기-단원 마무리

31) 본문-한자 알아보기-획순에 따라 쓰기-연습문제

32) 본문-배울 한자-한자의 뜻과 음 알아보기-필순-한자어-활용-확인학습

33) 들어가기-처음 만나기-새로 알기-친해지기-깊이 알기-두루 알기-오래 알기

34) 바탕글-새로 익힐 한자-다시 나온 한자-한자의 음과 뜻 알기-한자어의 뜻 알기-한자어의 쓰임-즐거운 한자 마당-쉼터

35) 단원을 시작하며-새로 나온 한자-한자 쓰기-재미있게 익히기 -이렇게도 씁니다-바르게 쓰기-창의력 키우기-단원평가

36) 바탕글-한자의 음과 뜻-한자의 필순-한자어 활용 문장-한자

익히기-재미있는 한자 이야기(한자성어)-문제풀이

37) 단원을 시작하며-새로 나온 한자-놀면서 익혀요-이렇게도 써요-바르게 써봐요-단원평가-재미있는 한자이야기(고사성어)

38) 바탕글-새로 배울 한자-새로운 한자 공부-한자 익히기-어휘력이 쏙쏙-읽을 거리

40) 바탕글-한자의 뜻과 음 알기-한자어의 뜻 알기-한자의 쓰임 알기-한자어의 쓰임 알기-더 알아보기-잘 공부했는지 알아보기-쓰기

41) 바탕글-새로 배울 한자-한자의 뜻과 음 알아보기-한자어의 뜻과 쓰임 알아보기-확인학습-마무리학습-익힘문제-바르게 쓰기

43) 도입 그림-학습할 한자-한자 모양 알기-그림과 함께 연상하기-한자자원 익히기-자원활용 뜻알기-활용 낱말 알고 문장 만들기-전체적인 짜임새 알기-바른 필순 따라 써보기-문장으로 활용하기-인성교육을 위한 사자소학-형성평가

46) 본문-한자의 뜻과 음 읽기-한자 형성과정 알아보기-필순대로 쓰기-한자가 사용되는 낱말 알기-반복학습-단원평가

47) 단원도입-만화-글자의 짜임-글자의 소리와 뜻-글살이 마당-정리마당-단원평가

48) 단원열기-새로 배울 한자-한자의 활용-단원 닫기-확인문제-쉬어가기-대단원 마무리-만화로 보는 한자성어

51) 주제문-배울 한자-기본 낱말-활용 낱말-활용 문장-알아두기-필순 및 글씨 쓰기-연습

52) 단원 안내-집중 탐구(생성 원리 이해, 음과 훈 익히기, 응용된 한자어 알기)-활용하기-따라 쓰기-단원평가-고사성어로 배우는 슬기

54) 한자 살피기-한자 활용하기-한자 익히기-내 실력 알아보기-재미있게 배우기

이상의 單元 展開 要素들은 학습자가 수업의 흥미를 잃지 않으면서도 단위 시간에 학습한 내용들을 효과적으로 익히기 위하여 구성한

것으로 다음과 같은 특징이 있다.

첫째, 각 單元의 앞부분에 학습자의 好奇心을 誘發하기 위하여 主題文을 提示한 경우가 대부분이다. 학습의 주제문은 집필자에 따라 여러 가지 표기 방법을 사용하여 구성하고 있으나 어떠한 표기방법으로 하던지 그 단원에서 학습해야할 학습 요소를 간명하게 보여주고 있다.

둘째, 각 단원에서 익혀야 할 新習 漢字를 제시하고 있다. 신습 한 자의 제시는 한자가 지닌 쯤과 뜻을 간명하게 나타낸 경우도 있고, 한자 字形의 변화 모습을 제시하면서 한자의 字源으로부터 字義가 형성된 과정을 학습자의 이해 수준에 알맞은 정도로 풀이하고 있다.

셋째, 한자와 한자가 결합하여 이루어지는 한자어를 제시하고, 한자어의 음과 뜻을 익히도록 하고 있다. 교과서에 따라서는 標題字로 사용하는 신습 한자를 결합하여 한자어로 나타내기도 하고, 신습 한자와 관계없이 한자가 활용될 수 있는 쉬운 용례를 한자어로 제시하여 낱말의 뜻을 익히도록 하기도 한다.

넷째, 漢字의 活用이나 한자어의 활용 학습을 통하여 한자어가 쓰이는 短文 文章을 구성하여 보여준다. 곧 일상의 언어생활에서 활용할 수 있는 짧은 문장 안에 한자어를 넣어 보여줌으로써 한자어가 國語生活, 言語生活 등에 긴요한 역할을 하고 있음을 인지하도록 구성하는 것이다.

다섯째, 여러 가지 다양한 活動 學習을 통하여 각 단원에서 공부한 한자를 익힐 수 있도록 구성하고 있다. '活動 學習'은 한자의 字形과 字音 연결하기, 한자의 字形과 字義 연결하기, 한자를 결합하여 한자어 만들기, 한자어의 음 쓰기, 바르게 쓰인 한자어 찾기, 한자 카드 활동하기, 빙고 게임하기, 조각 그림 맞추기, 숨은 한자 찾기, 쪼개진 한자 완성하기 등 교과서에 따라 다양한 방법으로 이루어지고 있다.

여섯째, 각 단원에서 새로 학습한 한자에 대한 한자 쓰기 학습을 다루고 있다. 한자 쓰기 학습은 한자의 필순에 따라 쓰도록 하고 있으며, 교과서에 따라 '쓰기 학습장'을 부록으로 구성하여 익히도록 하기도 한다.

일곱째, 소단원 평가 또는 대단원 평가를 통하여 학습자가 익힌 한자에 대하여 얼마나 확실하게 알고 있는지 스스로 확인할 수 있도록 하였다. 단원 평가 활동은 학습자가 자신의 실력을 다질 수 있도록 그 단원에서 학습한 한자의 자형, 자음, 자의에 대한 숙지 여부 및 한자어의 독음과 뜻에 대한 이해 여부를 묻는 문항으로 구성된 경우가 대부분이다.

이상의 내용들로 구성된 單元 展開 要素를 정리하면 다음의 표와 같이 간략하게 類型化할 수 있다.

〈표 9〉 한자 교과서의 단원 전개 유형

단원 전개 유형		해당 교과서
1 한자→한자어→문장 활용	한자→한자어→혼용문	1, 2
	한자→한자어→병기문	28
2 문장 활용→한자어→한자	혼용문→한자어→한자	4, 17, 24, 31
	병기문→한자어→한자	6, 19
3 문장 활용→한자→한자어	혼용문→한자→한자어	3, 9, 13, 18, 25, 40, 48
	병기문→한자→한자어	14, 21, 32, 33, 34, 35, 36, 37, 38, 41, 47, 52
	전용문→한자→한자어	8
4 한자어→한자→문장 활용	한자어→한자→혼용문	23
	한자어→한자→병기문	5
5 한자→한자어	한자→한자어	7, 24, 42
	한자→놀이학습→한자어	20
6 한자→문장 활용→한자어	한자→혼용문→한자어	54

위의 〈표 9〉에 나타난 단원 전개 유형을 言語 學習 理論의 上向式 (bottom-up) 모델이나 下向式(top-down) 모델 또는 相互作用式 모델로 설명하기에는 무리가 있다.[12] 왜냐하면 '한자→한자어→문장'의 학습 과정에서 중간 단계인 '한자어'의 구실이 명확하지 않기 때문이다. 상향식 학습 방법이라면 한자를 익힌 뒤에 한자어를 익히고, 한자어를 익혀야 한문을 익힐 수 있다. 그러나 일반적으로 한자를 익힌 후에 한자어를 익히는 과정을 거쳐야 한문 문장을 학습하는 것은 아니다. '臣事君 君使臣'과 같은 간략한 문장을 보면 굳이 한자어를 익히지 않더라도 한자를 익힌 학습자가 바로 한문 문장을 익힐 수 있기 때문이다. 또한 초등학교 학습자의 수준에서는 한문을 익히지 않고, 한자어가 활용되는 국문 문장을 학습하기 때문에 이러한 학습 활동의 위계를 통해서도 언어 교육에서 의미하는 이론이 적용되는지 단정하기 어렵다. 다만 위의 여러 가지 유형 가운데 어떤 유형으로 교수·학습을 전개하는 것이 학습 성취 효과에 긍정적인 요인으로 작용하는지 면밀한 검토가 필요하리라 본다.

Ⅳ. 인정 교과서 관련 문제 검토

1. 교과 외적 문제

초등학교의 한자 교육은 국민 공통 교육 과정의 교과로 편성되어

---

12) 본디 독서 과정에 대한 상향식 모형은 글과 독자 사이의 상호 작용에서 글의 역할을 강조하는 모형이다. 그런 반면 하향식 모형은 글과 독자 중에서 독자의 역할을 강조하는 모형이므로 한자·어휘·한문의 학습과는 다소 개념상 거리가 있다. 그렇지만 한자·어휘·한문을 학습할 때, 작은 단위에서 점차 큰 단위로 학습의 단계가 전환되거나 그 반대의 경우가 생길 수 있으므로 이와 같은 용어로 설명하려는 경향이 있다.

있지 않기 때문에 國家 水準의 敎育課程이 마련되어 있지 않다. 市·道 敎育廳 水準의 敎育課程을 1995년 서울특별시교육청에서 처음으로 만들어, 1997년에 수정하여 공표하기도 하였으나 이미 10년 이상의 시간이 흘러 폐기된 교육과정이라 간주할 수 있다. 그러므로 오늘의 시점에서 보면 국가 수준뿐만 아니라 시·도 교육청 수준에서도 교육과정이 존재하지 않는 것이다.

이와 같은 여건임에도 초등학교 한자 교과서의 認定 出願은 여타 교과에 비해 활발하게 이루어졌다. 인정 교과서를 심의하기 위해서는 심의의 기준이 되는 교육과정이 제정되어야 함에도 현실은 그렇지 못하다. 그렇다고 하여 교과서를 집필하는 기준안이 마련되어 있는 것도 아니다. 단지 '敎科用 圖書에 관한 規定'에 따라 집필자가 임의로 교과서를 집필하여 인정 출원하고, 심사자는 각 시·도에서 규정한 인정 도서의 심사 기준에 따라서 심사를 하면 그만이다. 교과서 집필자의 자율성과 교과서 내용의 참신성을 담보한다는 측면에서 보면 바람직할 수 있다. 그러나 敎科書 標準化의 문제에서 보면 고민하지 않을 수 없는 문제가 생긴다. 한자 교육을 충실하게 이루기 위해 普遍的이고 標準的인 內容으로 교과서가 구성되어 있는지, 한자 교과서의 내용과 수준은 초등학교 학생들의 認知發達 水準과 한자 교육의 敎科 特殊性을 고려하여 구성되어 있는지 등을 검토하여 교과서를 심의해야 일정 수준 이상의 교육 효과를 꾀할 수 있다. 그런데 지금의 인정 도서 심의 기준은 교과적 특수성보다는 일반적 심의 기준에 머무르고 있을 따름이다. 설령 교과 기준을 반영하여 심의를 한다고 하더라도 개별 교과의 특수성이 반영되지 못하는 경우가 많다.13)

---

13) 서울특별시교육청에서 정한 인정 교과서의 1차 심사기준은 공통기준과 교과기준으로 구분한다. 공통기준은 국가정책, 교육 내용의 적합성 여부와 집필상의 공정

　또한 심사과정이 적절한지도 논의해 보아야 한다. 일반적으로 출원
된 교과서를 심사할 심사 위원은 절대로 외부에 공개되지 않는다. 그
래서 교과서 필자들은 자기가 집필한 교과서를 심사할 심사 위원들이
누구인지, 그리고 이들이 해당 교과나 과목에 대해 어느 정도의 전문
성을 갖추고 있는지 매우 궁금해 한다. 교과서를 출원한 대부분의 저
작자는, 심사 위원으로부터 출원한 교과서에 대한 심사 결과와 함께
수정 통지서를 받는다. 그런데 심사 위원들이 지적해 준 수정 요구
내용으로 미루어 볼 때, 심사에서는 교과서 편찬의 핵심이 되는 내용
보다는 그렇지 않은 내용이 더 많이 심사되는 것 같다. 그 이유는, 敎
育課程의 具現, 교육 내용의 適正化, 내용의 範圍와 水準, 내용 選定
과 組織, 學習者 中心 등에 대한 지적은 별로 없고, 교육의 中立性 維
持(가령 政治, 宗敎, 男女, 職業, 階層 등에 偏見이 있는지 등)와 表現 및
表記에 대한 指摘이 대부분이기 때문이다. 이런 점에서 審査의 妥當
性과 심사 위원들의 敎科的 專門性이 의심받기도 한다.[14) 검인정 체
제에서 심사를 받는 모든 교과가 그러한 것은 아니지만, 심사를 받으

성 등을 심사 기준으로 하는데, 구체적으로 ①국가체제를 부정하거나 비방하는
내용이 있는가? ②특정 정당, 종교, 국가, 지역, 단체 등에 대한 선전, 옹호. 우대.
비방, 왜곡 등의 내용이 나타나는가? ③각종 현행 법령에 저촉되는 내용이 있는
가? ④교육법, 교육과정에 제시된 목적 및 목표에 위배되는 내용이 포함되어 있는
가? ⑤교과서 내용 구성에 있어 현저하게 표절 도는 모작된 내용이 상당 부분을
차지하는 등 독자적인 창작물로 볼 수 없는 사유가 있는가? ⑥ 학문상 오류나 정
설화되지 아니한 저작자의 개인적 편견이 포함되어 있는가? 등 6개 항목으로 구성
되어 있다. 교과 기준은 교과 특성에 따라 필요 사항을 평가하는 데 ①교육과정과
의 균형성 ②이론적 배경 ③학습 목표와 내용의 관련성 ④학습 분량의 적정성 ⑤
학습 수준의 적정성 ⑥학습 내용의 시의성 ⑦학습의 자율성 ⑧타 교과와의 연계
성 ⑨구성 체제의 적정성 ⑩표현표기의 적정성 등 10개 항목으로 구성된다. cf.
서울특별시교육청 '인정도서업무처리지침'(2005).

14) 노명완(2004).

면서 수정 지시를 받았거나 심사에서 탈락한 저작자는 이러한 경험을 공유하게 마련이다.

교과서의 출원을 받아 심의를 진행하는 기관에서는 최대한 公正하고 適正하게 심사를 하기 위하여 해당 교과의 專門家를 委囑하여 심의를 진행하리라 본다. 이러한 노력이 한두 가지의 些少한 실수로 말미암아 전체적인 과정을 저작자들이 못미더워하지 않도록 더욱 세심하게 심의를 진행해야 한다.

2. 교과 내적 문제

1) 한자·어휘의 표기 방법

지금까지 대부분의 초등학교 한자 교과서에서는 각 단원에서 새로 익히는 한자를 교과서에 실을 때 漢字의 字形을 제시하고 자형의 옆이나 아래쪽에 字義와 字音을 나타내는 경우가 대부분이었다. 교과서에 따라서는 자음을 먼저 제시하고 자의를 제시하는 경우도 있어서 어떤 방법이 더 한자의 자형과 자음·자의를 익히는데 효과적인가에 대해 논란이 일기도 했다.

그런데 최근에 발행한 교과서를 살펴보면 새로 익히는 한자를 標題字로 제시하거나 새로 익히는 語彙를 제시할 때 한자 簡化字, 같은 의미의 英語 단어, 中國語의 音價 등을 함께 나타내는 경우가 종종 있다. 다음 자료는 그 본보기이다.

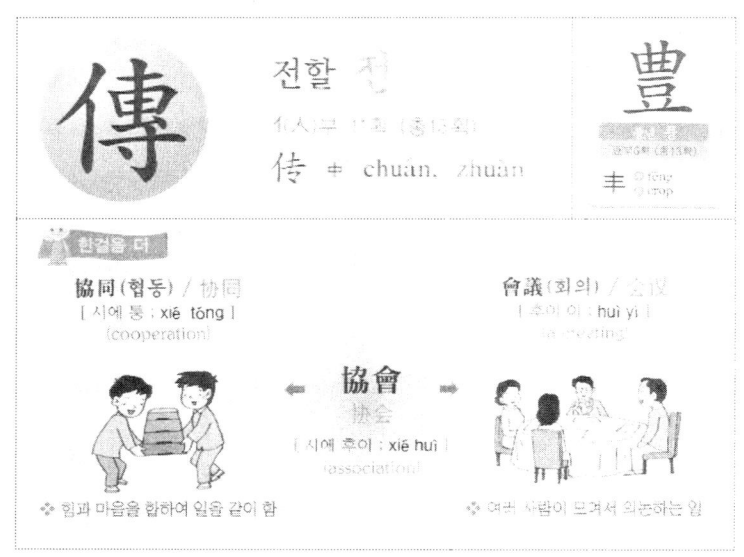

　긍정적으로 보면 國際化·世界化 시대에 맞추어 한자를 익히면서 동시에 英語와 簡化字 및 中國語를 동시에 익힐 수 있도록 한 집필자의 의도라 할 수 있다. 또한 漢字文化圈의 발상지라 할 수 있는 中國과의 관계를 고려하여 어릴 때부터 간화자 및 중국어를 익히게 하여 한자 교육의 效用性 및 實用性을 높이려는 의도라 할 수도 있다.

　그러나 부정적으로 보면 학습자의 學習 與件이나 學習 負擔을 고려하지 못한 표기 방법이라 할 수 있다. 초등학교 학습자에게는 새로 한자를 배우는 것 자체가 하나의 큰 학습 내용이자 목표이다. 한자에 대한 文識 能力이 없는 학습자에게 새로운 한자를 어떻게 하면 효과적으로 익힐 수 있을지에 重點을 두고 수업을 진행하는 것이 가장 큰 授業 目標라 할 수 있다. 그런데 그와 동시에 영어, 중국어, 간화자 등의 성격이 전혀 다른 학습 내용을 제시한다면 학습자는 다층적인 학습 목표로 인해 매우 混亂스러워 할 것이며, 학습의 범위와 깊이 측면에서 큰 부담이 된다. 두 마리의 토끼를 잡으려다 한 마리도 잡지 못한다는 말이 있듯이 한자를 익히면서 동시에 다른 언어를 익히게 하면 자칫 授業의 本末이 뒤바뀔 수도 있게 된다.

漢字文化圈의 문화에 대한 기초적 지식을 익히게 한다고 해명할 수도 있겠지만 한자를 익히면서 동시에 간화자, 중국어를 배우게 하는 것이 그 방법은 아닐 것이다. 漢字나 語彙를 익히면서 그와 관련된 典故나 특정한 文化的·歷史的 背景에 대한 理解를 통하여 한자문화권의 문화에 대해 접근할 수 있도록 하는 것이 그 방법일 것이다. 교과서 본문에서의 위와 같은 한자·어휘 표기 방법은 학습에 부담을 줄 뿐 아니라 학습자의 수준을 고려하지 못한 것이므로 改善하여야 한다.

2) 한자 필순의 표기

한자의 쓰기 교육은 敎授·學習의 重要 要素임에도 오랜 동안 관심을 두지 못하였다. 대개 한자의 쓰기 교육은 한자의 筆劃 順序를 중심으로 하여 이루어졌으며, 학습자들이 필순에 맞게 한자를 쓸 수 있는지 없는지에 관심을 두었지 한자를 쓰는 방법이나 필순을 익히는 방법에 대한 연구는 많지 않았다.

초등학교 한자 교과서를 검토하여 보면 한자의 필순은 다음과 같은 네 가지 방법으로 제시되어 있다.

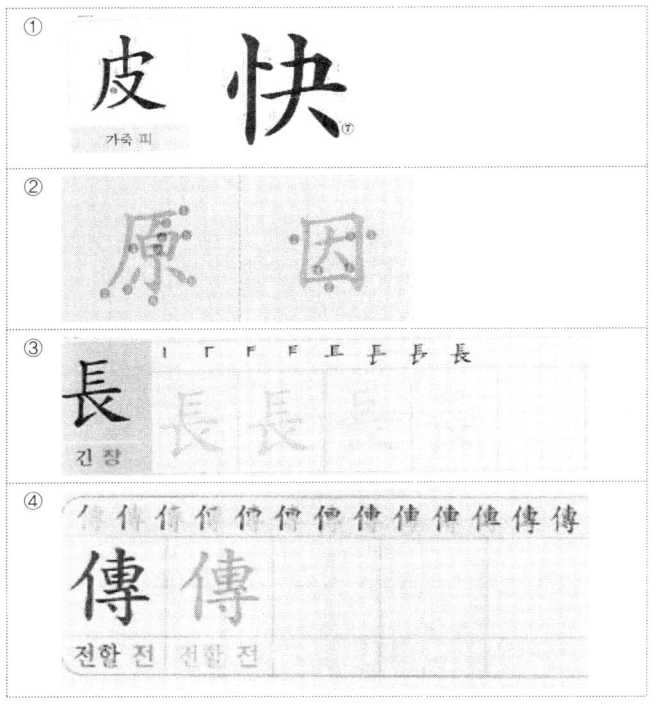

첫째, 한자의 필순에 따라 숫자를 표기하여 학습자들이 순서에 맞게 익히도록 하는 방법으로 위의 ①, ②에 해당한다. ①의 경우에는 숫자 옆에 화살표로 쓰는 순서를 안내하여 학습자들이 헷갈리지 않도록 유도하였다. ②의 경우에는 화살표를 생략하고 숫자만 표기하였는데 간단한 자형의 한자는 그 순서를 쉽게 파악할 수 있으나, 복잡한 자형의 한자는 한눈에 들어오지 않아 혼동할 수도 있다. 특히 저학년 학습자의 경우에는 글자를 쓰는 방향을 몰라 바른 순서·바른 방향으로 쓰지 못할 수도 있다.

둘째, 한자의 필순에 따라 늘어나는 자획을 제시하여 학습자들이 순서를 익힐 수 있도록 하는 방법으로 위의 ③, ④에 해당한다. ③의 경우에는 늘어나는 획수를 덧쓰는 방법으로 표기하였으며, ④의 경우에는 희미한 글자 위에 늘어나는 획수를 진한 글자로 표시하여 필순을 익히도록 하였다.

한자의 필순은 한자를 바른 모양과 순서로 써서 맵시 있는 글자를 쓸 수 있도록 익히는 것이지만 필순의 원칙에서 예외적인 글자도 있고, 나라마다 필순이 다른 경우도 있어서 학습자에게 지나치게 쓰는 순서나 획수 지도를 강조하지 않고 있다.[15] 교과서마다 집필자의 의도에 알맞은 방법으로 한자의 필순이 표기되어 있는데 이 네 가지 방법에 대해 학습자들을 대상으로 실험 연구하여 어떤 방법이 더 효과적인 쓰기 교육의 방법인지 밝힐 필요가 있다.

3) 한자 읽기 학습

2007년 개정한 漢文科 敎育課程에는 내용 체계의 中領域으로 '읽기'가 설정되어 있다. 한문 단문, 한문 산문, 한시의 읽기 학습을 강조하고 있는 교육과정으로 이해되는데, 이를 위해서는 漢字 段階부터 '읽기 학습'을 중시할 필요가 있다.

---

15) 교육과학기술부(2008), 176면.

　2009년 5월16일 서울교육대학교 에듀웰센터에서 이루어진 춘계학술대회의 종합 토론에서 鄭愚相 교수님은 "교과서에서 모든 한자의 필순을 제시하여 익히게 하는 것보다는 학습자들로 하여금 部首 漢字의 筆順을 正確하게 익히게 한 후, 이를 應用하여 다른 한자의 필순을 익히도록 하는 것이 교육적 효과가 높다."고 조언을 해주셨다. 필자가 생각하기에도 교과서에서 일일이 한자의 필순을 제시해 주는 것보다는 기본적인 筆順의 原則만 提示하고 그 이상의 것은 학습자 스스로 익혀 나가는 것이 교육적으로 有意味하리라 본다. 다만 현재 교과서에서 한자에 대한 필순을 일률적으로 제시하여 학습자들로 하여금 익히게 하고 있는데 이에 대한 認識의 轉換이 필요하다 하겠다. 다시 말해서 한자 학습이라고 하면 무조건적으로 쓰기 학습을 함께 하고 있는데 한자를 처음 익히거나 초등학교 저학년 단계의 학습자에게는 읽기 중심으로 한자 학습을 할 수 있도록 교재를 구성할 필요가 있다.

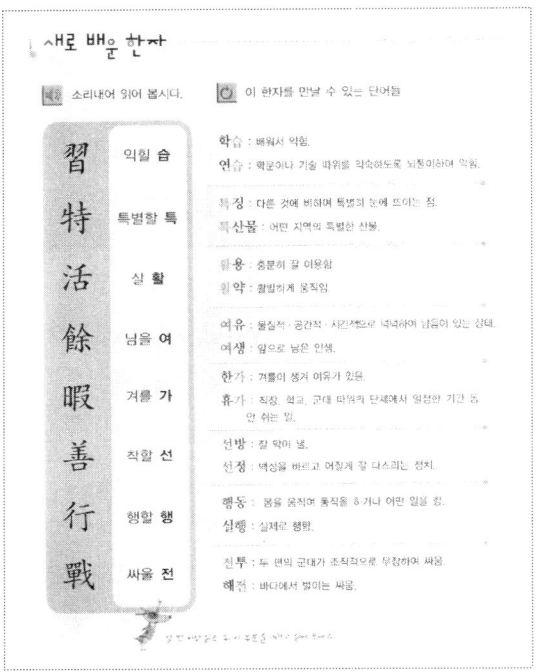

　대개의 초등학교 한자 교과서에는 읽기 학습에 대한 내용이 記述되어 있지 않았으나, 위의 자료16)에서는 읽기 학습이 強調되어 한자를 익힐 수 있도록 구성하고 있다. 각 單元에서 새롭게 익히는 한자의 뜻과 음을 학습자들이 열 번 이상 읽게 한 후, 뜻과 음이 表記된 부분을 가리고 한자의 뜻과 음을 읽을 수 있도록 案內하여 학습자들이 한자를 익힐 수 있도록 하였다. 또한 해당 한자가 들어가서 이루어지는 낱말을 예시할 때에도 해당하는 낱말을 한자로 표기하지 않고 한글로 표기한 후, 해당 한자를 다른 색의 글자로 區分하여 단어를 익히도록 하고 있다. 다른 교과서에서는 새로 익힌 한자가 들어가는 낱말을 학

───────────────

16) 이명학 외(2006), 『생각이 열리는 漢字』.

습할 경우에 한자로 표기하고 괄호 안에 그 음을 한글로 기록하여 익히도록 하는 경우가 많았다. 그럴 경우 학습자들은 해당 단원에서 익히는 한자 외에 새롭게 한자를 더 익히게 되어 학습에 부담을 주곤 하였다. 그것에 비해 위와 같은 낱말의 표기 방법은 학습자에 학습의 부담을 줄여 줄 수 있다는 점에서 참신한 표기 방법이라 할 수 있다. 특히 쓰기 중심의 초등학교 한자 교과서 구성과 이에 따른 학습 패러다임을 읽기 중심의 교과서 구성과 학습 패러다임으로 轉換할 수 있는 先導的 구실을 하고 있다고 볼 수 있다.

4) 한자의 자원 학습

漢字의 字源은 甲骨文 이전부터 글자를 만드는 과정에서 자연스럽게 形成된 것이다. 그러므로 자원 형성의 과정이나 원리를 한자마다 정확하게 알기는 어렵다. 한자의 자원에 대하여 바르게 이해하기 위해서는 漢字學의 연구 성과를 토대로 한자의 字形, 字音, 字義를 이해하여야 한다.

초등학교 한자 교과서에는 한자의 자원과 관련하여 한자를 학습할 수 있도록 기술한 내용이 많이 나온다. 교과서에 따라서는 한자의 자원 학습에 대해 전혀 다루지 않은 교과서도 있으나 대개의 경우는 甲骨文으로부터 金文, 小篆으로 변한 한자의 자형 변화 모습을 싣거나 한자의 자의를 설명하는 방법으로 자원 학습을 할 수 있도록 교과서를 구성하고 있다.

필자는 초등학교 교과서의 자원 설명이 천차만별이며 상당부분 학리적 근거가 빈약하고 恣意的, 便宜的으로 記述되어 있음을 확인한 바 있다.[17] 이는 집필자들이 교과서의 내용을 기술하면서 한자학의 연구

성과를 반영하는데 소홀히 하였으며, 漢字學의 연구 성과가 반영된 工
具書를 참고하기보다는 국내에서 출간한 二次 資料를 근거로 하여 교과
서를 구성하다보니 생긴 일로 여겨진다. 중국, 대만, 일본 등에서 출간
한 漢字學 工具書를 조금만 살펴보아도 한자의 자형이나 자의에 대하여
바르게 기술할 수 있는데 그렇지 못하다 보니 많은 오류가 교과서에
그대로 실리고 있는 것이다. 이러한 교과서의 집필 태도는 학습자에게
그릇된 정보를 제공하는 것으로 집필자의 통렬한 반성이 필요하다.

　아래의 자료는 한자의 자원 학습과 관련하여 생각해 볼 몇 가지 단
서를 제공하고 있다.

---

17) 졸고(2006), 173~216면.

첫째, 위의 자료 ①과 같이 교과서에 나오는 모든 漢字의 字源을 字形의 變化 모습과 함께 실어야 하는가? 한자를 처음 배우는 학습자에게는 한자의 자형 하나 만으로도 매우 낯선 느낌을 받게 마련이다. 그런데 漢字의 字體가 변화한 모습을 교과서에 제시하면 학습자는 한자의 자형에 대해 쉽게 이해하기보다는 매우 복잡하고 낯선 記號에 대한 불안한 마음만 생기게 마련이다. 자체의 변화 모습을 보여 주어 학습자들이 한자를 이해하는데 도움이 된다면 모를까 그렇지 않은데도 一律的으로 자체의 변화 모습을 보여주는 것은 不必要한 일이다. 더욱이 정확한 자료의 자체를 제시하지 못하고 二次, 三次의 資料를 引用하다 보니 잘못된 자료를 싣는 경우가 종종 있는 것도 사실이다.

둘째, 한자 짜임의 원리를 이해하는데 도움이 되지 않게 자형이나 자의를 보여주는 경우가 있다. 위의 자료 ②'鮮', ③'說'은 육서 가운데 形聲, 會意兼形聲의 원리로 이루어진 한자이다. '鮮'의 자체가 변화한 모습을 보여주려면 '鮮'의 금문, 소전 자료를 보여주어야 한다. '說'의 경우도 마찬가지이다. 그런데 굳이 '鮮'을 파자하여 '魚'와 '羊'

의 자체가 변화된 모습을 보여주는 것은 '鮮'의 자형을 이해하는데 불필요한 일로 보인다. 또한 '魚', '羊'의 처음 자형으로 제시한 것은 갑골문이나 금문에서 볼 수 없고, 집필자가 임의로 그린 내용으로 한자학의 연구 성과를 전혀 반영하지 못하고 있다. 그에 따른 자의 설명도 선뜻 이해하기 어렵다. '鮮'은 貊國에서 생산된 물고기의 이름이었다고 본의를 밝혀주고,[18] 학습자의 이해를 돕기 위한 설명은 이를 바탕으로 하여 다시 해야 한다.

셋째, 한자의 字義 說明이 恣意的이거나 그 根據가 바르지 못하다. 위의 자료 ①, ④를 보면 '좁'의 경우 두 자료의 설명이 전혀 다르다. ①에서는 '좁'에 대해 "풍년을 빌기 위해 곡식으로 술음 담가 제사를 지냈는데, 맛이 좋고 달콤한 향기가 났다."라고 되어 있는데 그러한 설명을 한 근거가 무엇인지 알기 어렵고 자료도 바르지 못하다. 한자학 공구서를 참고해 볼 때[19] ④의 설명이 本義에 가깝다 하겠다.

漢字의 字源을 活用한 授業은 학습자들에게 한자를 쉽게 理解하여 記憶하는데 도움이 되며, 학습자들의 興味 誘發과 漢字 文化圈의 理解에 도움을 주고, 字體에 대한 分析 能力을 키워준다고 일선의 교사들은 말한다.[20] 이러한 장점이 있음에도 교사들이 쉽게 접할 수 있는 설명 자료가 부족하거나 다양한 학설을 선별할 수 있는 교사의 전문 지식이 미약하여 자원을 활용한 수업을 하지 못하는 경우가 많다. 그러므로 교과서 집필자들은 학교 현장의 교사들이 쉽게 접근하여 활용할 수 있는 字源 學習 資料를 충실하게 提供하여야 하며, 연구자들은

---

18) 許進雄, (1995)『古文諧聲字根』, 597면. 《說文》鮮 魚名. 出貊國. 從魚, 羴省 聲. (魚與羊皆爲有腥味之食品).

19) 謝光輝『漢語字源字典』467면. 篆書的香字, 由黍、甘會意, 表示黍米飯香恬可口 的意思. 其本義指植物味道好, 引申爲氣味好聞, 與"臭"相對.

20) 李昇炫(2009), 77면.

자원을 활용한 다양한 敎授・學習 方法의 開發[21]에 힘써야 한다.

Ⅴ. 맺음말

이상으로 初等學校 漢字 認定 敎科書에 대하여 槪括하고, 그 內容에 대해 分析해 보았다. 초등학교 한자 교과서는 현재까지 50여 종이상이 전국의 市・道敎育廳에서 교육감의 승인을 받아 사용하고 있으며, 이렇게 많은 교과서가 인정되었다는 사실은 무엇보다 초등학교에서 한자 교육이 절실히 필요함을 反證하는 것이다. 현실은 이러한데도 아직까지 國家 水準이나 地域 敎育廳 水準의 敎育課程이 制定되지 못하였다는 것은 교육의 앞뒤가 뒤바뀐 어처구니없는 일이다. 교육과정이 제정되어야 그것에 근거해서 敎育課程을 具現할 資料로서敎科書가 나오게 되는데, 초등학교 한자 교육의 경우에는 교육과정은없고 교과서만이 무수하게 나왔을 뿐이다.

사정이 이렇다보니 교과서 내에 적잖은 문제를 않고 있다. 교과서마다 제 각각의 방법으로 文章을 表記하고 있고, 漢字・語彙의 學習量도 일정치 않다. 또한 배운 한자를 통하여 어휘 학습을 해야 학습자들이 반복하여 익히는 효과를 볼 수 있는데도 실제 교과서의 구성은그렇지 못하다. 오히려 2000개 이상의 어휘를 단지 羅列만 하고 있는교과서도 있어서 학습자의 학습 부담을 가중시키고 있다. 그밖에도標題字의 漢字 表記 方法, 筆順 提示 方法, 읽기 학습 방법, 字源 學習方法 등의 여러 가지 問題點들이 露出되고 있는데 이러한 문제들을거를 수 있는 장치를 마련하는 것이 시급하다 하겠다.

---

21) 韓殷洙(2009), 142~184면 참조.

교과서 기능의 핵심은 敎育 目標의 올바른 具現이다. 敎育 目標, 敎育課程이 없는 상태에서의 교육은 가야할 座標를 잃어버리고 항해하는 것과 같다. 어느 교과서가 제대로 교육목표, 교육과정을 구현한 제대로 된 교과서인지 判斷하기 위해서라도 本末이 顚倒된 교육 행정은 개선되어야 한다. 이에 대한 교육당국의 노력이 필요하다.

참고문헌

교육과학기술부(2008), 『중학교 교육과정 해설 Ⅴ』, 대한교과서주식회사.
김상홍 외(1999), 『한문교육용 1800자 조정에 관한 연구 보고서』, 한국한문교육학회.
김왕규(2000), 「초등학교 한문교육의 현황과 실제」, 『한자한문교육』 제6집, 한국한자한문교육학회.
노명완(2004), 「집필·검정 과정상의 문제점 개선 시급」, 『교과서연구』42호, 한국교과서연구재단.
노명완·이차숙·정혜승·윤준채(2003), 「한글 표기와 한자 표기가 독서 과정에 미치는 효과 비교 연구」, 〈2003년 교육과정 후속지원 답신브고〉, 고려대학교.
노희방(2005), 「교과용 도서 편찬 제도」, 『교과서연구』44호, 한국교과서연구재단.
박영목·권경안(1989), 「한글 전용과 한자 혼용에 대한 선호도 조사 연구」, 〈연구보고 RR 89-19〉 한국교육개발원.
박영목·손영애(1990), 「한글 전용 표기와 한자 혼용 표기가 독서 과정에 미치는 효과 실험 연구」, 〈연구보고 RR 90-3〉 한국교육개발원.
박영목·이성영·신권식·이수인(2003), 「초등학교 한자교육 프로그램의 교육 효과 검증 연구」, 〈2003년 교육과정 후속지원 답신보고〉, 교육인적자원부.
안재철(2001), 「현행 고등학교 한문 교과서의 '한문'영역 단원 분석」, 『한문학논집』 제19집, 근역한문학회.
이승현(2009), 「한문 교사의 한자 자원 활용 수업」, 『한자한문교육』 제22집, 한국한자한문교육학회.
지재환(2004), 「초등학교 한자 교재의 내용 비교 고찰」, 『한자한문교육』 제12집, 한국한자한문교육학회.
최현섭·박영목·노명완·최영환·정혜승(2002), 「초등학교 한자 교육 문제에 대한 총체적 분석 연구」, 〈교육정책연구 2002-특-12〉, 교육인적자원부.
한은수(2004), 「초등학교 한문 교재의 내용 수준 문제」, 『한자한문교육』 제13집, 한국한자한문교육학회.

한은수(2006), 「자원을 활용한 한자 교수·학습 방법」, 『한자한문교육』 제17집, 한
　　국한자한문교육학회.

한은수(2009), 『한자자원교육론』, 전통문화연구회.

謝光輝(2000), 『漢語字源字典』, 北京大學出版社.

許進雄(1995), 『古文諧聲字根』, 臺灣商務印書館.

* 본 연구에 활용한 54종 교과서의 서지 사항은 본문의 내용으로 대신하고 생략하였음.

이 글은 『漢字漢文敎育』 제23집(韓國漢字漢文敎育學會, 2009)에 수록한 논문을 재수록한 것이다.

초등학교 한자 교재의 구성과 활용 현황

陳哲鏞

Ⅰ. 서론

이 연구에서는 초등학교 한자 교재를 몇 개의 유형별로 분류하여 특징을 파악하여 보고, 그 특징에 비추어 각각의 교재가 활용되고 있는 현황을 개관적으로 정리해 보는 데에 일차적인 목적이 있다. 그리고 이와 아울러 초등학교 한자 교재의 구성과 교재 연구 방향에 대하여 탐색해 보는 데에 목적이 있다.

초등학교 한자 교육은 재량활동시간 이외에 아침자습에도 많이 이루어지고 있고, 교재도 인정도서 이외의 다른 자료들이 많이 활용되고 있다. 게다가 최근에는 교육청 차원에서 교재가 마련되어 활용되고 있기도 하다.

그러나 그동안의 초등학교 한자 교재 연구는 인정도서에 국한하여, 인정도서의 특징과 체제를 분석하는 데에 초점이 모아져 있다. 이런 연구에 비해 본 연구는 연구의 범위를 넓혀 학교 자체 제작 자료와 교육청 제작 교재를 연구 대상으로 포함하고자 한다. 인정도서가 교과서의 전형으로서 널리 쓰이고는 있으나, 아직도 초등학교에서는 학교 나름대로 제작한 교재들이 상당히 많이 사용되고 있고, 또 최근에는 교육청 차원에서 교재를 제작하여 활용되고 있어, 초등학교에서 학교 자체 제작 자료와 교육청 제작 교재의 활용도와 영향력은 매우 크다.

이 연구에서는 개별 교재에 대한 정밀한 분석보다, 각 교재가 갖고 있는 구성 체제의 특징을 파악하고 정리하는 데에 초점을 두고 있다. 이 연구의 관심은 어디까지나 초등학교 한자 교재를 유형별로 분류하고, 유형별로 분류된 교재가 갖고 있는 공통적인 특징을 정리하는 데에 있다. 그리고 각 유형별 교재가 그 특성에 따라 초등학교에서 활용되고 있는 현황을 파악하는 데에 있다.

이 연구는 초등학교 한자 교재 연구의 범위를 확대하여 학교 자체 제작 자료와 교육청 제작 교재를 연구대상으로 삼은 점, 그리고 인정도서, 학교자체제작자료, 교육청 제작 교재의 현장에서의 활용도와 그 원인을 규명하여, 초등학교 한자 교재의 활용 현황을 알리고, 현장에 적합한 초등학교 한자 교재의 구성 방향을 제시하는 데에 의의가 있다.

Ⅱ. 초등학교 한자 교재의 종류와 구성

본고에 살펴보는 초등학교 한자 교재는 책자의 형태로 구성된 교재로 한정하고자 하며[1], 크게 시도교육감 인정도서와 교육청 제작 자

---

1) 본고에서 교재의 의미는 일반적인 의미에 따라 '교수 학습 과정에 활용되는 자료나 재료'의 의미로 사용하고자 하는데, 특히 '책자 형태의 교수학습 자료'로 한정하여 사용하고자 한다. 초등학교 한자 교재의 구분에 대해서 김왕규는 교육감 인정도서, 교육청 장학자료, 특정 출판사 간행 한자 교재, t-nara 사이트 등을 들 수

료, 학교 제작 자료로 3분하여 살펴보고자 한다[2]).

1. 시도교육감 인정도서의 구성과 특징

초등학교 한자 인정도서에 대한 자세한 분석은 이미 기존의 연구에서 이루어진 바가 있다[3]). 따라서 본고에서는 각각의 인정도서에 대한 구체적인 분석보다는, 논의의 전개를 위하여 인정도서의 특징을 잘 나타내고 있는 몇 개의 교재를 선정하여, 인정도서의 공통적인 특

있다고 하였고(김왕규, 2006, 256면), 방인태는 교재의 종류를 '인정도서, 신문 한자, 자체 제작, 시중 판매 교재'로 구분하여 설문 조사를 실시하였다(방인태, 1998). 또 방인태, 김창호, 한은수의 『초등학교 한자교육』에서는 '신문을 활용한 한자 교재, 학교에서 개발한 한자 교재, 인정 교과서'로 구분하여 초등학교 한자 교재를 설명하였다(방인태·김창호·한은수, 2006).

2) 책자 형태가 아닌 학급 제작 자료, 신문 한자, 인터넷 사이트와 시중 판매 책자는 본고의 논의 대상에서 제외하고자 한다. 학급단위로 사용하는 한자 지도 자료는 대부분 유인물의 형태로, 교사가 개인적으로 책자를 구성하는 경우는 없다고 보아도 무방하며, 신문 한자를 교재로 활용한 경우는 1998년 방인태의 조사 결과에 의하면 초등학교 한자 교재의 6%에 해당하여 그 비율이 적었다(방인태, 1998). 그리고 근래에는 초등학교에서 신문을 단체로 구독하지 않는 경향이 있어, 신문을 활용하여 한자를 지도하는 경우는 예전에 비해 급격히 줄어드는 추세에 있다고 생각된다. 또한 한자 교수학습 과정에서 인터넷 사이트의 활용은 교재라는 측면보다 매체라는 측면에서 다루어질 성질의 것이라고 생각되며, 시중 판매 교재는 방인태의 조사 결과 그 활용 비율이 13.4%이기는 하나(방인태, 1998), 초등학교에서 수업시간에 부교재의 사용이 엄격하게 제한되었던 그동안의 현실을 고려하면 학교 단위 혹은 학급 단위로 학생들이 시중 교재를 일괄 구입하여 교재로 활용하였다고 보기 어렵다.

3) 인정도서의 체제와 구성, 특징을 분석한 연구 논문을 소개하면 다음과 같다.
   안재철(1996), 초등 한문교육과정과 교과서 분석, 『한자한문교육』3, - 2종 분석
   김왕규(2000), 초등학교 한문교육의 현황과 실제, 『한자한문교육』6, - 3종 분석
   지재환(2004), 초등학교 한자 교재의 내용 비교 고찰, 『한자한문교육』12, - 5종 분석
   한은수(2004), 초등학교 한문 교재의 내용 수준 문제, 『한자한문교육』13, - 15종 분석

징을 정리하고자 한다.

본고에서 인정도서 연구의 참고로 삼고자 하는 교재는 A:재능교육 출판 『초등학교 한자』와 B:전통문화연구회 출판 『초등학교 한자』, C:대한교과서 출판 『놀이로 배우는 쑥쑥한자4)』이다. A와 B교재는 서울특별시교육감이 초등학교 한자 교재로 인정한 제1호와 2호의 인정도서이고5), 재량시간에 활용할 목적으로 제작되어 그 목적이 분명하며, 그 체제가 서울에서 제작된 인정도서의 전범이 되었다고 볼 수 있는 것으로서6), 그동안 초등학교 한자 교재 연구에서 연구자마다 공통으로 다루어졌다. C교재는 서울초등연구회 소속 교사 10여 명이 공동으로 집필한 것으로서, 초등학교 한자 지도 경험을 집약하여 교실 수업의 실제적 절차와 활동에 맞게 교재를 구성하였다. 따라서 이 교재는 7차의 재량활동시간 운영에 매우 실제적이고 효과적인 한자 교재로서, 인정도서의 구성 체제와 활용 양상을 파악하는 데에 유용한 자료라고 생각된다.

인정도서 구성의 특징을 파악하기 위하여 세 교재의 구성 체제와 학습과정, 배정한자를 비교하여 표로 제시하면 아래와 같다.

---

4) 임명자 외 7인(2006).
5) 전한준·김윤숙·진철용(1996), 정우상·안재철·정우인·한은수(1996).
6) 방인태, 김창호, 한은수(2006), 323면.
　교과서의 정형화는 문제점으로 지적되기도 한다. 교과서의 정형화는 비단 초등학교 교과서만이 아니다(이명학, 2005).

〈표 1〉 인정도서의 구성체제와 학습 내용 비교

		A. 초등학교 한자 (재능교육)	B. 초등학교 한자 (전통문화연구회)	C. 놀이로 배우는 쑥쑥한자
外的 구성 체제	권수 및 단계	4권 (1·2·3·4단계)	4권 (1·2·3·4단계)	6권 (1단계, 2단계, 3단계, 4단계, 5단계, 6단계)
	단원 구성	•대단원 구성을 하지 않음 •1·2·3단계는 16개 소단원 •4단계는 15개 소단원	•각권마다 8개 대단원 •대단원마다 4-5개 소단원 •1학기에 17단원, 2학기 15단원으로 권당 32개 소단원	•각권마다 5개 대단원 •대단원마다 2-3개 소단원 •1단계는 13개, 2-6단계는 15개 소단원
	학습 기간	각 권 30주-32주 (소단원별 2주)	각 권 30주-32주 (소단원별 1주)	각 권 26주-30주 (소단원별 2주)
內容 구성 체제	소단원 구성 (학습 과정)	4쪽 : 한자교실→한자활용교실→ 한자탐구교실→평가→ 쓰기	6쪽 : 도입과정→본문 이해 과정→응용과정	6쪽 : 도입→한자알기→카드로 배우기→한자와 같이 놀기 →한자와 친구되기→한자 와 어울리기→무엇을 배웠 을까요?
	학습 내용 (영역)	한자, 어휘(문장)	한자, 어휘	한자, 어휘
	배정 한자	617자 (1단계 101, 2단계 165, 3단계 185, 4단계 166자) -중학교 교육용 기초한자 이외의 한자 26자	608자 (1단계 127, 2단계 151, 3단계 209, 4단계 216자가 사용되었으나 중복된 한자를 제외하면 608자임)	600자 (1단계 52, 2단계 68, 3단계 -6단계 각권 120자) 중학교 교육용 기초한자 이외의 한자 1자.

세 종류 인정도서의 外的 구성 체제와 내용 구성 체제[7]를 비교하여 보면 서로 유사한 점과 함께 나름대로 독특한 점이 있음을 쉽게 파악할 수 있다.

우선 외적 구성 체제를 검토해 보면, 첫째로 학년을 고려한 단계 구성이라는 점에서 공통점이 있다[8]. A교재와 B교재는 4권, C교재는

---

[7] 본고에서는 교재 분석을 위하여 '外的 구성 체제'와 '내용 구성 체제'라는 용어를 사용하고자 한다. 본고에서 '외적 구성 체제'는 '권수, 단원 구성의 수, 학습 기간, 단계별 배정 한자의 수'와 같이 외견상 분석이 가능 한 것들 대상으로 하고, '내용 구성 체제'는 '단원의 구성 방식, 학습 내용의 수준과 범위, 배정 한자의 수준과 범위' 등 내용 검토를 통해서 파악할 수 있는 것들을 의미한다.

6권으로 구성되어 있어 차이가 있기는 하지만 이들은 모두 초등학교
의 학년 구분을 고려하여 구성된 것이다9).

  두 번째로 단원 구성을 살펴보면, 3종의 교재 모두 공통적으로 단
원 구성 체제를 갖고 있다. 각기 대단원을 설정 여부와 소단원의 수
는 다르지만 1년 동안 학습할 내용을 체계적으로 분류하여 적절하게
단원을 설정하고 있다.

  세 번째로 3종 모두 학습 기간은 1년으로 삼고 있다. 세 권 모두
30주 내외의 기간을 이 교재를 활용하여 학습하는 것으로 기간을 삼
고 있다.

  내용 구성 체제 면에서 살펴보면 위의 세 교재는 다음과 같은 특성
이 있다. 첫째, 3종 모두 초등학교 한자를 학습해 가는 과정을 체계적
으로 갖추고 있다. A교재는 '한자교실→한자활용교실→한자탐구교
실→평가→쓰기', B교재는 '도입과정→본문 이해 과정→응용과
정'10), C교재는11) '도입→한자알기→카드로 배우기→한자와 같이

---

8) 학년을 고려한 단계 구분임에도, '학년'이라고 표기하지 않고 '단계'라고 표기한
   것은 꼭 어느 학년을 고정하지 않고, 여러 학년에서 활용할 수 있도록 하기 위한
   것이다. 그래서 거의 모든 인정도서는 '학년'이라고 하지 않고 '단계'라고 표기하여
   단계 구분을 하고 있다.

9) 4단계로 구성된 것은 6차 교육과정기에 재량시간이 3학년부터 적용되어 3, 4,
   5, 6학년의 4개 학년에 적용하기 위한 것이고, 6단계로 구성된 것은 7차 교육과정
   기의 재량활동이 1학년부터 적용되기 때문에 6개 학년에 적용하기 위해 구안된
   것이다.

10) 이 교재의 본문에는 '도입과정, 본문 이해 과정, 응용과정'이라고 구분하여 이
    용어를 사용하지는 않았다. 그러나 이 교재의 일러두기에 '도입과정, 본문 이해
    과정, 응용과정'으로 구분하여 설명하였고, 이 교재의 집필자 중의 한 명인 한은수
    는 이 교재를 분석하면서 '도입과정, 본문 이해 과정, 응용과정'이라고 구분하여
    설명하였다(한은수, 2004). 이에 본고에서는 이를 참고하여 이 교재의 소단원 구
    성을 '도입과정, 본문 이해 과정, 응용과정'으로 구분하여 정리하였다.

11) 이 교재의 가장 특징적인 것은 첫째, 학습자의 요구와 흥미를 고려한 학습자 중

놀기→한자와 친구되기→한자와 어울리기→무엇을 배웠을까요?'[12] 와 같이 그 명칭과 단계 구분은 다르지만, 각기 나름대로의 특성을 살려 한자 교수 학습 과정의 단계를 체계화하여 제시하고 있다.

둘째, 배정된 한자는 모두 중학교 교육용 기초한자 범위 내의 한자 를 배정하고자 하였으며, 배정된 한자의 수는 600자 내외이다. 역시 각각의 교재마다 배정 한자의 수가 다르기는 하지만 600자 내외 한자 를 배정하였는데, 특히 C교재는 정확하게 600자를 배정하였다. 또 중학교 교육용 기초한자 이외의 한자를 보면 A교재는 26자, B교재는 없으며, C교재는 1자이다. 이처럼 3종의 인정도서는 한자의 배정을 중학교 교육용 기초한자 범위 내에서 하였다.

셋째, 3종 모두 한자와 어휘를 중심으로 내용을 구성하고 있다. 3 종 모두 한문 문장보다는 한자와 어휘에, 그리고 언어 활용에 중점을 두어 교재를 구성하고 있다[13].

심의 교재라는 점이다. 이 교재는 10여명의 현장 교사가 교실에서 한자를 지도하 면서 직접 적용해왔던 다양한 게임과 놀이를 도입함으로써, 한자 학습에서 학습자 활동의 비중을 대폭 늘렸을 뿐만 아니라, 학습지 형태의 학습에서 벗어나 몸으로 활동하며 한자와 어휘를 익히도록 구성하였다. 둘째, 실제 수업 현장의 교수 학습 과정을 중시한 교재이다. 기존의 인정도서들은 교실에서 수업을 전개하기 위하여 교과서의 이쪽저쪽을 번갈아 가며 참고해야 하는 번거로움이 있는 경우가 있었다. 이 교재는 '한자→어휘→어휘 활용'의 과정에 입각하고 '도입→전개→정리'의 일반적인 교수학습 과정에 맞추어, 전반적으로 '도입→한자 학습→어휘 학습→ 어휘 활용 학습→평가 및 정리'의 과정으로 교재를 구성하여, 지도 교사들의 수 업과정과 동일한 과정으로 소단원을 구성하였다.

12) 이러한 과정은 정우상(1998, 37면~49면)의 3단계 학습법에 기초하여 '한자→ 어휘→어휘 활용'의 과정을 활동 중심으로 재구성한 것이다.

13) 초등학교 인정도서에서 한문 문장이 없는 것은 아니다. 재능출판 인정도서에서 4단계 마지막 과에서 오류이 포함되어 있는 것을 한문 문장으로 분류한 견해(김왕 규, 2003, 203면)도 있고, 한은수는 '어떤 교과서는 農者天下之大本, 百聞不如一 見등과 같은 簡易한 文章(漢文)을 싣고 있는바 초등학교 한자교육에서 漢文文章 교육의 측면에 시사점을 준다.'고 밝힌 바가 있다(한은수, 2004, 22면).

위와 같은 인정도서의 특징들은 첫째, 재량시간 혹은 재량활동시간
에 지도에 적합한 교과서로서의 체제를 갖추려는 노력, 둘째, 초등학
교 한자 교육에 관한 그동안의 교육과정을 충실히 수용하려는 노력으
로 이해된다.

재량활동시간에 지도에 적합한 교과서로서의 체제를 갖추려는 노
력들은 단원 설정, 학습목표 제시, 학습활동의 단계 구분, 평가 등의
학습 과정을 구성하고, 주당 학습 시간, 연간 수업 시간 등을 고려하
여 단원과 학습량을 안배한 것을 통해 알 수 있다.

또한 초등학교 한자 교육에 관한 그동안의 교육과정을 충실히 수용
하려는 노력들은 한자와 어휘의 비중이 많고 언어 활용에 중점을 두
고 있는 것, 배정 한자의 수가 600자 전후인 것[14], 대표 훈음을 제시
하려는 경향 등은 그동안의 학문적 성과와 서울시교육청 교육과정에
서 제시된 성격과 목표, 내용을 수용하려는 노력으로 볼 수 있다. 초
등학교 한자 교육에 관한 교육과정은 국가수준의 교육과정은 없으며,
서울시교육감이 승인한 시교육청 수준의 초등학교 한문 교육과정[15]
이 있음은 주지의 사실이다. 서울시교육청 초등학교 한문 교육과정에
나타난 초등학교 한자 교육의 성격과 목표는 한자, 어휘를 익혀 언어
생활에의 활용과, 바람직한 국어생활에 기여하는 것을 강조하고 있
고, 내용도 한문 문장보다는 한자와 어휘에 중점을 두고 있다[16]. 서

---

14) 서울시교육청에서도 600자를 언급하였고(서울시교육청 초등한문 교육과정, 1997),
    학자들의 견해도 이와 비슷하다. 한자의 학습량에 대해서는 한은수의 연구(1994,
    4면) 참고.

15) 서울특별시교육청(1997), 『초등학교 학교재량시간 및 중학교 선택과목 관련 교
    육과정』- 1997. 12. 10 서울시교육감승인.

16) 서울시교육청 초등한문교육과정의 성격에 있는 문장의 일부를 밝히면 다음과 같
    다. '초등학교 한문 교육은 중학교 한문 교육용 기초 한자 900자 중 600자 가량을
    바탕으로 한자(漢字)·한자어(漢字語)·한자 어구(漢字 語句)를 익혀 언어생활에

울시교육청 초등학교 한문 교육과정에 나타난 성격과 목표, 내용에 대해 학계의 여러 의견이 있기는 하나, 대체로 초등학교 한자 교육이 한문 문장 보다는 한자와 어휘에 중점을 두며, 문장의 학습 보다는 일상생활에서의 언어 활용에 중점을 두어야 함에는 인식을 공유하고 있다17). 또한 서울시교육청 한문 교육과정이 비판의 여지가 있고, 개선안이 여러 차례 발표되기는 하였지만, 실제로 현장에서 인정도서의 심사에 영향을 미치는 것은 서울시교육청의 초등학교 한문 교육과정이다18). 따라서 초등학교 한자 인정도서의 내용이 한자와 어휘의 비

활용하게 하여, 한자로 이루어진 국어의 기본 어휘의 이해력을 높여서 바람직한 언어생활을 하는데 도움을 준다. 뿐만 아니라 한자어의 학습을 통하여 한국인으로서 갖추어야 할 일반교양을 기르게 한다. 한문 교육은 학교재량시간을 활용한 선택 영역인 점을 감안하여, 학생들이 쉽고 재미있게 한자 · 한자어 · 한자어구를 익혀서 언어생활에 활용하며, 어휘의 이해력을 높일 수 있도록 하는데 중점을 둔다.'

17) 대체로 서울시교육청에서 제시한 성격과 목표에 부합하면서 도구 교과적 성격을 강조하여 한자와 어휘의 활용, 언어 활용, 바람직한 국어생활에 기여하는 것에 중점을 두어야 한다는 견해(안재철, 2004, 43면. 방인태, 2000, 95면)와 효과적인 언어 생활을 영위하며, 초등학생 수준에서의 민족 고전 문화에 대한 이해와 감상을 위한 한문교육에 중점을 두어야 한다는 견해(김왕규, 2000, 214면)가 있으나, 한자와 어휘를 익혀 바람직한 언어생활을 영위하게 한다는 점에서는 공통으로 인식하고 있다.

18) 서울시교육청의 초등학교 한문 교육과정은 그 성격과 목표 내용 영역, 내용 체계 등에서 비판(안재철, 방인태, 김왕규이 있음에도 불구하고 아직껏 개정된 사실이 없고, 연구자들의 개별적인 교육과정안이 발표되기는 하였으나(방인태, 2000. 강병륜 · 송영일 · 허왕욱, 2002. 김정숙, 2003), 이러한 연구들이 초등학교 한자 교재의 편찬에 영향을 미치지는 못하고 있다. 따라서 아직까지도 초등학교 한자 교재의 구성에 가장 영향을 미치고 있는 것은 서울시교육감이 1997년 승인한 서울시교육청의 초등학교 한문 교육과정이다. 또한 서울의 경우 인정도서 심사를 담당하고 있는 교육연구원에서도 이 교육과정에 기초하여 제작된 인정도서 심사기준을 적용하여 매년 인정도서를 심사하고 있는데, 그 심사 기준 중 '교과기준'의 내용을 보면, '중학교 한문과의 연계성 및 위계성을 강조하면서도 초등학교 수준에 맞는 평이하고 언어생활에 활용도가 높은 핵심적인 어구 선정했는가'를 심사항목에 담고 있고, 한문 문장에 대한 언급은 없다.(2004 서울시교육청 초등학교 한문 인정

중이 많고 언어 활용에 두고 있는 것은 학계의 대체적인 견해와 서울시교육청 초등한문 교육과정의 성격과 목표에서 제시하고 있는 점을 반영하고 있는 결과라 여겨진다.

　이상과 같은 논의를 종합하여 초등학교 한자 인정도서의 성격을 논하자면, 초등학교 한자 인정도서는 '재량시간 혹은 재량활동시간에 활용할 것을 목적으로, 교육과정과 그동안의 학문적 성과를 반영하여 교과서적인 체제를 갖추어 구안된 초등학교 한자 교재'라고 그 성격을 규정할 수 있다.

2. 학교 제작 자료의 구성과 특징

　이번에는 학교 제작 자료 2종을 대상으로 그 구성과 특징을 알아보겠다. 학교 제작 자료의 구성은 인정도서의 그것과 대조되는 바가 많다.

〈표 2〉 학교 자체 제작 자료의 구성체제와 학습 내용 비교

		A초등학교	B초등학교
外的 구성 체제	권수 및 단계	1권 (기초과정, 초등과정, 중등과정, 고등과정으로 구분)	6권 (1학년부터 6학년까지 학년으로 구분)
	단원구성	소단원 및 대단원 구분 없음	소단원 및 대단원 구분 없음
	학습 기간	설정 없음	설정 없음
内容 구성 체제	급수별 구성 (학습과정)	한자를 어휘로 구성하여 제시하고, 훈, 음, 어휘의 뜻, 필순만 제시	어휘와 한자 제시, 짧은글 짓기
	배정 한자	기초 184, 초등과정 168, 중등과정 187, 고등 196자 배정, 중복자 184자 제외하면 551자.	1000자(1학년 50자, 2학년 100자, 3학년 150자, 4학년 200자, 5학년 250자, 6학년 250자)
	학습 내용	한자, 어휘	한자, 어휘

도서 심사 기준 자료)

외적 구성 체제를 살펴보면, 두 학교의 권수와 단계 구분에 차이가 있다. A초등학교 교재는 87쪽 분량의 1권으로 되어 있는데, 1권 안에 기초과정, 초등과정, 중등과정, 고등과정, 부록으로 구분되어 있고, B초등학교 교재는 1학년에서 6학년까지 학년별로 구분하여 총 6권이다. 그러나 단원 구성과 학습 기간에 대한 안배는 두 교재에서 모두 고려하지 않았다.

내용 구성 체제를 살펴보면, A교재의 본문의 구성은 한자, 한자의 훈과 음, 어휘의 뜻, 한자의 필순만을 제시하고 있다. B교재는 어휘와, 한자의 훈과 음을 제시하고 6번씩 써보도록 구성하였다. 그리고 학습한 낱말을 넣어 짧을 글을 지어보도록 하여, 낱말이 문장에서의 쓰임을 알아보도록 하였다. 그러나 이외에는 어떤 활동도 제시되지 않았다.

한자 학습 과정에서 본다면, A교재는 한자와 어휘에 관한 내용을 제시한 것 이외에는 어떤 학습 단계도 고려되지 않았다. B교재는 쓰기와 언어 활용 과정이 있어 학습단계를 A교재에 비해 두 단계의 과정이 더 설정하였다. 그러나 두 교재 모두 이 이상의 활동은 제시하지 않아 학습단계 측면에서 본다면 매우 부족하다 할 수 있다.

한자의 제시 양식을 보면, A교재는 어휘의 형태로 제시하였는데, 각 단계(과정)에 각각 105개씩의 어휘가 배정되어 있다. B교재는 매일 두 어휘(4자)를 학습하도록 구성되어 있다. 그래서 두 교재 모두 한자는 한자 단독으로 제시되지 않고 어휘의 형태로 제시되고 있다.

한자 배정을 살펴보면, A교재는 '기초과정 184자, 초등과정 168자, 중등과정 187자, 고등 196자'로 총 735자인데, 각 단계에서 중복된 것 184자를 빼면 새로 배우는 한자는 551자이다. B교재는 쓰기 연습장의 형태로 초등학생들이 6년 동안 1,000자를 학습하도록 구성하였

고 한자 배정은 1학년은 50자, 2학년은 100자, 3학년은 150자, 4학년
은 200자, 5학년 250자, 6학년 250자를 배정하여, 학년이 올라갈수
록 학습량을 늘렸다. 두 교재의 한자 배정을 비교해 보면 A교재는
551자, B교재는 1,000자로 차이가 크다.

여기에서 한 가지 더 주목되는 것은 A교재의 한자 배정이 치밀하지
못한 점이 발견된다는 것이다. A교재의 배정 한자를 분석해 보면,
184자의 한자가 같은 단계에서 뿐만 아니라 단계를 넘어 다른 단계와
도 중복이 되며, 貴重, 讀書, 目的, 約束, 原因, 恩惠, 活動과 같은 어
휘는 2번씩 중복되어 제시되어 있다. 그리고 한 면에서 어휘가 서로
관련 없는 것들이 뒤섞이어 배정되어 있어, 어휘 배정의 기준도 모호
하다.

이상과 같이 학교 자체 제작 자료는 외적 구성 체제나 내용면에서
인정도서의 그것과 매우 다르다. 각 학교의 필요와 여건에 따라 제작
된 학교 자체 제작 자료는 학교마다 체제와 구성이 다르며, 교육과정
의 수용, 학문적 성과의 반영, 교수학습 단계의 설정, 교과서적인 체
제와는 거리가 매우 멀다. 따라서 어느 한 학교의 자료는 여러 학교
에 일반화되어 사용되기 어렵다.

3. 교육청 제작 자료의 구성과 특징

여기에서는 교육청 제작한 자료 중에서 2종을 대상으로 구성과 특징
을 분석해 보겠다. 교육청 단위로 제작한 자료는 본고에서 참고한 것
이외에도 더 있는 것으로 보고되었는데, 필자는 2종의 자료 이외에
다른 자료를 확보하지 못하였다. 자료의 한계가 있으나, 서론에서 밝힌
바와 같이 2종의 자료로서도 교육청 자료의 특성을 파악할 수 있을

것으로 생각된다. 참고로 본고에서 논의 과정에서 언급하는 교재의
특성에 대한 의견은 개인적인 견해로서 집필자의 견해19), 또는 해당
교육청의 공식적인 견해와는 다를 수 있음을 이 자리를 빌려 밝혀 둔다.

본고에서 참고로 하는 교육청 자료의 구성 체제와 학습 내용을 정
리하면 아래와 같다.

〈표 3〉 교육청 제작 자료의 구성체제와 학습 내용 비교

		A교육청 자료	B교육청 자료
外的 구성 체제	권수 및 단계	1권 (12급부터 1급까지 12단계)	3권 (명품한자150, 명품한자450, 명품한자900)
	단원구성	소단원 및 대단원 구분 없음 12급부터 1급까지 12급수로 구분함.	단원 설정 없으나, 각권을 2개의 품급으로 구분함. 품급의 구분은 6품부터 1품까지 6개의 품급으로 구분함.
	학습 기간	설정 없음	1개의 품급을 15주에 학습하도록 함.
內容 구성 체제	급수별 구성 (학습과정)	9쪽 : 해당 급수한자 일람표→한자, 어휘 익히기→고사성어→평가	1주일 단위로 학습과정을 구성. 한자살피기→한자활용하기→ 한자익히기→재미있게 배우기→ 내 실력 알아보기.
	배정한자	A교육청 선정 600자 (각 단계별 50자)	900자
	학습 내용	한자, 어휘	한자, 어휘

두 교육청의 자료를 비교해 보면 몇 가지 공통점이 있다. 우선 두
자료 모두 급수제를 수용하고 있다. A교육청 자료는 12급으로, B교
육청 자료는 6개의 품급으로 구분하고 있다. 또 두 자료 모두 600자
또는 900자를 배정하고 있어 중학교 교육용 기초한자 범위 내에서 한

---

19) A교육청 자료는 초등학교 교사 6인, 교감 1인, 교장 1인이 집필하였고, B교육청
자료는 초등학교 교사 3인, 중학교 교사 2인, 초등학교 교감 1인, 중학교 교감 1인,
초등학교 교장 1인이 집필하였다.

자 배정을 하고 있으며, 학습 내용도 한자와 어휘 중심이다.

A교육청 자료는 220쪽 분량으로 한권으로 구성되어 있는데, A교육청에서 선정한 초등학교 한자 600자를 12단계(급)로 분류하여 제시하였다. 각 단계별 배정 한자는 50자씩이다. 각 급수별 한자 해설 부분에는 첫 쪽에 해당 급수의 배정한자 일람표를 제시하고, 그 다음 쪽수부터 한 쪽에 6자씩 9쪽에 걸쳐 한자와 간체자, 훈과 음, 부수, 획수, 활용 낱말, 필순, 한자 해설(자원 설명)을 제시하였다. 그리고 한자 해설 뒷부분에 해당 급수에 포함된 한자를 활용한 고사성어를 제시하였다. 한자에 대한 설명이 끝난 후에 2회분의 해당 급수 평가문제를 제시하고 있다.

이 자료의 가장 큰 특징은 학습자를 위한 교재라기보다는 교사를 위한 지도 자료의 성격이 강하다는 점이다. 우선 분량이 200쪽에 달하는데 한 권으로 구성되었고, 또한 단원 설정, 학습 단계에 따른 지면 구성, 학생들의 활동이나 한자 쓰기 활동을 할 수 있는 란을 구성하지 않아 교과서다운 체제를 갖추지 않고 있다.

B교육청 자료는 '명품한자 150, 명품한자 450, 명품한자 900'의 3권으로 구성되었다. B교육청 자료의 권수별 구성을 좀 더 알아보기 쉽게 표로 제시하면 다음과 같다.

〈표 4〉 B교육청의 권수별 구성

권	품급	배정 한자 수	품급별 총 글자수
명품한자 900	1품	300	900
	2품	150	600
명품한자 450	3품	150	450
	4품	150	300
명품한자 150	5품	100	150
	6품	50	50
합계		900	

이 교재를 상중하 3권으로 구분한 것은 학습 대상, 학습자의 능력과 수준, 교재의 분량을 고려한 것이다. 이 교재를 학습하는 대상은 초등학생과 중학생인데, '명품한자 150'은 초등학교 중학년, '명품한자 450'은 초등학교 고학년, '명품한자 900'은 중학교 학생을 대상으로 하여 구성되었으나, 이 적용 대상은 반드시 정해진 것은 아니다. '명품한자 150'을 초등학교 저학년, '명품한자 900'을 초등학교 고학년에 활용할 수도 있으며, 교재의 활용은 단위학교의 재량에 달려 있다.

이 교재는 3권에 걸쳐 모두 6개의 품급으로 구분되어 있다. 이는 앞의 A교육청 지도 자료가 '한자 능력 급수제'를 염두해 두고 12급의 체제를 둔 것과 같이, 한자 능력의 '급수제' 혹은 '인증제[20]'를 염두해 둔 것으로 보인다.

이 교재에서 배정된 글자의 수는 중학교 교육용 기초한자 900자인데, 2품까지는 서울시교육청 초등한문 교육과정에서 예시로 제시한 600자, 하위 단계인 6품에서는 50자가 배정되었다. 이 교재는 각 품급마다 매일 1쪽 내지 2쪽씩 학습하고, 주말에는 재미있는 활동과 문제풀이를 할 수 있도록 되어있고[21], 한 개의 품급을 15주에 학습할 수 있도록 구성되었다. 이러한 구성은 재량활동시간을 모두 한자 교육에 투입할 수 없는 현실을 고려한 구성이라고 생각된다. 이 교재의 1일 분량은 '한자살피기→한자활용하기→한자익히기'의 순서로 되

---

20) '인증제'는 일종의 급수체제로서, 해당 종목에 대해 나름대로의 기준을 설정하고 학생들이 성취하는 수준에 따라 등급을 인증해 주는 제도이다. 초등학교에서는 학생들의 성취 욕구와 도전의식을 북돋우고, 활동의 활성화를 위하여 학급, 단위학교 또는 지역교육청 차원에서 많이 실시하고 있는 제도이다. 예를 들면 '줄넘기 인증제', '체력 인증제', '독서능력 인증제' 등과 같이 그 범위가 다양하다.

21) 이 교재에는 본문에 '5-火, 월 일, 확인( )'과 같이 해당 쪽수를 학습하는 주와 요일, 날짜를 표시하고 있다.

어 있고, 학습자들이 1일 분량의 학습을 5일 동안 반복한 후, 주말에
는 '재미있게 배우기'와 '내 실력 알아보기'를 학습하게 되어 있다.

이 교재의 가장 두드러진 특징은 교과서다운 체제를 갖추었다기보
다는 학생들이 스스로 학습하는 워크북의 성격이라는 점이다. 이 교
재가 워크북임은 일러두기에서 '학생들이 스스로 기초한자를 익힐 수
있도록 워크북 형태로 이루어졌으며, 꾸준히 학습하여 15주 동안에
마칠 수 있도록 교재를 구성하였다'라고 분명하게 밝히고 있다.

이 교재의 두 번째 특징은 자기 주도적 학습에 초점을 두었다는 것
이다. 이 교재는 교사들을 위한 교과서라기보다는 학습자들을 위한
학습서의 성격이 강하게 보인다. 따라서 학교 현장에서 이 교재를 사
용하여 1시간 단위의 수업을 전개할 수도 있지만, 학생들이 자율적으
로 학습을 하고 학부모나 교사에게 검사를 받는 방식으로도 활용할
수 있겠다[22]. 따라서 이 교재의 활용은 지도 시간(학습 시간)과 양, 장
소의 구애를 받지 않는다. 그러므로 이 교재는 아침자습 시간, 재량
활동시간, 학습 과제, 방학 과제 등으로 그 활용의 폭이 넓다고 본다.

이 교재의 세 번째 특징은 학문적 성과와 교육과정, 초등학교 현장
의 요구를 적절히 반영하려고 노력한 점이다. 중학교 교육용 기초한
자 900자를 배정한자로 선정한 점, 서울시교육청 초등 한문 교육과
정에 제시된 600자를 2품까지 배정한 점, 대표 훈음에 의거 한자의
훈음을 표기한 점, 한자와 어휘 활용에 중점을 두고 있는 점 등은 초
등 한자 교육에 관한 그동안의 학문적 성과와 서울시교육청 초등 한
문 교육과정에서 제시하고 있는 내용과 수준에 부합하고 있다. 또한
인증제 혹은 급수제를 염두에 둔 품급(급수)의 구분, 활용 장소와 시

---

22) 매일 매일 학습한 것을 학부모나 교사가 확인할 수 있는 표가 매 쪽마다 제시되어
   있다.

간, 방법 등에서 그 폭이 넓은 워크북 형태의 구성은 일선 학교에서 보다 손쉽게 활용할 수 있도록 구안된 형태라고 본다.

이상에서 살펴 본 두 교육청의 지도 자료를 보면 A교육청 자료는 교사를 위한 지도 자료의 성격이 강하게 나타나고, B교육청 자료는 학습자 중심의 워크북 형태라는 점에서 큰 차이가 난다. 그러나 두 자료 모두 그동안의 학문적 성과와 교육과정의 내용을 수용하면서도 학교 현장에서의 실질적 활용을 염두하고 있다는 점은 공통적으로 나타난다. 이 두 자료 모두 학교 현장에서의 활용을 위하여 급수(또는 품급)으로 배정 한자를 구분하고 있으며, 900자 또는 600자의 선정과 배정, 한자와 어휘 중심의 내용 등은 그동안의 초등학교 한자 교육에 관한 견해와 성과들을 고려하여 구성한 것으로 보인다. 다만 A교육청 자료보다는 B교육청의 자료가 보다 더 교과서에 가까운 체제를 갖추었고, 학문적 성과와 교육과정의 내용을 충실히 반영하였다고 여겨진다.

Ⅲ. 초등학교 한자 교육과 교재 활용 현황

초등학교 한자 교육에 활용되는 교재는 인정도서가 주류를 이루고, 그 활용도도 높을 것으로 생각하기 쉽다. 그러나 실상 초등학교에서는 인정도서, 학교 자체 제작자료, 교육청 제작 교재가 학교 실정에 맞게 활용되고 있으며, 인정도서의 활용 비율은 그다지 높지 않다. 이처럼 초등학교에서 인정도서의 활용 비율이 높지 않은 것은, 초등학교 한자 교육의 열악한 여건과 아울러 인정도서의 구성 체제가 초등학교 실정에 부합하지 않는 면이 있기 때문이다. 인정도서의 활용

이 우리의 기대치에 미치지 못하고 있는 이유를 열거해보면 다음과
같다.

첫째, 초등학교 현장에서 재량활동시간을 온전히 한자 교육에 할애
하지 못하고 있기 때문에 인정도서의 활용이 어려운 점이 있다. 초등
학교에서 재량활동시간에 한자 교육이 이루어지는 비율은 생각보다
높지 않다. 방인태의 조사에 따르면 아침자습 시간이 압도적으로 많
다. 2004년도에 이루어진 이 조사에 따르면, 한자를 지도하는 시간
은 아침자습 시간이 73.2%, 재량시간이 34.2%로 나타났다23). 또 초
등학교 현장에서 재량활동시간이 운영되는 현황을 보면, 한자를 지도
할 수 있는 주당 1시간조차도 한자 교육에 온전히 할애하기 어렵다.
지금까지 재량활동시간 주당 1시간 중 1시간은 정보통신교육에 할애
되어 사실상 한자를 지도할 수 있는 시간은 많이 확보해야 주당 1시
간이었다. 그런데 나머지 1시간도 보건, 양성평등, 성교육, 안전교육,
영양교육 등의 수업을 실시하도록 권유받아 왔으며, 2009년부터는
보건교육이 강화되어 각급 학교에서 재량활동시간에 보건 교육을 실
시하는 학교도 늘어날 것으로 예견된다.24) 초등학교의 이런 실정을

---

23) 이 조사 결과를 보면 초등학교에서 한자 교육은 이외로 재량활동시간에 이루어
지는 비율이 적다는 것을 알 수 있다. 이 조사는 2004년에 실시된 설문조사로,
초등학교 한자 교육에 대한 설문조사 결과는 보고된 것이 없다. 이 조사가 이루어
진 시기는 6차 교육과정이 적용된 시기인데, 6차 교육과정이 적용된 시기는 7차
교육과정이 적용된 시기보다 초등학교에서 한자 교육이 더 활발했던 시기라고 볼
수 있다. 왜냐하면 6차의 재량시간이라는 명칭이 7차에서는 재량활동시간이라고
바뀌면서 자기주도적 학습을 강조하게 됨에 따라, 초등학교에서는 한자교육이 6
차에 비해 초등학교에서 한자교육이 더 위축되었다고 볼 수 있기 때문이다.

24) 그동안 학교에서는 보건, 양성평등, 성교육, 안전교육 등의 교육을 재량활동시간
편제에 삽입하여 교육과정을 구성하여 왔다. 특히 보건교사, 영양사가 신분이 교
사로 바뀌면서 학생들을 대상으로 수업을 실시하게 됨에 따라 그러한 경향은 더욱
두드러지고 있다. 그런데, 2008년 9월 11일 초·중등 교육과정 부분 수정 고시에

감안해 보면, 초등학교 재량활동 시간에 온전히 한자 교육을 실시하기가 쉽지 않다. 따라서 재량활동시간에 활용하기 위한 목적으로, 연간 30시간 내지 32시간의 수업을 염두에 두고 편찬된 인정도서를 선택하기란 쉽지 않다[25].

둘째, 재량활동시간이 아닌 다른 시간, 즉 아침자습과 같은 형태의 한자 지도에는 인정도서가 적합하지 않은 체제로 구성되어 있기 때문에 인정도서의 활용이 어려운 점이 있다. 아침자습 시간은 초등학교 한자 교육의 또 다른 형태이다[26]. 그런데 10분 내외의 아침자습 시간

서 '초등학교에서는 보건교육을 2009학년도부터 5, 6학년에서 학년별로 재량활동시간을 활용하여 각각 연간 17시간 이상(총 34시간 이상)을 실시한다'라고 하였다. 이에 따라 마련된 서울시내 모 학교의 2009학년도 재량활동시간 운영 편제 계획을 참고로 제시하면 다음과 같다.

학년	정보통신교육	보건교육	안전교육	시범학교관련	계
1	30	4	14	12	60
2	34	4	14	16	68
3	34	4	14	16	68
4	34	4	14	16	68
5	34	17	8	9	68
6	34	17	8	9	68

25) 실정이 이러한데도 그동안 학교단위로 인정도서를 구입하는 경우는, 대개 보건교육, 안전교육 등의 활동을 한 나머지 시간에라도 한자를 지도하고자 하는 의도에서 구입하는 것으로 이해할 수 있다. 실제로 인정도서를 구입하여 한자를 지도하여도 주당 1시간, 즉 연간 30시간 내지 34시간을 모두 할애하여 한자를 지도하고 있기 보다는, 여러 가지 요구되는 수업을 뺀 나머지 15시간 정도의 수업을 한자 교육에 할애하고 있는 실정이다.

26) 아침자습 시간에 한자를 지도하는 것은, 정규교과시간이 아니라는 점, 그리고 체계적인 한자 지도가 이루어지기 어렵다는 점에서, 그동안의 논의에서 개선과 비판의 대상이었으며, 학문적 차원의 논의에서 제외되어 왔다. 그러나 필자는 초등학교 한자교육의 현실을 감안하여 본다면, 그리고 누구도 강요하지 않았음에도 아직도 많은 교사들이 아침자습 시간에 한자를 지도하고 있는 노력과 열의를 고려한다면, 아침자습 시간의 한자 교육도 한자·한문 교육 연구자들이 논의와 연구의 대상으로 삼아야 한다고 생각한다. 그리고 아침자습과 같은 형태의 한자 지도에 적합한 활동과 교재에 대한 연구도 우리들은 관심을 가져야 한다고 생각한다.

에는 1시간(40분)의 수업을 전제로 구성되어 있는 인정도서를 적용하기는 어렵다. 또 아침자습은 대개 자학자습의 형태로 학습이 진행되는데, 지도를 위해서 주도적으로 역할을 해야 하는 수업의 형태, 즉 인정도서에 담겨있는 수업의 형태를 아침자습에는 적용하기 어렵다.

셋째, 초등학교의 한자 교육은 학교의 요구, 아동의 요구, 급수제 실시와 같은 학부모 또는 사회적 요구 등에 직면하여 있는데, 인정도서는 이들의 요구를 모두 수용하기 어려운 내용으로 구성되어 있기 때문에 인정도서의 활용이 어려운 점이 있다. 초등학교 한자 교육에 간한 각각의 요구들이 서로 상충되지 않았을 때는 어느 한 쪽을 선택해서 한자 교육을 실시하면 되지만, 이러한 요구들이 서로 뒤섞여 있을 때, 교사는 이러한 요구에 대한 고민과 함께 교재를 선택하게 된다. 앞 장에서 살펴본 바와 같이 인정도서는 교육과정과 학문적 성과를 반영한, 이상적인 내용 구성 체제를 갖추고 있는 교재이다. 그런데 이런 이상적인 내용 구성 체제가 학교의 요구, 학부모의 요구와 부합되지 않았을 때에 교사들이 인정도서를 선택하기는 쉽지 않다[27].

인정도서의 활용이 위와 같은 이유로 활용이 여의치 않은 반면, 학교 자체 제작 자료는 오히려 인정도서에 비해 그 활용성이 높다. 학교에서 자체 제작한 한자 자료들은 앞장에서 본 바와 같이 대부분 外的 구성 체제는 단원 구분, 학습 기간 등에 대한 안배가 없이 단순하다. 이러한 구성은 교과서적인 완성도의 측면에서 보면 매우 부족한 점이 많다. 그러나 역으로 단순한 외적 구성 체제로 인해 적용시간, 활용 방법에 대해서 구애를 적게 받는 면이 있다. 따라서 오히려 학

---

27) 초등학교에서 인정도서를 선택하기 어려운 또 다른 현실적인 이유가 있다. 그것은 인정도서를 구입하게 되면 학교 경비가 많이 지출된다는 점, 인정도서를 채택하는 과정에 여러 가지 심의와 절차를 거쳐야 하는 점이다.

교 자체 제작 자료는 재량시간 뿐만이 아니라 아침자습 시간에도 적
용이 가능하다. 그리고 학교 자체 제작 자료는 단위 학교의 특수한
목적과 필요에 따라 구성된 것이기 때문에 해당 학교에서는 오히려
활용도가 높을 수가 있다. 그러므로 단위 학교에서의 활용도만을 따
진다면, 적어도 단위 학교에서만큼은 활용성이 오히려 인정도서보다
더 높을 수 있다.

　그러나 내용 구성 체제를 살펴보면, 학교 자체 제작 자료는 단위
학교에서 제작한 특성으로 인해 일반화되어 여러 학교에서 활용되기
는 어렵다. 그리고 아동의 흥미, 급수시험 대비와 같은 학부모의 요
구를 수용하고 있지 못하다는 문제점이 있다. 게다가 더욱더 문제가
되는 것은 초등학교 한자 교육에 대한 그동안의 학문적 성과와 교육
과정에 대한 고려가 없다는 점이다. 따라서 학교 자체 제작 자료는
해당 학교에서 그 활용성이 더 있을 수는 있겠지만, 교육과정의 성격,
목적, 범위와 학문적 성과 등에 비추어 본다면 바람직한 교재라고 하
기에는 어렵다.

　마지막으로 교육청 제작 자료의 활용에 대해서 살펴보겠다. 앞 장
에서 살펴본 바와 같이 A교육청 자료는 교재라기보다는 지도 자료의
성격이 강하므로, 학습자들이 활용하지는 않을 것으로 생각된다. 그
러나 이 자료는 12단계의 급수로 나누고 있는 점에서 일선 학교에서
재구성하여 활용하기에는 용이하다고 생각된다.

　반면 B교육청의 자료는 품급제의 적용, 워크북의 형태, 적절한 학
습 분량의 안배 등으로 학교에 적용하기에 대우 적절한 여러 가지 외
적 구청 체제를 갖추고 있다. 게다가 교육과정의 내용과 학문적 성과
를 어느 정도 수용하고 있기 때문에 내용 구성 체제 면에서도 큰 흠이
있지 않다. 따라서 B교육청 자료는 재량활동시간뿐만이 아니라 아침

자습과 같이 인정도서가 담당하지 못하는 시간에도 적용이 가능하여, 학교 현장에서는 그 활용 폭이 매우 넓다 하겠다.

Ⅳ. 초등학교 한자 교재 연구의 성과와 과제

초등학교 한자 교재에 관한 연구는 그동안 주로 인정도서에 집중되어 왔다. 그 결과 인정도서의 면밀한 분석과 함께 초등학교 한자 교재의 일정한 형태와 내용에 대한 연구 업적이 축적되어 있기도 하다. 그러나 인정도서로 한정된 연구로 인해 초등학교 한자 교재의 전반적인 면을 개괄하였다고 보기는 어렵다.

이 연구에서는 인정도서와 아울러 학교 자체 제작 자료와 최근의 교육청 개발 교재를 살펴봄으로써, 초등학교 현장에서 활용되고 있는 한자 교재를 개괄하였다. 그리고 그 과정에서 다음과 같은 과제를 추출하였다.

초등학교 한자 교재 연구와 관련해서 필요하다고 생각되는 첫 번째 과제는, 재량활동시간 이외의 시간에 활용할 수 있는 자료에 대한 연구가 필요하다는 점이다. 아직도 초등학교에서는 아침자습 시간에 한자를 지도하는 학교와 학급이 많다. 물론 이런 형태의 한자 교육이 우리가 바라는 모습은 아니지만, 초등학교에서 일반적으로 이루어지고 있는 또 다른 형태의 한자 교육이다. 따라서 재량활동시간 이외의 시간에 이루어지는 한자 교육에 필요한 교재에 대한 연구가 필요하겠다. 물론 학교 자체 자료를 언급한 연구[28]가 있기는 하지만, 앞에서 언급한 바와 같이 인정도서 이외의 초등학교 한자 교재 연구는 미미

---

28) 방인태·김창호·한은수(2006).

하다.

초등학교 교재 연구와 관련해서 또 하나의 과제는, 개정 한문과 교육과정에 맞추어 초등학교 한자 교육과정의 방향에 대한 고민, 그리고 교재 구성의 방향에 대한 고민도 이루어져야 한다고 생각한다. 중·고등학교 개정 한문과 교육과정에서는 그 영역이 '한문, 한문지식'으로 설정되고 내용체계도 변화가 이루어지면서, 어휘영역에 대한 비중이 축소되고 한문 교과로서의 독자성이 강조된 측면이 있다(정재철, 2008). 반면 초등학교 한자 교육은 한자와 어휘 중심으로 이루어지고 있어서, 개정 교육과정이 추구하는 바와는 거리가 있다. 물론 개정 교육과정에서 한자와 어휘 영역에 대한 배려가 없는 것은 아니나, 한문 교과로서의 독자성을 추구한 방향성은 초등학교 한문 교육과정과 교재를 어떻게 구성할 것인지에 대한 고민을 안겨 준다29). 앞으로 개정 교육과정의 방향성과 관련하여 초등학교 교육과정과 교재 구성에 대한 연구가 필요할 것으로 생각된다.

V. 요약 및 결론

이 연구에서는 초등학교 한자 교재를 시도교육감 인정도서, 교육청 제작 자료, 학교 제작 자료로 분류하고, 각 유형별로 교재의 구성과 특징을 알아보았다. 그리고 유형별로 지니고 있는 교재의 특성과 관련지어서 초등학교 한자 교재의 활용 현황을 알아보았다.

시도교육감 인정도서의 外的 구성 체제를 보면, 인정도서는 학년

---

29) 이에 대한 방안의 하나로 교육과정을 초등과 중·고등으로 분리하는 견해(이명학, 2005)는 시사점이 있다.

구분을 고려하여 단계가 설정되고, 체계적으로 단원을 구성하였으며, 1년(30주 정도)동안 활용하기에 알맞게 구성되었다는 특징이 있다. 내용 구성 체제를 보면, 한자를 학습 해가는 과정을 체계적으로 갖추고 있고, 교육용 기초한자 범위 내에서 600자 정도를 수용하고 있으며, 한자와 어휘, 언어 활용에 중점을 두어 교재가 구성되었다는 특징이 있다. 인정도서의 이런 구성은 초등학교 한문 교육과정의 내용과 그동안의 초등학교 한문 교육에 관한 학문적인 성과를 수용하고 있는 것이라고 여겨진다.

그러나 인정도서는 초등학교 현장에서 재량활동 시간 중 1시간이 모두 한자교육에 할애되기 어려운 현실 때문에, 초등학교에서 활용이 생각보다는 활발하지 못하다. 그리고 아침자습과 같은 시간에는 적용하기 어려운 구성 체제(1시간의 수업을 위한 구성, 자학자습에 적용하기 어려운 내용 구성)를 갖고 있어서, 재량활동 이외의 시간에는 활용하기 어렵다. 또한 인정도서는 그 내용 구성이 급수제와 같은 학교의 요구나 학부모의 요구와 부합되기 어려운 점이 있기 때문에, 다양한 요구들이 상충되었을 때에는 인정도서가 선택되어지기 어렵다. 따라서 인정도서는 현재로서는 가장 이상적인 초등학교 한자 교재이기는 하나, 실상 현장에서의 활용은 기대에 못 미치는 실정이다.

학교에서 자체 제작한 자료들은 그 외적 구성 체제가 단순하기 때문에, 그리고 해당 학교의 실정에 따라 제작되었기 때문에 해당 학교에서 만큼은 활용도가 높을 수 있다. 그러나 그 내용 구성을 검토하여 보면, 교육과정의 수용, 학문적 성과의 반영, 교수학습 단계의 설정, 교과서적인 체제와는 거리가 매우 멀다.

B교육청 자료와 같은 경우는, 외적 구성 체제 면에서 품급제 적용, 융통성 있는 시간 운영 편제, 여러 형태의 수업과 학습에 적용할 수

있는 워크북의 형태로 구성되어 있어, 학교에서의 활용 폭이 넓다. 또한 내용 구성도 교육과정과 학문적 성과를 어느 정도 수용하고 있다. 따라서 이 교재와 같은 경우는 재량활동시간 뿐만이 아니라 아침 자습과 같이 인정도서가 담당하지 못하는 시간에도 적용이 가능하다. 즉, B교육청 자료는 학문적 요건에 부합하면서도 학교 현장에서 활용도를 높일 수 있는 적절한 체제와 구성을 지니고 있다.

그동안 초등학교 한자 교재에 관한 연구는 인정도서만을 대상으로 삼아 연구가 이루어졌다. 그러나 초등학교에서 인정도서의 활용도가 생각보다 저조하고, 또 인정도서의 구성 체제상 재량활동 이외의 시간에는 적용하기가 쉽지 않다는 점을 감안한다면, 하나의 대안으로서 재량활동시간 이외에 적용하여 활용할 수 있는 교재에 대한 연구가 이루어질 필요가 있다. 또한 중학교 한문 교육과의 연계성과 초등학교 한자 교육의 특수성을 고려하고, 개정 교육과정의 방향성을 고려하여 초등학교 교육과정과 교재 구성에 대한 연구가 필요할 것으로 여겨진다.

참고문헌

1. 자료
교육청 제작 지도 자료 2종.
단위 학교 제작 자료 2종.
전한준·김윤숙·진철용(1996), 『초등학교 한자』, 재능교육.
정우상·안재철·정우인·한은수(1996), 『초등학교 한자』, 전통문화연구회.
임명자·김연옥·김희정·이상철·이선희·조현숙·주선홍·진철용(2006), 『놀이로
　　배우는 쑥쑥 한자』, 대한교과서.

2. 논저
강병륜·송영일·허왕욱(2002), 「초등학교 한자 교육과정 개발 연구(1)」, 『어문연구』

30. 한국어문교육연구회.

김왕규(2000), 「초등학교 한문교육의 현황과 실제」, 『한자한문교육』6, 한국한자한문교육학회.

김왕규(2003), 「한국의 초등학교 한자 교육의 현황과 과제」, 『한문교육연구』21, 한국한문교육학회.

김정숙(2000), 초등학교 한자의 교육과정 모형 제시, 『한자한문교육』11, 한국한자한문교육학회.

방인태·김창호·한은수(2006), 『초등학교 한자교육』, 도서출판 역락.

방인태(1998), 「한자교육에 대한 초등교사의 의식 조사」, 『한자한문교육』 4, 한국한자한문교육학회.

방인태(2000), 「한자지도와 교육과정」, 『한자교육신강』, 전통문화연구회.

서울특별시교육청(1997), 『초등학교 학교재량시간 및 중학교 선택과목 관련 교육과정』.

안재철(1996), 「초등 한문교육과정과 교과서 분석」, 『한자한문교육』3, 한국한자한문교육학회.

안재철(2004), 『한문과 교재연구 방법론』, 박이정.

이명학(2005), 「한문과 교육과정의 반성과 전망」, 『한문교육연구』24, 한국한문교육학회.

정우상(1998), 「한자의 지도법」, 『한자교육신강』, 전통문화연구회.

정재철(2008), 「중학교 한문 교과서에서의 어휘 교육의 위상」, 『2007년 개정 한문과 교육과정과 중학교 한문 교과서 적용 방안』(학술발표대회 발표지), 한국한문교육학회.

지재환(2004), 「초등학교 한자 교재의 내용 비교 고찰」, 『한자한문교육』12, 한국한자한문교육학회.

한은수(1994), 「국민학교 한자교재 구성 시론」, 『한자한문교육』1, 한국한자한문교육학회.

한은수(2004), 「초등학교 한문 교재의 내용 수준 문제」, 『한자한문교육』13, 한국한자한문교육학회.

이 글은 『漢文敎育硏究』 제32호(韓國漢文敎育學會, 2009)에 수록한 논문을 재수록한 것이다.

한문과 교재론 논저목록

최문봉(1974), 「고등학교 한문교재의 형태적 분류와 교재이론」, 『논문집』 5, 한국어교육학회.

정우상(1979), 「중학교 한문 학습지도의 방향–새 교과서를 중심으로–」, 『국어교육』 35, 한국어교육학회.

윤정자(1983), 「고등학교 한문교과서의 통시적 고찰」, 『동방한문학』 7, 동방한문학회.

신용호(1993), 「『高校漢文(上)』 교과서에 수록된 近體詩考」, 『한문교육연구』 7, 한국한문교육학회.

최상익(1993), 「현행 고등학교 『漢文(上)』 교과서의 문제점 연구」, 『한문교육연구』 7, 한국한문교육학회.

한은수(1994), 「국민학교 〈한자교재〉 구성 시론」, 『한자한문교육』 1, 한국한자한문교육학회.

황인수(1994), 「해방 이후 한문과 교과서 변천 연구」, 『한자한문교육』 1, 한국한자한문교육학회.

김길용(1995), 「제6차 교육과정에 의한 중학교 한문교과서 분석」, 『한문교육연구』 9, 한국한문교육학회.

송병렬(1996), 「교과서 한문문법 재고」, 『한문교육연구』 10, 한국한문교육학회.

임종혜(1996), 「한문교과서 문법용어의 실제」, 『한문교육연구』 10, 한국한문교육학회.

한은수·정우인(1996), 「초등학교 〈한자〉교재 편찬고」, 『한자한문교육』 3, 한국한자한문교육학회.

심호택(1998), 「한문교육에서의 주제 지도의 방향–고등학교 한문을 중심으로–」, 『한문교육연구』 12, 한국한문교육학회.

안재철(1998), 「현행 고등학교 한문교과서에 나타난 평가문제 분석연구–한자·한자어 평가문제를 중심으로」, 『한문교육연구』 12, 한국한문교육학회.

정미정(1998), 「제6차 교육과정에 의한 고등학교 한문교과서의 가치관에 대한 연구」, 『한문교육연구』 12, 한국한문교육학회.

이창희(1999), 「고등학교 한문교과서 한시 단원의 고찰(Ⅰ)-용어와 형식을 중심으로-」, 『우리어문연구』 12, 우리어문학회.

백원철(2000), 「중·고등학교 한문교과서 문장의 현토와 해석에 관한 연구-현행 한문교과서 문장의 현토와 해석의 오류 및 문제점을 중심으로-」, 『한문학보』 2, 우리한문학회.

송병렬(2000), 「한문과 교과교육에 있어서 교과서 문제」, 『한문교육연구』 14, 한국한문교육학회.

이창희(2000), 「고등학교 한문교과서 한시 단원의 고찰(Ⅱ)-작자 소개와 작품 감상-」, 『우리어문연구』 14, 우리어문학회.

박준호(2001), 「고등학교 한문교과서 연구(1)-현행 11종(Ⅰ·Ⅱ)의 교과서에 수록된 한시를 중심으로-」, 『한문교육연구』 16, 한국한문교육학회.

안재철(2001), 「현행 고등학교 한문교과서의 「한문」영역 단원 분석」, 『한문학논집』 19, 근역한문학회.

안재철(2001), 「제6차 교육과정에 따른 고등학교 한문교과서의 〈한자·한자어〉영역 단원 분석」, 『한문교육연구』 16, 한국한문교육학회.

윤채근(2002), 「7차 교육과정에 따른 한문교과서 활용 방안」, 『한문교육연구』 19, 한국한문교육학회.

김국회(2003), 「전통문화의 이해를 위한 효과적인 교수·학습방법 탐구」, 『한자한문교육』 10, 한국한자한문교육학회.

박기수(2003), 「제7차 교육과정에 의한 고등학교 한문교과서에 나타난 介詞 연구」, 『한자한문교육』 10, 한국한자한문교육학회.

송병렬(2003), 「한문 교육의 위계성과 연계성 문제-중학교 한문교과서의 위계성과 연계성-」, 『한문학보』 16, 우리한문학회.

윤채근(2003), 「고등학교 한문교과서 나타나는 性 正體性에 관한 연구-성적 자아 형성의 교육적 의미와 관련하여-」, 『한문교육연구』 21, 한국한문교육학회.

임완혁(2003), 「제7차 교육과정에 따른 한문 교과서에서의 문학교육-산문, 소설을 중심으로-」, 『한문교육연구』 20, 한국한문교육학회.

이동재(2004), 「제7차 교육과정 중학교 한문 교과교육용 기초한자 900자의 '의미' 통일화 방안」, 『한자한문교육』 13, 한국한자한문교육학회.

장호성(2004), 「제7차 교육과정에 따른 중학교 한문교과서의 문제」, 『한문학보』 10, 우리한문학회.

장호성(2004), 「한문과 교재의 문제-제7차 교육과정 고등학교 한문교과서를 중심으로-」, 『한문교육연구』 22, 한국한문교육학회.

한예원(2004), 「제7차 고등학교 교육과정에 따른 한문교과서 집필지침의 특징과 문제점」, 『한문교육연구』 22, 한국한문교육학회.

지재환(2004), 「초등학교 『한자』 교재의 내용 비교 고찰」, 『한자한문교육』 1, 한국한자한문교육학회.

한은수(2004), 「초등학교 한문 교재의 내용 수준 문제」, 『한자한문교육』 13, 한국한자한문교육학회.

이동재(2005), 「제7차 교육과정 중학교 한문교과서에 수록된 한자어 문제 연구」, 『한자한문교육』 14, 한국한자한문교육학회.

이의강(2005), 「한시의 외재율에 대한 고교 한문교과서의 설명 양식과 그 문제점」, 『한문교육연구』 24, 한국한문교육학회.

정만호(2005), 「고등학교 한문교과서 현토의 문제점」, 『한자한문교육』 15, 한국한자한문교육학회.

권혁진(2006), 「생태적 시각으로 교과서 읽기-고등학교 『한문』을 중심으로-」, 『한문고전연구』 13, 한국한문고전학회.

김은경(2006), 「『大學』 읽기의 전통적 관점과 한문교과서 수용 양상 연구」, 『한문고전연구』 13, 한국한문고전학회.

신정흠(2006), 「제7차 교육과정 중학교 한문교과서에 나타난 한문문법에 관한 내용 실태 연구」, 『한자한문교육』 16, 한국한자한문교육학회.

윤채근(2006), 「중학교 한문교과서 학습 모형에 대한 연구-웹(Web)기반 정보 환경을 중심으로-」, 『한문교육연구』 26, 한국한문교육학회.

허연구(2006), 「현행 고등학교 한문교과서에 나타난 '한문 문법'에 관한 제 실태 연구」, 『한자한문교육』 16, 한국한자한문교육학회.

김연수(2007), 「고등학교 『한문』 교과서 한시 단원 구성 체제의 비판적 고찰」, 『한자한문교육』 19, 한국한자한문교육학회.

안재철(2007), 「현행 고등학교 한문교과서의 변천 연구-〈한자·한자어〉영역을 중심으로」, 『한자한문교육』 18, 한국한자한문교육학회.

손인도(2008), 「고등학교 한문교과서에 수록된 논어의 해석에 대한 연구」, 『한문학논집』 27, 근역한문학회.

오석환(2008), 「고등학교 한문교과서 현토의 문제점」, 『한자한문교육』 20, 한국한자한문교육학회.

오석환(2008), 「제7차 교육과정 고등학교 한문교과서 한시 해석의 문제점-현토와 대우를 중심으로-」,『한문고전연구』17, 한국한문고전학회.

정재철(2008), 「중학교 한문교과서에서의 어휘 교육의 위상-중학교 한문 과목의 정체성과 관련하여-」,『한문교육연구』31, 한국한문교육학회.

김창호(2009), 「초등학교 한자교과서에 있어서의 고전자료 활용에 관하여」,『한자한문교육』23, 한자한문교육학회.

백광호(2009), 「제7차 교육과정에 따른 중학교 한문교과서의 문제」,『한문학보』34, 우리한문학회.

이돈석(2009), 「'2007년 개정 교육과정'에 따른 한문교과서『검정 기준』과『편찬상의 유의점』의 특징과 문제점」,『동방한문학』40, 동방한문학회.

조영호(2009), 「제7차 교육과정 고등학교 한문교과서에 나타난 漢詩 작가 정신 풍모 분석」,『한문교육연구』32, 한국한문교육학회.

진철용(2009), 「초등학교 한자 교재의 구성과 활용 현황」,『한문교육연구』32, 한국한문교육학회.

최윤용(2009), 「한시 해석에 관한 고찰-고등학교 한문교과서를 중심으로-」,『한문고전연구』18, 한국한문고전학회.

한은수(2009), 「현행 초등학교 한자 인정 교과서 내용 분석」,『한자한문교육』23, 한국한자한문교육학회.

장호성(2010), 「개정 교육과정에 따른 고등학교 한문 교과서 개발 방안」,『한자한문교육』24, 한국한자한문교육학회.

김왕규(2010), 「초등학교 한문 교과서 단원 구성의 원리와 방안」,『한자한문교육』25, 한국한자한문교육학회.

정재철(2010), 「개정 교육과정 '한문지식'의 내용 분석-중학교『한문1』의 적용 사례와 관련하여-」,『한자한문교육』24, 한국한자한문교육학회.

김병건(2011), 「한문교육에 있어서 교과서 내용 선정의 타당성 고찰」,『한자한문교육』26, 한국한자한문교육학회.

윤지훈(2011), 「'2007년 개정 교육과정'에 따른 고등학교『한문II』의 산문 교육 방향에 관한 일고」,『한자한문교육』26, 한국한자한문교육학회.

심재경(2011), 「중학교 한문 I 교과서 정의적 영역 분석」,『한자한문교육』26, 한국한자한문교육학회.

이동재(2011), 「2007년 개정 교육과정에 따른 중학교 한문 I 교과서의 다문화 수용 양상 연구」,『한자한문교육』26, 한국한자한문교육학회.

김성중(2011), 「한문교과서에서 儒經·諸子書의 제재 선정 수준과 범위」,『한문교육연구』36, 한국한문교육학회.

▋필자 소개

김동규   경기 낙생고등학교
김연수   단국대학교 교육대학원
김왕규   한국교원대학교 국어교육과
김창호   원광대학교 한문교육과
백광호   전주대학교 한문교육과
송병렬   영남대학교 한문교육과
심재경   경기 태장고등학교
원용석   경기 평촌고등학교
윤채근   단국대학교 한문교육과

이동재   공주대학교 한문교육과
장호성   한국교육과정평가원
정재철   단국대학교 한문교육과
진재교   성균관대학교 한문교육과
진철용   서울 송화초등학교
한예원   조선대학교 한문학과
한은수   서울 난우초등학교
허연구   경기 늘푸른고등학교

▋한국한문교육학회 창립 30주년 기념 한국한문교육연구총서 간행위원회

간행위원장 : 윤재민
간 행 위 원 : 김왕규, 김연수, 송혁기, 백광호, 권경순

韓國漢文敎育學會 創立 30週年 紀念
韓國漢文敎育硏究叢書 4

한문과 교재론

2012년 7월 6일 초판 1쇄 펴냄

편 자 정재철·심재경
발행인 김흥국
발행처 도서출판 보고사

등록 1990년 12월 13일 제6-0429호
주소 서울특별시 성북구 보문동7가 11번지 2층
전화 922-5120~1(편집), 922-2246(영업)
팩스 922-6990
메일 kanapub3@chol.com
http://www.bogosabooks.co.kr

ISBN 978-89-8433-066-5 93710
정가 23,000원